铜仁学院学术著作资助专项

钦差大臣与清代政治

（1644-1850）

杨春君 著

人民出版社

目　　录

绪　论

钦差制度是中国古代政治中一项十分重要的制度。所谓钦差，是受皇帝派遣办理事务的人员。所办理的事务，有重大者，如平定叛乱、赈济灾民等；有一些细枝末节的小事，如进香、采购物品等。钦差之名在明代被广泛使用，但具有实际权力的钦差在明代之前已存在，称为“使”。一般而言，钦差办事具有临时性，事毕即撤。但某些官员经常担任某种钦差，钦差由临时差遣逐渐变为固定差遣，成为固定性的钦差，如唐代临时派遣的使职逐渐演变为固定的使职差遣，明代的督抚由临时派遣逐渐演变为固定派遣。

笔者在阅读《清史列传》的过程中，发现有不少官员脱离本职事务外出办公，这些官员多为朝廷的一二品大员，所办事件与其本职或有关或无关。

那么，清代钦差大臣制度有哪些表现和特点呢？笔者拟从以下几个方面展开论述。

清以前各朝，经常定期、不定期地派出官员巡视地方。文献对此类官员有不同的称谓，如使者、钦差等，其办理事务有观察风俗、考察官员、审理案件、检视民瘼等。清代亦派出官员到地方办理事务。但清代所派之官员与前代有无区别、如何派遣等，它反映了清代统治者怎样的施政理念？

一项制度，大概不会一直按照制度制定者所设定的轨道运行下去，总有“出轨”之时，出现这样或那样的偏差。制度制定者预想一项制度应该达到的状态，往往可望而不可即。虽然清代统治者的政治经验较为丰富，国家的各项典章制度日臻完备,但在实际运作中仍然有诸多偏差,因此作为受皇帝派遣到地方处理事务的钦差有十分充足的存在理由。此外,清朝在入关以前就开始学习明朝的制度,在入关以后又大量接受明朝的制度、官员。换言之,清初的各项制度很多是在明朝制度的基础上因革损益而成。明朝钦差制度也为清朝沿袭。清代的钦差制度呈现出怎样的特色呢?

清朝由入主中原的少数民族建立,无论统治者怎样"汉化","汉化"的程度如何,其本身的民族特性(无论是思想上的还是制度上的)仍会不可避免地影响到国家的各个方面。更重要的是,清朝统治者有意识地把保持本民族的特性提高到"巩固根本"的政治高度,持续不断地强调、强化本民族的特性。虽然统治者苦口婆心地教导本民族的臣民要保持本民族的特性,却没有换来理想的结果,其谆谆教诲的实际效果往往与统治者的希望相去甚远,甚至是背道而驰,但这至少表明保持满洲民族特性是清代政治中必不可少的内容。同样地,作为清代一项重要制度的钦差制度也具有一定的满洲民族特性。满洲民族特性、满汉关系在钦差制度上如何体现呢?

一、研究回顾

钦差制度虽然有重要的学术研究价值,但以往的研究较少。赵秀玲《中国古代"钦差"研究》①是较早一篇研究钦差的总论性文章。文章共分五部分:1. 钦差经过"特使""钦差""钦差大臣"三个发展阶段。2. 钦差具有自主权、专职化、独立性、机构精练等特点。3. 从心态上看,钦差具有两难心态、优越情结、焦渴心态、"投赌"心理。4. 钦差的地位与作用可以概括为皇帝控御地方官和加强中央集权的工具、对处理某些重大事件具有关键作用、医治常规政制漏洞、沟通帝王与百姓的中介。5. 钦差的弊端主要是强化腐败、干扰地方正常的工作秩序、加重地方经济负担。

① 赵秀玲:《中国古代"钦差"研究》,《中国社会科学院研究生院学报》1996年第3期。

关于钦差的断代研究，学界关注较多的是唐代的使职[①]、元代的奉使宣抚和使臣[②]；对明代钦差的研究，有张纪伟《明代钦差官员与天津及附近地区》。[③]

清代对钦差的使用较多，相关研究成果也更丰富。关于钦差的作用，钦差大臣的奏报，是清代中央决策的依据之一。[④] 李治安从中央与地方之关系的角度探讨钦差大臣的作用。他认为，在清代督抚制下中央与地方的行政统属关系中，常采用钦差大臣奉旨的方式查办与地方官员有关的重大案件；与前代相比，清代钦差大臣的权力已大为减小，并受到严格管理，成为皇帝的驯服工具。[⑤] 张磊则讨论钦差在处理清代边疆民族问题方面起的积极作用，如钦差宣谕中央政策、处理重大事件、抗击侵略者以保卫边境。[⑥] 对钦差大臣人物的研究，主要涉及林则徐、蒲安臣、广兴。林则徐以"钦差大臣兵部尚书都察院右都御史"的身份赴广东主持禁烟，开启中国近代史的序幕。[⑦] 蒲安臣是美国人，却担任清朝首位出洋钦差大臣，一个美国人代表清朝出使西方各国，必然引起关注。[⑧] 广兴，嘉庆年间的一名著名钦差大臣，最终因在担任钦差大臣期间勒索钱财而被处以死刑。[⑨] 李顺民探讨清初钦差制度的发展与作用，专论

① 关于唐代使职的研究综述，参见宁志新：《隋唐使职制度研究（农牧工商篇）》，中华书局2005年版，第80—87页。

② 吴海航：《元朝整肃官僚队伍的钦差大臣——奉使宣抚》，《西安外事学院学报》2007年第3期；李治安：《元代政治制度研究》，人民出版社2003年版，第549—576页；孟繁清：《评元顺帝至正初年的奉使宣抚》，《历史教学》1988年第9期；苗冬：《元代使臣研究》，南开大学2010年博士学位论文。

③ 张纪伟：《明代钦差官员与天津及附近地区》，南开大学2013年硕士学位论文。

④ 白钢主编：《中国政治制度史》第10卷《清代》，人民出版社1996年版，第70—71页。

⑤ 李治安主编：《中国五千年中央与地方关系》，人民出版社2010年版，第608—610页。

⑥ 张磊：《论清代钦差在处理边疆民族问题中的作用》，《中州学刊》2003年第5期。

⑦ 吉喜祥：《钦差大臣林则徐视察澳门本末及意义》，《洛阳师专学报》1998年第3期；郭振诚：《龚自珍和他的〈送钦差大臣侯官林公序〉》，《内蒙古电大学刊》1992年第4期。

⑧ 田永彩：《蒲安臣使团研究》，山东大学2008年硕士学位论文；郭翠翠：《蒲安臣与早期中美关系研究（1861—1870）》，东北师范大学2009年硕士学位论文。趣味性的文章则有孙闻浪：《大清国出使西洋各国的第一任钦差——美国人蒲安臣》，《湖北档案》2003年第6期。

⑨ 周轩：《广兴钦差鲁豫婪赃案》，《紫禁城》1993年第2期。关于嘉庆帝查处广兴受贿，相关史料见《嘉庆年间查办广兴受贿案》，《历史档案》2002年第4期。

钦差制度在雍正朝的发展详情、地位。① 在晚清,对钦差大臣的使用较为固定。如沿海督抚办理外交通商事务多带钦差大臣职衔,②统兵的高级将领、派往国外的外交官员也多带钦差大臣职衔。③

张晶晶的《清代钦差大臣研究》,于 2011 年 4 月由学苑出版社出版,是目前研究清代钦差制度较为系统的一本著作。该书由正文和附录两部分组成。正文是关于钦差的研究内容,附录为 15 条乾隆时期钦差到各地处理各类案件的史料概编。正文共分五大部分:1. 派遣钦差大臣的原因。作者认为,监察制度存在缺陷、吏治败坏和集权的中央政府加强对地方管理的需要,是清代派遣钦差大臣的三个主要原因。2. 清代选派钦差大臣的标准有二:选各部贤能官员,熟悉本项业务的官员。3. 论述对钦差大臣的相关管理制度。4. 钦差大臣在政治中的作用,从平叛、加强思想统治、审理官员犯罪、处理边疆民族问题、查办科举案件等各方面予以介绍。5. 钦差大臣在经济中的作用,从救灾、盐政、漕运、河工四个方面予以介绍。作者认为,以上研究仍不够充分,还可细化和深入。该书的实证性很强,每个论点都举了诸多事例。作者还对钦差大臣制度的研究作了展望,如可从钦差大臣心态、人格与性格、民族成分与家庭出身等方面予以拓展。

该书为研究清代钦差制度的奠基性著作,功不可没,同时,该书在一些方面给笔者提供了借鉴和参考:一、何为钦差大臣,作者未明确说明。作者还混淆了不同类型的钦差。二、书名为关于"钦差大臣"的研究,但钦差大臣与钦差有区别,书中某些事例是钦差而非钦差大臣。三、书名时间断限为"清代",实际只研究清代前期的钦差制度而非整个清代。四、较平面地论述清代的钦

---

① 李顺民:《清初钦差制度发展之研究》,《慈济技术学院学报》2004 年第 6 期;李顺民:《清代雍正朝钦差制度的运作与影响》,《慈济技术学院学报》2012 年第 19 期。

② 张富强:《试论广州钦差大臣制度的形成及其终结》,《广东社会科学》1992 年第 4 期。

③ 李文杰:《中国近代外交官群体的形成(1861—1911)》,生活·读书·新知三联书店 2017 年版;马一:《晚清驻外公使群体研究》,广西师范大学出版社 2019 年版。

差，未立体地、动态地展现钦差在清代不同时段的发展情形。钦差作为清代整个官员队伍的一部分，必然随着清代政治发展的高低起伏而在不同的时期呈现出不同的特点。换言之，清代政治、国势的变化必然影响钦差的发展。

许颖在《清代文官行政处分程序研究》中简单介绍了钦差制度。作者认为，参奏是行政处分之提出程序中的一种方式，其中，钦差查访是参奏中的一种，即钦差在查访之后参奏文官。作者对钦差制度的形成、发展和主要内容，作了概括。作者认为，雍正时期颁布钦差大臣关防，钦差制度基本形成；乾隆初年制定钦差大臣巡视条例，钦差大臣行使权力有了法律依据。派遣钦差的主要作用在于查案、审理京控案件、督办军务。作者指出钦差制度的弊端，派遣钦差给地方官、百姓造成经济负担，地方官巴结钦差等。[①] 李典蓉认为，在乾嘉时期，清代京控案的审理者，从钦差变为督抚再变为道府，道光朝以后，钦差审理京控案减少。她认为钦差审理京控案有三个弊端：1. 导致中央部院官员不能正常供职。2. 部院大臣与地方官员暗中交通，未能秉公审案。3. 钦差出行，给地方造成经济负担。[②]

综上所述，学界对清代钦差大臣的研究，从数量上看，研究成果较少；且在为数不多的研究成果中，学术性文章少，趣味性、介绍性的文章较多，某些研究成果的着眼点不在钦差大臣上。从研究的程度看，缺少综合性的研究，未详细研究清代钦差大臣的各个方面，尤其是整个清代的情况并未完全梳理和考察，存在着较大的可供挖掘的空间。

二、研究方法与特点

钦差大臣在清代政治中扮演了重要的角色，发挥了巨大的作用。如何准确地把握钦差大臣在清代政治中的地位，如何中肯地评价钦差大臣的作用，笔者计划主要从以下两方面考察。

---

① 许颖：《清代文官行政处分程序研究》，中国社会科学出版社 2011 年版，第 78—93 页。

② 李典蓉：《清朝京控制度研究》，上海古籍出版社 2011 年版，第 102—107 页。

(一)中央与地方关系

清代中央与地方之间的关系,仍是传统的中央集权制,而且在集权的程度上得到强化,即清代的中央集权体制发展到中国历史上的最高峰。同时,通过分寄于督抚等措施,达到“中外相维”。另外清代对地方的管理更加法制化、规范化,制定了一系列的则例、省例等。

清朝中央政府制定各种条例对地方进行管理,一方面代表着管理水平的提高,可提高行政效率;但另一方面,限制了地方政府的积极性,官员被束缚在各种条条框框中,疲于应付,举步维艰。而针对中央的严格管理,地方官根据不同情况、内容予以不同形式和程度的反制。

当地方行政出现偏差时,中央政府采取各种措施予以纠正,如更改各种条例,以适应形势的需要。在各种措施中,最直接、最便利的方法当是派钦差大臣处理。

既然已有官员治理地方,为何中央政府又派钦差大臣处理地方事务?其原因何在?在哪些事务上会派出钦差大臣?钦差大臣与地方官员的区别何在?钦差大臣的权力体现在何处?钦差大臣对地方行政的影响何在?其影响是积极还是消极?派遣钦差大臣,体现了皇帝怎样的治国理念?在中央的有关决策中,钦差大臣的意见处于怎样的位置?地方官员如何看待钦差大臣?

例如,在对军队的管理上,督抚提镇均有训练军队的权力与职责,但自乾隆朝始,派遣钦差大臣阅兵,形成了钦差大臣阅兵制度。按照最初的设想,应派部院官员担任钦差大臣到各省阅兵,但在实际执行过程中,又很快变为钦差大臣阅兵和督抚阅兵,且督抚阅兵占多数。即对军队的查阅,呈现出如下的轨迹:督抚—钦差大臣—督抚,为何出现这种反复的情况?钦差大臣查阅军队与督抚查阅军队有何区别?

通过钦差大臣观察清代的中央与地方之关系,可以较多地看到中央给地方施加的影响,而较少看到地方对中央的影响。

（二）动态的制度史

对制度的研究，不应仅仅停留在制度描述的层面，而应关注制度在实际行政中的具体应用，以及制度与人的互动。随着社会的变迁，制度不断发生变化。如《大清律例》，律文有限，案情无穷，于是在律之外又产生例，以应对不同的案情。对制度的研究，应该采用长时段的视角，不能只见树木不见森林。钱穆论研究制度：

> 研究制度，不该专从制度本身看，而该会通着与此制度相关之一切史实来研究。这有两点原因，一因制度必针对当时实际政治而设立而运用。单研究制度本身而不贯通之于当时之史事，便看不出该项制度在当时之实际影响。一因每一制度自其开始到其终了，在其过程中也不断有变动，有修改。历史上记载制度，往往只举此一制度之标准的一段落来作主，其实每一制度永远在变动中，不配合当时的史事，便易于将每一制度之变动性忽略了，而误认为每一制度常是凝滞僵化，一成不变地存在。①

钦差大臣制度是一种特殊的制度。一方面，钦差大臣在清代十分活跃，但《大清会典》对钦差大臣的记载不多，这与钦差大臣在清代政治中扮演重要的作用极不相称。钦差大臣的“尴尬”处境与军机处一样，在清人眼中，军机处是“最高权力机构”，但《大清会典》对其记载并不多。另一方面，《大清会典》虽然对钦差大臣没有作出多少制度性的规定，但清代的各种管理理念却已经渗透到钦差大臣制度中，如保密、回避、驿站、奏折等。换言之，清代各项制度的身影都能在钦差大臣制度身上得到体现。

从钦差大臣所办事件看，处理各种案件、突发事件，包括赈济灾害、兴建河工、传达谕令、审理京控案、审理与官员有关的贪污案互控案、统领军队等。除赈济灾害、传达谕令无多大变化外，其他钦差大臣所办事件在不同时期呈现出不同的变化。

---

① 钱穆：《中国历史研究法》，生活 · 读书 · 新知三联书店 2001 年版，第 33 页。

清代社会的变化怎样体现在钦差大臣制度上?不同的时代,钦差大臣所办事件的内容不一样,其不同的内容体现在何处?反映了清代怎样的社会问题?这些变化对钦差大臣办事提出哪些新的要求?清代皇帝如何看待、处理社会的变化?

钦差大臣在清代政治的重要作用,并没有一套相对明晰、规范、完整的管理制度,其原因何在?又怎样对钦差大臣进行管理?不成文的制度如何约束钦差大臣?制度与钦差大臣的互动怎样?清代由少数民族即满族建立,满汉关系始终或隐或现地影响着清代政治,满汉关系如何影响着钦差大臣?

在前人研究的基础上,笔者从整体上和宏观上把握清代的钦差大臣。在撰写中,坚持:

一、动态地考察钦差大臣。钦差大臣是清代政治的重要内容,清代钦差大臣的发展、影响必然随着清代政治的发展而发生变化。换言之,钦差大臣在不同的发展阶段扮演不同的角色,发挥不同的作用。笔者将从不同的角度尽可能地展现钦差大臣的面貌。

二、实际运作中的钦差大臣。清代各种典章制度中关于钦差大臣的内容并不多。作为官员队伍的成员,钦差大臣必须遵守对整个官员队伍进行约束的行为规范,但在实际运作中,钦差大臣的地位发生了变化,钦差大臣的实际运作呈现出异样的形态。

本书沿着人、制度、制度与人的互动之思路,开展对清代钦差大臣的探讨,注重时代变迁中的制度与人的变化。全书分绪论、正文、结语三大部分,其中正文分六章,既追溯钦差大臣的历史源流又总结清代钦差大臣的特点,既概括清代钦差大臣所展现的总体特征又重视不同时期钦差大臣的新面貌,试图将钦差大臣置于具体的时空中。

在咸丰朝,太平天国运动兴起,清朝的统治开始全面松动,加之列强对中国侵略的持续加深,清朝的国势持续衰弱,清代钦差大臣制度随之出现新的变化,钦差大臣所处理事务的内容也出现新变化,故本书所讨论的清代钦差大臣,研究时间段限制在顺治至道光六朝(1644—1850)。然在具体的行文中,对道光朝以后各朝的钦差大臣偶有涉及,以保持论述的连贯性。

在史料的运用上,本书使用常见的、易获得的史料,其中使用较多的是《清实录》和已出版之康雍乾三朝档案,如满汉奏折、上谕档,辅以文集、年谱、笔记等资料。文集以《清代诗文集汇编》中的清人文集为主;年谱以《北京图书馆藏珍本年谱丛刊》中担任过钦差大臣的清人年谱为主。

第一章　钦差源流与清代的钦差大臣

任何一项制度，都有其产生、发展和消亡的过程。钦差大臣制度是清代政治制度的一个重要组成部分。"钦差"一词在明清时期被广泛使用，在元代以前无钦差之名而有钦差之实。

第一节　明代以前的"使"

钦差在明代以前多称使，有使者、使臣、使节等多种名称。东汉许慎《说文解字》："使，伶也。"①可见使的本意是命令、派、差遣。"使职远远早于正规的职事官员编制。使职才是正规官制起源最早的'种子'。中国（甚至整个世界）的正规职官编制，实际上都建立在使职基础上。换句话说，人类先有使职，然后才发展出正规官制，决非先有官制，然后才有使职。""使职是人类社会最早的、最原始的一种任命方式。这也是人类最本能的一种举动：权力比较大、地位比较高的人，必然会命令权力比他小、地位比他低的人来为他做事，特别是一些他无法亲身执行，或不便执行的事。"②换言之，某一类人经常执行某种任务，久而久之，就会形成一种新的官职。如汉代的郎将常出使，形成了使

① 许慎：《说文解字》卷8，江苏古籍出版社2001年版，第165页。

② 赖瑞和：《为何唐代使职皆无官品》，《唐史论丛》第14辑，陕西师范大学出版社2012年版，第327页。

匈奴中郎将和主征伐之中郎将。[①] 由使职演变为职事官的事例，反复出现，较著名并为众人周知者如汉代的刺史、唐代的诸多使职、明清的督抚等。

文献记载最早的使者，当属《史记》中记载的尧帝时期治水的鲧。[②] 在周代，已有比较完整的与钦差有关的官职设置。《周礼·秋官》中设有行人一职，专门负责接待使者，行人也担任使者，出使各诸侯国。春秋时期，周天子式微，礼乐征伐自诸侯出，后又变为礼乐征伐自大夫出。各诸侯国之间在相互战争、兼并的同时，不断地举行朝、会、盟等外交活动，各诸侯国之间的使者往来非常频繁。

秦汉时期，随着中央集权的确立，中央选派人员办理各种事务。西汉的"绣衣使者"，秩低权重，赴地方奉行捕盗、治狱等特殊使命。[③] 汉代隶属于光禄勋（掌宫廷禁卫）的郎将多出差。"郎将本宫廷禁卫军之官员，因亲近，往往受信任而外派担任临时性之任务。"郎将担任与其本职无关之工作，共有15种情形，除"校书""教读太子、诸王"外，其余如使监诸侯王丧事、使往令行丧之大臣释服、使往求雨、使行风俗、使治明堂辟雍、使问学术之异同等，多属于使者。[④] 汉代侍从宫中、又无行政职务的大夫，"常受派遣为皇帝之使者，代表皇帝出使国内外。"[⑤]两汉的刺史，是制度化的使者。汉武帝时期，将全国划分为13个监察区，各区设刺史（京师地区为司隶校尉），以"六条问事"监察各地，年终回京奏报。东汉末年，刺史从专职的监察官转变为地方行政长官。

在南北朝时期，比较重要的使者是在各地巡行的使者，称为遣使巡行。与刺史不同的是，南北朝时期的遣使巡行之职责范围扩大，凡考课、监察、赈恤、

---

① 参见廖伯源：《秦汉史论丛》（增订本），中华书局2008年版，第46—69页。

② 张纪伟：《明代钦差官员与天津及附近地区》，第9页。

③ 黄今言：《汉代"绣衣使者"试释》，载郑州大学历史学院编：《高敏先生八十华诞纪念文集》，线装书局2006年版，第142—151页。

④ 廖伯源：《秦汉史论丛》（增订本），第39—46页。

⑤ 廖伯源：《秦汉史论丛》（增订本），第193页。

举贤、教化等,都属于遣使巡行的职责。南北朝是遣使巡行制度的兴盛时期,但南朝和北朝的遣使巡行又有各自不同的特点。自然灾害的频繁发生,使救灾成为南朝遣使巡行的一个工作重点。北朝的遣使巡行有专职化、区域化的特点,并出现常设性巡使。① 南北朝时期的遣使巡行制度,在隋代和唐代前期继续得到发展、完善。

在唐代,使者的政治权力、活跃程度及其对国家政治的影响,迅速上升,甚至有“为使则重,为官则轻”之说。② 在唐代,为获得地方真实和完整的信息,朝廷派遣使臣了解和监察地方州县情况,主要有御史出巡、使臣派遣和宦官出使三种方式。③ 唐代的使者有专门的名称,如节度使、观察使等。不同的使者有各自不同的专门名称,应是源于北朝。北朝时,有约20个专门的使者名称,如和籴使、检户使、括户使、赏勋使等。④ 以上使者的名称后演变为使职的名称。唐代的使职名称约有350个,⑤较之前代,使职名称急剧增加。

《册府元龟·奉使部·总序》对宋代以前的使者有很好的总结:

> 《周官》小行人之职掌,使适四方,达天下之六节。又行夫,掌邦国传遂之小事。……春秋、战国,虽或兵交,而使在其间矣。自周及秦,常以岁八月,遣輶轩之使,采异代方言。……汉制,奉敌书使者乘驰传,则使者之称其来旧矣。……唐室以降,踵事增名,则有巡察、黜陟、采访、处置、按察、宣劳之类,分道而往,领命尤重。大率以交聘敌国,通接殊邻,劳来远方,安辑新附,慰抚兵役,分给赈赐,采风俗之厚薄,询民事之劳逸,究吏治之能否,察狱讼之冤正,搜访遗滞,刺举奸滥。或购求坠简,或奉行宠典,于以宣畅皇风,敦谕诏旨,广天听而斯远,俾物情之无拥。⑥

---

① 武剑青:《南北朝遣使巡行制度探讨》,郑州大学2006年硕士学位论文,第2页。

② 李肇:《唐国史补》卷下,上海古籍出版社1979年版,第53页。

③ 谢元鲁:《唐代中央政权决策研究》,文津出版社1987年版,第146—158页。

④ 武剑青:《南北朝遣使巡行制度探讨》,第38—39页。

⑤ 宁志新:《隋唐使职制度研究(农牧工商编)》,第91页。

⑥ 王钦若等修:《册府元龟》卷652,《景印文渊阁四库全书》第913册,台湾商务印书馆1983年版,第585—586页。

从《册府元龟》的介绍可知,从周至唐,使臣办理事务的内容,逐渐变得广泛。宋元时期,使者派遣依旧广泛存在。

除向"国内"派遣使者外,还可向"国外"派遣使者。在群雄并起的"分裂"时期,使者众多,如春秋战国、三国两晋南北朝、五代十国、宋辽金元等时期。在分裂期间,各方剑拔弩张,战争连绵,生灵涂炭。长期的战争,使各方筋疲力尽,力不从心,于是有了停止对抗和恢复交往的意愿,在战争或对峙间隙,各方坐下来静心谈判,恢复和平的局面;同时,各政权为了争取生存空间,需要相互联系,以取得声援。据统计,在不包括隋朝部分时期在内的南北朝时期(420—581),南北双方共互派使节156次,其中北朝向南朝派遣使节79次,南朝向北朝派遣使节77次。①

毫无疑问,中原王朝在与周边少数民族及其政权、与属国的交往中,常有各种使者的身影。如唐代与边疆地区的民族有使者往来,元代向属国高丽派遣使者。②

很显然,职衔中有"使"字者不一定是使者,如明代的布政使、按察使;或同一职衔中带有"使"字者,在某些时期是使者,在某些时期又不是使者。如唐代的诸多使职,在设立初期属于使者,但使职逐渐固定化后,演变为固定的职官,不再是使者了,节度使、观察使是也。

"钦差"一词,最早应出现在元代文献中。关汉卿《感天动地窦娥冤》第四出中提到:"老夫是朝廷钦差带牌走马肃政廉访使";③又杨显之《潇湘秋夜雨》第四折云:

> 往来迎送不曾停,廪给行粮出驿丞。管待钦差犹自可,倒是亲随伴当没人情。小可是临江驿的驿丞,昨日打将前路关子来,道廉访使大人在此

---

① 梁满仓:《南北朝通使刍议》,载《汉唐间政治与文化探索》,贵州人民出版社2000年版,第305页。

② 李大龙:《唐朝和边疆民族使者往来研究》,黑龙江教育出版社2001年版;苗冬:《元代使臣研究》,第194—203页。

③ 蓝立蓂校注:《汇校详注关汉卿集》,中华书局2006年版,第1123页。

经过,不免打扫馆驿干净,大人敢待来也。①

以上两例提到钦差,均指官员,且均指钦差为廉访使。

第二节 明代钦差的出现

明代之前的钦差有"天使""使星"等多种名称。② 从明代始,"钦差"一词逐渐取代"使",成为受皇帝派遣办理事务之人员的称谓。

一、明代对"钦差"一词的使用

"钦差"一词出现在明代官方文献中,最早可追溯到洪武、永乐两朝流行的《大诰》。《御制大诰·皂隶殴旗军第十七》(洪武十八年十一月颁行)云:

苏州府昆山县皂隶朱升一等,不听本县官李均约束,殴打钦差旗军,罪至极刑。若旗军纵有赃私,所司亦当奏闻区处,安可轻视。

《御制大诰·皂隶殴舍人第十八》云:

金华府县官张惟一等,出备银、钞、衣服等项,赍送钦差舍人。舍人不受,就欲擒拿,特令府官封收其物。府官自知其难,舍人临行,其府官发忿,故纵皂隶王讨孙等殴打舍人。事觉,皂隶断手,府官之罪,又何免哉。

洪武二十年(1387)颁行的《大诰三编》,提到"钦差旗军"捉拿人犯、查抄家产。③

受皇命临时差遣者,在明代以前多称"使",而在明代,"钦差"一词逐渐流行。转变的原因是:自唐代始,使职差遣演变成制度后,"使"字"更多地成为对常规官职官员的称呼","'钦差'一词本身的含义更能体现君主集权的意

① 杨显之:《潇湘秋夜雨》,载孟称舜辑:《新镌古今名剧柳枝集》,《续修四库全书》第1763册,上海古籍出版社1995年版,第370页。

② 梁章钜:《称谓录》卷23《钦差》,福建人民出版社2003年版,第411—412页。

③ 杨一凡:《明大诰研究》,江苏人民出版社1988年版,第7、8、142、212—213、348、357页。

义”,而“朱元璋的个人因素促使其寻求一种具有更强专权色彩的词汇”,“钦差”一词便在官方文献中应运而生。① 然“钦差”一词在明太祖时期并不常见。在《高皇帝御制文集》中无“钦差”一词,而多用“特差”一词,特差其实就是钦差。又洪武二十六年(1393)三月刊行的《诸司职掌》,只有两次提到“钦差”一词。《诸司职掌·兵部·驿传·应合给驿》云:“钦差各部官、监察御史往各处追问等项,并带去问事人、监生、书吏人等,水路驿船,陆路驴疋。”《诸司职掌·都察院·追问》云:“凡在外军民人等赴京,或击登闻鼓,或通政司投状,陈告一应不公枉等事,钦差监察御史出巡追问”。②《诸司职掌》(明刻本)两次提到“钦差”,并未将“钦差”二字抬头。

至嘉靖(1522—1566)年间,“钦差”一词在公文中被广泛使用。刑部郎中雷梦麟的《读律琐言》明确提示:“钦差”一词,属于“第一抬头”之词。③

二、明代的钦差

整体观之,明代的钦差可分为两种:一种是以差为差的临时性钦差,一种是以官为差的固定性钦差。

以差为差的临时性钦差,受命于皇帝,临时外出办理某种事务,如赈济、审理案件、捉拿人犯等。此种性质的钦差,在明代以前各朝代均有之,明代也不例外,不详述。

需要重点介绍的是明代以官为差的固定性钦差。所谓固定性钦差,可从两方面来理解:一、他们始终是差,或带有中央官的职衔,并非地方官,或他们的职衔中有“钦差”二字,以区别于其他地方官。二、他们所办事务具有浓厚地方色彩。以官为差的固定性钦差的形成,不是在一朝一夕之间或一道政令所能完成的,在最初出现时,他们是以差为差的临时性钦差,只是这种“临时

① 参见张纪伟:《明代钦差官员与天津及附近地区》,第12—13页。

② 《诸司职掌》,《续修四库全书》第748册,第729、777页。

③ 雷梦麟:《读律琐言·附录·御览揭帖式》,法律出版社2000年版,第567页。

性"后来经常化、常态化,就成了固定化。换言之,以官为差的固定性钦差是"半个钦差兼半个地方官"。

明代的固定性钦差,种类繁多。明人敖英(1479—约1552)《东谷赘言》云:

或问:方面官有称钦差不称钦差者,何也?

予曰:国初设官分职,咸有定额。往莅职掌者领部檄焉,皆不领敕,不称"钦差"。其后因事繁难,添设职掌,按察司如提学、屯田、兵备、边备、巡海、抚民之类,察院如清军、巡茶、巡盐、巡关之类,都察院如巡抚、巡视、总督河道、总督漕运、提督总制军务之类,皆领专敕,各于职衔上加"钦差"二字。于此以见前项职司俱出自朝廷处分,非吏部专擅也。①

明人朱舜水(1600—1682)云:

巡按、各道,俱钦差。巡抚虽系钦差,其官衔无"钦差"字样。布政司、按察司、都司、府县,俱守土官。②

清人薛允升(1820—1901)云:

钦给关防,大抵系钦差所掌。督抚、提学,钦差也。兵备、屯田、水利等官亦是。至巡道一项,不在钦差之列。前明外省未设督抚以前,布、按驻扎省会,总理庶政,提点刑名,各道周历郡城巡察,武职总兵以下,皆受兵备道节制,其体制与今之钦差无异。故自监司以上大员,所掌关防,皆为钦给。此又钦给关防之原委也。③

张纪伟在《明代钦差官员与天津及附近地区》一文中对明代钦差有分类,但不够清晰。④ 笔者依据敖英、朱舜水、薛允升的记载和张纪伟的研究,重新将明

① 敖英:《东谷赘言》卷下,《四库全书存目丛书》子部第102册,齐鲁书社1997年版,第429页。

② 朱舜水:《朱舜水集》卷11《问答三·答安东守约问三十四条》,中华书局1981年版,第398页。

③ 薛允升:《唐明律合编》卷19《盗印信》,法律出版社1999年版,第513页。

④ 张纪伟:《明代钦差官员与天津及附近地区》,第14—26页。

代固定性钦差分为以下五类。

第一，地方文官系统的钦差。如兵备道、分巡道、提学道、海防道等。

第二，都察院（在明代以前为御史台等名称）系统的钦差。

在历代官员中，都察院系统的官员出差机会最多，担任钦差的概率也最大。总督、巡抚、巡按、操江等，都属于都察院系统的钦差。此外，都察院的诸多御史，如“巡盐、巡茶、巡马、提学、清军、巡关御史，皆称钦差。”①巡漕、巡河、巡江、巡仓等御史也是钦差。②

朱舜水认为巡抚的官衔无“钦差”字样，误；薛允升认为巡道不是钦差，亦误。巡抚的官衔中有“钦差”字样、巡道是钦差之例证有很多，各举两例，如“钦差提督军务巡抚四川等处地方都察院右佥都御史臣艾穆”“钦差巡抚江西等处都察院右佥都御史臣陈有年”“钦差整饬兵备分巡建宁道按察司佥事”③“赐进士第出身钦差整饬武德兵备山东按察司副使陈亮采”。④

以上是敖英、朱舜水、薛允升列举的两种系统的钦差。但明代钦差的名目，远不止此。

第三，河工、漕运系统的钦差。

河工、漕运系统的钦差众多，除敖英所论的总督河道、总督漕运等钦差外，另有其他名目的钦差。明人谢肇淛（1567—1624）在《北河纪·河臣纪》中提到众多钦差：

> 钦差巡漕兼理河道监察御史一员。岁一差。
>
> 钦差巡盐兼理河道监察御史一员。岁余一差。
>
> 钦差提督河道工部都水司郎中一员。驻张秋。三年一差。

① 陈建：《皇明通纪法传全录》卷10，《续修四库全书》第357册，第174页。

② 对明代各种御史的专题研究，可见吴智和教授主编的《明史研究专刊》第14期（2003年8月出版）、第15期（2006年8月出版）。

③ 转引自张纪伟：《明代钦差官员与天津及附近地区》，第24、25页。

④ 陈亮采：《七克篇序》，载黄兴涛、王国荣主编：《明清之际西学文本》第1册，中华书局2013年版，第44页。

钦差提督泉源兼理南旺、济宁闸座工部都水司主事一员。旧驻宁阳，今移济宁。三年一除。

钦差管理砖厂兼管临清闸座工部营缮司员外郎一员。驻临清。三年一差。

钦差漕河道副使一员。或参政、佥事。驻淮安府。往来催趱漕粮，兼视河道。

钦差管理河工水利济宁兵备道副使一员。驻济宁州。

钦差分巡东昌兵备河道副使一员。驻临清州。

钦差天津兵备河道参政一员。或副使。驻天津。①

第四,宦官系统的钦差。

就实际权势而言,明代宦官不及汉、唐的宦官,但明代宦官有新的特点,即外官化和制度化。“无论从机构的固定设置,还是权力的法定赋予,明代宦官都上自中央,下至地方,形成了一个内官系统,与早已有之的文官系统、武官系统三权分立,突破了以往文武并立的‘双轨’体制,进入‘三权分立’格局。”②明代在地方的宦官有镇守太监、守备太监、监视太监等名目,他们都属于钦差。“国初各省直皆有钦差内官镇守、监枪等项,与同该省文武将吏协同行事,体访官员得失、军民利弊,其间征收税课,进献土产,以济国用,相沿已久。”③

第五,武官系统的钦差。

“总兵、抚、按等官,俱系钦差人员”。④ 如嘉靖年间,都察院右佥都御史巡抚宁夏毛伯温升任大理寺丞,宁夏地区的武官等送行,他们分别是:

钦差镇守宁夏太监张镇　　钦差镇守宁夏总兵杭雄

钦差协守宁夏副总兵赵镇　钦差粮屯佥事张崇德

---

① 谢肇淛:《北河纪》卷5《河臣纪》,《景印文渊阁四库全书》第576册,第649页。

② 赵现海:《明代北边镇守太监研究》,《故宫学刊》第6辑,紫禁城出版社2010年版,第17页。

③ 沈一贯:《敬事草》卷4《救包见捷揭帖》,《续修四库全书》第479册,第238页。

④ 毛澄:《题定礼仪以一典章事》,载黄训编:《名臣经济录》卷25《礼部·仪制上》,《景印文渊阁四库全书》第443册,第507页。

钦差右监丞刘福　　　　钦差游击将军李勋
钦差宁夏西路协同王效　　钦差宁夏中路左参将苗銮
钦差东路右参将魏锟　　　钦差西路左参将高显
钦差东路协同沙金①

以上五类钦差，只是粗略分类。此外，明代还有其他名目的固定性钦差，如经略、督师等。僧官中也有钦差。立于嘉靖辛丑年（嘉靖二十年，1541）的《钦差敕建五台山大万圣佑国禅寺碑记》云："钦差兼大圆照寺弘慈翊教国师高庵，钦差提督五台山兼管番汉一带寺院僧录司左觉义明玄、都纲明绪、高僧明量等十一人"。②

明代的钦差众多，源自严守祖宗家法。明代职官的设置，在明太祖时期已经确立。明太祖要求子孙严守家法。他在《祖训》中强调："凡我子孙，钦承朕命，无作聪明，乱我已成之法，一字不可改易。非但不负朕垂法之意，而天地、祖宗亦将孚佑于无穷矣！"又在《祖训条章》中再次强调："自古国家建立法制，皆在始受命之君，以后子孙不过遵守成法以安天下。……后世敢有言改更祖法者，即以奸臣论，无赦！"③明太祖制定的职官制度，应是符合当时社会发展需要的，其对职官的设立，也考虑到了后世的需要，具有一定的前瞻性，以更好地适应后世社会。但社会的发展远非明太祖所能预见，不断出现新的问题，原有的职官不能解决，必须设立新的职官以处理之。因而，明太祖的子孙，便在不变乱祖制不违背祖训、不背负恶名而又设立新的职官以处理新问题的双重条件下，采用折中方法，设立皇帝的特差官员即钦差以解决问题。

例如总督、巡抚的设立。洪武时期，地方设行中书省，后废之，由布政使司、按察使司、都指挥使司三司理事，三司各行其职，互不统属，但缺乏统一的

---

① 毛伯温：《毛襄懋文集》别集卷9《抚夏集》，《四库全书存目丛书》集部第63册，第463页。

② 《五台山研究》1997年第4期。

③ 《明太祖实录》卷82、卷241，洪武六年五月壬寅、二十八年九月庚戌，台湾"中央"研究院历史语言研究所1962年校印本，第2、4册，第1471、3503—3504页。

领导,易造成推诿,不能处理紧急事务。于是,中央派遣官员总领一方,以加强管理,出现总督、巡抚。当然,总督、巡抚的设立及其职权的形成,并非一蹴而就,而是经过较长的时间才逐渐固定下来。① 明代总督的正式官名多为“兵部侍郎兼都察院×都御史总督×地方军务”,巡抚的正式官名多为“都察院×都御史巡抚×地方”,表明他们是中央官;总督和巡抚都有“基本固定的治所,较为明确的辖区”,具有地方官的基本特征、基本要素。明代的总督和巡抚,“一方面始终是以中央都察院、兵部堂官身份派遣到地方的‘差职’,另一方面又具有越来越浓厚的总揽一方大权的地方正式长官的色彩。”②例如,周忱任南直隶巡抚约 21 年,于谦任河南巡抚约 17 年,③很显然,不可能出差长达 21 年或 17 年;与其说是出差,不如说是久任地方官,更贴近实际情形。

又总兵等武官系统的钦差。“一方面是卫所为明军的基本编制;另一方面却是卫所逐步由战时军事建制向驻防、屯种乃至预备兵编制转化。”④为解决此矛盾,遇有战事,皇帝命将充任总兵等各级军官,形成武官系统的各种钦差。“前明之参将、游击皆钦差官,与督抚同,非守土官也。”⑤但卫所制度未被废弃,一直残存到清代。

纵观明代历史,总督、巡抚、道、总兵等固定性钦差之名目,大多可追溯到明太祖时期,⑥明太祖之后的皇帝只不过袭用其名并将之常态化。在常态化的过程中,钦差的权力、职责越来越明确,越来越具有浓厚的地方色彩;至清代,这些职官就从钦差官变成了真正的地方官。

---

① 关文发:《试论明代督抚》,《武汉大学学报》1989 年第 6 期。

② 靳润成:《明朝总督巡抚辖区研究》,天津古籍出版社 1996 年版,第 1 页。

③ 张哲郎:《明代巡抚研究》,文史哲出版社 1995 年版,第 185、187 页。

④ 方志远:《明代国家权力结构及运行机制》,科学出版社 2008 年版,第 194 页。

⑤ 袁枚:《随园随笔》卷 9《明参将、游击非守土官》,王英志主编:《袁枚全集》第 5 册,江苏古籍出版社 1993 年版,第 134 页。

⑥ 肖立军:《明代省镇营兵制与地方秩序》,天津古籍出版社 2010 年版,第 131、151、172、194—196、243 页;张哲郎:《明代巡抚研究》,第 17 页;谢忠志:《明代兵备道制度》,宜兰明史研究小组 2002 年版,第 23 页。

第三节 清代的钦差

一、钦差的含义

什么是钦差？钦差是奉皇帝命令办理事务的人员。

钦有敬、恭之意，如明人张自烈《正字通》言：“御音曰钦敕，御使曰钦命，俗曰钦差。”①《康熙字典》对“钦”字的解释也引用了《正字通》的说法。②“钦”与皇帝有关。朱舜水说：“今鲁王（朱以海，1618—1662）监国，行天子事，故称‘敕’，称‘钦此’、‘钦遵’、‘钦哉’”。③ 监国不是天子，但监国行使天子的权力，故用“敕”字、“钦”字。又嘉庆十二年（1807），浙江温州府平阳县有“民变”，时江苏按察使百龄奉命前往办理：

> 甫入境，即有披执迎马首者，询之则温协也。公下车握手，与讲均礼，大喜。公馆拜会，言：“知公督部，谨率卒四百备仪卫。”公正色曰：“无事则同僚，办事则予固星使也。”盖阿公（闽浙总督阿林保）入奏，得旨以公补江苏臬使，即以为此案钦差矣。④

差是办理事务。嘉庆《大清会典》云：“钦派曰差，各衙门堂官所派曰委。”⑤此论不完全正确。皇帝所派是差，各部院衙门堂官所派可称差也可称委，如部差、部委、各部差官等。地方官也可派出差、委，如差役、差员、委员等。“委”字多与地方官有关，尤其是督抚。《大清律例》云：“他县奉督抚差委盘查者，准其动用民夫”。⑥ 在中国生活 40 多年的美国传教士、汉学家、外交官卫三畏

① 张自烈：《正字通·辰集下·欠部·钦》，《续修四库全书》第 234 册，第 576 页。

② 《康熙字典》卷 15《欠部·钦》，《景印文渊阁四库全书》第 230 册，第 93 页。

③ 朱舜水：《朱舜水集》卷 10《问答二·答安东守约问八条》，第 370 页。

④ 许仲元：《三异笔谈》卷 3《平阳案》，重庆出版社 1996 年版，第 72 页。

⑤ 嘉庆《大清会典》卷 6《吏部·文选清吏司一》，《近代中国史料丛刊三编》第 64 辑第 631 册，文海出版社 1966 年版，第 225 页。

⑥ 田涛、郑秦点校：《大清律例》卷 22《私役民夫抬轿》，法律出版社 1999 年版，第 361 页。

(1812—1884)介绍了“委员”的派遣:“总督、巡抚以类似方式派出自己的代表和专使,称‘委员’,到省内各地;甚至州、府、道也可以派出代表。”①

钦差多由现任官员充任,但也有致仕官、开缺丁忧官充任。

需要注意的是,判断一个官员是否是钦差,还需要从三个维度去考虑:1. 皇帝是否认为所派人员是钦差;2. 出差人员是否自认为是钦差;3. 下级官员是否认为上级所派人员是钦差。在某些情况下,某些官员被地方官认为是钦差,而皇帝认为其不是钦差;或地方官先认为派来的官员是钦差,后又认为其不是钦差。换言之,一个官员是否是钦差,是相对的,与其所处理的事务、其本职资格的大小、与其他官员的关系等因素有关。一般而言,经皇帝认可的钦差就是钦差。

例如,司官、笔帖式的品级较低,在外出差,经常被地方官认为是钦差,但皇帝又认为他们不是钦差。康熙帝曾言:“凡御前奉差之人及皇子、诸王、公主经过之处,地方官理宜迎接请安;至于部院衙门差去审事司官及笔帖式回京之日,岂尽人人面奏,地方官于彼经过时跪请朕安,无谓甚矣。此乃不知礼之人创为此例。”康熙帝以为,在钦差面前向皇帝请安,制度使然,也理所当然,而在部院衙门派出的审事司官和笔帖式面前向皇帝请安,乃不知礼。显然,一般而言,部院衙门派出的审事司官和笔帖式不是钦差。钦差回京后须向皇帝复命,地方官的请安可通过钦差转达而为皇帝获知,而司官和笔帖式的品级低,不一定向皇帝复命,在他们面前向皇帝请安,皇帝不会得知。② 又雍正帝批评织造衙门的官员以钦差自居:

> 织造本非大员,而在外体统,任意僭越。至于司库、笔帖式,官职尤卑,乃以钦差为名,妄自尊大,与督抚拜帖,称呼俱用平行礼,妄诞已极。嗣后着严行禁止,傥有以片纸只字干谒地方官及不按品级规矩僭越妄行

---

① [美]卫三畏:《中国总论》,陈俱译,上海古籍出版社 2014 年版,第 311 页。

② 《清圣祖实录》卷 210,康熙四十一年十月丁酉,第 6 册,中华书局 1985 年版,第 131 页。

者，定行从重治罪。①

织造是钦差，织造衙门的司库、笔帖式也自认为是钦差，与督抚平行往来，督抚似乎也接受了司库、笔帖式的钦差身份。又雍正十年（1732），光禄寺卿王澔到山东赈济，高傲自大，标新立异，引起山东诸多官员的不满。“以钦差自命，出示晓谕；知府打恭，竟不下轿；语言稍拂，其意即毅然作色；州县而下，呵斥自由。一切光景，无非夜郎自大。并不下乡细查，一味要多，擅作主张。”山东官员以其“自行奏请来（山）东效力，原非钦差可比”②，质疑其钦差身份。当王澔初到山东时，山东官员认可了他的钦差身份；后王澔的所作所为令山东的官员甚为失望，其钦差身份随之遭到质疑。可见，王澔的钦差身份不在于是否被皇帝认可，而在于是否被山东官员认可。若王澔言行谨慎，谦逊有礼，办理赈济事务时与山东官员齐心协力，他的钦差身份会被山东官员一直接受，直至赈济事宜完毕，不会出现山东官员中途质疑其钦差身份的尴尬情形。

二、钦差的分类

与明代一样，清代的钦差可分为两种：一种是以差为差的临时性钦差，一种是以官为差的固定性钦差。

清代以差为差的临时性钦差，如办理审理案件、赈济灾害等事务。临时性钦差由皇帝临时派遣，故多不能知晓会因何事派遣钦差；但某些事件发生后，派遣临时性钦差的概率较大。换言之，某些临时性钦差的派遣仍有“规律”可循。如以下五类：

第一，祭告各地山川岳渎、历代帝王陵寝的钦差。清代每遇大典，如重大庆典（如皇太后加徽号、新君登基）、重要战功（平定噶尔丹、平定三省白莲教之乱等）等之后，派出钦差祭告。雍正《河南通志》云：“自古帝王受命，为天地

① 《清世宗实录》卷118，雍正十年五月戊辰，第8册，第565页。

② 中国第一历史档案馆编：《雍正朝汉文朱批奏折汇编》第22册，第508折，雍正十年六月初三日奏，江苏古籍出版社1991年版，第627页。

山川百神之主,则必敬修祀典,以报答神贶。凡国有大庆,必遣官祭告岳渎。"①又佟赋伟云:"国家有大礼大庆,祭告天下名山大川、历代帝王陵寝,使者专往"。② 清代因事祭告黄帝陵共47次,可细分为三类:1.与皇帝继统、皇位传承相关者;2.与军国大事相关者;3.与后宫礼制相关者。③

第二,将实录、圣训、玉牒、册宝恭奉盛京尊藏的钦差。实录等重要文献典籍在纂修制作完毕后,由京派遣钦差大臣送往盛京尊藏。

第三,颁布诏书的钦差。重要诏书,专遣钦差往各地颁布。如即位诏,"初元新诏下凉州,远遣词臣出凤楼。"④

第四,册封、致祭蒙古王公。凡达到一定品级的蒙古王公,均派钦差册封,其亡后,派钦差致祭。

第五,乡试考官。明清时期乡试的举办时间几乎是固定的;只有在重大自然灾害或战争等特殊情况下,乡试才会改期举行。

明代以官为差的固定性钦差,多由以差为差的临时性钦差发展而来。而清代的某些以官为差的固定性钦差,在最初设置时便是固定性钦差,如巡台御史、巡察御史、观风整俗使等。

与明代相比,清代以官为差的固定性钦差可分为以下三类。

第一,继承、发展了明代的部分钦差。

织造。明代的织造官由太监担任,清代的织造官主要由内务府官员担任。清代的织造依然是钦差。江宁织造曹寅(号楝亭)在一份碑记中书写职衔:"康熙五十年(1711)正月二十六日,钦差江宁织造、巡视两淮盐漕、通政使司

① 田文镜等监修:雍正《河南通志》卷48《祠祀》,《景印文渊阁四库全书》第537册,第1页。

② 佟赋伟:《二楼纪略》卷1《扶杖瞻天记》,《续修四库全书》第1176册,第458页。

③ 黄爱平:《清代的黄帝祭祀与文化认同》,《故宫学刊》第4辑,紫禁城出版社2008年版,第293页。

④ 蒋薰:《留素堂诗删》卷3《马昼初翰林诏使甘肃有怀》,《四库未收书辑刊》第7辑第19册,北京出版社2000年版,第117页。

通政使曹寅谨记。”[①]清人知晓织造不是地方官而是钦差。一笔记载：“康熙中，曹楝亭寅为江宁织造。每出，拥八驺，必携书一本，观览不休。人问公何好学，曰：‘非也，我非地方官，而百姓见我必皆起立，我心不安，故借此以遮眼耳。’”[②]

关差、盐差。雍正帝总结各地榷关、盐务的管理，无非两种方式，“或用钦差专辖，或令督抚兼理”。[③]

学政。雍正四年(1726)十一月，雍正帝以为：“向来定例，由翰林科道简用则为学院，由部属简用则为学道，不论其现任之职掌，但论其前任之官职，似未允当。应作何画一之处，着会议具奏。”寻议：“郎中等官奉差督学者，应一体称为学院。”雍正帝又补充，凡郎中等官任学政者，均加编修、检讨之衔。[④]“雍正朝将学政由学道都改为学院，在体制上完成了一项变革，各省提学之官不再与地方督抚有统属关系”。[⑤] 学政本职资格不断提高，从最初的检讨、编修充任学政，到嘉道时期，不乏侍郎充任学政者。概言之，文风盛的省份，学政的本职资格较高；文风不盛的省份，学政的本职资格较低。

第二，停止了明代的部分钦差。

由太监充任的钦差。清代太监的权势较明代已大为减弱，太监的职责为宫廷洒扫，不与政事。明代的镇守太监、守备太监、监视太监等派往外省的太监，在清代已经停止。“自同治年间之后，清代宦官势力呈现出了不断增长扩张的趋势。”但“清末的宦官得势，仅是中国宦官制度最终灭亡之前

① 胡绍棠笺注：《楝亭集笺注·楝亭文钞·重葺鸡鸣寺浮图碑记》，北京图书馆出版社2007年版，第580页。

② 吴翌凤：《逊志堂杂钞·丁集》，中华书局2006年版，第66页。

③ 《清世宗实录》卷16，雍正二年二月丙午，第7册，第268页。对清代榷关的研究，见祁美琴：《清代榷关制度研究》，内蒙古大学出版社2004年版。对盐政的研究，见王士铭：《清代前期巡盐御史差遣制度的变迁》，载《“社会·经济·观念史视野中的古代中国”国际青年学术会议暨第二届清华青年史学论坛论文集》下，2010年，第868—904页。

④ 《清世宗实录》卷50，雍正四年十一月辛卯，第7册，第750页。

⑤ 王庆成：《清代学政官制之变化》，《清史研究》2008年第1期。

的回光返照。”[①]同治八年(1869),六品太监安德海自称钦差,往江南采办龙袍,一路招摇过市。山东巡抚丁宝桢以“我朝列圣相承二百余年,从不准宦官与外人交结,亦未有差派太监赴各省之事”等理由将安德海拿获,后安德海被就地正法。[②]

明代有秋审遣刑部司官会同督抚审决例,顺治年间沿其制。顺治十三年(1656),改派三法司堂官,顺治十四年又改回旧例,康熙五年停止派遣。[③]

明代的许多御史在清代被停止派遣,如巡视茶马、巡关、巡按等御史,其中影响最大者为停止派遣巡按御史。清代的巡按御史仅存于顺治一朝,巡按御史在顺治朝“多灾多难”。顺治朝的巡按御史四遣四停:第一次,从元年五月到七年四月;第二次,八年三月到十年五月;第三次,十二年七月到十七年七月;第四次,十七年十一月到十八年五月,前后共计十三年零六个月。[④] 顺治朝共派遣巡按御史163人,197人次,均为汉人和汉军旗人,以汉人为主,无满洲旗人、蒙古旗人和蒙古人。[⑤]

督抚、各种道员,从明代的钦差演变为清代的地方官。明代督抚的地方官性质已经十分明显;至清代,督抚的地方化趋势在明代的基础上进一步加深,布政使、按察使、道府州县官员成为督抚的下属。在观念上,官方把督抚看成地方上的最高官员:康雍两朝的《大清会典》同《大明会典》一样,“把督抚列于都察院之下”,但又有“外官如督抚、提镇、两司”之自相矛盾的说法;而到乾隆三十二年(1767),《清朝通典》和《清朝通志》“正式将督抚列于地方官员之首”。[⑥] 虽然清代的督抚已经是地方官了,但仍然保留有钦差的痕迹。如督抚

① 余华青:《中国宦官制度史》,上海人民出版社1993年版,第505页。

② 丁宝桢:《丁文诚公遗集》卷7《太监出京招摇饬拿审办折》《拿获私逃出京太监遵旨正法折》,《清代诗文集汇编》第679册,上海古籍出版社2011年版,第200—202页。

③ 《钦定皇朝文献通考》卷206《刑考十二》,《景印文渊阁四库全书》第636册,第729页。

④ 宋建设:《清初巡按研究》,东北师范大学2006年硕士学位论文,第5—7页。

⑤ 王庆成:《清初巡按御史》,《燕京学报》新11期,北京大学出版社2001年版;吴建华:《清初巡按制度》,《故宫博物院院刊》1987年第2期。

⑥ 徐春峰:《清代督抚制度的确立》,《历史档案》2006年第1期。

衙门无属官，而布政使、按察使衙门有经历、照磨等属官；[①]在用印上，正规职官用印信，差遣官用关防，已是地方官的清代督抚应用印信，却继续使用关防。清代的督抚在属官、印信上与布政使等地方官的区别，沿袭明代制度而无更改。

乾隆十八年，停止道员的参政、参议、副使、佥事等兼衔，改道员为正四品官。[②] 自此，清代的道员正式成为地方官。道员同督抚一样，不使用印信，而使用关防。

第三，清代新设的钦差。

清代新设的钦差可分为两种：

第一种，存在时间较长的钦差。

清代在边疆地区设立的各种大臣（参赞大臣、办事大臣等），均是钦差。如西藏有驻藏大臣，青海有西宁办事大臣，[③]蒙古地区有科布多参赞大臣、乌里雅苏台参赞大臣、库伦办事大臣，新疆地区有总理各回城事务参赞大臣等。[④] 此类办事大臣存在的时间较长，一直延续至清末。

晚清驻外使节、领事属于钦差。

第二种，存在时间较短的钦差。

在康熙朝有巡台御史。康熙六十年（1721），因台湾有朱一贵之乱，康熙帝决定派遣御史。经九卿议，每年派满汉御史各一员前往巡察台湾，一年更换。康熙六十一年派出两名御史。巡台御史的职责有三：1. 稽查地方，条陈奏事；2. 提督学政；3. 参与地方事务的处理。在乾隆朝，巡台御史改为三年一差，后于乾隆五十三年（1788）裁撤。[⑤]

---

① 张德泽：《清代国家机关考略》（修订本），学苑出版社 2001 年版，第 211、214、215、216 页。

② 《清高宗实录》卷 443，乾隆十八年七月壬午，第 14 册，第 773 页。

③ 西宁办事大臣又称青海办事大臣。仅从实录来看，西宁办事大臣的使用频率比青海办事大臣的使用频率高得多。

④ 王超：《清代乾嘉时期总理各回城事务参赞大臣研究》，兰州大学 2011 年硕士学位论文，第 29 页。

⑤ 李祖基：《清代巡台御史制度研究》，《故宫博物院院刊》2003 年第 2 期。

设而废弃的钦差在雍正朝最多,有巡察御史、巡农御史、观风整俗使、宣谕化导使[①]等。此与雍正帝的任官个性有关。雍正帝任官,“或用人惟贤,或因事授权,往往不拘定制。”[②]除设立各种名目的钦差外,雍正帝对职官设置多有调整,如将康熙朝的闽浙总督改为福建总督和浙江总督,还设有云广(云南、贵州、广西)总督;在总督之外又有协办总督事务一人,在总河(河道总督)之外又有副总河;李卫以浙江总督管巡抚事的身份,管理江苏所属七府五州一切盗案,对江苏事务多有干涉。[③]

在乾隆朝也有宣谕化导使。乾隆八年(1743)二月,以翰林院侍讲邓时敏、刑科给事中倪国琏为上江凤、颍、泗三府州宣谕化导使,以翰林院编修涂逢震、山东道监察御史徐以升为下江淮、徐、扬、海四府州宣谕化导使。但此次派遣的宣谕化导使存在的时间不长。十二月,令宣谕化导使于九年春天回京。[④]

无论是以差为差的临时性钦差还是各种以官为差的固定性钦差,在书写其职衔时,较少出现“钦差”或“钦差大臣”字样。满语动词 takūrambi,意为派、派遣,它的名词为 takūran,意为差使、使命,钦差大臣的满语为 takūraha amban。道光年间一份奏折中有库伦办事大臣的官衔:jecen i baita be uherileme kadalara kuren de tefi baita icihiyara amban,意为总管边务驻扎库伦办事大臣。[⑤] 又光绪朝,奎顺书写其官衔:suwayan olbo etubuhe meiren i janggin i jergi si niyeng de tefi baita icihiyara amban,意为穿黄马褂副都统衔驻扎西宁办事大臣;联魁书写其官衔:daiselaha si niyeng ni baita icihiyara amban

① 史全生:《史贻直与雍正年间的宣谕化导》,《历史档案》2010 年第 1 期。

② 吴振棫:《养吉斋丛录》卷 3,中华书局 2005 年版,第 37 页。

③ 王钟翰点校:《清史列传》卷 10《李卫传》,中华书局 1987 年版,第 969—971 页。

④ 《清高宗实录》卷 185、卷 206,乾隆八年二月癸卯、十二月戊午,第 11 册,第 381—382、654—655 页。

⑤ 《清代宫中档及军机处档折件》,文献编号:174725,道光三十年九月二十二日朱批。网址:https://rbk-doc. npm. edu. tw/npmtpc/npmtpall? ID = 174&SECU = 1053549019&PAGE = npm/npm1/search@ 391078826。

si niyeng ni dooli hafan，意为署西宁办事大臣西宁道。① 以上三份奏折，上奏者均是钦差，但在官衔中均未出现“钦差”字样。

临时性钦差、固定性钦差有等级区分。如临时性钦差，“三品以上用钦差大臣关防，四品以下用钦差官员关防。”②即临时性钦差分为两等：三品以上（含三品）和四品以下（含四品）。又固定性钦差，如光绪朝的出使各国大臣，主要分为三等：其中二品、三品官员可充二等钦差，三品、四品官员可充三等钦差，四品官员还可破例充二等钦差。③

清代以官为差的固定性钦差与以差为差的临时性钦差有区别，主要表现在：

第一，在是否有关防上的不同。

固定性钦差多有关防。阮葵生在论前代“官以事置，事毕即罢”的钦差时说：“我朝有观风整俗使、宣谕化导使，及钦差大臣，皆有印信、关防，而事后即撤回，无关官额。”④固定性钦差接受关防，需要奏报接印任事日期。巡察山西全省监察御史周绍龙于雍正九年（1731）六月二十一日奏：“揭为蒙恩畀以巡察重任。谨于六月二十日至山西省之平定州公所，接准抚臣石（麟）差员赍送钦颁巡察关防一颗，并案册文卷到臣。臣随恭设香案，望阙叩头谢恩，祗受任事讫。”⑤

临时性钦差除奉旨颁给外，多无关防。

第二，在是否有敕书上的不同。

敕书是皇帝颁发给官员，以明确其职能范围及任职要求、注意事项的证明

① 《清代宫中档及军机处档折件》，文献编号：173230、173416，光绪二十二年十月二十九日奏、二十三年四月十八日奏。

② 阮葵生：《茶余客话》卷2《钦差官使》，中华书局上海编辑所1959年版，第78页。

③ 《清德宗实录》卷40，光绪二年九月己巳，第52册，第570页。

④ 阮葵生：《茶余客话》卷2《钦差官使》，第78页。

⑤ 《内阁大库档案》，登录号：010493。网址：https://newarchive.ihp.sinica.edu.tw/mcttpc/mctwebtp？@0.23258478160660334

书、责任书。固定性钦差多有敕书,临时性钦差多无敕书。康熙十九年(1680)闰八月二十八日,一份颁给巡盐御史的敕书载:“敕监察御史黄斐:兹命尔前往山西河东等处,专理盐课,察照户部所定运司、分司、场灶、官丁、亭户,照例统理。”①

临时性钦差有敕书,多是顺康时期办理招抚的钦差。康熙五年六月初九日给临时性钦差的两份敕书载:

> 敕参领镶红旗二等阿达哈哈番罗必达、苏喇章京正黄旗佐领萧尔戴等:前往巡察广东东北沿海界限,安辑投诚事务。
>
> 敕正黄旗参领阿哈丹、苏喇章京镶红旗头等阿达哈哈番又一个拖沙喇哈番多起、正白旗三等阿达哈哈番魏黑:巡察福建中间沿海界限,安辑投诚事务。②

第三,在参与地方事务上的不同。

固定性钦差是否参与地方事务,分为两种情形:1. 在内地的固定性钦差,如学政、关差、巡盐御史、巡漕御史等,所理事务较专门,不参与其办理的专门事务之外的其他地方事务,不似督抚等官员办理的事务那样广泛。一笑话云:有民妇向浙江盐运使张映玑(嘉庆元年至十一年在任)告其夫之妾,张映玑用杭州话从容地说:“阿奶,我系盐务官职,并非地方有司,但管人家吃盐事,不管人家吃醋事也。”③盐运使不是钦差,但其同钦差巡盐御史一样,不是地方官,除办理与盐务有关的事务外,不参与地方事务。2. 在边疆地区的各种大臣,俱参与地方事务,且参与地方事务的程度与日俱增。④ 巡台御史本不参与地方事务,但在实际履职中,又往往参与。⑤

临时性钦差除奉命办理之地方事务外,其余未奉命者,不得参与;若钦差

---

① 《内阁大库档案》,登录号:104342。

② 《内阁大库档案》,登录号:104199、104200。

③ 孙静庵:《栖霞阁野乘》卷下《张映玑之雅谑》,山西古籍出版社 1997 年版,第 138 页。

④ 参见张永江:《清代藩部研究——以政治变迁为中心》,黑龙江教育出版社 2001 年版。

⑤ 李祖基:《清代巡台御史制度研究》,第 42 页。

临时遇到紧急的地方事务，自行决定是否办理。

第四，在是否给养廉银上的不同。

固定性钦差多有养廉银，但本职资格较低的固定性钦差多无养廉银。乾隆元年（1736），工科给事中永泰奏："科道出差盛京、黑龙江、吉林、乌拉、张家口、归化城、南北漕七处，请照巡察台湾、山西之例，量给养廉。"总理事务王大臣议奏："科道奉差，例有廪给口粮并各衙门饭银帮贴，所奏应无庸议。"得到乾隆帝批准。①

临时性钦差多无养廉银，但出差时间较长，特别是督修水利工程的钦差，量给养廉银。②

第五，在任职期限上的不同。

固定性钦差多有任职期限，或一年一更，或三年一更，有固定的任期。皇帝可延长他们的任期，如学政有连任者，有三任者。

临时性钦差担任钦差多无时间限制，一般是接到皇帝的命令后开始担任钦差，向皇帝复命后不再是钦差。

第六，在称谓上的不同。

固定性钦差多有专门的称谓，如学政、驻藏大臣、各类名目的办事大臣等。御史类的固定性钦差名目较多，有巡按御史、巡台御史、巡漕御史、巡察御史、巡农御史等。

临时性钦差多无专门称谓，只称为钦差；或在"钦差"一词前加修饰性词语，如审事钦差，但这均非专门称谓。派往朝鲜的钦差，可根据所办的事务，分为册封使、吊祭使、慰问敕使、传讣使、查使等称谓，但"在清朝文献里，清朝使团并没有特定的、固定的名称"，③册封使等称谓只是今人的分类。

笔者只讨论临时性的钦差大臣，不讨论一般的钦差官员和固定性的钦差。

① 《清高宗实录》卷11，乾隆元年正月辛亥，第9册，第345页。

② 张晶晶：《清代钦差大臣研究》，学苑出版社2011年版，第88—89页。

③ 刘为：《清代中朝使者往来研究》，黑龙江教育出版社2002年版，第35—41页。

理由如下:一、从前文的介绍看,对固定性钦差的研究较多,成果丰硕,而对临时性钦差的研究较少,有进一步研究的必要。二、某些固定性钦差,非本书能够容纳;若本书对其研究,只能浅尝辄止,不能深入研究,不能取得较好的研究效果。如对学政的研究,非一章论文能够研究得透彻,应深入探讨,[①]只有这样,才能显示出研究的价值和学术意义。三、研究临时性钦差大臣,更能反映清代政治的变化。临时性的钦差大臣,在会典等政书中的记载较少,存在着一定的研究难度,如若深入研究,更有价值。四、在清代政治中产生重要影响、在清代重要官方文献(《清实录》《上谕档》等)中被经常记载者,是临时性钦差大臣,有专门讨论的必要。按照官员的本职品级分类,钦差一般可分为两类:三品以上(含三品)的钦差大臣[②]和四品以下(含四品)的钦差官员。钦差官员的影响较小,相关记载也较少。在一定条件下,钦差官员可转化为钦差大臣。需要说明的是:在行文过程中,会偶尔涉及四品以下(含四品)的临时性钦差和固定性钦差。

三、《清实录》对钦差大臣的记载

《清实录》是本书的主要参考资料,了解《清实录》对钦差大臣的记载,有助于从整体上把握清代的钦差大臣。

《清实录》对钦差大臣的记载,其特点有共同之处。顺治至道光六朝之实录《修纂凡例》,对钦差大臣之记载规定,相同者主要有以下两点:

1. 满汉文武官员,奉使外国外藩者,书;奉差直隶各省事关大典者,亦书。

2. 凡遣官祭告长白山、岳镇海渎、帝王陵寝、先师阙里等,书。

其他记载钦差大臣的不同之处,根据各朝的时代特点,具体处理之。《圣祖实录·修纂凡例》:"差遣大臣往四十九旗蒙古会盟,书;劝农、训俗,书;特

① 参见安东强:《清代学政规制与皇权体制》,社会科学文献出版社 2017 年版。

② 关于大臣的概念,见杜家骥:《清代职官的复杂等次及相关问题》,《历史教学》2020 年第 1 期。

遣官员缉拿口外窃贼,书。"《世宗实录·修纂凡例》:"特差观风整俗、宣谕化导、营田劝农、巡察、巡漕等官,增设、裁汰皆书。"巡察、巡漕等官是钦差官员而非钦差大臣。《高宗实录·修纂凡例》:"观风整俗使、宣谕化导使、巡察、巡漕等官,增设、裁汰皆书。"按,此条凡例有误,观风整俗使在雍正年间设立、在雍正年间停止派遣,在乾隆朝根本不存在增设和裁汰的问题。凡蒙古灾害,各朝均有钦差或钦差大臣赈济,但只有《圣祖实录·修纂凡例》规定:"赈济外藩蒙古,亦书。"①

《清实录》对钦差大臣的记载,于细微处存深意。如凡达到一定品级之内外蒙古贵族亡后,均派钦差致祭,然其中有细小的差别:于一般的蒙古贵族,实录简单记载"遣官致祭""遣官致祭如例",至于派何官何人致祭,无说明;于立有功劳、效力年久或身份特别尊贵者,则书写致祭钦差的职衔、姓名,而能够享受此种"待遇"的只是极少数人。如乾隆四十四年(1779)的一份上谕说:"喀喇沁贝子瑚图灵阿在御前行走,宣力有年,今闻溘逝,朕心深为轸念。着加恩赏银三千两,仍派乾清门侍卫布彦达赉,驰驿前往游牧处,赐奠茶酒。"②道光七年(1827)的一份上谕说:"遣散秩大臣敬敩,往奠故库伦办事大臣喀尔喀扎萨克郡王蕴端多尔济茶酒,赏银二千两治丧。"③瑚图灵阿和蕴端多尔济效力年久,故实录中记载致祭钦差的官职和姓名。

《清实录》对满汉文武官员奉差直省的记载,绝大多数是完整的:或在谕令派遣钦差大臣的同时记载其所办事务的内容;或先记载何时令官员出差,后又记载官员的奏报,从中可知官员出差所办之事为何事。但也有记载不完整之处:或记载官员奉差,而不书其所办为何事;或不记载官员奉差,而在别处又记载该官员奉差。此类有头无尾、有尾无头式的记载并不少见,其中又以有头无尾式的记载较多。此种记载的不完整在清代官方书籍编纂较为成熟的嘉道

① 《清实录》第3、4、7、9、28、33册,第2,8—9、10、6、7、8、10、9、10、9、10页。
② 《清高宗实录》卷1079,乾隆四十四年三月丙午,第22册,第503页。
③ 《清宣宗实录》卷128,道光七年十月辛丑,第34册,第1142页。

时期亦所不免。有头无尾式的记载,如《清仁宗实录》卷95嘉庆七年(1802)三月丁丑载,刑部尚书德瑛驰往直隶霸州审案,所审为何案,是京控案还是官员贪污案,实录并无记载,不得而知。又《清宣宗实录》卷224道光十二年(1832)十月辛酉载,大学士富俊、内阁学士赛尚阿往盛京查办事件,至于所办何事,没有下文。① 有尾无头式的记载,如《清仁宗实录》卷29嘉庆三年四月乙卯载,"昨有旨令(体仁阁大学士)刘墉、(兵部尚书)庆桂前往查勘",据此可知刘墉、庆桂二人出差,但"昨有旨"具体是指哪天的旨意即何时令二人出差,实录未有记载。②

钦差大臣所办事务重要者称为大差,如恭送实录、圣训、玉牒、册宝等于盛京尊藏,多派亲王、郡王等皇亲国戚和满汉尚书、侍郎等大员办理。而实录对此类大差的记载较少且不全面。乾隆四十八年(1783),礼部制定了高规格的尊藏玉册、玉宝至盛京的仪注,派礼、工两部堂官、司官各一员办理,并有亲王随同前往。③ 嘉庆五年,礼部右侍郎扎郎阿、工部右侍郎莫瞻菉往盛京尊藏册宝。赵怀玉《送莫少司空瞻菉奉使盛京》云:"行随册宝任何崇,佳气陪京望郁葱。上塞寒先冬十月,重臣贵亚汉三公。"④但实录未记载此次派遣的钦差大臣,只提到了扎郎阿和莫瞻菉的条陈,⑤从而可以肯定地推定二人为钦差大臣,在盛京办理事务;若二人无条陈,实录则忽略不记载。

第四节　钦差大臣的称谓

除颁布诏书的钦差可称为诏使,祭告岳镇海渎、帝王陵寝、先师阙里的钦差可称为祭告使外,对清代的其他临时性钦差没有专门的称谓,但对钦差的称

① 《清实录》第29、36册,第270、341页。

② 《清实录》第28册,第345页。

③ 《清高宗实录》卷1184,乾隆四十八年七月癸巳,第23册,第853页。

④ 赵怀玉:《亦有生斋集诗》卷18,《清代诗文集汇编》第419册,第286页。

⑤ 《清仁宗实录》卷78,嘉庆六年正月甲辰,第29册,第12页。

谓仍有迹可寻。

对临时性钦差大臣的称谓,可分为以下两种。

(一)清代民间对钦差大臣的称谓

民间对钦差大臣的称谓,多沿用清代以前的称谓。清代考据学盛行,清人喜好考证各种名物制度的源流,或简单指明名物制度的出处,或详述名物制度的流变。如清人除考证各种典籍中的名物制度外,还考证各种方言俗语。翟灏的《通俗编》和梁章钜的《称谓录》,是两种较著名的名物制度考证专著。郑珍的《亲属记》则专门讨论有关亲属的各种称谓。梁同书的《直语补证》、唐训方的《里语征实》多讨论俗语。顾炎武的《日知录》、赵翼的《陔余丛考》收录不少讨论名物制度的文章。清代其他书籍中关于名物制度的考证文字,比比皆是。

对钦差称谓的各种考证,也在清代学者的视野中。厉荃辑录的《事物异名录》收录了关于钦差大臣的 3 种称谓;而梁章钜罗列了有关钦差大臣的 17 种别称,先列举钦差大臣称谓,后注明一条或多条出处。如:

> 星使。《宋(史)·天文志》:"天节八星,主使臣持节宣威四方。"
>
> 天子使。王建诗:"近闻天子使,多取雁门归。"
>
> 輶轩使。《群书考索》:"輶轩,天子之使臣也。"《风俗通》:"秦周常以八月輶轩使采异代方言。"①

清人在各类文献中常用这些称谓表示钦差大臣。如皇华使,"皇华"一词出于《诗·小雅·皇皇者华》。② 毛奇龄在《送汪翰林奉使琉球册封中山王公饯诗序》中说:"王者抚存万国,爰有使问,故《传》曰:'皇华,遣使臣也。'"③果亲王允礼云:"《小雅·皇华》之诗,遣使臣之乐歌也。"④

用皇华使、輶轩使等古称表示钦差大臣,是清人著作中的普遍现象。用古

① 厉荃:《事物异名录》卷 12《奉使》,《续修四库全书》第 1252 册,第 596 页;梁章钜:《称谓录》卷 23《钦差》,第 411—412 页。

② 褚斌杰注:《诗经全注》,人民文学出版社 1999 年版,第 175—176 页。

③ 毛奇龄:《西河集》卷 40,《景印文渊阁四库全书》第 1320 册,第 335 页。

④ 允礼:《自得园文钞·纪行诗序》,《清代诗文集汇编》第 283 册,第 850 页。

称表示官名,不独称呼钦差大臣如此,称呼其他官员也是如此,如称兵部尚书为大司马,称兵部侍郎为少司马。

(二)清代官方对钦差大臣的称谓

1.正使、副使

正使、副使之分,普遍适用于派往外国的钦差大臣。在册封、祭祀朝鲜、安南(越南)、琉球国王等时,派遣的钦差大臣有正使、副使之分。如顺治二年(1645)十一月,册封李淏为朝鲜国王世子,以内翰林弘文院大学士祁充格为正使,以礼部郎中朱世起、户部主事顾尔马浑为副使;乾隆五十一年(1786)七月,朝鲜国王世子李Ⓧ病故,以工部侍郎苏凌阿为正使,以内阁学士瑞保为副使,驰驿前往致祭。① 康熙五十八年(1719)二月,以内阁中书邓廷喆为正使,以翰林院编修成文为副使,谕祭故安南国王黎维正,并封嗣子黎维祹为安南国王。② 乾隆二十年五月,以翰林院侍讲全魁为正使,翰林院编修周煌为副使,册封琉球国王。③ 光绪二年(1876),总理各国事务衙门拟定《出使章程》,在出使大臣之外,又设副使一名。④ 不仅清朝派往外国的使节有正使、副使之分,朝鲜、安南(越南)、琉球、暹罗等国派往中国的使节也有正使、副使之分。换言之,在外交关系中使用正使、副使名称,是当时的通行做法。

此外,达赖喇嘛、班禅、蒙古诸部向清朝中央政府进贡,派遣的人员中也有正使、副使名目。乾隆十六年(1751)四月,四川总督策楞等奏:“向例达赖喇嘛进贡正副使,俱达赖喇嘛派遣。自郡王颇罗鼐以来,遂以正使为达赖喇嘛之贡使,副使为该郡王之贡使。今应照旧例,二使均归达赖喇嘛派遣,其四噶隆等所进丹书克,即交该二使附奏。”报闻。⑤ 在其他事务中,也有正使、副使之

① 《清世祖实录》卷21,顺治二年十一月己未,第3册,第187页;《清高宗实录》卷1259,乾隆五十一年七月丁卯,第24册,第935页。

② 《清圣祖实录》卷283,康熙五十八年二月壬子,第6册,第764页。

③ 《清高宗实录》卷488,乾隆二十年五月庚辰,第15册,第120页。

④ 《清德宗实录》卷40,光绪二年九月己巳,第52册,第570页。

⑤ 《清高宗实录》卷387,乾隆十六年四月癸未,第14册,第80—81页。

分。顺治十四年(1657),与清朝对抗多年的南明实际掌权者孙可望在湖南向清军投诚,顺治帝非常重视,于十二月特旨封孙可望为义王,同月以内翰林弘文院学士麻勒吉为正使,礼部尚书兼内翰林秘书院学士胡兆龙、礼部右侍郎祁彻白为副使,赍册印,专程前往湖南册封孙可望为义王。① 康熙三十六年(1697)三月,以理藩院主事保住为正使,以署主事萨哈连为副使,前往西藏,赍敕谕第巴。② 雍正七年(1729)四月,以兵部尚书查弼纳为正使,以内大臣公伦布为副使,赍宁远大将军印并敕书一道,赴西安,授予川陕总督公岳钟琪。③乾隆三年(1738)正月,以侍郎阿克敦为正使,以御前三等侍卫旺扎尔、乾清门头等台吉额默根为副使,前往准噶尔部,与噶尔丹策零议定边界。④

前往直省办事之钦差大臣也有正使、副使之分。如嘉庆十三年(1808)二月,令光禄寺卿钱楷(1760—1812,浙江嘉兴人)、通政使司副使文孚(1765—1841,满洲镶黄旗人),驰往山西审案。在山西太原府清徐县尧城庙,钱楷作诗《小憩尧城庙,次壁间诗韵四首,简文秋潭副使》,⑤钱楷在诗题中称文孚为副使。就本职资格言,钱楷是光禄寺卿,从三品,文孚是通政使司副使,正四品,钱楷的资格比文孚的资格要高,故钱楷之名排在文孚之前。又道光七年(1827)八月,刑部尚书陈若霖(1759—1832,福建福州府闽县人)、候补四品京堂姚祖同往湖北勘察水利,陈若霖之子陈景亮在为其编纂的年谱中记载道:“请训陛辞,即同姚副使祖同”前往。⑥ 又陈康祺论钦差大臣吴文镕:“吴文节

---

① 《清世祖实录》卷113,顺治十四年十二月丙申,第3册,第888页。

② 《清圣祖实录》卷181,康熙三十六年三月庚辰,第5册,第942页;多杰才旦主编:《元以来西藏地方与中央政府关系研究》,中国藏学出版社2005年版,第369—370页。

③ 《清世宗实录》卷80,雍正七年四月壬寅,第8册,第58页。

④ 《清高宗实录》卷61,乾隆三年正月丁丑,第10册,第10页。

⑤ 《清仁宗实录》卷192,嘉庆十三年二月己卯,第30册,第540页;钱楷:《绿天书舍存草》卷6,《清代诗文集汇编》第457册,第603页。

⑥ 陈景亮:《望坡府君年谱》,《北京图书馆藏珍本年谱丛刊》(以下简称《北图年谱》)第121册,北京图书馆出版社1999年版,第633页。

公文镕,自道光十八年奉命查办安徽、浙江、江宁、东河各事件,副萧山汤相国以行。”①陈康祺认为,在道光十八年的出差中,以汤金钊为正使,以吴文镕为副使。以上所举三例,第一例是钦差大臣自认为有正使、副使之分,第二例、第三例是他人认为钦差大臣有正使、副使之分。整体观之,在直省办事的钦差大臣,虽然在事实上有正使、副使之分,但很少被提及。

正使、副使之名称,还出现在清代皇帝册封太子、皇后、妃嫔时。康熙四十八年(1709)三月,以大学士温达、李光地为正使,刑部尚书张廷枢、左都御史穆和伦为副使,持节,授皇太子允礽册宝,复立为皇太子;以礼部尚书富宁安为正使,礼部侍郎铁图为副使,持节,授皇太子妃册宝,复封为皇太子妃。② 道光十四年(1834)十一月,以协办大学士吏部尚书文孚为正使,礼部右侍郎文庆为副使,持节赍册宝,晋封静妃博尔济吉特氏为静贵妃;署礼部尚书左都御史奕颢为正使,内阁学士恩桂为副使,持节赍册印,晋封彤嫔舒穆噜氏为彤妃。③

2. 钦差大人

钦差大人的称谓,在康熙年间已经出现。康熙五十一年(1712),江苏巡抚张伯行在给康熙帝的疏文中,将前来审案的钦差大臣户部尚书张鹏翮称之为钦差大人。④ 不过,在康熙朝,资格较低的官员担任钦差不能称为钦差大人。康熙五十四年(1715),贵州巡抚刘荫枢(1637—1723)奏报:

> 钦差绘画舆图大人西洋历法雷孝思、西洋历法费隐、向导护军参领英珠、吏部郎中郎务礼、钦天监右监副双德、武英殿监视常保,于十月三十日将贵州舆图画毕,赍送到臣,臣谨遴家人兼程赍送来京。

康熙帝朱批为:“知道了。并无差大臣去,折内程(称)大人不合。”康熙帝又朱

① 陈康祺:《郎潜纪闻二笔》卷13《吴文节逸事》,载《郎潜纪闻初笔二笔三笔》,中华书局1985年版,第575页。

② 《清圣祖实录》卷237,康熙四十八年三月辛巳,第6册,第367—368页。

③ 《清宣宗实录》卷260,道光十四年十一月甲子,第36册,第958页。

④ 张伯行:《正谊堂文集》卷1《劾总督抗旨欺君疏》,《清代诗文集汇编》第182册,第136页。

批:"大人是谁,察明再奏。"刘荫枢回奏言:"在外各省,凡遇钦差,不论官品大小,俱呼谓大人,习以为常。臣朴直疏率,入仕三十年,尚是草野之气。署乏幕客,赞理无人,习于流俗,任手成书,不谙规矩,谬称大人。"①护军参领为正三品,吏部郎中为正五品,钦天监右监副为正六品,而康熙帝说并未派钦差大人前往贵州,可见,在康熙帝看来,不能将三品及三品以下之官员称为钦差大人;而在外省官员眼中,不论官员本职资格的高低,凡任钦差者,都可将之称为大人,即称为钦差大人。

在雍正朝的奏折中,"钦差大人"一词出现的次数增多。雍正七年(1729),内务府郎中丁皂保、赫达色前往山东泰安州督修奉祀东岳泰山之神的神庙,署理知州方世壮在给署理巡抚岳濬的详文中说:"钦差大人于九月二十一日到州。"②雍正十一年,内阁学士德新到甘肃循化营致祭河神,临洮道吴廷伟、临洮府知府李绮、河州知州汪元佑、河州协副将等在联名给兰州巡抚许容的禀文中言:"钦差大人由兰(州)起程,沿途百姓以及乡勇、番回人等,感激圣恩,执香跪迎。"③

称钦差为大人,是尊称。钦差享用的专有称谓,后也泛滥起来。梅瑴成(1681—1763)云:"康熙时,除钦差、中使外,虽督抚亦不称大人。"至袁枚(1716—1798)生活的时代,大人却成了平常的称谓,"今司道俱称大人矣。"④

3. 清代档案对钦差大臣的称谓

实录对钦差大臣称谓的记载并不完整,派某人出差,在谕令下达时,未云其是钦差大臣,但在记载其奏报办事结果时,又在其姓名之前加上"钦差"

---

① 中国第一历史档案馆编:《康熙朝汉文朱批奏折汇编》第6册,第1926、1997折,康熙五十四年十一月初二日奏、五十五年二月初一日奏,档案出版社1985年版,第605—606、786—787页。

② 《朱批谕旨》卷201上,雍正七年十一月初七日奏,《景印文渊阁四库全书》第424册,第289页。

③ 《朱批谕旨》卷212下,雍正十一年七月十一日奏,《景印文渊阁四库全书》第424册,第855—856页。

④ 袁枚:《随园随笔》卷11《称大人五解》,第197页。

二字。

实录对钦差大臣的称谓有以下两种方式:

(1)奉差+地域+所办事务+职衔+名(满蒙旗人)/姓名(汉人、汉军旗人)。如奉差打箭炉督师理藩院侍郎满丕、奉差广东审事礼部左侍郎凯音布、奉差山东赈济工部侍郎穆和伦、奉差四川丈量刑科给事中高维新等。此种情形在康雍两朝实录中记载最多。

(2)钦差+职衔+名(满蒙旗人)/姓名(汉人、汉军旗人)。如钦差大学士公讷亲、钦差户部右侍郎雅尔图、钦差吏部侍郎刘秉恬、钦差户部尚书曹文埴等。此种情形在乾嘉道三朝实录中记载最多。讷亲等的本职品级高,是大臣,应称为"钦差大臣",但上谕档中往往径直称为"钦差",省略"大臣"两字。

上谕档中对钦差的称谓较为规范,为钦差+职衔+名之第一字(满蒙旗人)/姓(汉、汉军旗人)。如对钦差赛尚阿(蒙古人)的称谓为:钦差侍郎赛,或钦差工部侍郎赛;对钦差汤金钊(汉人)的称谓为:钦差侍郎汤,或钦差户部侍郎汤。上谕档中对钦差大臣的称谓虽然较为规范,但仍比较笼统,称侍郎,但不具体说明是何部的侍郎;称某部侍郎,但未明确说明是左侍郎还是右侍郎。换言之,在上谕档中,作为出差官员,钦差大臣的身份最为重要,钦差大臣的本职任职衔门不太重要。

军机处司员(军机章京)称小军机。钦差大臣随员亦沿用此种称谓规则,在钦差大臣的各种称谓前加一"小"字,称小钦差、小星、小使等。曾为钦差大臣随员的祖之望说:"凡奉使皆称皇华,仆侍长白穆少司寇(穆精额)行轩,宜名曰小华。"①钦差大臣称皇华,钦差大臣随员便称小华。

鸦片战争中,扬威将军奕经有随员六人:郎中贾承谟、员外郎阿彦达、御史胡元博、主事杨熙、七品笔帖式联芳、中书张炳鐄。六人"奉旨带赴浙营,听候差委。故六人恒以小钦差自居,提镇以下进见必长跽,相称必曰'大人',后并投效

① 祖之望:《皆山草堂诗钞》卷1《小华草》,《清代诗文集汇编》第441册,第2页。

人员主事陈宗元、郭维键，指挥汪傅霖等，亦自附于大人之例。顾大人既多，倾轧渐起，同列中中书官级最卑，或戏炳鐄曰‘小星’。小星谓星使之小者。”①中书官为从七品。贾承谟等人不是钦差大臣，只是奉旨任将军奕经的随员，但提镇以下的官员称其为大人，他们也公然以钦差大臣自居。小星本指钦差随员，在贾承谟等九人的互相倾轧中，小星又成为随员中本职资格最低者之称谓。

使或钦差，是最早的官职设置，最早的正规的、有职事的官员都从其中产生。在人类文明高度发展，产生国家的过程中，临时派遣的官员逐渐演变为固定的职官设置。清及以前的朝代，固定的、有编制的官制设置是官员任用的主流，从《周礼》、正史中的职官志、各种会典中可得出此结论。但临时派遣的官员仍屡见不鲜，并有不少的官员，从最初的临时派遣，经过不断地发展，成功地进入职官志、会典，成为国家的编制官员，如汉代的刺史、唐代的诸多使职、明清的督抚等。

钦差是受皇帝命令办理事务的人员。在明代以前，钦差多称为使。“钦差”一词最早出现在元代，并在明代被广泛地使用。钦差大概可分为两种类型：第一种，以差为差的临时性钦差；第二种，以官为差的固定性钦差。临时性钦差由皇帝临时派遣，事毕撤回。固定性钦差或带有中央官的职衔，或在职衔中有“钦差”一词，所办事务带有浓厚的地方色彩，但其始终是差，不是完全意义上的地方官。以官为差的固定性钦差在明清时期名目繁多。明代的固定性钦差多由临时性钦差发展而来；清代的固定性钦差，或从临时性钦差发展而来，或在最初设置时便具有固定性。清代的临时性钦差和固定性钦差在关防、敕书、参与地方事务、养廉银、任职期限、称谓等方面存在差异。按照本职品级划分，钦差可分为三品以上（含三品）的钦差大臣和四品以下（含四品）的钦差官员。

① 贝青乔：《咄咄吟》卷上，《续修四库全书》第1536册，第669页。

第二章　钦差大臣使团

人是社会活动的主体。皇帝派遣钦差大臣赴各地处理事务,并不是只有一位或几位钦差大臣,而是一个由多人组成的钦差大臣使团。钦差大臣使团的人员有:钦差大臣、钦差大臣的随带司员,以及他们的家人;钦差大臣赴地方后,督抚选派供钦差大臣使唤的官员即巡捕官。

第一节　钦差大臣

一、钦差大臣的人数

每次派遣的钦差大臣,从人数上看,可分为多种情形:有一名钦差大臣者,有两名钦差大臣者,有多名钦差大臣者,其中两名钦差大臣占比最大。在多名钦差大臣中,以三名钦差大臣占比为多。

一次性派出两名或三名钦差大臣的事例常见,不再述之,需要说明的是一次性派出大批钦差大臣。一次性派出钦差大臣的人数,并无上限。顺治十一年(1654)二月,赈济直隶,派满汉大臣16人,分别是:尚书觉罗巴哈纳、王永吉、刘昌,侍郎苏纳海、觉罗额尔德、祝世允、觉罗科尔昆、李荫祖、高珩、吕崇烈、梁清标、杜立德、魏琯,左都御史屠赖,通政使喀恺,大理寺卿郝杰。派遣16位钦差大臣赈济,如此大的规模,这与皇太后有关。顺治帝令户、礼、兵、工四部发库贮银16万两赈济，皇太后闻知，“深为悯恻，发宫中节省费用并各项器皿，共银四万两”，顺治帝再发御前节省银4万两，共银24万两赈济。①

办理河工的钦差大臣也有人数较多的事例。康熙三十八年(1699)，为修理淮扬高家堰、邵伯镇等处河工，康熙帝共派钦差大臣25名，督催工程者是10名部院大臣，分别是：兵部尚书范承勋、工部尚书王鸿绪、吏部左侍郎王掞、户部左侍郎田雯、兵部右侍郎布颜努、刑部右侍郎喻成龙、工部左侍郎顾藻、都察院副都御史寿鼐、副都御史王绅、大理寺卿高裔；分修工程者共15名，分别是：董讷、王樑、朱弘祚、江有良、王起元、宫梦仁、线一信、陈汝器、王日藻、卫既齐、李应廌、马世济、高承爵、金鋐、杨雍建。②

每次派遣钦差大臣的人数不固定，或多或少，可增可减。有时将某名钦差大臣临时调回，令余下的钦差大臣继续办理未完事务。

派遣钦差大臣人数的多少，并无一定的标准，以于办理事务有益为准。乾隆十八年(1753)，舒赫德、策楞办理河工，水势虽有减无增，而决口未塞，认为“必得钦差大臣二人，在彼协同督率经理，并力专办”。乾隆帝认真分析了河工、雨水情形，也认为二人的奏请有理，多派钦差大臣能早日解决问题，有益于民生；但乾隆帝又以为，若加派钦差大臣，舒赫德等知晓其中缘由，“而在工人员见另派钦差，转似分舒赫德等之事权，不无观望，亦于要工无益。”乾隆帝要求舒赫德等体察情形，于是否加派钦差大臣再行具折奏闻。③

二、钦差大臣的人选

从理论上看，“皇帝可以派遣任何官员为使者(钦差)”④，无论此人是京

---

① 中国第一历史档案馆编：《清代档案史料丛编》第9辑《顺治朝朱谕》，中华书局1983年版，第2页；《清世祖实录》卷81，顺治十一年二月戊子，第3册，第639页。

② 王士祯：《居易录》卷31，《景印文渊阁四库全书》第869册，第706页；《清圣祖实录》卷196，康熙三十八年十二月乙酉，第5册，第1072页。按，“布颜努”，又作“布雅努”。

③ 《清高宗实录》卷449，乾隆十八年十月丁酉，第14册，第843页。

④ 廖伯源：《秦汉史论丛》(增订本)，第183—184页。

官还是外官,是高级官员还是低级官员。

钦差大臣主持某些特定的事务,如考试、致祭等事,前往某些特定地区,如蒙古等地,在人选上有本职资格、任职衙门、出身等方面的条件限制。如册封蒙古王妃、格格等,由理藩院行文各处查明未封者,咨行礼部,造册用宝后奏闻,于内阁、翰林院中选派讲、读学士充册封正使。① 遣官致祭岳镇海渎、帝王陵寝、先师阙里,“由部开列侍郎以下四品堂官以上职名,恭请钦命。”②往蒙古地区的会盟大臣,康熙十七年(1678)议定的选择范围:

> 以领侍卫内大臣,内大臣、散秩大臣,上三旗一等侍卫,八旗都统、副都统,前锋、护军统领,各部满尚书,左都御史、副都御史,内阁学士,通政使,大理卿,暨本院堂官职名,开列请旨简用。其随往官员除本院司官、笔帖式外,仍选刑部司官一人、笔帖式一人随往。③

又照料、迎接哲布尊丹巴呼图克图之大臣、司员、笔帖式,则例规定如下:

> 凡遇哲布尊丹巴呼图克图之呼弼勒罕转世后,经库伦办事大臣奏请迎接时,由部咨取散秩大臣、八旗护军统领、副都统、六部侍郎等衔名缮单请旨,简派一员。由部佥派司员二员、笔帖式二员,一并驰驿前往西宁,照料迎接。④

又颁布诏书的诏使,顺治十一年(1654)议准:“颁发外国及直省诏书,均由内院用宝毕,交与礼部。外藩蒙古,遣内院、理藩院官各一人;朝鲜国,遣正副使二人,具题请旨命往;直省,先委行人司,如行人员少,取中书科中书,如中书科人数不敷,于内院中书、銮仪卫首领官、国子监、钦天监、上林苑监、四译馆酌量取用属官,具题遣往。”⑤顺治十三年,左都御史龚鼎孳因被顺治帝指责为妄生

---

① 塞尔登:《绿云堂诗集·封藩草》,《清代诗文集汇编》第269册,第487页。

② 《钦定大清会典则例》卷75《礼部·祠祭清吏司·祭统》,《景印文渊阁四库全书》第622册,第449页。

③ 《钦定大清会典则例》卷140《理藩院·旗籍清吏司》,《景印文渊阁四库全书》第624册,第418页。

④ 张荣峥等点校:《钦定理藩部则例·通例上》,天津古籍出版社1998年版,第7页。

⑤ 《钦定大清会典则例》卷62《礼部·颁诏》,《景印文渊阁四库全书》第622册,第99页。

议论而多次降级,终被贬为上林苑蕃育署署丞,任诏使颁诏粤东;[①]顺治十八年,颁布世祖尊谥诏,前往山西者为国子监助教王士禄,前往山东者为中书舍人程可则,前往福建者为国子博士荣开。[②]

钦差大臣的选择范围可根据不同的情形加以调整。如派往各蒙古王公等处致祭之侍卫、章京,索取财物、骚扰驿站者尚少,而引路之理藩院领催等,常不走正路而绕道行走,借此索取财物。嘉庆帝于是将致祭钦差的本职资格提高,由派侍卫、章京改为派乾清门侍卫和满洲、蒙古四五品京堂,并"核计蒙古游牧远近,酌定往返日期"。若必须随带理藩院引路领催等,须严加约束。[③]

又如翰林院官员担任祭告钦差,"凡祭告使,初用掌院学士及讲读学士。康熙三十六年(1697),令讲、读亦得列衔。五十七年,令检讨(从七品)以上皆得列衔。"[④]翰林院官员担任祭告使,对其本职资格的要求不断降低,由从四品的侍读学士、侍讲学士降至正七品的编修。康熙五十七年十二月,以孝惠章皇后升祔太庙,遣使祭告山川、历代帝王陵寝。[⑤] 翰林院编修惠士奇祭告炎帝陵、舜陵。"故事,祭告使臣,学士以上乃得开列,先生以编修与焉,洵异数也。"[⑥]又翰林院编修蒋涟(号省庵)往河南祭告,"故事,祠官皆京卿,若侍从必读、讲以上。及是特旨,尽列翰詹诸臣名,故省庵以编修往河南。"[⑦]

由谁担任钦差大臣,最后的决定权掌握在皇帝手中,但官员可向皇帝建议钦差大臣人选。对于官员的建议,皇帝或可接受,或可不接受。如康熙六十年(1721),川陕总督年羹尧弹劾西安府知府徐容、凤翔府知府甘文煊亏空银米,

① 《清史列传》卷79《龚鼎孳传》,第6595页;汪超宏:《吴绮年谱》,浙江大学出版社2011年版,第44页。

② 蒋寅:《王渔洋事迹征略》,人民文学出版社2001年版,第69页。

③ 《清仁宗实录》卷229,嘉庆十五年五月壬午,第31册,第86页。

④ 鄂尔泰等修:《词林典故》卷3《奉使》,《景印文渊阁四库全书》第599册,第488页。

⑤ 《清圣祖实录》卷282,康熙五十七年十二月己巳,第6册,第759页。

⑥ 钱大昕:《潜研堂文集》卷38《惠先生(惠士奇)传》,《潜研堂集》上,上海古籍出版社2009年版,第688页。

⑦ 单学傅:《海虞诗话》卷2,《续修四库全书》第1706册,第16页。

奏请派钦差大臣前来审案。年羹尧陈述建议:

查部院大臣皆圣主所简任,臣又何敢再置一词。然惟户部尚书臣田从典、工部尚书臣徐元梦、左都御史臣朱轼皆能不受请托,秉公无私,伏乞于此三大臣内钦点一员来审徐容等一案,则钱粮既有着落,而大案亦得早结矣。

年羹尧提出三名钦差大臣人选以备选择。时左都御史朱轼在山西试行水利、社仓,康熙帝令朱轼前往会同年羹尧审理。① 可见,康熙帝接受了年羹尧的建议。在任用许容为观风整俗使的问题上,雍正帝与浙江总督李卫意见不一。李卫认为彭维新较许容好,而雍正帝认为许容较好。雍正帝最终决定任用许容为观风整俗使,但在许容上任之际,对其谆谆告诫一番。② 可见,雍正帝部分地接受了李卫的建议。

处理一般性事务、派往无限制地区、在清代政治中产生重要影响的钦差大臣,从钦差大臣的本职资格看,主要有以下两类。

第一,大学士、军机大臣。

大学士分殿阁大学士和协办大学士两类,殿阁大学士为正一品,协办大学士为从一品。军机大臣无品级。大学士、军机大臣多兼任、兼管,此处将二者单独列出,因为他们的地位较一般的尚书、侍郎的地位要高。

大学士、军机大臣任钦差大臣者,并不少见。如大学士阿桂(1717—1797,满洲正白旗人),多次担任钦差大臣。此处重点介绍军机大臣任钦差大臣的情形。《大清会典》列举军机大臣的职责,其中一款为:在得到皇帝的批准下,谳大狱。③ 据萧一山《清代通史·清代军机大臣表》的不完全统计,除宣

---

① 季永海等译校:《年羹尧满汉奏折译编》(汉文折)第53折,康熙六十年十月十三日奏,天津古籍出版社1995年版,第226页;《清圣祖实录》卷295,康熙六十年十一月癸巳,第6册,第865页;朱舲、朱瀚:《朱文端公年谱》,《北图年谱》第89册,第147页。

② 钟百红:《雍正朝观风整俗使研究》,东北师范大学2006年硕士学位论文,第26页。

③ (嘉庆)《大清会典》卷3《军机处》,《近代中国史料丛刊三编》第64辑第631册,第82—83页。

统朝外，其余各朝均有军机大臣外出担任钦差大臣的事例，如雍正朝有鄂尔泰，咸丰朝有穆荫，同治朝有文祥，光绪朝有刚毅。概言之，在乾嘉道三朝，军机大臣任钦差大臣者，人数较多，且经常出差者较固定。乾隆朝的刘统勋，出差12次；嘉庆朝的托津，出差11次；道光朝的文孚，出差5次（在嘉庆朝另出差2次）。

道光朝的军机大臣赵盛奎（1781—1839，直隶深州人），应是清代唯一从未在军机处办事，而以军机大臣身份任钦差大臣的了。道光十五年（1835）闰六月初六日，令刑部右侍郎廉敬、赵盛奎往山西查办事件。七月十六日，令刑部右侍郎赵盛奎在军机大臣上学习行走。在山西办理事件完毕后，廉敬回京，赵盛奎又往贵州、湖南审案。十二月十四日，令礼部尚书恩铭（1786—1840，满洲正红旗人）从京城前往湖南，与在湖南的赵盛奎会合，继续查办事件。道光帝先后令二人查办湖南、广东、广西、江苏、江西等省案件。十六年六月二十五日，恩铭和赵盛奎还在广东审理案件，因审案不力，被责令回京。七月二十一日，赵盛奎被革去侍郎并军机大臣上学习行走。① 可见，赵盛奎在出差中任军机大臣，因审案不力被勒令退出军机处，实际未在军机处履职。

军机大臣出差，在谕旨中未表现出与其他大臣出差的不同，如下列事例：

1. 嘉庆十年九月，令直隶总督吴熊光（江苏苏州府昭文县人）、军机大臣吏部左侍郎托津（满洲镶黄旗人）前往湖北查办事件。在上谕中，吴熊光的排名在托津之前。②

2. 道光十五年十二月，令礼部尚书恩铭往湖南会同军机大臣、刑部右侍郎赵盛奎查办事件。在上谕中，恩铭的排名在赵盛奎之前。③

---

① 中国第一历史档案馆编：《嘉庆道光两朝上谕档》第40册，广西师范大学出版社2000年版，第255、310页；第41册，第265、321页；《清宣宗实录》卷275，道光十五年十二月十四日戊辰，第37册，第244页。

② 《嘉庆道光两朝上谕档》第10册，嘉庆十年九月十五日，第562页。

③ 《嘉庆道光两朝上谕档》第40册，道光十五年十二月十四日，第533页。

3. 道光二十七年十月,令户部左侍郎柏葰(蒙古正蓝旗人)、军机大臣署兵部左侍郎陈孚恩(江西建昌府新城县人)往山东查办事件。在上谕中,柏葰的排名在陈孚恩之前。①

清代对各部顺序的排列,多依照吏、户、礼、兵、刑、工、理藩院、都察院的次序,此可从官修典籍看出,如五部《大清会典》、《大清律例》、《明史·职官志》、《清国史·职官志》等。旗人的排名多在汉人之前。故军机大臣的地位虽高,但在谕旨中仍多按照钦差大臣本职衙门的次序、满汉关系来排列钦差大臣的次序,此或与军机处的非正式机构性质有关。

虽然军机大臣出差在谕旨中未表现出他的特殊性、优越性,但在地方官看来,军机大臣的品级依然要比其他官员高,原因有二:一、军机处虽是非国家编制机构,但却是事实上的最高权力机构;二、军机大臣与皇帝朝夕相伴,出入内廷,是最接近皇帝的人。在清代,不论官员的本职资格如何,其能出入内廷是十分荣耀之事,对汉族官员而言更是如此。某些言行不谨不慎的官员甚至向督抚等地方官炫耀其能够出入内廷。

第二,部院大臣。

部院大臣任钦差大臣者,占有相当大的比例,以至于嘉庆帝说"钦差皆部院大臣"。② 在各部院衙门中,刑部官员担任钦差大臣的机会最多。凡有关案件,如京控案、地方官的贪腐案与互控案等,多派刑部官员前往审理。如姜晟、祖之望、韩崶步入仕途,即在刑部为官,金光悌也曾在刑部为官,他们都曾担任过刑部侍郎、尚书,《清史稿》论曰:

> 有清一代,于刑部用人最慎。凡总办秋审,必择司员明慎习故事者为之。或出为监司数年,稍回翔疆圻,入掌邦宪,辄终其身,故多能尽职。仁宗尤留意刑狱,往往亲裁,所用部臣,斯其选也。③

---

① 《嘉庆道光两朝上谕档》第52册,道光二十七年十月初六日,第371页。

② 《嘉庆道光两朝上谕档》第8册,嘉庆八年十二月初五日,第481页。

③ 《清史稿》卷352,第37册,中华书局1977年版,第11278页。

查其事而定其罪，是刑部的专责。故钦差大臣外出审理案件，刑部堂官是常见的钦差大臣人选。

挑选官员担任钦差大臣办理某种事务，与该官员现任的职务不一定有直接的、必然的对应关系。审理案件不一定派刑部官员，查勘河工不一定派工部官员。如理藩院左侍郎贡楚克扎布，于嘉庆八年（1803）十二月往山东查勘运河，又于九年七月往河南审理案件。[①] 贡楚克扎布两次出差所办之事务，与其理藩院侍郎的职务，无丝毫关联。此类情形并非少见。

派遣钦差大臣，多选择各部院贤能官员和熟悉所办事务的官员。[②] 换言之，钦差大臣多能员干吏，或出类拔萃之人。除以上因素外，选派钦差大臣还考虑其他方面的因素。

如在决定钦差大臣人选时，皇帝可能会考虑到钦差大臣的私情。嘉庆六年（1801）二月，礼部左侍郎、总管内务府大臣英和（1771—1840，满洲正白旗人）恭送颖贵太妃金棺诣裕陵安奉，嘉庆帝说："此事命汝前往者，因妃衙门有汝姊瑞贵人墓，非借此差无由展谒也。"[③]英和的姐姐为乾隆帝瑞贵人，早亡，故嘉庆帝派英和安奉颖贵太妃，英和得以借机展谒其姐。嘉庆十三年，协办大学士刑部尚书长麟、军机大臣协办大学士户部尚书戴衢亨（1755—1811，江西南安府大庾县人）查勘南河河工，长麟在办事完毕后先行回京复命，而"戴衢亨在京供职多年，着加恩赏假一月，回南昌原籍祭扫，并看视伊叔戴均元（1746—1840）患病情形，再行回京复命。"[④]"以朝夕夹辅之重臣，恩予往返四千余里，以慰其家庭骨肉之私，为史册纪载所未有。"[⑤]道光二十三年（1843），黄河泛滥，道光帝先后派协办大学士户部尚书敬徵、户部右侍郎何汝霖、刑部

① 《清仁宗实录》卷124、卷131，嘉庆八年十二月癸未、九年七月戊戌，第29册，第674、782页。

② 张晶晶：《清代钦差大臣研究》，第32—39页。

③ 英和：《恩福堂年谱》，载《恩福堂笔记·诗钞·年谱》，北京古籍出版社1991年版，第344页。

④ 《清仁宗实录》卷193，嘉庆十三年三月丙寅，第30册，第556—557页。

⑤ 陈康祺：《郎潜纪闻二笔》卷10《大庾戴氏之恩眷》，第505—506页。

左侍郎成刚、顺天府尹李僡、工部尚书廖鸿荃等督办河工。何汝霖(1781—1853,江苏江宁府江宁县人)在工约两个月即回京,道光帝解释的理由是:"本欲令汝留工会办,因念尔母年逾八旬,特令汝归,以免悬望。"①父母在,不远游,何汝霖有八旬老母迎养在京,故道光帝不让何汝霖在外久任钦差大臣。

担任钦差是个苦差事,人多不愿担任。"南方各省,人人愿往;至宁古塔,则不愿者多。"②前往条件艰苦之地为官或出差,人多不愿往。例如,康熙二十一年(1682),琉球国王表请封爵,"旧典:用给事中、行人各一员往,天子重其选,特命廷臣会推可使者以闻。入朝,人多俛首畏缩,公(汪楫)鹤立班中,大臣遂以公对,充正使,赐一品服。"③前往琉球册封,远涉重洋,惊涛骇浪,有性命之虞。④ 朝中诸员畏畏缩缩,不愿前往,恰好汪楫鹤立鸡群,大臣们遂推之前往。钦差在夏天出差,要"享受"种种不好的待遇,其中最重要的两种"待遇"是暑热和大雨。在各种钦差中,直省乡试考官要经历这两种痛苦。乾隆三十九年(1774),广东乡试副考官、吏部主事李调元(1734—1803,四川绵州罗江县人)亲身体验了暑热的煎熬。他说:"五月二十五日,蒙恩命副青阳王春甫懿修典试广东。行至雄县,天甚暑,有二仆同日毙于途。至德州,又一仆中暑,自投水,乃活。"⑤直隶保定府雄县离京师约350里,李调元的两名仆人竟然中暑而亡,足见暑热之毒辣。李调元未中暑,恐是其坐轿,未受到烈日炙烤,抑或是其没有如仆人鞍前马后般的辛劳。李调元《伤二仆》云:

---

① 何汝霖:《知所止斋自订年谱》,《北图年谱》第137册,第416页。

② 《清圣祖实录》卷112,康熙二十二年九月戊寅,第5册,第149页。

③ 朱彝尊:《曝书亭集》卷73《通奉大夫福建布政司使内升汪公(汪楫)墓表》,《清代诗文集汇编》第116册,第552—553页。

④ 洪亮吉:《北江诗话》卷4,《洪亮吉集》第5册,中华书局2001年版,第2284页;余金:《熙朝新语》卷10,上海书店出版社2009年版,第158页;杨邦勇、谢必震:《略论清代中国人使琉球的航海生活》,《海交史研究》2012年第1期。

⑤ 李调元:《童山自记》,载《蜀学》第4辑,巴蜀书社2009年版,第266页。

此莫非王事，贤劳岂汝身。如何触炎热，忽尔化飞磷。

衣被余空马，棺衾委路人。盖帷无以报，一日两酸辛。①

为躲避暑热，钦差往往凌晨出行，夜晚仍在路途中。李调元于六月六日出京，出京第一站是良乡县。《晚次良乡县》诗云："晚次良乡县，篝灯隔树明。高城收暝色，远塔忽雷声。里记七千里，程才第一程。炎天云似火，大半总宵征。"②到达良乡县，天已大黑，远处雷声隆隆，要下雨了。李调元心想：良乡县是前往广东省城经过的第一站，七千里的路程如何才能走完？——在夏日炎炎似火烧的日子里，或许只能在夜晚加紧赶路。康熙二十六年（1687），徐元文之侄行人徐炯奉使云南，颁布诏书。徐元文送行诗言："不作皇华使，安成万里行？"③遥远的路程，似乎只有钦差才去行走。

当决定派遣钦差大臣时，开列官员名单，恭候钦定。钦差大臣人选名单，由相关部门开列，如关涉军务者，由兵部开列可担任钦差大臣之人选，若为审理案件，由刑部开列可担任钦差大臣之人选。若事件重大或紧急，或出现重大分歧，则举行大臣会议，以某一部主持会议，并由该部起草会议结果。如左都御史刘统勋条奏海塘事宜，九卿议覆认为：刘统勋之议与闽浙总督德沛之议不同，请钦差大臣一员，前往与各官员确勘酌议。乾隆帝批示："应差之大臣，该部开列具奏。"④九卿会议认为，应派钦差大臣前往查勘，得到乾隆帝批准。当然皇帝也可绕开这些烦琐程序，直接任命钦差大臣。

皇帝是政治中的最高决策者，是否需要派遣钦差大臣，由何人担任钦差大臣，都可由皇帝决定。皇帝或可接受大臣会议的结果，或可改动甚至完全不接受会议的结果。如：

---

① 李调元：《童山集》卷15《伤二仆》，《清代诗文集汇编》第384册，第256页

② 李调元：《童山集》卷15《晚次良乡县》，《清代诗文集汇编》第384册，第255页。

③ 徐元文：《含经堂集》卷13《送行人侄炯奉使滇南四首》，《清代诗文集汇编》第132册，第330页。

④ 《清高宗实录》卷156，乾隆六年十二月戊戌，第10册，第1232页。

又覆请礼部所题,朝鲜国贡使晋平君李泽等,偷买水牛角带去,大干法纪,应遣大臣严查审理,或交与该国王严查审理之处,伏候上裁一疏。上曰:"这事情,着交与该国王查明审理具奏。"①

又康熙五十九年(1720),陕甘灾荒,时漕运总督施世纶(1659—1722,汉军镶黄旗人)在陕西督运军需,康熙帝令施世纶协同总督鄂海办理灾荒,又令九卿等会议赈济事宜。户部等衙门议,应差大臣三员、部院满汉贤能司官十二员,分三路赈济。康熙帝认为:"此事不必差遣堂官,着派出司官,将银两交施世纶总管,公同赈济。"②已有漕运总督在陕西赈灾,无必要再派三名堂官前往,康熙帝修改会议结果,重新部署。

在康熙朝,康熙帝在御门听政时,大臣们就是否派遣钦差大臣奏请皇帝决断,如:

1. 大学士、学士随捧折本面奏请旨:为吏部题请直隶巡察大臣事。上曰:"此差原为澄清地方,厘奸剔弊,振肃纪纲,以安百姓。不得扰费民间一钱,务于民生有益。汉大臣着魏象枢去,满大臣着科尔坤同往。"③

2. 大学士、学士随捧折本面奏请旨:为总河靳辅请以回空兵船同粮船过闸,户部议准事。上曰:"漕运事关紧要,或恐延缓,有违定限,应仍照去年例,择遣贤能司官速往催攒抵通,使回空船只勿致迟误。应遣官员,着该部开列具奏。"④

康熙帝还和大臣们讨论钦差大臣人选。如康熙二十二年三月,于补授云贵土司官员事宜,康熙帝建议派遣一名贤能司官前往同云贵督、抚、提督会议。康熙帝问身边的官员:"尔等云何?"大学士明珠回奏道:"睿见极是。"⑤

---

① 中国第一历史档案馆整理:《康熙起居注》,康熙五十四年四月三十日,中华书局1984年版,第2168页。

② 《清圣祖实录》卷289,康熙五十九年十月戊申、戊午,第6册,第815、817—818页。

③ 《康熙起居注》,康熙二十一年七月初八日,第865页。

④ 《康熙起居注》,康熙二十一年七月十一日,第865页。

⑤ 《康熙起居注》,康熙二十二年三月十六日,第969—970页。

三、钦差大臣出差的途径

任命不同的人员为钦差大臣,则钦差大臣前往办差地的途径不同。在清代,钦差大臣出差的途径有以下三种。

第一,钦差大臣由京城前往。

钦差大臣多从京官中选派,故钦差大臣从京城出发,前往外地,此是最常见、最普通的钦差大臣前往方式。值得注意的是,有京官职衔的钦差大臣不一定从京城前往,或该官员从地方官升为京官,未及回至京城,即被派往地方办理事务。如嘉庆十年(1805)十一月,金光悌由山东布政使升任刑部左侍郎,"时有鱼台县民人李庆临控马怀壁纠众殃民一案,上命光悌于途次驰回,秉公严审。得实,定拟如律。"①金光悌交印回京任职,在回京途中被任为钦差大臣。又道光十三年(1833),江宁布政使赵盛奎升任刑部右侍郎,暂留江苏办理赈灾事宜。②

第二,从直省调派官员担任钦差大臣,就近办理事务。

直省官员或直接前往办差地,或回京陛见请训后再前往办差地,其中以直接前往办差地的情形较多。如康熙四十一年(1702)四月,河南巡抚徐潮前往湖南审理宁远县强贼关翰芳等行劫居民李诚廷等家案。康熙帝认为:"此案人命甚多。如此等事,先曾有令他省巡抚鞫审之例,宁远县与河南相去不远,着巡抚徐潮驰驿作速赴彼详审具奏。"③乾隆二十八年,河南巡抚叶存仁会同刑部右侍郎阿永阿前往湖北审案,"河南巡抚印务着布政使辅德暂行护理。此案审结后,叶存仁即由彼处仍回原任,不必同阿永阿来京复命"。④ 嘉庆十五年八月,湖南巡抚景安(？—1823,满洲镶红旗人)赴广东审案。⑤

---

① 《清史列传》卷32《金光悌传》,第2509页。
② 《清宣宗实录》卷246,道光十三年十二月辛丑,第36册,第705页。
③ 《清圣祖实录》卷207,康熙四十一年四月丙寅,第6册,第111页。
④ 《清高宗实录》卷685,乾隆二十八年四月己酉,第17册,第669页。
⑤ 《嘉庆道光两朝上谕档》第15册,嘉庆十五年八月十四日,第397页。

派直省官员办差,甚少有回京请训然后办差者。若回京请训,无异于从京城选派官员办差,不仅增加行政成本,而且延长办理事务的时间。林则徐是极少数以直省官员任钦差大臣而回京请训者。道光十八年(1838)十月十一日,湖广总督林则徐从武昌启程进京,于十一月初十日到达。十一月二十三日,林则徐以钦差大臣身份,前往广东查办海口事件(即禁烟事宜)。十九年正月二十五日,林则徐抵达广州,设行辕,正式履行钦差大臣职责。三月初九日,林则徐调任两广总督。从武昌起程进京到调任两广总督期间,林则徐的本职一直是湖广总督。桂超万《林少穆先生以两湖制府奉使粤海查办鸦烟,怀念成诗》云:"三湘方驻节,又度岭千寻。誓扫蛮烟尽,应防海瘴深。"①

直省官员回京陛见请训后再出京查办事件,与从京城派钦差大臣前往查办事件,从形式上看并无区别,但实际上有区别:首先,二者的职衔不一。前者的本职为总督、巡抚等,有地方官的职衔,后者的本职多为尚书、侍郎等,多是京官的职衔。其次,所办事件或有轻重等差别。官员回京请训再出京办差,而不是派京官出差,说明地方官处理该事件更为得力,而如此大费周折,则意味着该事件的重要性、特殊性。

第三,某些官员在回京途中被任命为钦差大臣,顺道就近审案。

此类情形在嘉道时期较多。嘉庆十八年(1813)九月,河东河道总督李亨特(?—1815,汉军正蓝旗人)奏"南岸睢州下汛二堡无工处所,大堤坐蛰过水,现在竭力抢办"。嘉庆帝将其革职,任戴均元为河东总督。时湖南巡抚广厚(?—1815,满洲镶黄旗人)在回京陛见途中,嘉庆帝令其"于途次接奉此旨,亦即驰驿赴工,会同戴均元督率妥办,迅就合龙。俟工竣后,广厚再来京陛见,回湖南巡抚之任。李亨特在工能否随同出力,并着广厚等留心察看,俟工竣时,据实具奏。"②道光十一年(1831)五月,吏部右侍郎、江苏学政白镕

① 桂超万:《养浩斋诗稿》卷9,《清代诗文集汇编》第547册,第386页。

② 《嘉庆道光两朝上谕档》第18册,嘉庆十八年九月十二日,第311—312页。

(1769—1842,顺天府通州人)升任左都御史,需回京供职。六月,上谕言:"前经降旨将白镕补授左都御史,令其来京供职。……本日据都察院奏淮南商人童广恒遣抱告伊弟监生童友枢具控弊朦枉断等情一案,……着白镕即行前赴江苏省城,会同程祖洛,将此案秉公研鞫,按律定拟具奏后,再行来京供职。"七月,江苏一带因雨成灾,道光帝不知督抚等官员办理赈灾事宜的真实状态,令白镕查访:"白镕前有旨令来京供职,所有被灾处所均系必由之路,着沿途留心查访。"①道光十三年三月,荆州副都统善英奏查阅营马,马匹短少1494匹,具折入奏,应用印文,而署将军那当阿不肯用印。时贵州布政使升湖北巡抚麟庆(1791—1846,满洲镶黄旗人)由黔入京觐见,道光帝令其"无论行抵何处,着即前赴荆州,俟(湖广总督)讷尔经额(1784—1857,满洲正白旗人)到时会同查办,事竣再行来京请训可也。"②

从京城派遣钦差大臣办理事务,与官员回京途中任钦差大臣办理事务,实际有差别。咸丰元年(1851),甘肃布政使调任河南布政使张集馨(1800—1878,江苏扬州府仪征县人)在进京陛见途中奉命在山西审案。在审案完毕后,张集馨与山西官员有对话:

> 蒋濂生方伯(山西布政使蒋霨远)与司道等来拜送行,蒋曰:"有一句不中听的话奉申,不知准达台听否?"余曰:"诸公雅意,实感于心,惟此番奉谕来办斯案,系因便道晋京,故奉斯命,非同在京人员专为审案而来者可比;昨已承惠煤数石,米一石,已足见东道主人厚意,何敢复有他望?至所云语不中听,则亦可不说矣。"③

张集馨认为:从京城专程前来审案与回京途中便道审案有所不同,便道审案的级别要低。张集馨的职务是布政使,低于巡抚,他很有自知之明。

① 《嘉庆道光两朝上谕档》第36册,道光十一年六月初八日、七月十九日,第243、306页。
② 《嘉庆道光两朝上谕档》第38册,道光十三年三月十二日,第135—136页。
③ 张集馨:《道咸宦海见闻录》,中华书局1981年版,第132页。

四、续派钦差大臣

对于大多数事务,只需派遣一批钦差大臣便能干净利落地处理完毕,不留下“后遗症”。但某些事务由于比较棘手,较难办理,或钦差大臣本身存在问题,需派两批或多批钦差大臣办理。续派钦差大臣的出现,主要有以下三种原因。

第一,第一批钦差大臣办差不力。

钦差大臣能力出众,但钦差大臣并非万能,不可能解决皇帝交办的所有问题。乾隆元年(1736),河南郑州生员郭元曾控告轮奸案,兵部右侍郎吴应棻(?—1738,浙江湖州府归安县人)前往审理。但吴应棻与河南巡抚富德“各执意见,屡次渎奏于朕前,既非公平谳狱之道,亦甚失大臣办事之体”,乾隆帝续派河道总督白钟山(?—1761,汉军正蓝旗人)就近审讯。“今思大臣彼此争执,恐白钟山一人办理,不足以压服众心,着刑部尚书孙嘉淦(1683—1753,山西太原府兴县人)前往会同白钟山秉公确审,务得实情。将来案情定后,则伊等之是非判然,应将怙过渎奏之大臣交部严加议处,以示惩戒。”①孙嘉淦于十一月十八日自京起程,二十九日在祥符北岸与白钟山会和,十二月初二日至郑州。② 此案共派三拨钦差大臣,钦差大臣两次前往审理。第一批钦差大臣不能顺利结案,且与会审的巡抚在案情上各执己见,足见案情之复杂,故续派钦差大臣前往办理。

除案情复杂需要续派钦差大臣外,还有因钦差大臣不能秉公审理而续派者。乾隆十二年九月,文渊阁大学士高斌、新任浙江巡抚顾琮审理原任巡抚常安贪婪案。二人当“和事老人”,将就了局,不能审理清楚,乾隆帝于十三年正月续派保和殿大学士讷亲(?—1749,满洲镶黄旗人)前往会同高斌审理。③

① 《清高宗实录》卷30,乾隆元年十一月辛丑,第9册,第620页。

② 孙嘉淦:《孙文定公奏疏》卷2《审驳郭案疏》,《清代诗文集汇编》第253册,第314页。

③ 《清史列传》卷16《高斌传》《顾琮传》、卷19《讷亲传》,第1208、1217、1635页。

关涉地方大员的案件，必须审出实情，不能拖泥带水。高斌、顾琮不能秉公审理，有意开脱，故再派钦差大臣审办。

第二，第一批钦差大臣人数少，恐不能顺利完成任务。

道光五年（1825）正月二十七日，令左都御史松筠（1752—1835，蒙古正蓝旗人）往热河，会同都统那清安审办东土默特旗贝勒吉克默特扎布等互控案；次日，添派太仆寺少卿斌良，同松筠前往审理。[①] 松筠时年74岁，行政阅历丰富但精力恐有限，斌良（1784—1847，满洲正红旗人）时年41岁，年轻力壮但阅历欠缺，二人共同审案，相辅相成，相得益彰。

嘉庆十一年（1806），洋盗蔡牵在台湾滋扰，以广州将军赛冲阿为钦差大臣，带领官兵赴台剿办，“连日节据该处提镇等奏报歼获逆匪数百名，蔡逆势已穷蹙。”在此情况下，嘉庆帝再任德楞泰（1749—1809，蒙古正黄旗人）为钦差大臣，同护军统领扎克塔尔、温春和提督薛大烈等前往剿办。[②] 虽然赛冲阿节节胜利，但嘉庆帝依旧放心不下，续派钦差大臣协同办理。

第三，第一批钦差大臣生病或病亡，无法完成使命。

乾隆十二年（1747），山西万泉、安邑有聚众抗官之案，乾隆帝派户部右侍郎雅尔图前往办理。雅尔图于中途患病，不能前进，而此案影响较大，不能不派钦差大臣前往办理，乾隆帝遂再派大学士讷亲乘驿前往，率同巡抚爱必达严行查办。[③] 嘉庆二十三年（1818）七月，令吏部左侍郎熙昌往湖南审案，熙昌在长沙病亡；十月，令刑部右侍郎文孚和署兵部左侍郎刘镮之往福建审案，文孚在山东德州等候刘镮之。嘉庆帝得到熙昌病亡的消息后，令文孚改道前往湖南，审理先前交熙昌办理之各案，福建之案由刘镮之一人办理。[④] 雅尔图患病、熙昌病亡，故续派钦差大臣接手办理。

---

① 《嘉庆道光两朝上谕档》第30册，道光五年正月二十七日、二十八日，第24、25页。

② 《嘉庆道光两朝上谕档》第11册，嘉庆十一年二月二十七日，第141页。

③ 《清高宗实录》卷289，乾隆十二年四月壬午，第12册，第782页。

④ 《嘉庆道光两朝上谕档》第23册，嘉庆二十三年十月二十二日，第472—473页。

遇到严重灾害,也会续派钦差大臣,且钦差大臣的本职品级有所提高。康熙三十四年(1695)四月初六日,山西平阳府地震,“房舍倒塌,人民损伤,随经特遣司官星驰前往,察勘情形。比复传问往来经过及本籍人员,具述屋宇尽皆倾毁、人口多被伤毙。受灾甚重,朕心深切轸恻。应作何恩恤,着速议奏。”虽然派遣司官前去查看,但由于受灾十分严重,需进一步赈济。四天后,户部会议认为,应派部院堂官一员前往同巡抚查明受灾情形,并拟定了详细的赈济标准。康熙帝同意户部的建议,并在户部议定的赈济标准上进一步提高赈济标准,任命户部尚书马齐为钦差大臣,前往办理赈济相关事宜。①

第二节　科道官:“特殊”的钦差大臣

皇帝可选派任何官员担任钦差大臣,科道官作为朝廷官员,有资格担任钦差大臣。如乾隆十四年(1749)的奉天亏空案,原任官员未办理清晰,乾隆帝派礼部尚书王安国、刑部左侍郎钱陈群和御史索禄、金相前往,会同奉天将军、府尹、盛京刑部侍郎等详细审理。② 在四名钦差大臣中,有两名御史。此两名御史,只是七品官,但作为朝廷官员,与其他官员一样,都是经过皇帝的任命,以钦差大臣身份外出办理事务。

科道官作为“特殊”的钦差大臣,其含义是指:科道官弹劾某件事务,为查证其事,科道官与其他官员共同前往办理,科道官也成了钦差大臣。

这种现象与清代科道官的地位有关。明代的科道官在政坛上叱咤风云,发挥举足轻重的作用;而清代的科道官在政治中充当配角,不如明代的科道官活泼有力。清代帝王以明亡的历史教训为鉴,明朝败亡的重要原因,清朝应当极力避免。科道官在明朝的败亡中,扮演了不可或缺的角色,故清朝对科道官有诸多限制。整体观之,明代科道官可分为两种基本类型:忠正和邪佞。从时

① 《清圣祖实录》卷166,康熙三十四年四月丙辰、庚申,第5册,第811、812页。

② 《清高宗实录》卷349,乾隆十四年九月乙亥,第13册,第821—822页。

间段看，明代前中期的忠正言官较多，“但至晚明，言官群体则不断分化蜕变，……大部分言官坠入腐化蜕变的漩涡，对晚明社会产生恶劣影响。”①而清代的科道官，始终笼罩在明代后期科道官不良形象的阴影下。在清代政治中，皇帝常告诫官员要以明代习气、明季恶习为戒，而明代习气、明季恶习的重要组成部分是科道官习气、科道官恶习。

与明代相比，清代科道官在政治上的影响相对要小些。虽然清代科道官在政治上的重要性不如明代明显，但清代对科道官比较“客气”：对于科道官的建议，皇帝通常会做出反应，或接受建议，说明接受的原因，或驳斥建议，说明驳斥的理由，使科道官口服且要心服。

在明代盛行的风闻言事，在清代基本不再实行。科道官的弹劾，必须有凭有据。清代帝王对科道官弹劾须言之以实的要求，达到十分苛刻的程度。如康熙四十三年（1704），山东灾荒，康熙帝怀疑地方官员“托言赈济而实欲完补亏空，以施鬼蜮之谋”。又说：“御史李发甲条奏盗贼蜂起、人民相食，亦当明白询问。如盗贼蜂起，必有杀人放火、抢夺财物粮米之处，与失事之人；如人民相食，亦必有被伤之人与食人之人。如有不实，即为巡抚、布政使急请设法银两而言也。”②因灾而盗现，必是盗贼众多，如同群蜂而起。御史在京城，远离山东灾荒现场，何以能指出何人杀人、何人被杀与何人被伤、何人食人，“盗贼蜂起、人民相食”，只不过是形容灾荒惨状的常用描述性用语，此种用法并非李发甲一人临时发明之，而是沿用前代用法。康熙帝要求言之以实，实在强人所难。

派遣科道官与钦差大臣一同处理事件，多基于科道官弹劾应属实的要求：一方面，对于科道官的弹劾，皇帝必须做出处理；另一方面，若科道官弹劾不属实，甚至诬蔑官员、毁人清白，给地方官员造成创伤，应当彻查；而让科道官随同钦差大臣前往，共同参与，以折服科道官之心。在实录和上谕档中常用“带

① 蔡明伦：《明代言官群体研究》，中国社会科学出版社 2009 年版，第 77 页。
② 《清圣祖实录》卷 213，康熙四十二年九月丁巳，第 6 册，第 161 页。

同该科道官某某前往”“科道官某某亦(并)着前往”等之类的话语,表明科道官参与其弹劾的事件。

科道官弹劾地方官员,而让科道官与钦差大臣一同前往处理,在康熙朝已出现。康熙四十一年,刑科给事中陈诜弹劾山东武定府蒲台县知县俞宏声以细事拘拿人犯致使人犯自尽,刑部请交巡抚委任官员审理,康熙帝令刑部右侍郎吴涵、翰林院检讨阿金同陈诜前往审理。①

在乾隆朝,类似的情形较多。如乾隆五年(1740),御史朱续晫奏陈督抚举劾不公。乾隆帝令朱续晫举出实据,朱续晫遂奏:“安庆府知府郭朝端、衡永郴道许登瀛,皆大计卓异之员,而又以贪婪被劾;滦州牧朱煌,保题方及数月,而以贪革;静海令刘浩基,保题甫经一载,又经贪革”。乾隆帝对此不以为然,改弦易辙之人往往有之,不能因人一时之操守而定其生平,也不能作为督抚举劾不公之明证;倘若“一举之后不可复劾,其势必至于回护本身,瞻顾他人,置公道于不问,岂非导天下以徇情怙过之大弊乎?其所见甚属鄙陋!”朱续晫又奏风闻现审未结事件内王德纯一案与督抚有关涉。乾隆帝说:

> 至称督抚举劾不公,所关綦重,岂可徒托空言而不究其实事,是以令其明白陈奏。此正谆切求言之意。伊乃奏称“徒抱献纳之志,无能效一得之愚”,竟似朕不采纳其言者。朕深鉴拒谏之非,是以即位以来,虚怀纳善,研求治理,惟恐涉于偏倚之心,人所共知,自有公论。岂因朱续晫一人巧语微词,欲自盗忠直之名,而天下臣民遂疑朕为不受谏之主乎?朕若因是而将彼交部议处,未为不可,但朕听此等狂瞽之言,实不介意,而巧诈讥刺者,亦不可不明白指出以示人耳。

乾隆帝认为,弹劾督抚大员,事关者大,不可以无根之词上达,而帝王也须对科道官的弹劾做出反应,若不做出反应,则帝王以不纳谏的形象呈现于臣民之

① 《清圣祖实录》卷207,康熙四十一年二月癸丑,第6册,第106页。

前。基于两方面的考虑，乾隆帝命朱续晫前往福建会同督抚审理王德纯一案，“如能审出实情，则伊为行顾其言之人矣。”①朱续晫到福建后，认真审案，审理结果表明弹劾属实，朱续晫交部议叙。②

乾隆七年，湖南巡抚许容弹劾督粮道谢济世（1689—1756，广西桂林府全州人）逾闲荡检、负恩溺职等款，乾隆帝令将谢济世革职，并令湖广总督孙嘉淦前往湖南会同许容严审定拟具奏。③ 八年二月，陕西道监察御史胡定（1709—1787，广东南雄府保昌县人）参劾许容诬参谢济世，乾隆帝说：

> 御史胡定参奏湖南巡抚许容一折，朕细细览阅，若许容怀挟私心诬参属员款迹皆虚，则许容有玷封疆之任，自有应得之处分；倘胡定因谢济世曾为御史，有心袒庇，或系彼此交结，暗通信息，亦未可定。若止系风闻，则谢济世被参未久，京师传闻，不能如此迅速，亦不能如此详尽，何以胡定折奏竟若目睹者。然此案关系封疆、言路，必须彻底审明，辨白是非，以示惩儆。着侍郎阿里衮，驰驿前往，会同孙嘉淦秉公察审具奏。胡定着带往看审。④

胡定弹劾许容诬参谢济世，言之凿凿，似在案发现场亲眼看见。胡定身在北京，无时间前往湖南，何以湖南发生之事在短短四月之内传到北京，且传得如此详尽，乾隆帝不得不起疑。此案关乎封疆、言路，不可不彻底查明。为公正起见，乾隆帝令户部右侍郎阿里衮（1712—1769，满洲镶黄旗人）前往审理，胡定也被带往观看审案。经阿里衮逐一审明，胡定弹劾俱实，胡定交部议叙。

又乾隆四十七年（1782），御史钱沣（1740—1795，云南云南府昆明县人）弹劾山东巡抚国泰、布政使于易简勒索、亏空，乾隆帝派户部尚书和珅（1750—1799，满洲正红旗人）、左都御史刘墉（1719—1805，山东青州府诸城

---

① 中国第一历史档案馆编：《乾隆朝上谕档》第1册，乾隆五年正月二十五日，广西师范大学出版社2008年版，第511—512页。

② 《清高宗实录》卷117，乾隆五年五月辛酉，第10册，第711页。

③ 《清高宗实录》卷179，乾隆七年十一月甲戌，第11册，第307页。

④ 《清高宗实录》卷185，乾隆八年二月庚子，第11册，第378页。

县人)、工部右侍郎诺穆亲前往查办,钱沣也随往山东。到山东后,钦差大臣起初未查出实据。乾隆帝说:如果钱沣的弹劾属实,国泰、于易简应受惩处,但前提条件必须"案情明晰,证据确凿"。对于钱沣的弹劾,乾隆帝表明态度:

钱沣既有此奏,其闻之何人,有何证据,自必确有指陈实迹。若指称风闻言事,又因国泰、于易简现已革审,即可完事,不欲更为已甚,则大不可。试思伊所奏于易简若实,则罪应斩决;若所奏不实,则钱沣之不是为何如乎?朕于办理庶政,一秉大中至正,如此不为已甚则可。若内外大小臣工,不据实秉公,亦托言不为已甚,可乎?总之,此案惟准情定罪,明白允当,有则有,无则无。朕不肯曲庇国泰、于易简,又岂肯枉屈国泰、于易简乎?①

乾隆帝令和珅等彻底清查,是为是,否为否,是则国泰、于易简被惩,否则钱沣被惩。后查核山东亏空银200多万两,国泰、于易简被赐自尽。

科道官为指实其事,甚至有作伪证者。嘉庆二十三年(1818),嘉庆帝欲第二次东巡,上年已有大学士松筠等因谏诤巡幸盛京而遭严惩,此年又有多名御史上书陈说巡幸的弊端,试图借此阻止巡幸。在众多御史中,李广滋(直隶永平府乐亭县人)说得"有板有眼"。他说:"盛京办理差务,张贴告示","按亩摊钱,抗违治罪",并明确指出"盖平、海城二县各派钱数十万串;锦县则演剧设席,勒派绅衿铺户凑交银两"。嘉庆帝认为,"其意不过借此为词,阻挠谒陵大典",但仍于四月十四日派贝子奕绍、军机大臣协办大学士吏部尚书戴均元前往查办,并带领李广滋一同前往。经过查证,并无李广滋所奏之事,李广滋被革退御史之职,仍回翰林院办事。后奕绍、戴均元奏:

有广宁民人李齐家呈控乡约赵魁派夫折钱一案。访明李齐家与李广滋同族,于广宁途中曾经相见,奏交(盛京将军)富俊等审办。兹据富俊等向李齐家搜出寄伊子李九韶家信,内称初八日下晚在新民屯见过御史,

---

① 《乾隆朝上谕档》第11册,乾隆四十七年四月十四日,第120—121页。

> 与御史说明；复向李齐家究诘，据供：伊系李广滋族侄，曾于广宁途次谒见李广滋，商量递呈，添改处系李广滋亲笔等语。

阅至此处，嘉庆帝不禁勃然大怒：

> 李广滋身为御史，胆敢与族人李齐家朋比为奸，代为添改呈词，必欲实其前言，阻挠大典，是何居心？谬妄已极！着派（刑部右侍郎）穆彰阿即日驰往前途，传旨将李广滋革职拿问，解送刑部，交军机大臣会同刑部严审定拟具奏。

后来的处理结果，李广滋被发配乌鲁木齐效力赎罪。十月，嘉庆帝鉴于自京启程前往盛京，沿途百姓爱戴，一片祥和景象，虽有叩阍案数起，却无控告借差派累者，“李广滋聋瞶之言，亦复何足深责，念伊究系言官，着加恩释回原籍。”① 李广滋是直隶乐亭人，其侄李齐家却在盛京锦州府广宁县居住，可能是移民，两人在广宁见面，李齐家之子李九韶与李广滋又先前在奉天府新民屯见面，足见李广滋之策划精心，可谓“处心积虑”，欲实其弹劾之事而后快。

第三节　满汉关系与钦差大臣

满汉关系是清代政治中重要且敏感的内容。满汉关系的实质是满汉之间的不平等，最高统治者有意袒护满洲。历史地看，清朝帝王袒护本民族，给予本民族各种优待，并非清朝的发明，在清朝之前入主中原的王朝，如金、元，无不如此。清朝帝王有着根深蒂固的满汉之别观念，重满而抑汉，但统治手段和统治技巧比较高明，在袒护满洲的同时，积极倡导、标榜满汉一体，强调对臣下应一本大公，视满汉大臣为一体，无分满汉。

旗人获得了巨大的政治经济权益，“以及汉官所受到的压抑，社会上旗人

---

① 《嘉庆道光两朝上谕档》第23册，嘉庆二十三年五月十七日、二十六日、十月二十三日，第234、248—249、476页。按，上谕档作“数十串”，实录作“数十万串”，据实录校改，见《清实录》第32册，第524页。

对汉人的欺凌,是满汉矛盾长期存在的主要原因。”[①]满汉之间的矛盾,在清代的不同时期有不同的变化:在入关前,满汉矛盾激烈,汉人地位低下;在入关后,随着统治的稳定,满汉矛盾趋于缓和、隐约,但仍不时出现。

清朝重满抑汉的政策,随着国势的变化而在实际执行中有所改变。以官员任用而论,在嘉庆朝以前,旗人尤其是满洲旗人牢牢控制中央和地方的大权。据《清朝文献通考》记载,在乾隆五十年(1785)的朝官中,满缺、蒙古缺、汉军缺、汉缺分别是 2751、253、142、558 人。[②] 乾隆帝曾言:“现今满尚书六人,朕可保无其他,而汉尚书中所可信者,不过新用之一二人而已。”[③]对中央部院衙门的汉人官员公开表示不信任。就地方省级大员而论,旗人同样占多数。乾隆初政时,“擢用满洲诸臣为封疆大吏,皆极一时之盛”。乾隆八年(1743),杭世骏(1696—1772,浙江杭州府仁和县人)考选御史时,在时务策中奏陈:“满洲才贤虽多,较之汉人,仅什之三四。天下巡抚尚满汉参半,总督则汉人无一焉,何内满而外汉也?”乾隆帝批驳杭世骏的“谬论”,杭世骏被革职。[④] 而到了嘉庆朝,虽然重满抑汉的政策未有改变,但在官员的任用上却悄然发生变化。昭梿论嘉庆初年督抚,共提到 12 人,分别是:岳起(满洲镶白旗)、长麟(觉罗,满洲正蓝旗)、陈大文(汉)、吉庆(觉罗,满洲正白旗)、书麟(满洲镶黄旗)、汪志伊(汉)、台布(蒙古正蓝旗)、初彭龄(汉)、吴熊光(汉)、王秉韬(汉军镶红旗)、荆道乾(汉)、阮元(汉)。[⑤] 满汉各占六人,平分秋色。道光三十年(1850)正月,内地 11 个总督(包括漕运总督、南河总督、东河总督),仅直隶总督讷尔经额、陕甘总督琦善、四川总督徐泽醇、湖广总督裕泰是

① 杜家骥:《从古代民族之私性、国家之公性谈清代满汉民族矛盾》,《清史研究》2010 年第 2 期。

② 王志明:《雍正朝官僚制度研究》,上海古籍出版社 2007 年版,第 38—39 页。

③ 《乾隆朝上谕档》第 1 册,乾隆六年三月初九日,第 707 页。

④ 昭梿:《啸亭续录》卷 3《乾隆初年督抚》,载《啸亭杂录·续录》,中华书局 1980 年版,第 466 页;《清高宗实录》卷 184,乾隆八年二月癸巳,第 11 册,第 373 页。

⑤ 昭梿:《啸亭杂录》卷 10《嘉庆初年督抚》,第 347—350 页。

旗人，汉多于满；内地15省巡抚，仅山西巡抚兆那苏图是旗人，汉人巡抚人数以绝对优势压倒旗人巡抚。

满汉关系反映在钦差大臣的派遣上，有以下特点。

第一，清代的官缺制影响了钦差大臣人选。

固定将职位授予某民族、某身份之人，称为官缺。清代的官缺分为两种：旗缺和汉缺，旗缺又可细分为五类：满洲缺、蒙古缺、汉军缺、宗室缺和内务府包衣缺。旗缺固定授予旗人，汉缺固定授予汉人。①

蒙古、东三省、西藏等边疆地区，与直省的语言、风俗等迥异。以上地区官员在清代前期几乎全为旗缺官员。派往以上地区的钦差大臣，旗人多于汉人。

理藩院的官员多为旗缺官员，而理藩院负责与俄罗斯有关的外交事务，故办理对俄交涉事务的钦差大臣多为旗人。康熙二十七年（1688）三月，令领侍卫内大臣索额图、都统公舅舅佟国纲、理藩院尚书阿喇尼、左都御史马齐、护军统领马喇（又作"玛喇"）等与俄罗斯划定边界。马齐（1652—1739，满洲镶黄旗人）疏言："差往鄂罗斯大臣，请不分满汉，一体差遣。"议政王大臣等议："应如所请。"康熙帝说："此所议甚是，着九卿选举应遣者奏闻。"后增差兵部督捕理事官张鹏翮（1649—1725，四川潼川府遂宁县人）、兵科给事中陈世安前往。② 从各位钦差大臣的本职资格看，前派的五人都是一二品的大员，其中有皇亲国戚、功臣之后，后派的两人仅为五品、七品官员，满汉官员的资格完全不能相提并论；从人数上看，满官人数多于汉官人数。此次派遣的钦差大臣因战事而未能成行；即使成行，两位汉人钦差大臣在边界划分中也只能充当配角。次年，再次派索额图等人与俄罗斯划界，签订《尼布楚条约》。在条约上签字的有议政大臣领侍卫内大臣索额图、内大臣都统佟国纲、都统郎谈、都统班达

① 杜家骥：《八旗与清朝政治论稿》，人民出版社2008年版，第419页。

② 《清圣祖实录》卷134，康熙二十七年三月丙子、甲午、己亥，第5册，第450、455、456页。

尔善、黑龙江将军萨布素、护军统领玛喇、理藩院侍郎温达,①无一汉人。

各地驻防官员为旗缺官员,审理驻防地案件的钦差大臣,满人多于汉人。在具体的行政运作中,汉人不可避免地参与了旗务。对旗人和旗务的管理,“相当一部分是纳入传统汉制机构由满汉官共同经办,汉官也参与其事。无论中央与地方,又都存在汉官管辖满官的情况,相当多的身为属官的满人官员,是在汉人长官的管辖之下。”②汉人或多或少懂得一些旗务,汉人任钦差大臣以审理各驻防地的案件,就不足为奇了。

表1　钦差大臣审理各省驻防地案件表(部分)

序号	时间	钦差大臣		案情	出处
1	康 10-2	吏部侍郎觉罗勒德洪 中和殿学士折尔肯	满 满	往江南京口,会同总督麻勒吉、巡抚马祜察审兵丁讦告京口将军李显贵、镇江知府刘元辅串通扣饷案	(1)
2	康 27-11	礼部尚书熊赐履 兵部尚书张玉书 工部尚书苏赫	汉 汉 满	浙江将军郭丕、巡抚金鋐以旗兵扰民事互相参讦案(熊赐履丁忧,改派张玉书)	(2)
3	乾 16-10	军机大臣兵部尚书舒赫德	满	杭州将军觉罗额尔登婪赃案	(3)
4	乾 23-12	军机大臣吏部尚书刘统勋	汉	西安将军都赉侵扣公库银并营私取利案	(4)
5	乾 24-6	军机大臣吏部尚书刘统勋	汉	绥远城将军保德侵帑案	(4)
6	道 5-6	刑部右侍郎昇寅	满	山海关骁骑校德凌阿呈控协领案	(5)
7	道 8-3	前任热河都统昇寅	满	宁夏将军庆山、副都统噶普唐阿两次互参案	(5)
8	道 12-2	兵部右侍郎铁麟 兵部右侍郎王楚堂	满 汉	密云副都统布勒亨因蓝翎长玉山误差私逃参奏饬拿,旋玉山以知县蓝田散放兵米弄弊等情京控案	(6)
9	道 12-10	左都御史昇寅 刑部右侍郎鄂顺安	满 满	往西安,审理告病候补京堂舒灵阿呈递封章列款奏揭前西安将军徐锟案	(5)

① 苏联科学院远东研究所等编:《十七世纪俄中关系》第 2 卷第 4 册,商务印书馆 1975 年版,第 964、965 页。

② 杜家骥:《清代传统汉制机构及汉人官员对八旗事务的管理》,《明清论丛》第 11 辑,紫禁城出版社 2011 年版,第 381 页。

续表

序号	时间	钦差大臣		案情	出处
10	道 13-12	盛京将军宝兴 理藩院右侍郎赛尚阿	满 满	山海关协领六十一等禀讦副都统孟魁案	(7)
11	道 17-3	盛京将军宝兴	满	广州将军苏勒芳阿、副都统孟魁互讦案	(7)
12	道 19-3	刑部尚书隆文	满	宁夏前锋依克唐阿控告该旗协领等克扣兵饷案	(7)

资料出处：(1)《清圣祖实录》卷 35，康熙十年二月乙未，第 4 册，第 474 页。(2)《清圣祖实录》卷 137、卷 138，康熙二十七年十一月戊子、十二月庚子，第 5 册，第 499、500 页。(3)《清史列传》卷 20《舒赫德传》，第 1519 页。(4)《清高宗实录》卷 575、卷 588，乾隆二十三年十二月丁巳、二十四年六月甲寅，第 16 册，第 341、530 页。(5) 宝珣、宝琳：《昇勤直公年谱》，《北图年谱》第 126 册，第 309、326—329、388—389 页。(6) 王楚堂：《云翁自订年谱》，《北图年谱》第 131 册，第 627 页。(7)《嘉庆道光两朝上谕档》第 38、42、44 册，道光十三年十二月初二日、十七年三月十二日、十九年三月二十一日，第 589、93、117 页。

第二，满汉官员共同作为钦差大臣，能更加公平地处理事务。

满汉之间存在矛盾，因而在处理事务上，应是满人不袒护汉人，汉人不袒护满人。在钦差大臣人选上，若但派满官或但派汉官，一些有罪但心不服口不服的官员会借此陈诉案件审理的不公，争论不可避免；若满汉搭配，一满一汉，在处理事务时更能保证公正性，堵住悠悠之口。

如康熙五十年（1711），江南乡试科场舞弊案发，令户部尚书张鹏翮在扬州会同两江总督噶礼、江苏巡抚张伯行和安徽巡抚梁世勋彻底详察，严审具奏。① 但此案甚为复杂，康熙帝也认为噶礼、张伯行二人互相弹劾对方的条款，“未必全实，亦未必全虚”，噶礼还曾因敢于捉拿海贼而得罪各省督抚。此案牵涉到敏感的满汉关系，康熙帝解释了其中的缘由：

> 此案察审实难！若命满大臣审，则以为徇庇满洲；若命汉大臣审，则以为徇庇汉人。至张伯行题参疏内连及张鹏翮者，意欲审理此事时，使张鹏翮回避，故朕仍令张鹏翮前往从公审理。②

---

① 《清圣祖实录》卷 248，康熙五十年十一月丙戌，第 6 册，第 459 页。

② 《清圣祖实录》卷 249，康熙五十一年二月丁巳，第 6 册，第 467 页。

但张鹏翮审理此案,久审不结。五十一年六月,康熙帝认为此案不能再交张鹏翮等审理,续派户部尚书穆和伦、工部尚书张廷枢前去审理。[①] 又道光十一年(1831)五月十四日,派刑部右侍郎戴宗沅、大理寺卿王楚堂驰往山东审案;次日,将王楚堂撤换,改派吏部左侍郎宝兴。据王楚堂记载,改派的原因是他和戴宗沅"均系汉人"。[②]

乾隆五十五年(1790),山东莱州府平度州有罗王氏被踢伤身死一案,莱州府知府徐大榕的审理结果是:罗王氏同伊子罗有良将张子布殴伤待毙,罗有良因畏惧自将伊母踢死图赖。山东按察使甘定进的审理结果是:张子布踢死罗王氏属实。山东巡抚觉罗长麟的奏报是:张子布将罗王氏踢伤身死,但甘定进不能究出实据折服徐大榕之心。乾隆帝根据长麟的奏报,将徐大榕革职拿问,交长麟研审具奏。[③] 不久,徐大榕遣族侄徐照赴刑部呈诉,"该府审系逆子罗有良欲踢张子布误伤伊母身死,并将原呈卷宗、供折进呈。"乾隆帝在仔细阅读卷宗后发现疑问,态度迅速转变:"长麟系刑部司员出身,办理此等重案,自应悉心体验,务得实情,但巡抚事务繁多,或一时为承审属员朦混,因而固执己见,将徐大榕参奏,亦未可定;若徐大榕承审此案,如果罗有良误踢伊母属实,不肯扶同改招,参革后复赴部呈诉,尚为知府中留心案件、认真办事之员。"此案由官员因对案件审理结果的不同而发生争执,升级为官员的京控案,且"伦纪攸关,不可不审讯明确,以成信谳"。在此情形下,只有派钦差大臣前往审理。乾隆帝派刑部尚书胡季堂(1729—1800,河南光州光山县人)、兵部左侍郎吉庆(1753—1802,觉罗,满洲正白旗人)前往审理:

> 胡季堂久任刑部,办理案件素为熟谙;吉庆于查勘盛京地亩一事,所办尚为公正。即着伊二人驰驿前往山东,提齐犯证卷宗,细心检验,秉公

① 《清圣祖实录》卷250,康熙五十一年六月庚午,第6册,第480页。

② 《嘉庆道光两朝上谕档》第36册,道光十一年五月十四、十五日,第212、213页;王楚堂:《云翁自订年谱》,《北图年谱》第131册,第625页。

③ 《乾隆朝上谕档》第15册,乾隆五十五年五月初八日,第660页。

研鞫，据实具奏。朕于谳狱重案，只期详慎持平，无枉无纵，并不稍存成见。伊二人一系汉员一系觉罗，于长麟、徐大榕谅不能各有偏护也。①

在乾隆帝看来，两位钦差大臣办事纯熟，公正无私，且一满一汉，于案件能公正审理。后乾隆帝接到长麟的奏报，经过一番细致分析，发现其中疑窦甚多，长麟有所偏袒。乾隆帝说：

胡季堂久任刑部，办理案件素为熟谙。长麟由刑部司员出身，系胡季堂节次保举。此事长麟承审错误，虽系罪关出入，但犯人未决，及以早审明，尚非冤狱。且朕断不以巡抚大员于此等无心出入人罪未决之案，加之重谴。吉庆身系觉罗，前令查勘盛京地亩一案，嵩椿亦系宗室，伊并不徇情，据实办理，朕方嘉其公正，想于长麟亦不至因同系觉罗，有所瞻徇。至张子布形同乞丐，徐大榕岂有受其贿属（嘱）而为此庇护开脱之事，亦断不值以一官徇之。即罗有良虽较之张子布尚系温饱之家，长麟必无受其贿托，故为纵释之理。或承审之员从中迎合偏断，亦不可知。总之，此案不特罪名出入所系，亦且伦纪攸关。朕于长麟、徐大榕俱无所偏向，只期详慎持平，无枉无纵，以成信谳。胡季堂、吉庆亦断不可稍存成见，于长麟、徐大榕有所歧视，务使确讯实情，水落石出，悉心定拟具奏，毋负委任。②

此案的最终审理结果是徐大榕所审正确。涉案的官员一满一汉，审案的钦差大臣一满一汉，在此情况下，钦差大臣袒护涉案官员的可能性极小，能最大程度地保障案件得到实事求是地解决。

值得注意的是，满汉关系随着清朝国势的变化而发生改变，但满汉钦差大臣共同办理事务未受到清朝国势改变的影响。从钦差大臣人选看，满汉搭配是主流，也存在专派满官和专派汉官的现象。究其原因，满汉搭配型钦差大臣更能保证事件得到公正处理。

① 《乾隆朝上谕档》第 15 册，乾隆五十五年六月初九日，第 728—729 页。

② 《乾隆朝上谕档》第 15 册，乾隆五十五年六月十五日，第 743—745 页。

第四节 钦差大臣随员

实录对钦差大臣随员的记载,在康雍时期较少,在乾嘉道时期记载较多,但无论记载得多与少,都甚少记载随员的官职、姓名。康熙五十一年(1712)六月,派第二批钦差大臣户部尚书穆和伦、工部尚书张廷枢往江南审理两江总督噶礼、江苏巡抚张伯行互讦案,"不必来请训旨,即带满汉司官速行"①。至于司官为谁,官居何职,实录并无记载。钦差大臣的随员多是部院衙门的司员,故在乾嘉道时期,上谕记载钦差大臣随员的标准形式是:"随带司员,亦着一并驰驿",也未说明随带司员的官职、姓名。

一、随带司员的选择

凡钦差大臣外出办事,无论是审理案件、办理河工还是办理军务,均可带随带司员。军机大臣出差,还可随带军机章京。如嘉庆二十三年(1818)四月,军机大臣、协办大学士、吏部尚书戴均元出差,随带军机章京张允垂、李昌平;道光十二年(1832),军机大臣、工部尚书穆彰阿出差,随带军机章京、刑部员外郎汪元爵;道光二十二年五月,军机大臣、工部尚书赛尚阿出差,随带军机章京、吏部员外郎王桂。②

钦差大臣的随员,多是一名钦差大臣配两名随员,也有一名钦差大臣配一名随员或不配随员者,也有一名钦差大臣配多名随员者,并可根据需要增减随带的人数。乾隆三十九年(1774),令舒赫德往江南办理河工,后又令带钦差大臣关防赴山东办理王伦之事。舒赫德奏:"臣舒赫德赴山东剿捕贼匪,有军机处行走之中书沈启震,因丁忧回籍,舟滞德州,情愿随臣效力。臣因是时随

① 《清圣祖实录》卷250,康熙五十一年六月庚午,第6册,第480页。

② 《嘉庆道光两朝上谕档》第23、47册,嘉庆二十三年四月十六日、道光二十二年五月,第174、156页;《内阁大库档案》,登录号:133582,道光十二年九月十一日吏部移会。

带司员无多,公事繁冗,不敷办理,沈启震向在军机处行走,素为熟谙,因留其同至临清帮办一切,颇为出力,当经将随带缘由具奏"。[①] 舒赫德因随带司员无多,不敷办理事务,遂奏请将丁忧回籍官员作为随带司员带往办事。嘉庆四年八月,军机大臣、工部尚书那彦成任钦差大臣,总统陕西军务,随带四名官员:内阁侍读学士方维甸、内阁侍读文孚、工部主事杨懋恬、内阁中书松宁。[②] 道光十四年(1834)九月,令左都御史敬徵、户部右侍郎吴椿往浙江查办海塘,时吴椿在浙江为乡试考官,敬徵带司员二人前往,而吴椿没有随带司员。道光十九年十二月,令吏部右侍郎江苏学政祁寯藻、刑部右侍郎黄爵滋往福建查办事件,黄爵滋随带刑部司员二人,祁寯藻无随带司员。[③] 吴椿和祁寯藻都不是从京城出发,均未随带司员。

钦差大臣随带司员的选定,有两种方式:一由皇帝选定,二由钦差大臣选定,其中以钦差大臣选定为主。钦差大臣选定司员,在皇帝任命钦差大臣之后,由钦差大臣自行挑选,奏请皇帝批准。如道光八年三月十一日,令前任热河都统昇寅(1762—1834,满洲镶黄旗人)"往甘肃会同鄂山查办事件,所有随带司员着一并驰驿",十三日,昇寅奏请随带刑部郎中苏廷玉、员外郎瑞元,奉旨允行。[④] 随带司员由钦差大臣选定,若某一司员得到堂官的信赖,而堂官又经常担任钦差大臣,则司员会经常出差。刑部司员许兆椿(1747—1814,湖北德安府云梦县人)精通刑律,深得刑部堂官的赏识,"自是各省要案,驰驿四出,历奉天、吉林、黑龙江、直隶、江南、湖北、湖南、河南、陕西、山东,十五次鞫办钦部案件,取供定稿,一手经历。各上台倚若左右手,诸奏折悉当圣意。"[⑤] 许兆椿办事深得刑部堂官的信赖和赏识,故15次随刑部堂官出差,作为堂官

---

① 梁章钜、朱智:《枢垣记略》卷6《恩叙一》,中华书局1984年版,第58页。

② 那彦成:《那文毅公奏议》卷1,《续修四库全书》第495册,第43页。

③ 林则徐:《林则徐日记》,《林则徐全集》第9册,海峡文艺出版社2002年版,第192、195、201页;祁寯藻:《观斋行年自记》,《北图年谱》第146册,第562—563页。

④ 宝珣、宝琳:《昇勤直公年谱》卷下,《北图年谱》第126册,第327—328页。

⑤ 许兆椿:《秋水阁诗集》卷首《云梦县志·人物传·许兆椿传》,《清代诗文集汇编》第420册,第92页。

的左膀右臂。皇帝为钦差大臣选定随带司员,或指令钦差大臣从某一特定的部院衙门挑选,即限定随带司员的任职衙门,或直接为钦差大臣任命随带司员。

在各部院司员中,刑部司员“例得随带”,①其他各部司员按照各自不同的情况奏请随带。在内外蒙古地区办理事件多随带理藩院司员,办理有关工程的事件多随带工部司员。雍正三年(1725)八月,因归化城土默特地方粮价较低,雍正帝计划将该处粮食运至陕西潼关,派其深知之人刑部员外郎觉罗明寿前往,“着理藩院再派谨慎诚实章京一员,与明寿一同驰驿速往”。② 嘉庆十五年(1810),令户部左侍郎英和、候补四品京堂初彭龄往盛京查办参务案件,随带司员有三人:户部郎中戴聪、委署主事王灵泰和内务府茶库库使裕德。③ 清代人参主要由内务府广储司下的六库之茶库管理,“茶库掌茶叶、人参、香纸、颜料、绒线。”④初彭龄是汉人,对人参恐不甚了了;英和虽是内务府正白旗人,曾任总管内务府大臣,其对人参应有所了解,但对人参的产地、种植等具体情形很难说是了如指掌,随带熟悉人参的茶库库使,恰如所需。嘉庆二十二年(1817)六月,新建天津水师营炮台、衙署及兵房600余间等工程告成,令总管内务府大臣苏楞额、和世泰“带同内务府谙习工程司员,迅速前赴该处详加查勘。自到工之日起,予限十五日,将各工逐一验收。”除工部外,内务府多参与土木工程兴建,如宫殿修复、陵寝兴建等,⑤故内务府多有谙熟工程之人。雍正三年,令内阁学士何国宗(顺天府大兴县人)等人查河,需要测量河道,雍正帝特别指出,“有算法馆行走、明白测量人员,着何国宗指名举奏二人,带去详

---

① 朱壬林:《小云庐晚学文稿》卷1《请饬改派随带司员折子》,《清代诗文集汇编》第532册,第681页。

② 《朱批谕旨》卷5,雍正三年八月初十日奏,《景印文渊阁四库全书》第416册,第212页。

③ 《嘉庆朝参务档案选编》(下),《历史档案》2002年第4期。

④ 《钦定大清会典则例》卷159《内务府·广储司》,《景印文渊阁四库全书》第625册,第167页。

⑤ 《嘉庆道光两朝上谕档》第22册,嘉庆二十二年六月初一日,第170页;张德泽:《清代国家机关考略》(修订本),第138—139、180页。

加测量。”[①]办理河工需要专业的技术人员，故雍正帝令何国宗随带算法馆人员。

“樊蝇徒乱盈廷牍，市虎难欺折狱才。”[②]钦差大臣随带司员多属精明强干之人。以审理案件的随带司员为例，一窥钦差大臣对随带司员的选择：

1. 吴坛（？—1780，山东武定府海丰县人），乾隆二十六年（1761）进士，授刑部主事，再迁郎中。吴坛之父吴绍诗任刑部右侍郎，乾隆帝以“吴坛办事颇属明敏，勉力为刑部好司官，着毋庸回避。”吴坛在郎署任内多次奉差治狱，“近而畿辅，远而于蜀、于秦、于楚、于闽，数岁中行二万余里，奏勘案件称平，蒙恩特简江苏臬司。”后吴坛因犯案遭严惩，乾隆帝“念其办理刑名尚为练习，若竟予废弃，未免可惜。吴坛着加恩以刑部主事用，仍带革职留任，八年无过方准开复。”[③]吴坛父吴绍诗、兄吴垣都精通刑名。吴坛还著有《大清律例通考》一书。

2. 管世铭（1738—1798，江苏常州府武进县人），乾隆四十三年进士，“深通律令”，“机断明决。凡狱成而奏草已具，同官无能易一字”，“屡出谳外狱，使浙江者再，湖北者再，吉林者一，山东者一。群公皆倚重之，不敢以僚属视。”“同时富察文襄王（福康安）、章佳文成公（阿桂）皆引重府君，每遇大事，必曰质之管君。”[④]阿桂尤与管世铭交情深厚。

3. 吴于宣（浙江嘉兴府石门县人），乾隆五十二年进士，“才识英敏，通达吏治，官邑令时以能声著山左。内擢刑曹，每遇钦差大员往直省审案，必奏请于宣偕往，悉心研鞫，平反颇多。”[⑤]

---

① 《上谕内阁》卷34，雍正三年七月二十日，《景印文渊阁四库全书》第414册，第307页。

② 孙尔准：《泰云堂诗集》卷7《李勉庵秋部谳狱归途以诗见怀，依韵答寄》，《清代诗文集汇编》第497册，第115页。

③ 《内阁大库档案》，登录号：146358，乾隆三十一年正月吏部移会；钱陈群：《香树斋文集续钞》卷2《吴蚁园中丞七十寿序》，《清代诗文集汇编》第262册，第334页；《清高宗实录》卷966，乾隆三十九年九月丁巳，第20册，第1115页。

④ 管绳莱：《先大父侍御府君（管世铭）行状》，《清代诗文集汇编》第393册，第363页。

⑤ 潘衍桐：《两浙輶轩续录》卷14《吴于宣》，《续修四库全书》第1685册，第361页。

4. 赵镛(江西建昌府南丰县人),道光六年(1826)进士,为刑部主事,“丙申(1836),随协办大学士汤公金钊、户部尚书文公庆往陕西、四川、河南谳事;丁酉,随文公往热河;戊戌,又随汤公及侍郎惠公吉往山西;己亥,随吏部尚书恩公桂、礼部尚书何公汝霖往浙江、南河、东河。是年擢山西司员外郎”,“在刑部十二年,精研律例,故四为随员,钦使诸公皆倚重之。”①

5. 易棠(1794—1863,湖南长沙府善化县人),道光九年进士,授刑部主事,历员外郎、郎中,“性简默而精明,素习名法家言。及官刑部,所谳决独得其平。先后随钦差案疑狱及查办事件,赴江西、安徽者三,浙江、河南者二,广东、河南、湖北、湖南、江南、江苏各一。”②

类似事例繁多,不再详举。能者多劳,以上五例司员都是精通刑律、善于断案之人。司员深得上官信赖,故能多次随钦差大臣出差,甚至出现部院与钦差大臣争抢司员。如熊光大(湖南永州府零陵县人),道光三年进士,在刑部为官,“精详善断,定拟后人莫能易其一字。凡能治狱者多刻深,光大独以宽厚称,屡与上官争出入,堂上官皆心折焉。钦使出治行省狱,屡奏请以光大从,辄为大司寇所留最,后遂奏明刑部需才任事,请毋令熊光大与出京谳狱事。”③当然,并非所有的随带司员都熟悉将要办理的事务。如乾隆三十三年(1768),刑部主事姜晟随军机大臣、东阁大学士刘统勋巡视南河。姜晟坦言,于“河防素未谙习”④,而之所以成为随带司员,原因是认真学习刑律,深得刘统勋赏识。

司员一般是指中央部院衙门的郎中(正五品)、员外郎(从五品)、主事(正六品)。但钦差大臣的随员不限于郎中、员外郎和主事,如以下事例:

1. 方观承(1698—1768,安徽安庆府桐城县人),乾隆九年,以直隶按察使

① 张维屏:《国朝诗人征略二编》卷61《赵镛》,《续修四库全书》第1713册,第355页。

② 卞宝第等修:《湖南通志》卷176《人物志十七》,《续修四库全书》第665册,第429页。

③ 卞宝第等修:《湖南通志》卷186《人物志二十七》,《续修四库全书》第666册,第37页。

④ 姜晟:《姜杜芗先生自订年谱》,《北图年谱》第106册,第362页。

(正三品)的身份,作为大学士讷亲的随员,查勘河道和海塘工程。①

2. 曾燠(1760—1831,江西建昌府南城县人),乾隆五十七年由户部贵州司员外郎"京察一等,奉特简授两淮盐运使(从三品),即充钦差大学士庆文恪公随带司员,至江南谳狱。勘办事竣,次年始莅任视事。"②曾燠以两淮盐运使充兵部尚书庆桂(1737—1816,满洲镶黄旗人,谥文恪)的随员。友人秦瀛给曾燠的送行诗写道:"匆匆分手别春明,衔命兼为谳狱行。"③

3. 姜晟(1730—1810,江苏苏州府元和县人),乾隆四十年七月由刑部贵州司郎中转光禄寺少卿(正五品)。九月,姜晟随吏部右侍郎袁守侗(1723—1783,山东济南府长山县人)、署理刑部左侍郎阿扬阿(?—1789,觉罗)前往贵州审案。④

4. 卢荫溥(1760—1839,山东济南府德州人),嘉庆十三年(1808)十月由礼部仪制司郎中转鸿胪寺少卿(从五品),同月随刑部尚书吴璥、户部左侍郎托津赴江南查勘河工。⑤

从以上四例可知,钦差大臣还可随带外官和寺卿。概言之,钦差大臣多随带本衙门司员作为随员,⑥故多笼统称为随带司员。很显然,钦差大臣以外官为随员,是经过皇帝的任命或批准。正五品、从五品的寺卿与司员的品级相当,钦差大臣以正、从五品寺卿为随员,恰如其分,未因其寺卿的身份而有所不同。

二、随带司员的职责

随带司员的职责广泛。概言之,作为钦差大臣的副手,随带司员协助钦差

① 《清史列传》卷17《方观承传》,第1292页。

② 包世臣:《艺舟双楫》卷7下附录一下《曾抚部别传》,《续修四库全书》第1082册,第726—727页。

③ 秦瀛:《小岘山人诗集》卷8《曾宾谷擢任两淮都转,适有浙狱,大司马庆公挈以偕行,驰传出都,匆匆走送,得七律二章》,《清代诗文集汇编》第407册,第214页。

④ 姜晟:《姜杜芗先生自订年谱》,《北图年谱》第106册,第370—371页。

⑤ 卢荫溥:《卢文肃公年谱》,《北图年谱》第122册,第384页。

⑥ 张晶晶:《清代钦差大臣研究》,第42页。

大臣处理事务,如勘察情形、审理案件、佐理文案等。乾隆五十一年(1786),派户部尚书曹文埴(1735—1798,安徽徽州府歙县人)、刑部左侍郎姜晟、工部右侍郎伊龄阿(?—1795,内务府满洲镶黄旗人)到浙江查办仓库亏缺案,曹文埴"委随带司员先行盘查,并亲自抽盘"。① 道光十九年(1839),令吏部尚书汤金钊、刑部左侍郎吴文镕查办江宁布政使唐鉴为伊女建立专祠以致愚民聚会烧香、男女混杂,及其胞弟唐紫玖居住寿星桥地方恐不肖属员夤缘两案。吴文镕奏报说:"于二月十七日驰抵江省,即密委随带司员刑部员外郎祥麟、黄恩彤不动声色,径往天界寺等处详细查勘。"②以上两例中的随带司员,在钦差大臣亲自处理事件之前,先行办理事务,或代行钦差大臣的职责,或为钦差大臣审理案件提供必要的准备。

随带司员协助钦差大臣办事,事件如何处理,如何定案,都应由钦差大臣一手操持。如审理案件,随带司员可讯供查卷,但不能决定案件的最终处理结果。③ 随带司员多由钦差大臣选定,但并不表明随带司员完全听命于钦差大臣,唯钦差大臣马首是瞻。对于钦差大臣在处理事务中的偏差和不当之处,随带司员有补偏救弊之责,若随带司员不同意钦差大臣的定案,还可坚持己见。如刑部员外郎汪元爵谏诤钦差大臣工部尚书穆彰阿:

> 道光壬辰(十二年,1832)秋,淮安有奸民掘堤之狱。公佐工部穆鹤舫尚书往鞫。时首犯陈端未获,议者欲多所诛夷,公曰:"苛刻以为能,吾不为也。"尚书是之。奏上,刑部议驳,持益力。未几,尚书奉命查办湖北事件,公随行,受代者覆鞫,卒不能易公所议。自是由湖北而河南而直隶,所治事皆允当。④

① 曹振镛:《先文敏公(曹文埴)行状》,《清代诗文集汇编》第387册,第192页。

② 吴文镕:《吴文节公遗集》卷3《查明江宁藩司被参各款折》,《清代诗文集汇编》第575册,第21页。

③ 《嘉庆道光两朝上谕档》第19册,嘉庆十九年十一月二十日,第888页。

④ 缪晋:《缪寄庵文稿·刑部湖广司郎中军机处行走汪公(汪元爵)墓志铭》,《清代诗文集汇编》第411册,第689页。

又刑部员外郎赓音、陈预和理藩院员外郎和琫额，作为刑部右侍郎特克慎（？—1810，蒙古正蓝旗人）的随带司员，赴热河三座塔审拟土默特旗台吉阿萨拉谋杀胞伯身死一案。三人均反对特克慎的处理结果，“于特克慎固执己见之处，并不依违迎合，俾重案得以平反，俱着交部议叙，以本衙门应升之缺先行补用，于到京时仍着带领引见。”①很显然，有钦差大臣胁迫随带司员的事例。雍正四年（1726），刑部员外郎陈学海随钦差大臣到河南审案，“与钦差持平执法，尽得巡抚欺罔状。爰书定矣，未几，钦差徇庇巡抚，悉反之。君力争不获，且被逼画题，恚甚。”②

如果钦差大臣不能认真履行职责，则随带司员可代替钦差大臣办理事务。随带司员的办理结果，经钦差大臣的承认，可当成是钦差大臣的办理结果。乾隆三十五年（1770）十二月，刑部山西司郎中姜晟随刑部右侍郎伍讷玺（又作“乌讷玺”）赴沧州审案，“抵沧州时已届封印。余因思若稍迟延即须度岁，供帐一切，所费不赀，故力请于少寇赶紧鞫讯。凡七日而定谳，皆出余一人之手。缮折后起身，于小除夕抵京。”③案件从审理到缮折奏报，全由随带司员姜晟一人办理。道光十九年（1839），刑部尚书隆文（1786—1841，满洲正红旗人）在山西审案，时任朔平府知府的张集馨记载隆文办案的情形：“尚书由汾郡至太原，寓考院内，日课缝人制干尖褂以为消遣计。司员林绂、承惠提问盗犯数堂”。④ 隆文整天待在公馆中，以缝制衣物为消遣，不理公务，应办事务全交司员办理。

随带司员参与到事件的处理中，虽然不能决定事件的处理结果，但能影响之。道光二十年，户部左侍郎江西学政吴其濬（1779—1847，河南光州固始县人）、刑部左侍郎麟魁（1793—1862，满洲镶白旗人）审理湖广总督周天爵

① 《嘉庆道光两朝上谕档》第4册，嘉庆四年三月二十二日，第102页。

② 谢济世：《梅庄遗集》卷4《陈检讨（陈学海）墓志铭》，《清代诗文集汇编》第266册，第141页。

③ 姜晟：《姜杜芗先生自订年谱》，《北图年谱》第106册，第365—366页。

④ 张集馨：《道咸宦海见闻录》，第47页。

(1775—1853,山东泰安府东阿县人)听任属员使用酷刑案,方濬师(1830—1889,安徽凤阳府定远县人)在《书周文忠公遗事》中说:"公为两湖总督,又有奏公擅用非刑者,特派吴瀹斋宫保审办。随带司员,刑部郎中奎绶也,于公事多所挑驳,而公遂罢职遣戍"。① 由于随带司员的"挑驳",周天爵终被罢职。

三、随带司员的升迁

随带司员在外奔波,不可避免地耽误其官职的正常迁转。如吴熊光,得阿桂赏识,常随阿桂出差,在一定程度上影响了仕途升迁。吴熊光云其"先由内阁侍读保送御史,蒙记名,叠次出差,未得引见",加之官场中的矛盾,在科道上徘徊十余年。②

随带司员多由钦差大臣选定。换言之,钦差大臣是"幕主",随带司员是"幕主"聘请的"僚属",故二者之间的关系通常很融洽。乾隆五十二年(1787)十一月,管世铭随兵部尚书庆桂、户部右侍郎汪承霈到楚北审案,管世铭诗云:

知己风期洽,虚怀礼数宽。曾无长官意,直作幕僚看。

平恕心常体,精详狱乃完。不辞劳怨独,期息后波澜。③

在管世铭看来,庆桂和汪承霈未把他当成下属,而是当作朋友,双方之间几乎没有垂直的上下级关系,而是具有类似幕主与僚属之间的平等关系。随带司员多由钦差大臣选定,随带在外,朝夕相处,且随带司员为钦差大臣出力出谋,二者关系自当融洽,故钦差大臣应为随带司员的仕途着想。从公的方面而言,随带司员多属材优干济之人,应升迁,以更好地发挥才能,且奉使于外,没有功劳也有苦劳;从私的方面而言,钦差大臣与随带司员关系良好,为其请求加官

① 《清史列传》卷42《周天爵传》,第3336页;方浚师:《蕉轩随录》卷2《书周文忠公遗事》,中华书局1995年版,第53页。按,《周天爵传》作"刑部右侍郎麟魁",误,应为左侍郎。

② 吴熊光:《伊江笔录》卷下,《续修四库全书》第1177册,第514页。

③ 管世铭:《韫山堂诗集》卷5《奉随大司马庆桂公、少司农汪公承霈楚北谳事》,《清代诗文集汇编》第393册,第399页。

以酬辛劳也在情理之中。

钦差大臣主动为随带司员请求奖励的事例，如乾隆三十七年(1772)，征讨金川，以仓场侍郎刘秉恬(？—1800，山西平阳府洪洞县人)为钦差大臣，办理军营粮运事宜。乾隆帝为刘秉恬指定随带司员三人：吏部郎中陈燮、礼部主事逢年、刑部主事特音布，刘秉恬另奏请随带候补誊录官胡时显等。后特音布被害，陈燮补放川东道，逢年、胡时显未升迁，刘秉恬专折为二人请功：

查逢年自去岁抵川以来，勤慎办公，遇事奋勉，如军粮、军火，每当紧急需用之时，奴才交令查办，较地方官更为得力，且人亦明白晓事。本年夏间，因西路一带桥梁冲断，奴才令其往美诺筹办接济军营铅丸、火药。适闻底木达失事之信，彼即连次星夜前往当噶拉请兵救援。五岱带兵一到，适值贼人来占猛固桥，当时打仗击退，始得保有官兵出路。是猛固桥之彼时得守，虽由五岱打仗出力，而五岱之迅速遄来，是由逢年之前往当噶也。且该员本系京察一等应升之人，因随奴才在川，是以遇有应升缺出，未得一体拣选升用。胡时显办理一切案牍文移，勤慎小心，从无错误。凡遇奴才赴各路军营时，无次不随同前往，经历冰雪积滑之地及山崖陡峻之处，同奴才步行数十里，从未稍辞劳瘁。该员若在京补缺，可以邀恩议叙得官，因随奴才在川办事，转致濡滞。在奴才以获罪之人，何敢为人渎恳圣恩，但奴才之罪实系奴才分所应得，与伊等本属无涉，且该员等平日勤慎奋勉，均知以军务为重，急公向上。况前随奴才办事出力之地方官，如同知林儁等，均经两督臣奏蒙圣恩升擢，逢年等因系京职，现随奴才办事，是以未经一体入告。伏念现值军需紧急之时，伊等平日实系出力办公之人，奴才是不敢以现当有罪之时，遂尔缄默不言。合无仰恳格外圣慈，住将逢年以各部员外郎升用，遇缺即补；胡时显系未经得缺之员，仰恳圣恩，赏给内阁中书或学正、学录职衔。伊等感激天恩，自必益加奋勉，当现办紧急军需之时，于事不无裨益。谨不揣冒昧，恭折奏恳天恩，伏乞皇上睿鉴训示。谨奏。

朱批:所奏是,即有旨谕。①

刘秉恬详述逢年、胡时显二人的功劳,请求升迁二人官职。其时刘秉恬因办事不善被降职效力,乾隆帝未因刘秉恬之过而迁怒于随带司员,而是同意请求,"逢年着以各部员外郎升用,遇缺即补;胡时显着赏给中书科中书职衔。"②嘉庆八年(1803)四月,理藩院左侍郎贡楚克扎布往西宁一带查办青海抢掠案,随带司员三人,后贡楚克扎布为三人请功。"奉上谕:贡楚克扎布奏随带司员奇明等于办理番子事务甚为出力,恳请加恩等语,着照所请。兵部主事奇明、徐寅亮,理藩院笔帖式富元,遇有本衙门应升之缺升用。"③又司员杨煊,随钦差大臣外出办理河工,"星使第劳绩,请遇有本部题选缺出,即行补用。"④

由于自身具有才能,又多次出差,经历各种锻炼,加之钦差大臣的大力举荐,故随带司员的才能多得运用。许多随带司员精于审案,逐步升迁而任钦差大臣。如杜玉林(1728—1787,江苏常州府金匮县人):

金匮杜公为郎时,随故尚书兆公惠、侍郎钱公汝诚之宣化,随尚书今大学士阿公桂、尚书裘公曰修之霸州,随侍郎四公达之福州、侍郎阿公永阿之保定。既为侍郎,使成都、使长沙、两使江夏;扈行江南,留苏州谳雩都教谕枉劾事,留淮安谳清河、宿迁冒赈事;又其间自壬辰(1772)春入蜀,己亥(1779)冬辞蜀,跋山涉涧,矢石如猬,军糈之输挽,军需之支算,手披口决,无少苛滥,以是为练才而遇主焉矣。⑤

跟随钦差大臣赴各地出差,审理各种案件,杜玉林从随带司员成长为钦差

① 台北故宫博物院编:《宫中档乾隆朝奏折》第33辑,乾隆三十八年十一月初二日奏,台北故宫博物院1983年版,第253—255页。

② 《清高宗实录》卷946,乾隆三十八年十一月己巳,第20册,第821—822页。

③ 《内阁大库档案》,登录号:176996,嘉庆八年十月吏部移会。徐寅亮办理此事情形,见程同文:《密斋文集·山东道监察御史徐君神道碑》,《清代诗文集汇编》第495册,第246页。

④ 朱壬林:《小云庐晚学文稿》卷6《奉政大夫刑科掌印给事中杨君(杨煊)墓志铭》,《清代诗文集汇编》第532册,第743页。

⑤ 吴省钦:《白华后稿》卷23《诰授光禄大夫刑部浙江司郎中前刑部左侍郎杜公(杜玉林)墓志铭》,《清代诗文集汇编》第372册,第144页。

大臣。

在乾隆朝多次担任钦差大臣的姜晟，回忆带领刑部司员外出办理事务时的感想：

余在刑部日，奉旨审办各省案件，所带司员俱择明练端方者，如阿精阿、清安泰、金光悌、祖之望诸公，后俱为侍郎、尚书，可庆朝廷得人之盛。而同里韩桂舲崶，本余内表侄，自弱冠到部后，余凡有奉使之案，带往最多。桂舲虚心受教，奉余为师，现已由少寇外任粤抚，余于爰书中心领神会，意见所到之处，与桂舲无不心心契合。余亦何幸，而得此贤弟子耶！①

跟随钦差大臣外出处理重要事件，是一种磨炼，是提升才能的重要途径。姜晟为能带领有才干的司员外出办差而感到高兴。姜晟提到的五位司员，除清安泰历任各省巡抚外，阿精阿后任刑部侍郎，金光悌、祖之望、韩崶三人于嘉庆十三年(1808)十二月至二十一年十一月间先后任刑部尚书，三人还曾任钦差大臣外出审案。

四、嘉道时期对随带司员的管理

嘉道时期，随着钦差大臣出差给地方带来的不利影响逐渐外溢，随带司员的素质也有所下降，对随带司员的管理规定增多。不断有科道官员要求从权限、人数等方面加强对随带司员的管理。嘉庆十三年，御史花杰请重新限定随带司员的权限："随带司员不许问供，亦不许与地方官吏接见"，如此可防止地方官向钦差大臣请托。上谕回复道：

外省遇有重大案件，特派钦差前往审办，原应钦差专主审断。其有案情头绪繁多、人证甚众者，亦不能不令司员分起鞫讯。至于罪名轻重，引断爰书，自当钦差经理，不得专委司员，自图安逸，仅于定供后过堂一问了事。至钦差在外省审案，地方官欲借此馈送行私，例禁本严，钦差自应随

① 姜晟：《姜杜芗先生自订年谱》，《北图年谱》第106册，第385页。

> 时稽查,一体凛遵,杜绝苞苴,共矢清白,庶几毋负委任。其随带司员,嗣后外间亦断不许有“小钦差”之称。①

上谕强调钦差大臣、随带司员的职责与分工,随带司员不能越俎代庖,不得僭越。嘉庆十三年,御史徐国楠奏请酌定随带司员数目以归简易,上谕言:

> 该御史以随带司员人数过多,纵无骚扰情事,恐办差胥役等不免借端冒销派累,系为驿站节省供顿起见。但钦差查审案件,繁简不同,其易于核办者即各带司员一人已足敷料理,傥头绪纷繁,势须分投查讯者,或随带司员二人尚觉不敷。惟在钦差大臣转饬该司员等自知检束,并严饬仆从人等毋得需索扰累,亦无庸豫为限定也。②

徐国楠从削减出差人数以减轻骚扰地方的目的出发,认为应限制随带司员的人数。但事务不同,需要随带司员的数量也不同,不能一概而论。道光十七年(1837),御史巫宜禊奏请酌定随带司员章程,上谕说:

> 各直省遇有重大案件,经朕特派大臣前往查办,所带司员不过检查文卷、审讯口供,其应如何定谳之处,全在该大臣秉公持正,无枉无纵。若就该司员等审案之妥协与否,分别议处保举,不特向无此例,且易启挟制奔竞之端。至刑部司员间准各部堂官奏请带往,原为熟悉刑名起见,若谓概不可用,未免因噎废食。总之,大臣奉命查办事件,惟当破除情面,事事务求核实,则司员自知警惕,何敢遇事徇私。嗣后随带司员,着责成钦差大臣随时稽查,傥有与各该地方官私相往来及得受包苴者,着即据实严参,并着沿途地方官及该省督抚留心查察,遇有前项情弊,即行据实参奏。如钦差大臣意存徇隐,经各督抚查明入奏,定将该大臣重处不贷。③

上谕不同意巫宜禊的见解,限制太多反于办理事件不利。以上御史关于随带司员的三条建议,均被驳斥。在嘉道时期,对随带司员的选择,制定新的条例

---

① 《嘉庆道光两朝上谕档》第 13 册,嘉庆十三年五月十九日,第 246 页。
② 《嘉庆道光两朝上谕档》第 13 册,嘉庆十三年十二月初九日,第 733 页。
③ 《嘉庆道光两朝上谕档》第 42 册,道光十七年九月二十三日,第 356—357 页。

而被执行者，应是道光十五年（1835）的一条法令："嗣后钦差大臣查办事件，其随带司员不准以现任大员子弟派往。"①在此之前，大员子弟出差的事例较多。如道光七年，直隶总督那彦成任钦差大臣，前往喀什噶尔（今新疆喀什）办理善后事宜，道光帝"命钦差大臣那彦成子内阁学士容照随往喀什噶尔差遣委用。"②白镕于道光十一年至十三年先后任左都御史、工部尚书，其子白让卿于十二年十月随左都御史昇寅出差。③

如果随带司员有案在身，则不能带往。道光十年十月，户部尚书王鼎（1768—1842，陕西同州府蒲城县人）、户部右侍郎宝兴（1777—1848，觉罗，镶黄旗人）往江南查办事件，随带一名刑部司员、三名户部司员。御史朱壬林弹劾道：

> 其所带户部司员员外郎董基诚于失察假照案内，查案率行批符，应行严加议处；主事刘灼、吉明俱失察假照，应行议处。闻户部业已分晰开单，咨送吏部，自应听候部议。今该尚书等带往江南查办事件，虽系量才任使，惟户部司员多于他部，即此次应行议处者较多，而不应议各员岂无精明强干堪以随带者？乃所带者均系严议议处有关降革之员，旬日之中，吏部即应议奏，倘经奉旨降革，若撤回另派则中途多一番往返，何如先事预筹。若仍带往江南，则革职者既无顶带，而降级者未必仍系司员，于体制殊多违碍。臣恐该尚书等为各该员朦混，借此因公差遣，冀为开复地步，则尤易启侥幸之渐，不可不亟行改派。臣愚昧之见，是否有当，伏祈皇上圣明训示。谨奏。④

在朱壬林看来，有案在身之司员不适合作为钦差大臣的随带司员，若被带往，恐将来为该司员起复埋下伏笔，易开侥幸之端。

---

① 《嘉庆道光两朝上谕档》第40册，道光十五年十一月二十五日，第512页。

② 《清宣宗实录》卷130，道光七年十一月庚申，第34册，第1161页。

③ 宝珣、宝琳：《昇勤直公年谱》卷下，《北图年谱》第126册，第388页。

④ 朱壬林：《小云庐晚学文稿》卷1《请饬改派随带司员折子》，《清代诗文集汇编》第532册，第681页。

表2　道光朝钦差大臣随带司员表(部分)

序号	时间	钦差大臣		随带司员		出处
1	5-6	刑部右侍郎昇寅	满	刑部郎中德楞额 刑部郎中杨簧	满 汉	(1)
2	7-8	刑部尚书陈若霖 候补四品京堂姚祖同	汉 汉	刑部司员凤来 刑部司员刘韵珂	满 汉	(2)
3	8-3	前任热河都统昇寅	满	刑部浙江司郎中苏廷玉 刑部员外郎瑞元	汉 满	(1)
4	10-4	礼部右侍郎杨怿曾 刑部右侍郎钟昌	汉 满	刑部郎中王瑞征 刑部郎中熊一本 刑部员外郎瑞元 礼部祠祭司主事麟桂	汉 汉 满 满	(3)
5	12-2	兵部右侍郎铁麟 兵部右侍郎王楚堂	满 汉	兵部主事明谊 兵部主事汪玉 刑部主事钱相	满 汉? 汉	(4)
6	12-10	左都御史昇寅 刑部右侍郎鄂顺安	满 满	刑部员外郎宝清 刑部主事白让卿 刑部主事林绂	满 汉 汉	(1)
7	12-10	工部尚书穆彰阿	满	刑部郎中史致蕃 刑部郎中汪元爵	汉 汉	(3)
8	12-10	工部尚书朱士彦 户部左侍郎敬徵	汉 满	户部郎中王寿昌 工部员外郎那斯洪阿 刑部主事周祖植 工部主事王巽	汉 满 汉 汉	(5)
9	14-1	左都御史昇寅 兵部右侍郎奕纪	满 满	刑部主事白让卿 兵部员外郎文桂	汉 满	(1)
10	14-4	刑部右侍郎赵盛奎 前任河东河道总督严烺	汉 汉	员外郎怡昌 刑部江苏司主事蔡琼	满 汉	(6)
11	14-9	左都御史敬徵	满	户部郎中张晋熙 工部郎中毓衡	汉 满	(6)
12	18-10	吏部尚书汤金钊 刑部左侍郎吴文镕	汉 汉	刑部员外郎祥麟 刑部员外郎黄恩彤 吏部主事夏恒 刑部主事易棠	满 汉 汉 汉	(7)
13	24-10	刑部左侍郎赓福 右春坊右庶子骆秉章	满 汉	刑部员外郎杨文定 刑部员外郎司徒照 刑部员外郎省九峰	汉 汉 满?	(8)

续表

序号	时间	钦差大臣		随带司员		出处
14	26-1	户部尚书赛尚阿 刑部左侍郎周祖培	满 汉	户部员外郎常恩 刑部郎中司徒照 刑部郎中易棠 □部□□梁颢	满 汉 汉 汉?	(9)
15	28-5	吏部右侍郎福济 候补庶子骆秉章	满 汉	刑部员外郎周岐源 刑部员外郎李维醇 吏部员外郎存业	汉 汉 满	(8)
16	29-1	仓场侍郎季芝昌	汉	户部郎中王映斗 户部员外郎钟秀	汉 满	(10)
17	29-10	协办大学士户部尚书 祁寯藻	汉	户部员外郎钟秀 户部主事董醇 刑部主事冯栻	满 汉 汉	(11)

资料出处：(1)宝珣、宝琳：《昇勤直公年谱》，《北图年谱》第126册，第309、327、388、396、406页。(2)陈景亮：《望坡府君年谱》，《北图年谱》第121册，第633页。(3)杨怿曾：《杨介坪先生自叙年谱》，《北图年谱》第127册，第359—360、383页。(4)王楚堂：《云翁自订年谱》，《北图年谱》第131册，第627页。(5)陶澍：《陶云汀先生奏疏》卷45《覆审奸民挖堤一案定拟折子》，《续修四库全书》第499册，第704页。(6)林则徐：《林则徐日记》，《林则徐全集》第9册，第174、195页。(7)吴文镕：《吴文节公遗集》卷1《审拟安徽凤阳府生童滋事一案折》，《清代诗文集汇编》第575册，第5页。(8)骆秉章：《骆文忠公自订年谱》，《北图年谱》第147册，第41、44页。(9)张剑整理：《翁心存日记》，第607页。(10)季芝昌：《丹魁堂自订年谱》，《北图年谱》第144册，第582页。按，季芝昌于六月回京时写明钟秀的职衔为户部郎中，而吴文镕《吴文节公遗集》卷20《会议变通盐务章程折》云季芝昌于四月带司员往浙江，钟秀的职衔为户部员外郎，二人的记载互相矛盾，见《清代诗文集汇编》第575册，第133页。又按，据(11)祁寯藻的记载，钟秀的职衔为员外郎，季芝昌的记载有误，校改。(11)祁寯藻：《观斋行年自记》，《北图年谱》第146册，第571—572页。

第五节 钦差大臣及其随员的外围人员

在钦差大臣使团中，钦差大臣处于权力结构的顶端，随带司员处于权力结构的中端，钦差大臣、随员随带的家人和听命于钦差大臣的地方官员处于权力结构的底端。

一、家人

在清代，家人除有家庭成员之意外，还有奴仆之意，特别是在官方文献中。

作为奴仆的家人,有家丁、长随、朋友等名称。在清代官场中,各级官员均有数量不等的家人。家人是官员的私人,主要参与地方行政事务。①

钦差大臣随带的家人,或来自亲属,或来自奴仆。家人除办理一些不重要的公务外,主要照顾钦差大臣的日常起居,特别是在往返途中。

宦途之家人有两种,一跟主,一跟官。“跟主者,患难不去,富贵相随。跟官者,达则随之,穷则去之。然无论跟官跟主,皆无不可恶之甚。如有忠勤顾主者,万中无一人也。”②清代官员的家人已经被污名化了。“宰相家人七品官”,钦差大臣的家人,地方官自然高看一等,家人们趁机需索地方。官员惩办家人者有之,如嘉庆三年(1798)十月,礼部额外主事昇寅随礼部堂官往盛京恭送玉牒,“有仆需索公馆,公知之,立交地方官重责递籍,随行仆从无敢滋扰,地方莫不感佩。”③然钦差大臣获知家人不法并惩办者,十无一二。

家人需索,在清人眼中,是个老生常谈的话题。钦差大臣出差时多注意此问题,但仍防不胜防,仍有不少钦差大臣的家人需索地方。家人不仅独自扰害地方,他们甚至勾结狐朋狗友,共同扰害地方。乾隆四十九年(1784),甘肃有人起事,阿桂带兵前往办理。陕西按察使王昶(1725—1806,江苏松江府青浦县人)说:

> 阿中堂所带头起官兵二百五十名,何至需用车马如此之多。弟从前追随数载,所见中堂傔从不过十人,行李萧然,一二十挂包之外,别无长物。今阅前途单上所开,实为不解。近闻京城、保定等处无赖匪徒,遇有钦差出使,夤缘窜入,凡家人之谨愿者导以跳梁,驯良者怂其凶恶,无理取闹,不独马匹、饮食需索多端,且讹骗银钱者盈千累百,不一而足,实堪痛恨。

① 对家人的研究,参见瞿同祖:《清代地方政府》,法律出版社2003年版,第124—153页;林乾:《清代衙门图说》,中华书局2006年版,第49—58页;周保明:《清代州县长随考论》,《华东师范大学学报》2008年第5期。

② 丁柔克:《柳弧》卷3《长随之恶》,中华书局2002年版,第138页。

③ 宝珣、宝琳:《昇勤直公年谱》卷上,《北图年谱》第126册,第258页。

王昶深得阿桂赏识，曾跟随阿桂左右，两人私交颇深。换言之，王昶对阿桂的行事风格了如指掌。阿桂此次带兵前往甘肃办理军务，行李众多，根据王昶的推测，应是京城、直隶的无赖勾结钦差大臣的家人。王昶表示："一经查出，即行杖毙。"①

钦差大臣林则徐在广东办理事务，在钦差大臣行辕发布告示，严防家人等扰害地方。告示写道：

照得本部堂奉命来粤查办海口事件，现在驻扎省垣，不日出巡各口，均应慎密关防。所有随从人等，不许擅离左右。其派在行辕之书吏，即于公馆内给予伙食，不准借端出入。凡文武各员因公禀谒者，无不立时接见。若游人术士，素无瓜葛，该巡捕官及号房不得妄行传禀，以肃关防。倘有混称打点关说、在外招摇者，所在地方官立即严拿，彻底重办。

至公馆一切食用，均系自行买备，不收地方供应；所买物件，概照民间时价给发现钱，不准丝毫抑勒赊欠。公馆前后，不准设立差房。偶遣家人出门，乘坐小娇，亦系随时雇用，不必预派伺候。如有借名影射扰累者，许被扰之人控告，即予严办。各宜懔遵毋违。特示。②

林则徐对可能出现的家人等扰害地方之问题进行预估，并提出解决之法。

家人不仅勒索地方，甚或影响钦差大臣处理事务。康熙五十九年（1720），漕运总督施世纶清查陕西仓库，然"不得其要领"。榆林同知汪元仕搜刮民脂民膏，穷奢极欲，巴结上官，亏空数万两。此时有维扬狡童汪思忠，跟随施世纶的家奴来到陕西，汪元仕"与通谱系，兄事之，尽以陕西亏空详开一纸，条分缕析，因惟忠达之总漕，总漕大喜。如粮道祖允焜等，皆以此获罪，而总漕无所加恩于元仕，第以将来荐拔许之。"③汪元仕不仅全身而退，而且还获荐拔之许。

① 王昶：《春融堂集》卷67《公牍·与顾盐法道长绂》，《清代诗文集汇编》第358册，第645页。

② 林则徐：《关防示稿》（道光十九年正月二十六日悬示辕门），《林则徐全集》第5册，第105页。

③ 汪景祺：《读书堂西征随笔·榆林同知汪元仕》，上海书店出版社1984年版，第40页。

二、听命于钦差大臣的地方官员

钦差大臣随带司员和家人,协助处理事务,但这不敷使用。如钦差大臣的住处需要派人守卫,以保护钦差大臣的人身安全,随带的司员和家人显然不能承担此任务;随带司员协助钦差大臣处理文案,但仅仅依靠司员处理文案,仍然不够。因而,在督抚等获知钦差大臣即将到来的消息后,选派官员以直接听命于钦差大臣。

直接听命于钦差大臣的官员主要是巡捕官。巡捕官原是衙役的首领,督抚等衙门设有此职。督抚等官员派给钦差大臣的巡捕官,从低级官员中抽调。巡捕官分为文巡捕和武巡捕两种。巡捕官的职责是:照顾钦差大臣的日常生活和处理钦差大臣于理事过程中产生的不重要的、琐碎的事务。文武巡捕一般在省界附近迎候钦差大臣,开始听候钦差大臣的差遣;在钦差大臣完成使命起身回京后,文武巡捕停止伺候钦差大臣。如钦差大臣林则徐记载广东选派的文武巡捕。道光十九年(1839)正月十六日,在赣粤交界的江西南安府南康县附近,林则徐遇到前来迎接他的广东首府广州府和首县南海县、番禺县的差人,林则徐即令他们返回广东。十八日,在南安府城,林则徐又遇到广东派来迎接他的文武巡捕,日记载:

> 粤省所派文武巡捕及差官亦迎至此。文巡捕为五斗巡检殷辅、军功,蓝翎。乐会县典史徐守和,武巡捕为督标中营把总张九经、抚标右营把总刘文凤,军功,千总。余留武弁两人、戈什哈两人,遂登岸,在林洪盛行内整行李集夫,定于明早过山。行李共四千六百余斤,连肩舆用夫一百六十余名。[1]

钦差大臣若对督抚等派来的巡捕官不满意,可让督抚等撤换巡捕官。如嘉庆十二年(1807)十二月,钦差大臣广兴第三次到河南办差,因前两次所派的巡捕官言语不清,广兴来信转告藩司、臬司,要求派一个“妥员伺候”。其时,布

① 林则徐:《林则徐日记》,道光十九年正月十八日,《林则徐全集》第9册,第379—380页。

政使齐布森和按察使诸以谦已挑选试用县丞马鼎晋作为巡捕官，在获知广兴的要求后，又改派试用未入流夏松森为巡捕官。①

若督抚等官员需要探听钦差大臣行辕的消息，则巡捕官就成为督抚安插在钦差大臣身边的“奸细”。原因大概有二：一、巡捕官由督抚选派，或是督抚的亲信，至少应是值得督抚信任之人，自然按照督抚的指令办事。二、巡捕官官小职卑，只是暂时随钦差大臣办事，督抚才是巡捕官的真正主管官员，从长远计，巡捕官不可能离开督抚的怀抱而投靠钦差大臣。道光年间，掌京畿道御史许球（道光14—16年在任）奏陈道：外省凡遇钦差大臣查办事件，督抚每派干员作为巡捕，随时探听，暗通消息，甚至抽换卷宗。② 许球所说的情形并非不存在。在鸦片战争中，扬威将军奕经和浙江巡抚刘韵珂有嫌隙，嫌隙产生的原因之一是刘韵珂派来的文武巡捕官，“每以将军动作密报”。奕经很厌恶此种行为，将文武巡捕呼为“监军”。③

钦差大臣在地方办事，除专门听从钦差大臣差遣的文武巡捕外，钦差大臣行辕没有其他专门伺候钦差大臣的地方官员了。若有特殊需要，钦差大臣可临时调用地方官员。如雍正四年（1726），刑部左侍郎黄炳委江苏淮安府知府刘之顼追赶淮安关监督庆元，在直隶河间府东光县境将庆元截获。④ 嘉庆九年（1804）九月，山东督粮道孙星衍在省城随同钦差大臣鞫狱，十月，孙星衍又至东昌、济宁催漕。⑤

皇帝派遣人员处理事务，是为钦差大臣或钦差官员。钦差大臣外出办事，不是只有几位接受皇命的人员，而是一个使团。钦差大臣使团包括钦差大臣、随带司员，以及他们的家人、督抚等地方官选派的巡捕官。从钦差大臣使团人

---

① 《嘉庆年间查办广兴受贿案》，《历史档案》2002年第4期。

② 《清代宫中档及军机处档折件》，文献编号：071004，道光十六年三月初五日奏。

③ 贝青乔：《咄咄吟》卷上，《续修四库全书》第1536册，第668页。

④ 《雍正朝汉文朱批奏折汇编》第8册，第152折，雍正四年十月初一日奏，第211页。

⑤ 张绍南：《孙渊如先生年谱》卷下，《北图年谱》第119册，第491—492页。

员来源的多样性,可见钦差大臣使团权力的复杂性。

在钦差大臣使团中,钦差大臣是领导者。钦差大臣人数并无定例,人数可多可少,多是两名钦差大臣,可随时增减。总之,钦差大臣人数的多少以于办理事务有益为准。处理特定事务,或在特定地区处理事务,对钦差大臣的选派有一定的资格、任职衙门、民族出身等特定的要求。处理一般事务、派往无限制地区且产生重要作用的钦差大臣,主要来源分为两类:大学士、军机大臣,尚书、侍郎。钦差大臣多是才能出众之人,但在挑选钦差大臣时,皇帝会考虑钦差大臣的私情。钦差大臣人选的决定权掌握在皇帝手中。任命不同的人员为钦差大臣,则钦差大臣前往办差地的方式不一:京官任钦差大臣,多从京城前往;调地方官任钦差大臣,则钦差大臣多直接前往办差地,地方官回京请训再往办差地的情形较少;官员在回京途中也可担任钦差大臣。一般而言,派一批钦差大臣即可处理完毕事务。若钦差大臣办事不力,或钦差大臣人数过少,或钦差大臣生病、病亡,则续派钦差大臣。

在清代,科道官担任钦差大臣,有着特殊的含义。清代的科道官不是政治的主角,在原则上,科道官的弹劾必须有实据。对于科道官的弹劾,皇帝派科道官同钦差大臣前往一同办理,以验证弹劾是否属实。

满汉关系是清代政治中重要且敏感的内容,满汉关系的实质是满汉之间的不平等。反映在钦差大臣人选上,带有浓厚满汉关系色彩的官缺制影响了钦差大臣的人选,派往蒙古、东三省、西藏等边疆地区的钦差大臣多旗人;处理驻防事宜的钦差大臣,旗人也多于汉人。同一批次的钦差大臣,多一满一汉,在皇帝看来,这种配置能够更加公平地处理事务。

钦差大臣外出,配有随带司员。司员的人数多寡不一,可多可少,可增可减。随带司员多由钦差大臣选定并奏请皇帝批准,皇帝也可为钦差大臣选定随带司员。随带司员多是精明强干之人。随带司员从中央部院衙门的郎中、员外郎、主事中挑选;但随带司员不限于此,外官、寺卿也可作为随带司员。随带司员的职责是协助钦差大臣处理事务。随带司员不能决定事件的最终处理结果,但能影响之。随带司员与钦差大臣的关系良好,于公于私,钦差大臣多为随带司员请功。随带司员可成长为钦差大臣。在嘉道时期,由于钦差大臣出差带来的扰害不断增多,不断有官员要求对随带司员加强管理,但真正得到皇帝批准的建议并不多。

钦差大臣和随带司员外出带有家人即奴仆,家人主要照顾钦差大臣及随带司员的生活。在清代,家人狐假虎威,在钦差大臣的出差途中扰害地方。钦差大臣在出差中加强对家人的管理,防止家人造成的危害,但效果不佳。

钦差大臣在地方时,督抚等地方官选派文武巡捕官伺候钦差大臣。巡捕官主要负责钦差大臣的日常生活,处理不重要的事件。巡捕官也会成为督抚安插在钦差大臣身旁的“奸细”,以刺探钦差大臣行辕的消息。

第三章　中央与地方关系视野下的钦差大臣

从钦差大臣处理的事务看，钦差大臣主要办理地方事务。从某种程度上而言，钦差大臣是为处理地方事务而存在。清代中央对地方的管理，仍是传统的集权方式，只是集权的程度较以前的朝代加强，集权的方式较以前的朝代更加规范化、法制化。任何制度，多不会主动地按照制度制定者预想的轨道前进，总有偏离正常轨道的时刻。在下面的论述中，将探讨中央与地方关系下钦差大臣的运作。

第一节　派遣钦差大臣的原因

派遣钦差大臣的原因多样，有时只是为了提高办事效率，减少文移往来。

如康熙二十二年（1683）三月，贵州提督赵赖题议叙土司安胜祖，宜授以文职不宜授武职。部议移咨督抚会议，具题到日再议。康熙帝说："土司事宜，或云宜补流官，或云宜补土官，或云可令管兵，或云不可令管兵，种种陈奏不一。"又说："补授土司官员，应速行完结。云南、贵州离京甚远，往来移文，多需时日。今遣该部贤能司官一员，前往会同云贵督、抚、提督酌量彼处情形，详加定议具奏，则一举可毕矣。"后派遣兵部右侍郎库勒纳等前往办理。① 又康熙六十年(1721),山东巡抚李树德抓获贩卖私盐之大盗王美公等人,康熙帝以为:"伊等假标将军名目,聚党行凶,妄乱犯法,若将此事批出发科,到部另议,则致迟延",遂派都统托赖、刑部左侍郎张廷玉和学士登德"作速前往",会同巡抚等审理该案。② 以上两事,均可派地方官办理,但时间在文移往来之中被消磨,而派遣钦差大臣专门办理,则皇帝得到事件详情的时间被提前,办事效率得到极大提高。

有些事件可派钦差大臣办理,也可不派钦差大臣办理。乾隆九年(1744),讷亲南巡阅兵。在出京时,乾隆帝令讷亲在山东查办事件,但查办的时间在讷亲回程之时。讷亲先去河南、安徽、江苏、浙江办理相关事务,待讷亲回山东再办理该事件时,时间已经很晚了。乾隆帝令将查办事件"密寄与(山东巡抚)喀尔吉善,令其留心访察。若易于办理,便可早结。若不能即结,则俟讷亲到彼会同妥办可也。"③该案在办与不办之间,易于办理则巡抚独自理之,不易办理则钦差大臣与巡抚共同理之。道光二十年(1840)四月,有须往云南查办之事件,道光帝欲派军机大臣、宗人府府丞何汝霖前往。何汝霖"因叩头面奏老母年逾八十,身体素弱,未敢远离。蒙恩细询老母近况,遂免派往"。④ 查此年上谕档,未有钦差大臣前往云南的记载。据上谕档的记载,仅有两件事与派遣钦差大臣往云南有关:第一事,先前,御史奏称云南匪党肆虐,官吏营私,云贵总督伊里布回奏说查无其事;三月,御史又奏称云南抢劫案多,上谕令云南督抚认真缉捕。⑤ 第二事,四月,云南猛缅厅人马文昭京控,称百姓被杀,文武官员挟嫌不救。百姓被杀之事,伊里布在上年九月曾奏报过。道

---

① 《康熙起居注》,康熙二十二年三月十六日、二十七日,第969—970、977页。按,起居注作"云南提督赵赖",实录作"贵州提督赵赖",赵赖从未担任过云南提督,起居注误,见《清实录》第5册,第100页。

② 《清圣祖实录》卷291,康熙六十年二月壬辰,第6册,第827页。

③ 《清高宗实录》卷210,乾隆九年二月癸丑,第11册,第699页。

④ 何汝霖:《知所止斋自订年谱》,《北图年谱》第137册,第404页。

⑤ 《嘉庆道光两朝上谕档》第45册,道光二十年正月二十三日、三月初五日,第39—40、119—120页。

光帝令将马文昭押回,交新任总督桂良审理。[①] 从以往钦差大臣所办事务看,第二事值得派钦差大臣前往处理:在乾嘉时期,钦差大臣审理京控案的事例很多;道光年间,云南地方百姓之间开始出现争斗,而到了咸同年间,云南的地方矛盾便全面爆发。[②] 钦差大臣审理抢劫案、强盗案,在道光朝的最后几年出现过。一起重要的案件,因皇帝看好的钦差大臣人选有私事不能出差,而最终未派钦差大臣办理。

在清代,派遣钦差大臣的原因多种多样,主要有以下四方面的原因。

一、案情重大

所谓案情重大,是指事务重要、紧急,涉及的范围大,影响大等。

根据案情的大小决定是否派遣钦差大臣,在审理京控案中表现得尤为明显。"各省控告案件,核其情节重大者,特派大臣驰往鞫讯。"[③]钦差大臣审理京控案,多审理情节重大者。情节的大小,可以"制造",故意夸大情节,以引起注意。"把事情闹大",是一种诉讼的策略。[④] 如乾隆五十七年(1792),云南民人那耀宗在步军统领衙门控告伊兄那显宗谋占家产。那耀宗在控词中说,他在本省控告多次,地方官拖延不办。此案牵涉到敏感的地方吏治问题,能够引起皇帝的注意。"今那耀宗等不惮万里,远赴京师呈控,恐其中不无冤抑情事。"乾隆帝被那耀宗的坚强精神"打动"了,那耀宗不远万里,从云南跋涉至京城告状,其中应有冤情,于是派遣钦差大臣前往审理。但审理的结果让乾隆帝大跌眼镜:那耀宗在云南多次控告,均审结有案,而妄想分得家产,遂添加案情,捏造事实,跋山涉水赴京控告。乾隆帝以为那耀宗"情殊狡诈",仅仅

① 《嘉庆道光两朝上谕档》第45册,道光二十年四月十二日,第166—167页。

② 参见王树槐:《咸同云南回民事变》,《"中央"研究院近代史研究所专刊》(23),1980年第2版。

③ 《嘉庆道光两朝上谕档》第13册,嘉庆十三年十二月十一日,第738页。

④ 徐忠明:《众声喧哗:明清法律文化的复调叙事》,清华大学出版社2007年版,第213—225页。

照例充军不足蔽辜，“着发往伊犁充当苦差。”①

就省级官员而言，涉及总督、巡抚、布政使、按察使和提督、总兵的案件，都是大案。道光十二年（1832）十月，御史瞿溶奏：湖北已革恩施县知县左章昺来信，开载十条，均系湖北巡抚杨怿曾、武昌府知府裕谦居官劣迹。事件牵涉巡抚、首府，案情重大。道光帝令在清江办事的钦差大臣工部尚书穆彰阿（1783—1856，满洲镶蓝旗人）前往湖北省城，会同湖广总督讷尔经额详细查办。② 穆彰阿、讷尔经额在湖北严审一个多月，结果是：“左章昺实未列款致书，并续查所列各款，均属虚诬，显系诡托姓名捏揭”。道光帝十分气愤：“此案以无根之词，诬讦巡抚大吏及地方官至十余员之多，及复隐匿姓名，诡托他人致书，其鬼蜮伎俩，较之寻常匿名揭帖，尤为可恶！”③道光十四年，福建已革候补县丞秦师韩遣人到都察院控告，刑部右侍郎赵盛奎前往会同吏部右侍郎、福建学政张鳞查办。事件的真相是：秦师韩前因办事不力，总督程祖洛奏请革职，秦师韩被参后，心怀不平，摭砌多款，逞刁诬讦，冀图报复。“现俱讯未得实，且牵控提镇道府等至二十余员名之多。其揭帖歌词，虽讯非自行编造，然亦填砌款后，以为证据，是其居心险诈，图泄私忿。此风断不可长！”秦师韩被从重治罪，发往新疆效力赎罪，“以为被参人员逞刁妄讦者戒”④。控告提镇道府等20多人，涉案人数较多，且涉案者多是地方的高级官员，案情重大，故派钦差大臣前往审理。

控告督抚等地方大员的案件影响较大，故派遣钦差大臣审理之。地方有严重的自然灾害，在事件发生之初，便影响较大，派遣钦差大臣前往办理，在情理之中。但某些事件，最初并非需要钦差大臣前往办理，只是事件的影响逐步扩大，不得不派出钦差大臣；又某些事件先由地方官办理，在地方官不能办理

① 《乾隆朝上谕档》第16册，乾隆五十七年二月初六日、闰四月十三日，第669、783页。

② 《清宣宗实录》卷224，道光十二年十月乙丑，第36册，第346页。

③ 《嘉庆道光两朝上谕档》第38册，道光十三年正月十四日，第26页。

④ 《清宣宗实录》卷261，道光十四年十二月己亥，第36册，第981页。

清楚或办理不善的情况下,才派出钦差大臣办理。京控者认为案件在本省审理的结果不合理,上京城控告,上达天听,导致案件的影响增大,派出钦差大臣审理,如上文之那耀宗京控案、秦师韩京控案。钦差大臣审理案件是如此,钦差大臣办理军务亦是如此。乾隆四十九年(1784),甘肃田五起事,陕甘总督李侍尧会同固原提督刚塔办理,"李侍尧系能事之人,刚塔及各镇亦多系久历戎行,似此小丑跳梁,无难即速擒捕。"此等小事,不值得派遣钦差大臣前往办理。但李侍尧、刚塔二人办理不善,乾隆帝特命兵部尚书福康安带钦差大臣关防前往办理。乾隆帝陈述前后不一的原因:"似此小丑跳梁,原不值特派大臣前往,但以该省督提办理不善,不得不简重臣督率整顿。"①又道光元年(1821),云南永北、大姚有人滋事,云贵总督庆保督办,"为时已及三月,剿办尚无端绪,现在逆夷裹胁,众已逾万,办理不可再缓。"道光帝先令成都将军呢玛善赴滇帮同庆保办理军务,很快又任呢玛善为钦差大臣,颁给钦差大臣关防一颗,"专办军务,以重事权。军营中自提督李锦麟、罗思举以下,悉听节制调派。"庆保"本未娴军旅",②师久无功,道光帝不得不任熟悉军务的呢玛善为钦差大臣,假以事权,专办军务。事件的影响不断扩大,最终逼迫钦差大臣出场。

二、皇帝不信任地方官

所谓皇帝不信任地方官而派钦差大臣,非云皇帝对地方官彻底失去信任,是谓在某件事件上皇帝对地方官失去信任,不能将该事件继续交地方官办理,而需另遣钦差大臣办理。当然,有因一件事让皇帝彻底失去信任而被革职者。

大事化小,小事化了,是地方官的惯常做法,虽督抚亦不能免。一起强盗案可变为窃盗案,一起故意杀人案可改为戏杀案,一起宗族间的大型械斗案可

---

① 《清高宗实录》卷1205、卷1207,乾隆四十九年四月丙午、五月庚午,第24册,第121、149页。

② 《嘉庆道光两朝上谕档》第26册,道光元年四月初十日,第143页。

"瘦身"为几个陌生人之间的打斗案,如此则地方官会被减轻甚至是被免除惩罚,故常有斥责地方官装点情节、删改供词的上谕。乾隆二十九年(1764),湖南巡抚乔光烈奏宝庆府新宁县传帖罢市一案,乾隆帝说:"显有徇庇属员、化大事为小事之意。若果如所奏,该县已革蠹役,而刁民犹不服,以致挟制罢市,则罪在民不在官,又何必参处该令?"乾隆帝以为此案疑窦甚多,派刑部右侍郎阿永阿前往会同湖广总督吴达善秉公查办。① 道光二十八年(1848)五月,令吏部右侍郎福济(1811—1875,满洲镶白旗人)、候补庶子骆秉章(1793—1867,广东广州府花县人)往河南查办事件。骆秉章在自订年谱中记载请训时的情形:

初十日请训,谕以"此次河南七县之事,若交本省督抚查办,伊即化了。至固始县有凭有据,已有告示存军机处,当事事核实办理。"复谕福(济)云:"我着骆秉章与汝同去,必合得来。骆秉章事事不徇情面,可保可结的。"②

若交本省巡抚办理,必定大事化小、小事化了,道光帝派福济、骆秉章前往核实办理。又嘉庆帝说:钦差大臣出差,难免骚扰地方,故不愿派遣钦差大臣,案件交督抚就近办理;但又不得不用钦差大臣,"乃年来各督抚等,于交办案件,率以审系虚诬一奏塞责,而被告审实问罪者寥寥。试思若非抱不白之冤,岂肯自出已赀远赴京师呈控,难云尽属子虚,是该督抚等非庇护所属即有意从轻,所审案情未可尽信,朕又不得不用钦差矣。"③钦差大臣办事本有弊端,嘉庆帝将京控案交督抚办理,不轻易派钦差大臣,但督抚回护下属,又不得不派钦差大臣。"各省督抚等身任封圻,于民人上控之案,未必尽有意瞻徇,总由委审之员心存袒庇,有意朦混,遂不免为其所愚,将就完结,或转坐原告之诬控之罪,以致小民负屈莫伸,赴京吁诉者纷纷。因该省上司不可尽信,不得不特派钦差

① 《清高宗实录》卷718,乾隆二十九年九月己未,第17册,第1006—1007页。
② 骆秉章:《骆文忠公自订年谱》,《北图年谱》第147册,第44—45页。
③ 《清仁宗实录》卷65,嘉庆五年闰四月丙寅,第28册,第877页。

前往审谳。"①督抚所派委员审理百姓上控案不能公正,而督抚又受委员蒙蔽,在此情况下,若该案仍旧交督抚审理,督抚很有可能坚持原先委员审理的结果,百姓的冤屈仍旧得不到申诉,故督抚、委员各官在该案上已不值得信任,须另派公正之员前往审理,即派钦差大臣审理。

如上文之那耀宗京控案,那耀宗控告地方官拖延不办,此案便不能再专交云南的官员审理,乾隆帝令湖南巡抚姜晟前往云南审理。乾隆帝说:"如有案内应行传提人证,姜晟不妨先行文滇省,令该督抚豫为调集,以便到滇后即可会同审办也。"②很显然,此案若交令云南督抚重新审理,显然不是难事。姜晟作为钦差大臣审理此案,只是使案件的审理更加公正而已。

三、地方官奏请派遣钦差大臣

地方官奏请派遣钦差大臣,主要有两种情形。

第一,地方官因故不能处理好某些事务。

地方事务千头万绪,督抚等官或才力不及,或因他事缠绕,欲分身而无术,因而奏请派遣钦差大臣办理。如大面积自然灾害,非督抚等官能处理得妥当,故派遣钦差大臣前往,既可协助地方官处理好赈济事务,又可显示皇帝对百姓的爱护,安定民心。又如统兵征战或办理军需供应,督抚等官能够办理,但督抚或因他务而分心,不能聚精会神地办理,故派遣钦差大臣专办,于尽快结束战事和处理地方政务均有裨益。

第二,事件涉及督抚,督抚请派钦差大臣办理以撇清关系。

如杨文乾的事例。雍正四年(1726)四月,广东巡抚杨文乾(1682—1728,汉军正白旗人)请派钦差大臣审理案件。案情如下:三月三十日,有千余人哄闹广东巡抚衙门。四月初二日,广东布政使常赉奏报此事情形;次日,广东巡

① 《清仁宗实录》卷124,嘉庆八年十二月丙寅,第29册,第667—668页。

② 《乾隆朝上谕档》第16册,乾隆五十七年二月初七日,第670页。

抚杨文乾奏报事件经过。不过，杨文乾的奏折比常赉的奏折先到达雍正帝的手中。① 杨文乾在奏折中写道：官府平粜，损害了豪强棍徒和旗下余丁所开米铺的利益，他们召集旗厮奸棍千余人，先是打散买米百姓、打伤平粜官员，后又去将军衙门控告。将军李杕认为，"此系巡抚衙门所管，应往巡抚衙门讲"。旗厮奸棍遂到巡抚衙门，要求封仓停粜。杨文乾先后派中军游击劝说，后又让布政使、按察使劝说，均不见效，旗厮奸棍冲进巡抚衙门大堂，杨文乾令捉拿。在被拿获的11人中，有旗人5名，将军标兵1名。李杕到巡抚衙门，要求放人，杨文乾已将这些人交按察司、布政司会审。李杕走后，仍有人在巡抚衙门叫喊着要放人，杨文乾又拿获3人。杨文乾还补充道，兵丁哄闹巡抚衙门已非第一次，去年就有兵丁保留将军管源忠闹至巡抚衙门，并将广州府知府的轿子打破。常赉的奏报内容较简单，但大体内容与杨文乾的奏报相同。

四月十四日，杨文乾奏请派钦差大臣前来审理该案。杨文乾奏道：

> 粤省旗厮奸棍开设米铺高价病民拥至臣衙门喧闹一事，业经臣具折奏闻在案，其中有无主使，彼时尚未周知。今据布、按二司公同审讯各供，臣细查其情节，始则镶黄旗披甲闫义臣等诱集无赖棍徒赴厂抢谷，又打散买米穷民并打伤监粜官员，及巡检赴臣衙门控诉，旗兵等即赴将军衙门喊禀，将军传谕令往巡抚衙门去讲，伊等即至臣衙门喧挤。及臣拿获棍徒，将军李杕随来臣署令臣释放，臣未敢听从；李杕于次日又传理事同知汪茗文嘱令求臣从宽完结，臣终不敢听从。李杕始将钤束前营兵丁王有才不严职名题参，计图卸责，而案内旗人又概匿不奏。伏思将军李杕世受皇恩，身膺重任，不思约束兵丁，绥靖地方，以图报效，乃反乐于地方多事，李杕之处心积虑，臣诚不解是何意见。但事关旗兵鼓众，臣不敢承审，致启嫌疑，伏乞皇上钦差部院大臣来粤确审，按律定拟，以彰国典。如审出臣有不职之处，仰恳天威，即将臣先赐罢斥治罪，以为辜负君恩怠忽民事者戒。

---

① 《雍正朝汉文朱批奏折汇编》第7册，第38、45折，第66、74—75页。

雍正帝的朱批为“汝于此一事,甚属可嘉”。① 雍正帝派兵部左侍郎塞楞额(1686—1748,满洲正白旗人)前往审理。此次士兵闹事,有八旗汉军士兵面临生计困难和遭受歧视的缘故。② 杨文乾身为巡抚,不能干涉八旗驻防事宜,故请求派遣钦差大臣来粤处理;但杨文乾是汉军旗人,广州八旗驻防又是汉军,若杨文乾不奏请派遣钦差大臣,独自审理被抓获的旗人,并无不可。事情并非如此简单,杨文乾在广东官场上吃不开,遭到满官、驻防官员的忌恨,应是最重要的原因。雍正帝曾说:

> 朕待臣下,至公至平,从无一毫偏向,惟视其人如何耳。如杨文乾为广东巡抚,石礼哈与阿克敦、常赉、官达四人,协力朋谋,欲加倾陷;而朕早已洞烛其私,严加申饬。石礼哈曾面奏“杨文乾与伊不合,恐被中伤”。朕谕之曰:“尔等四人协力尚不能害一杨文乾,杨文乾一人之力独能害尔等乎?”后杨文乾具折陈辩,朕谕“此事朕先已洞悉其隐微,何待尔辩。尔今自辩,转觉其小矣。”③

杨文乾死后,广东的官员十分高兴。④ 杨文乾与广东的官员有矛盾,故奏请派遣钦差大臣审理与己有涉的案件,首先可撇清与自己的关系,其次可让钦差大臣公正地审理案件,从而打击驻防官兵的嚣张气焰。

发生在地方官之间的诬告案,地方官也多奏请皇帝派钦差大臣审理。地方官不能自我剖白,不能自证清白,必须有公正的官员在详细调查之后才能证明,公正的官员便是皇帝派遣的钦差大臣。地方官,尤其是督抚大员,多奏请皇帝派遣钦差大臣,原因有三:一、督抚之下的官员被诬告,有督抚主持公道,

---

① 《朱批谕旨》卷 9 上,雍正四年四月十四日奏,《景印文渊阁四库全书》第 416 册,第 462—463 页。

② 潘洪钢、郭福亮:《清初福州、广州八旗驻防的哗变事件》,《中南民族大学学报》2009 年第 2 期。

③ 《清世宗实录》卷 72,雍正六年八月丁亥,第 7 册,第 1076 页。

④ 《上谕内阁》卷 79,雍正七年三月二十七日,《景印文渊阁四库全书》第 415 册,第 221 页。

而督抚被诬告，在地方官中已无比督抚资格更高、权势更大的官员来主持公道了，须抽调外地官员来详细办理；二、督抚大员的名节被诬，必须彻底查清，以免督抚的形象被破坏，不利于行政；三、即使是诬告，也不一定是无根据的谣言，查清可正视听，可警醒督抚。

四、皇帝的态度与钦差大臣派遣

钦差大臣通常被认为是办理重大事件的官员。此是误解。钦差大臣办理重大事件，理所当然，但钦差大臣绝非只办理重大事件，钦差大臣也办理过诸多小事；钦差官员办理小事的事例更不胜枚举。

因小事派钦差官员的事例较多。康熙二十八年（1689），定海总兵黄大来奏请重修寺庙，令侍卫万尔达等赍帑金 1000 两，分赐普陀、法雨两寺，重建佛殿。[①] 康熙三十四年，令刑部员外郎宋骏业往浙江绍兴、杭州二府，在绍兴重建兰亭并刻御书《兰亭序》，在杭州孤山重建放鹤亭，并安放匾额，书《舞鹤赋》刻石立于亭上。[②] 以上两事，只是展现康熙帝崇奉汉地佛教、修复古迹，与国家大政相去甚远，算不上大事。

同一起事件，钦差大臣能办理，地方官也能办理，而派遣钦差大臣办理，表明皇帝的态度，特重其事。乾隆四十三年（1778），徐述夔编造悖逆诗句，沈德潜又为徐述夔写传记之案案发，上谕言："逆犯徐述夔、徐怀祖俱着照议戮尸，即派乾清门侍卫阿弥达驰驿前往东台县，会同该抚杨魁监视办理。其沈德潜墓所应行仆毁之祭葬碑文，并着阿弥达前往苏州，会同该抚监看磨毁字迹，并

① 嵇曾筠等监修：雍正《浙江通志》卷 230《寺观五 · 定海县 · 勅建普济禅寺》，《景印文渊阁四库全书》第 525 册，第 261 页。

② 嵇曾筠等监修：雍正《浙江通志》卷 40、卷 45，《景印文渊阁四库全书》第 520 册，第 154、264 页；王士祯：《居易录》卷 28，《景印文渊阁四库全书》第 869 册，第 659 页；毛奇龄：《西河集》卷 69《皇华使馆瞻御书记》，《景印文渊阁四库全书》第 1320 册，第 624 页。按，《居易录》将宋骏业的职衔记载为刑部主事，误；《西河集》将时间记载为三十五年，亦误。

将其石移弃他处,以昭炯戒。"[①]戮尸、毁碑之举,完全可由督抚派委巡检之类的佐杂官员办理,但乾隆帝为郑重其事,派近侍官员乾清门侍卫专程前往办理。

派遣钦差,表示皇帝特重其事,与该事件是否是大事无关,如派遣钦差带领物品赏赐官员。雍正九年(1731),河东总督田文镜七十寿辰,雍正帝钦差奏事笔帖式阿昌阿带礼物到河南赏赐田文镜。[②]赏赐的礼物,虽是珍贵物品,但绝非时时刻刻须倍加呵护的稀世珍宝,能够通过驿站运送到田文镜的手中,又何必钦差笔帖式前往;而派钦差前往将礼物赏赐给田文镜,更能体现皇帝对田文镜的关心与宠信,更能向其他官员展示皇帝对臣下无微不至的照顾。

又清代皇帝常派遣侍卫带领御医给督抚大员、皇亲国戚等重要人员看病,派御医独自前往也能看病,然派遣皇权象征、作为皇帝近臣的侍卫[③]一同前往,更能体现皇帝对臣下的爱护。如以下乾隆朝的事例:十一年(1746),遣侍卫富德看视山西巡抚阿里衮病情,九月又派侍卫德山带领御医邵正文驰驿往视。上谕说:"朕特遣人往视,想来心中喜悦,渐至痊愈耳。"二十二年,精神未衰的史贻直重新入内阁办事。在史贻直进京途中,乾隆帝关心道:"闻大学士史贻直中途患病,旅次恐无良医,深为轸念!着派乾清门侍卫扎拉丰阿带同御医栗世功,驰驿前往诊视。"五十年,伊犁将军伊勒图旧疾复发,精神恍惚,令御前侍卫丰绅济伦同伊弟萨哈苏带同御医前往诊视,上谕说:"发往如意一柄及朕所佩小荷包一对,赉赏伊勒图,令安心调养。"[④]

又清代常派遣侍卫押送犯人,如嘉庆朝的事例:五年(1800)七月,抓获白

---

① 《清史列传》卷19《沈德潜传》,第1459页;《乾隆朝上谕档》第9册,乾隆四十三年十一月二十七日,第467页。

② 《雍正朝汉文朱批奏折汇编》第21册,第440折,雍正九年十一月二十七日奏,第536页。

③ 陈章:《清代侍卫职能考述》,《清史论丛》第2辑,社会科学文献出版社2018年版,第138—148页。

④ 《清高宗实录》卷275、卷541、卷1233,乾隆十一年九月己酉、二十二年六月戊寅、五十年六月辛丑,第12、15、24册,第590、844、566页。

莲教首犯刘之协，令刑部右侍郎高杞（？—1826，满洲镶黄旗人）前往河南严行审讯，并派乾清门侍卫兴长、佛伦保随同前往，待质认明确，三人即将刘之协押解进京；十一年二月，令乾清门侍卫庆惠、玉福，驰驿迎赴押解已革职之原两广总督那彦成；十三年六月，令刑部右侍郎穆克登额、乾清门侍卫色布征额，前往天津查抄长芦盐政李如枚家产，穆克登额暂行署理盐政事务，人犯李如枚交色布征额先行押解来京；十八年六月，令乾清门侍卫庆惠将已革职之黑龙江将军斌静提解来京。① 以上事例中的犯人，或是有罪的原高级官员，或是重要案件的首犯，督抚能派微末小吏将这些犯人押送进京，但派乾清门侍卫专程押送，足见这些犯人的重要性和皇帝对这些案件的重视。

派钦差大臣处理事务还可扩大影响，以显示皇帝的某种决心、态度。乾隆二十八年（1763），直隶宣化府有秘密宗教案，总督方观承奏请派钦差大臣前来查办：

> 惟事关邪教遗孽悖逆重情，非彻底严究，务尽根株，不足以惩顽逆。仰请皇上特派钦差大臣来宣（化）公同推鞫，尽法处治，以彰宪典，而风声所树，愚民亦咸知儆惕矣。

钦差大臣驾临，督办案件，对乡村中未见过大官的百姓而言，不一定是风声鹤唳、草木皆兵，但其内心定会受到不小的震撼，所谓宪典彰而风声树是也。此对防止秘密宗教的继续扩散有裨益。乾隆帝接受了方观承的建议，派军机大臣协办大学士户部尚书兆惠、户部右侍郎钱汝诚前往查办。②

因小事而派遣钦差大臣，表明皇帝的一种态度和意愿。同一起事件，由皇帝谕令该官员办理、由皇帝令人顺道传谕该官员办理和由皇帝派钦差大臣前往谕令该官员办理或派钦差大臣直接办理，显示了此事件、该官员在皇帝心中

---

① 《清仁宗实录》卷71、卷157、卷197、卷270，嘉庆五年七月庚寅、十一年二月壬午、十三年六月己未、十八年六月庚戌，第28、30、30、31册，第948、20、623、656页。

② 《宫中档乾隆朝奏折》第17辑，乾隆二十八年三月二十七日奏，第289页；《清高宗实录》卷683，乾隆二十八年三月丙戌，第17册，第648页。

的不同位置。很显然,由钦差大臣前往谕令官员办理或由钦差大臣直接办理,于地方官而言,一件普通的小事变成了大事。

又如清朝是否向属国派遣钦差大臣,表明该国在清朝的地位。对朝鲜、琉球、安南(越南),清朝多派遣使臣前往册封国王,而对廓尔喀等国,未派遣钦差大臣行册封礼。在朝鲜、琉球和安南(越南)三国中,清朝派往朝鲜的钦差大臣最多,表明朝鲜在清朝的地位与其他两国又有不同。

第二节　不派钦差大臣的原因

派遣钦差大臣能够处理某些事务,但钦差大臣的派遣并非没有限制。清代学者赵翼反对派遣钦差大臣,理由大概有三:一、钦差大臣借重其权势索要贿赂,贻害官府。“其中未尝无公正之人,能廉洁持身,平反定狱,然不可多得也。不肖者则因以为利,藉权索贿,动至数万金,小民之受累犹少,官府之被祸已深。”不可否认,有廉洁之钦差大臣,但不可多得。他以明朝之科道官孝敬刘瑾来例证钦差大臣索要贿赂:“前明刘瑾窃柄时,科道出使归,例以千金为馈,犹觉其细已甚也,何况齐梁台使仅索鸡豚果粟之类,固不足数矣。”二、派遣钦差大臣是对地方官的不信任,放纵地方官懒惰,败坏政体。“夫外吏不可信而遣朝官,小官不可信而遣大僚,宜其励官方而达民隐,乃滋累更甚,则不如不遣之为愈也。”三、钦差大臣外出逾越礼制,僭越无度,骚扰驿站。赵翼以汉代事例论证其说:“后汉桓帝数遣黄门常侍及中使伯荣往来甘陵。伯荣尤骄蹇,所经郡国,莫不迎送礼谒。陈忠上言‘使者所过,威权翕赫,震动郡县。王侯二千石为伯荣独拜车下,仪体上僭,侔于人主。长吏惧责,发人修道,缮理亭传,征役无度,老幼相随,动以万计。赂遗仆从,人数百匹。顿踣呼嗟,莫不叩心。’后代钦差之弊往往类此。”①虽然清代的钦差大臣没有如清代之前的钦差

① 王树民校证:《廿二史札记校证》卷12《齐梁台使之害》,中华书局1984年版,第257页。

大臣那样疯狂敛财、猖狂和僭越，但赵翼论钦差大臣之害，以清朝之前的事件举例，实则借古讽今。

概而论之，清代不派遣钦差大臣处理事务，主要基于以下三点原因。

一、新任官员毋庸回护

回护主要有两种：一是现任官员回护前任官员的错误，二是现任官员回护自己任期内的错误。新任官与前任官之间通常没有直接的利害冲突，若能举发前任官员的错误并提出改正措施，易得到皇帝的赏识，且在舆论上被认为是公正无私、公忠体国，还能破除前任官员的弊政，为以后施政铺平道路，获得百姓的支持。

正因新任官员与前任官员之间通常没有直接的利益纠葛，故皇帝常令新任官员查办前任官员任期内的事务，无需专门派遣钦差大臣前往办理。如乾隆六十年(1795)五月，觉罗长麟署理闽浙总督。先前，福州将军魁伦弹劾闽浙总督伍拉纳和巡抚浦霖平日漫无整顿，致使海盗肆意出没，又任意侵挪仓库。此是大案。乾隆帝并未派遣钦差大臣查办，而是令新任总督长麟办理此事。① 又道光十九年(1839)，刑部尚书隆文在山西审办强盗大案月余，依旧无获，遂敷衍上奏。恰巧巡抚申启贤去世，隆文“遂请交新抚查办，而率司员回京矣。”道光帝同意其请求：“新任巡抚杨国桢甫经简任，无所用其回护。着于到任后，另委精明谙练之员严行查办，务期水落石出，不得克期草率取结竣事。”②

二、信息交流不畅通

钦差大臣肩负皇命出使各地，回京后将办理情形奏报给皇帝。换言之，钦

① 《满汉名臣传续集》卷42《觉罗长麟传》，《满汉名臣传》，黑龙江人民出版社1991年版，第3159—3160页。

② 张集馨：《道咸宦海见闻录》，第47页；《嘉庆道光两朝上谕档》第44册，道光十九年十月二十六日，第439页。

差大臣有信息交流的功能,使内外疏通,上意下达而下情上闻。工科左给事中姚文然述说巡按御史交流信息的功能:“朝廷设官,内外分理,部院大臣不能出外,督抚重臣不能入内,惟巡按一官,出奉王命,有弊必纠,入侍台班,有闻必告,所以流通内外,察吏安民,为任甚重。”①钦差大臣被认为是能够将下情上达之人,故人多希望将地方的不平之事通过钦差大臣上达天听。税关人员常勒索过往商人、行人,形象极差。② 舒位(1765—1815)《杭州关纪事》,描写税关人员的蛮横与刁难。在诗结尾处,舒位云:“作歌当经自忏悔,輶轩使者采不采?”③对钦差大臣的出现表示期待。道光间,广东灾荒严重,苏廷魁(1800—1878,广东肇庆府高要县人)《老农叹》诗云:

老农忍饥锄旱田,恶少夜饮朝分钱。探丸胠箧官不问,富家竟日停炊烟。

海国无警二百年,杞人何事身忧天。猛虎贪狼不择肉,老农私幸仓无谷。

紫须簿吏登堂来,翁媪相顾颜如灰。称货可怜质儿女,羞从恶少乞余财。

读此诗,“不减少陵《石壕村》《兵车行》等篇”;读此诗,可见道光间粤中吏治之坏,“其致祸乱之由,盖酿之深也。惜当时无輶轩之使探以入告焉。”④

地方的信息上报到中央的渠道多样,如御史等部院衙门官员的奏报,皇帝到各地的巡幸等。通过以上渠道获得的信息,有诸多的缺陷与不足:1. 信息量少。御史等官员若非出差,不能获得较多的地方信息,其对地方信息的获得,多通过朝廷的公开文件、私人书信等。清代皇帝巡幸的次数较前代为多,但通

① 姚文然:《姚端恪公文录》卷1《亲政之始察吏安民疏》,《清代诗文集汇编》第75册,第143页。

② 黑广菊:《明清京杭运河税关管理中的贪污、包揽与走私》,《清史论丛》2012年号,中国广播电视出版社2011年版,第121—143页。

③ 舒位:《瓶水斋诗集》卷7《杭州关纪事》,《清代诗文集汇编》第479册,第94页。

④ 苏廷魁:《守柔斋诗钞初集》卷2,《清代诗文集汇编》第606册,第577页;钱仲联主编:《清诗纪事》第14册,江苏古籍出版社1989年版,第9857页。

过巡幸而获得的地方信息,仍非常少。2. 信息的质量差。御史等官员未亲历地方,对地方信息的获取,或得自转述,不一定真实。皇帝通过巡幸获知的地方信息,也存在真实性的问题。地方官通常将地方最好的一面展示给皇帝,报喜不报忧,从而使皇帝获得的信息存在折扣。

对地方信息的获得,主要通过地方官的奏报。地方官办理地方事务,对地方信息的掌握,获取的途径多,信息量大,真实性较可靠。例如,在乾隆朝的官员弹劾中,督抚弹劾官员的比例居于首位,远高于科道和其他具有弹劾权之官员的弹劾。①

但地方官奏报地方信息,存在重大的缺陷。地方官对信息的奏报有选择性,往往奏报对己有利的信息,瞒报或少报对己不利的信息。

在地方官中,以督抚为尊,下级官员仰承督抚鼻息,以督抚之意为己意。对于地方事务,官员们往往私下解决。给事中周贻徽批评道:“外省积弊,上下通同一气,无论寻常事件,颠倒是非,即钦交案件,亦任意拖延,通融消化。地方以幸免为常,上官以无事为福。甚或上司被属员挟制,瞻徇回护,莫可如何。更有现任上司,属员拜认师生,凡事略分言情,无所顾忌,遇有赃款败露及审办错谬、仓库亏空等事,不但不加参劾,赃款则假词代为捏饰,案件则供详听其抽换,亏空则饬属均为摊补。”②上下串通,在结成利益共同体的情况下,督抚等地方官不会上报于己不利的信息。

若信息交流的渠道不畅通,皇帝无法得知地方的重要事务,自然不会派出钦差大臣,如嘉道时期四川的情形。嘉庆五年(1800),四川达州白莲教冉天元等人偷渡嘉陵江,战火延至川西,绵州罗江县人李调元至成都避祸。李调元离家时,其家藏书楼万卷楼中的众多珍贵宋版书及各种抄本书未被转移,被土贼何姓人等焚烧。李调元痛哭一场,“作《哭书诗》三十韵,遍告省中;诸大宪

① 马起华:《清高宗朝之弹劾案》,华冈出版公司 1974 年版,第 84—91 页。

② 《嘉庆道光两朝上谕档》第 37 册,道光十二年六月初十日,第 279—280 页。

无不痛惜,和者百人。"①当李调元向省中藩司等报告时,"许以严治,随令人赴州呈报,蒙刘公即赏差传唤,并承枉驾亲验。然至今犹未质讯,但微问大略而已。"省中主要官员虽表态要严惩,并采取了实际行动,但未有明确结果。李调元依然相信官员不会敷衍了事,"此事想刘州尊必有神明善辨之法,定非模棱了事,故静以俟之,不敢越诉。"李调元又说,官员若想敷衍了事,也非轻而易举,"此事远近风声甚大,即钦差祭江渎周东屏先生亦所亲击;舍弟墨庄弟现出使琉球,亦有书寄闻,恐事或上闻,故亦不敢中止。"②此事已有两位钦差知晓:一位是时在成都的钦差大臣户部右侍郎四川人周兴岱,另一位是不在四川的李调元亲弟、册封琉球钦差内阁中书李鼎元。时嘉庆帝已知晓冉天元等人偷渡嘉陵江,十分震怒,四川总督魁伦已被革职交周兴岱等审讯,后魁伦被赐自尽。李调元家藏书楼被毁事小,但万一嘉庆帝知晓李调元家藏书楼被土贼烧毁,知晓川西土贼、啯匪蠢蠢欲动,地方治安极差,必定更加恼怒,再派一位钦差大臣前往四川查办并非在意料之外。若真走到那一步,四川官场必定发生一场政治地震。然而,李调元、两位钦差未将此事报告给皇帝,钦差大臣没有出现。

道光二十八年(1848),四川嘉定府犍为县知县朱在东因案撤任,经后任查出亏短正杂款项九万余金,数额巨大。"朱在东扬言,欲赴京具控,以历任将军院司道府俱有馈送,渠署有印簿可据。琦相(四川总督琦善,1790—1854,满洲正黄旗人)以案情牵涉大员,无从下手,勿斋(四川布政使陈士枚)更畏葸莫措,迁延者几及半年。"③道光末年,财政匮乏,道光帝大力整顿财政,一边广开财源,一边大力缩减开支。一个县令竟亏空九万余两,若被御史或皇帝得知,一定派遣钦差大臣前来查办,四川官场必有大狱。朱在东留有一手,用清单记载接受其馈送的官员、馈送的数目,有凭有据,受过朱在东好处的诸

① 李调元:《童山自记》,第280页。

② 李调元:《童山文集》卷10《答赵耘菘观察书》,《清代诗文集汇编》第384册,第559页。

③ 张集馨:《道咸宦海见闻录》,第103页。

位官员想不承认都难。若朱在东因此而遭严惩,必不会善罢甘休。这样下去只有一个不言自明的惨淡结局:历任将军院司道府跟着朱在东陪葬,鱼若死网也破。或许正是总督琦善细细掂量了朱在东赴京具控的后果,以至于案件迁延半年而未举发。虽然扣押朱在东迁延不办的前景尚不明朗,但朱在东赴京控告的结局,想必四川官员早已心知肚明。

地方的事务,官员们不奏报,主要出于利益考虑,或顾忌自己的利益被损害,或惧怕得罪上官。如乾隆四十五年(1780),云贵总督李侍尧纳贿勒索案发,派钦差大臣前往审理,是由前云南粮储道海宁(？—1790,满洲正蓝旗人)的告发。但海宁的告发,几经曲折。上谕斥责道:

> 海宁身为满洲,且系原任总督明山之子,由军机司员擢至臬司,目击李侍尧种种贪婪,于回京时即应据实上陈,如未敢自行具折,亦应开列款迹,呈明军机大臣转为奏达。乃不过托之私相议论,逮朕有所闻,召伊两次面询,海宁始终隐匿,不肯奏出贪婪之迹,且谓李侍尧能办事也。待传旨严询,始据开呈各款。是其面欺之罪,不能以所控非诬曲为宽贷也。海宁着交部严加议处。①

海宁作为总督之子,由军机章京外放,继而升为臬司,是"受恩深重"之人,目击李侍尧的不法情形,出于"报恩"目的,应该奏报;但海宁仍不奏报,私下议论,待乾隆帝亲自询问时,海宁又故意遮掩。与海宁的私下议论相比,云南巡抚孙士毅(1720—1796,浙江杭州府仁和县人)的作为更为不堪。孙士毅与总督同在一城,但孙士毅置若罔闻,并不奏报。孙士毅解释不举发的理由,主要有两条:一、虽留心访察,但终究没有确切的证据;二、若举发而未查实,将承担诬蔑之罪。② 乾隆帝根本不相信孙士毅的辩解。三月十八日的上谕斥责道:

> 孙士毅由南巡召试中书在军机司员上行走,不次简用,擢至巡抚,受

---

① 《乾隆朝上谕档》第10册,乾隆四十五年三月十九日,第42页。

② 中国第一历史档案馆编:《乾隆朝惩办贪污档案选编》第1册,中华书局1994年版,第966—967页。

恩深重。乃目击李侍尧营求受贿,赃迹累累,孙士毅竟置若罔闻,隐匿不奏。经朕派员查办,犹复辩言饰非,巧为诿卸,其罪更不可逭。国家设立督抚,原为互相纠察,以维吏治而饬官方。即藩臬两司,均有奏事之责。如敢挟嫌诬奏上司,因有应得之罪。若总督果罔上行私,赃款狼籍,自当据实上陈。况巡抚为封疆大吏,近在同城,并不据实劾参,直待别经发觉,方以一奏塞责,又安用此巡抚为乎?

孙士毅被革职,发配伊犁,自备资斧效力。次日,乾隆帝继续对受恩深重的孙士毅不奏报之事发表评论。上谕愤恨且惭愧地言道:

至巡抚与总督近在同城,耳目亲切,岂得诿为弗知,匿不具奏。即藩臬两司原有奏事之责,见督抚赃款狼籍,至于如此,亦当据实上陈。今不但缄默不言,且有献媚馈送者,吏治尚可问乎?朕实愤愧,不知各督抚何以为心也!

乾隆帝要求官员们传抄此上谕,悬挂在衙门大堂,使官员们"触目警心,各知戒惧。"①

道光朝的山西巡抚成格弹劾学政案,是地方官为自身计的典型案例。道光元年(1821)十一月,成格(1770—1838,满洲正黄旗人)参奏原任山西学政陈官俊(1782—1849,山东莱州府潍县人),部分内容不实。上谕说:

陈官俊于嘉庆二十四年冬间殴差,又于二十五年六月买妾,成格因何不即行参奏,乃一味姑容,已属不能秉公持正;及至陈官俊奉有密旨,留心地方公事,成格揣得其情,心存畏忌,以伺其短。又值陈官俊不知检束于前,不能慎密于后,……但成格于去岁回任至今又将及一载,且于嘉庆二十四五两年年终奏报本省学政折内,全未提及一语。于此可见殴差买妾之事,原不欲行参奏。总因陈官俊察访地方情事,恐其遇事直陈,有害于己,辗转狐疑,盖非一日也。

① 《乾隆朝上谕档》第10册,乾隆四十五年三月十八日、十九日,第38、41页。

成格知晓陈官俊的不法之事，未密奏，进京陛见时又未面奏，原因是道光帝令陈官俊密查山西情形。成格于陈官俊回京后始行弹劾，目的是不让皇帝听信出差人员的奏报，上谕又说：

……是以直待其回京后，始行参奏，而折内复隐约其词，使朕存之于心，知陈官俊不可信任。在内廷之人奉命出差尚且如是，其翰詹科道等出差奏事，更不足信矣。即使陈官俊有所陈奏，朕岂有不辨别是非概行听纳之理。再，陈官俊若系朕委任无疑之人，何难授以地方大吏，或留于山西以备察访，因何学差未满反令其来京供职耶？朕用陈官俊之意，于此可见也。讵意成格巧诈欺饰，以无可质对之言，屡行奏辩，是其居心直欲屏朕耳目，使不聪明，外省之事无敢过问，此其咎之重者也。①

地方官恐有把柄掌握在钦差大臣手中，因而瞻前顾后，有所隐瞒又露出苗头。

除督抚等地方官奏报地方信息外，以官为差的固定性钦差，如学政、盐政、织造、关差等，虽不得干预地方事务，但长期在地方办事，具有地方官的性质，也需要奏报地方信息。但此类固定性钦差同督抚等地方官一样，基于自身的利益而不奏报。乾隆五十八年(1793)，因福崧在浙江巡抚任内种种贪纵劣迹，原任杭州织造基厚近在同城，并不奏报。乾隆帝要求道：

各省盐政、织造、关差等，若以系属钦差，妄自尊大，或干预地方事务，则是自贻伊戚，固当治罪。至督抚等如有贪劣款迹，一有见闻，自应据实参奏，方为不负委任。即如福崧在浙时，派令柴桢购买物件，侵用鞶规月费，败检营私；又福崧之母游玩西湖，派令盐道预备食用、灯彩、船只等项，每次费银数千两，劣迹彰著。而基厚身同聋瞶，并不据实劾参，岂伊身为织造，惟知坐享优厚养廉，于督抚声名款迹全置不问耶？……着通谕各省盐政、织造、关差，所有地方事件，固不得越职干预，如遇督抚等有贪黩营私及地方水旱偏灾，督抚有讳饰不办等事，俱应随时查察，据实参奏，毋得

---

① 《嘉庆道光两朝上谕档》第26册，道光元年十二月十四日，第595—596页。

如基厚之置若罔闻。①

固定性钦差不能干预地方事务,但必须奏报地方信息。若这些固定性钦差不奏报地方事务,一些重要的信息就不为皇帝获知,一些本应派出钦差大臣办理的事件就会湮没无闻。官员的责任“围绕着对信息的控制而展开”,“一项罪行如果未经官方确认已经发生,那么,一个官员就不会因为对此罪行失察而受到惩罚。”②

三、不派钦差大臣的实际考虑

不派遣钦差大臣,除任用新任官员办理和因信息交流不畅通无需派遣外,留着还有实际的考虑。

第一,钦差大臣多为部院官员,多派钦差大臣则扰乱部院日常政务、地方政务。

钦差大臣主要从现任官员中选任,或选任京官,或选任地方官,其中以京官任钦差大臣的情形最多。钦差大臣离开本职,奉命办理他事,必然影响其本职衙门的运行。虽然有官员署理钦差大臣本职衙门事务,但署理官员难免存有五日京兆之心,草率署理事务。正如嘉庆帝所言:“钦差皆部院大臣,均有本任应办之事,亦不可驰驱于外,久旷职守。”③与正式官员相比,署理官员的职权受到诸多限制,不能很好地办理事务。嘉庆十五年(1810)八月,令湖南巡抚景安往广东审理案件,由布政使朱绍曾护理巡抚印务。至十二月,景安仍未从广东回任。年末,应由巡抚密奏司道府官员的考语,朱绍曾遂密奏考语,遭到嘉庆帝斥责。“所办非是!两司道府贤否,每年由督抚密奏一次,原属定例。但朱绍曾只系暂护抚篆,非实缺巡抚可比。况景安回任在即,伊身系藩

① 《乾隆朝上谕档》第17册,乾隆五十三年三月十三日,第263页。

② [美]孔飞力:《叫魂:1768年中国妖术大恐慌》,陈兼等译,上海三联书店2014年版,第157页。

③ 《嘉庆道光两朝上谕档》第8册,嘉庆八年十二月初五日,第481页。

司，尚应由景安注考，乃不静候景安核办，辄于巡抚未经回任之先，遽将阖省道府出考陈奏，并将兼署臬司之道员图勒斌亦一并注考，是竟公然以巡抚自居，殊属越分！朱绍曾着传旨申饬。并将伊陈奏考语清单发回，仍俟景安回任后，再将该藩司及司道府等考语，一并补行具奏。”①朱绍曾只是以布政使护理巡抚，不是正式的巡抚，办理巡抚事务却无巡抚应有的权力，虽欲认真履行职责但又受到限制。景安任钦差大臣，出省办理事件，虽有官员署理，但仍旧耽误了本职工作。

钦差大臣外出，解决一些地方行政中的弊端，但不可避免地干扰地方政务。钦差大臣处理地方事务，多与督抚一同办理，督抚须停下正在办理的事务，亲身参与到其中；即使某些事务不需要督抚的配合，督抚也需关心之，关心钦差大臣所办事务的进展，按照钦差大臣的要求调用相关人力、物力和财力。督抚还需关心钦差大臣的行程、生活。钦差大臣在省一日，督抚不时要陪同游玩，安排戏曲等玩乐；宴会上的觥筹交错，督抚免不了要亲自参加。如此种种，多给地方的正常行政带来干扰。

第二，钦差大臣办事，地方官或懈怠政务。

如康熙三十四年(1695)，山西平阳府地震，房屋倒塌，人口损失。康熙帝曾派司官前去赈济，但赈济的效果似乎不太明显，决定再派一名部院堂官前去会同山西巡抚再次勘灾赈济，并提高赈济标准。康熙帝谆谆告诫前去赈灾的户部尚书马齐，务必使灾民均沾实惠，毋让灾民流散，并保持社会安定。而山西巡抚噶尔图却偷懒。康熙帝说：“朕一闻平阳地震，深切轸念，即遣官驰驿察勘被灾情形，随颁谕旨，令该部速议恩恤。又特遣大臣前往赈济，停征钱粮。噶尔图身为地方大吏，与百姓谊同休戚，乃目击灾伤，不候赈济大臣，会同详加筹画，亲行赈济，竟遽尔回省，殊属溺职，着严察议处具奏。”②随后吏部奏请将噶尔图革职并交刑部。虽然噶尔图最终只是革职而未交刑部，但可看出康熙

① 《嘉庆道光两朝上谕档》第15册，嘉庆十五年十二月二十七日，第619—620页。

② 《清圣祖实录》卷167，康熙三十四年五月壬戌、乙丑，第5册，第812—813页。

帝在此事上的立场。在康熙帝要求严惩噶尔图的前一天,钦差大臣马齐才请训陛辞,即噶尔图懒惰是在钦差大臣马齐未到山西之前,但在同一件事情上,近在咫尺、目睹灾民惨状、作为山西父母官的巡抚噶尔图关心灾民的程度,远不及远在京城仅凭文书奏报和传闻以"想象"灾情的康熙帝,难怪康熙帝将其革职。同样,在嘉庆朝,山西巡抚衡龄因办理地震灾害而遭斥责。嘉庆二十年(1815)十月,令刑部左侍郎那彦宝查赈山西蒲州府、解州地震灾民。嘉庆帝说:"该抚接到该州县禀报,即应亲身前往,妥为安抚,乃仅委藩司吴邦庆驰赴查勘,并未亲往。迨派那彦宝赍带赏银亲往抚恤,闻那彦宝曾知会衡龄同往,该抚仍因循未去,经朕降旨饬谕,始行续往,可见该抚于灾黎疾苦漠不关心。"衡龄还寻找借口,"(解州)平陆县知县陆樟因地方猝被重灾,心神惊悸,赴庙申诉,愿以身禳,旋即自缢。该抚尚疑其因亏缺畏累轻生,若因畏累,早已轻生,必待因灾借口?设无灾异,如何办理?衡龄糊涂极矣!"①

为防止地方官懈怠政务,可将已派出的钦差大臣撤回。雍正九年(1731),鉴于直隶、山东、河南三省雨泽愆期,大有亢旱之象,雍正帝令筹备赈济之法,经廷臣会议,决定截留漕粮以备赈济,"专遣大臣经理其事,再令翰林科道等官分往各州县亲身查勘,协助散赈"。后因普降大雨,秋禾秀实,雍正帝决定将钦差大臣撤回。上谕说:

> 朕思截留漕粮,原以备地方缓急之需,应仍照前旨及廷议,交与差往之大臣办理外,至于分派大臣官员等前往各省查勘散赈者,因恐被灾甚重,而地方又复繁多,难全委之该省有司。今局势如此,则地方官员可以料理,若添设钦差,转致有司之推诿,于民无益。所有差往河(南)、(山)东二省之员,即着回京;直隶巡察御史等,亦不必兼管查赈之事。该大臣等于办理截漕事竣后,亦着回京。其三省得雨稍迟之州县,即交与该督抚督率地方官秉公查勘,若有应行散赈之处,悉心办理,务令穷民咸登衽席。

① 《嘉庆道光两朝上谕档》第20册,嘉庆二十年十二月初七日,第669页。

倘怠忽从事，奉行不力，责有攸归。①

大雨已降，灾情已得到缓解，雍正帝以为钦差大臣在地方办理赈灾事务已无必要；若钦差大臣继续停留地方，地方官或推诿懒惰。

地方官借口钦差大臣在地方办事，奏请将部分地方事务交与钦差大臣办理，以图省便。雍正六年（1728），四川巡抚宪德奏：四川茶盐二项设有专官，但未清查，“今科道高维新等在川办理丈量一事，甚属尽心，以臣愚见，若令伊等各于分行查丈之时并将盐茶二项乘便挨查”，自能彻底清查。雍正帝批驳宪德的建议：

此奏不是矣！川省茶、盐二项，已特设道员专司其事，自应责成该道员，令公勤稽查，期于清楚。如不能胜任者，即为溺职，当参处，另用人来清理。今如言该道亦茫无端委，则设官何益。至于钦差科道等官，乃清理地亩，以息豪强之争夺，且安插流民，使之得所。若将茶、盐之事交与料理，科道等便宽与限期，岂能如该道之久在川省之可比。况稽察过于紧急，必使骚扰民间，倘稽查遗漏，则将来地方官得以推卸其责于钦差矣。②

设一官必有一官所办之事务，既然不能办事，又何必设官；不能将地方官的责任推给钦差，若如此则于地方官、钦差均不利。嘉庆末，山东巡抚程国仁请将匿名揭帖指控盐运使福泰一案，交钦差大臣刑部左侍郎廉善（1776—1823，满洲正黄旗人）、刑部左侍郎帅承瀛（1767—1840，湖北黄州府黄梅县人）审理，遭到嘉庆帝批驳：

所奏显系推诿。程国仁系山东巡抚，运司乃其所属，该抚既素以福泰为人难信，见此揭帖，近在同城，何难访明劣迹，据实参奏。况揭帖内开列之李师纲……等皆具有姓名，一经察访，自可水落石出。乃不自行查办，

① 《上谕内阁》卷109，雍正九年八月十三日，《景印文渊阁四库全书》第415册，第571—572页。

② 《朱批谕旨》卷132上，雍正六年八月二十六日奏，《景印文渊阁四库全书》第422册，第109页；《清代宫中档及军机处档折件》，文献编号：402007908，雍正六年八月二十六日奏。

率请饬交钦差。试思钦差到省,并无应审之案,若但安居馆舍,密访此事,外间岂不知之,必将深藏固匿,何能访出实情?且廉善等二人,亦岂能久驻省垣耶?此案着即交程国仁确查,一面访察福泰款迹,一面查拿匿名揭帖之人,按律惩办。如果福泰款迹属实,该抚即行由驿参奏。彼时廉善等如尚在东省,再明降谕旨,交令前往审讯;若业已回京,仍交该抚审办。①

钦差大臣属于临时派遣的官员,直接插手山东揭帖案件有不便之处。嘉庆帝拒绝了巡抚程国仁的请求,令自行查办,再根据具体情况决定是否派遣钦差大臣。

第三,钦差大臣出差的行政成本较大。

驿车四出,必定给地方带来负担,首当其冲者便是驿站。嘉庆十三年(1808)二月,光禄寺卿钱楷往山西审案。在蒲州府,钱楷目睹地方百姓备办驿站的情形,他说:

蒲州驿当冲,枥马用不足。计赋征民间,趋事可封俗。
奈何督邮掾,取求凭所欲。四乡括车骡,官符给刍粟。
敛钱朘脂膏,否或笞搒毒。前年岁苦旱,殍饿道相属。
田野变汙莱,屋无藁一束。而此溦溦者,傅翼虎食肉。
往诉我父母,父母不省录。虽荷长官贤,累年犹滞狱。
狱讼岂不凶,知足良远辱。不如早力田,天锡丰年玉。
饱食役公功,胡为自蹐局。勿以规为瑱,言告两黄鹄。②

枥马不足用而征于民间,是指当驿站马匹用度不足,向百姓征收马匹。清代在偏僻或未设驿站的地区,遇有用马之处,需向民间调用。如《清俗纪闻》载:“里甲马,系于边鄙州邑及未设驿站地方使用当地民马,以备通行之用。此乃里甲百姓所出,因之称为里甲马。”③不仅如此,在设有驿站和地处交通要道的

① 《嘉庆道光两朝上谕档》第25册,嘉庆二十五年正月二十五日,第20—21页。

② 钱楷:《绿天书舍存草》卷6《蒲州驿》,《清代诗文集汇编》第457册,第603页。

③ [日]中川忠英编著:《清俗纪闻》卷10《羁旅行李·里甲马》,方克、孙玄龄译,中华书局2006年版,第435页。

地区,也需调用民间马匹。如河南居天下之中,驿站常借用民力,至道光中,“已阅一百八十余年。”①

为减少钦差大臣出差所造成的行政开支,常用的措施有:

第一,停止派遣某些钦差大臣,或减少钦差大臣的派遣次数。

如乾隆十六年(1751),于内札萨克六盟、外札萨克四部落,停止特派大臣会盟。据嘉庆帝的解释,原因是“皇考因派员恐有扰累,特旨停止。”②又钦差官员往泰山进香,嘉庆帝认为:“向年泰山进香,于御前侍卫、乾清门侍卫内派出一人前往。朕思此项人员由内廷派出,或不免有骚扰驿站之事。此次着内务府仍照旧例拣派司官一员,将应用香供赍至山东省城,交与巡抚接领,于抚藩二人内酌量一人,亲诣泰山,于四月十八日致祭。该司员交明香供后,即行回京。嗣后泰山进香,俱照此例办理。”③由钦差侍卫亲至泰山进香,变为派内务府司官将香供交与巡抚再由巡抚或布政使前往泰山进香,即取消泰山进香的钦差性质:由皇帝派钦差(御前侍卫、乾清门侍卫)变为部院(内务府)派部差(司官),所派官员的本职品级降低,出差的时间缩短,对驿站的骚扰必然会减少。

东三省有查城之例,每隔五年,“星使按临各城,查阅钱粮、仓库,点验军装、器械、马匹。总在冬季往返跋涉,不胜其累,不但驿站疲于奔命,而各城供给竟至一二年不能弥缝其阙。”钦差大臣查城给东三省各地区的财政开支造成巨大的负担。嘉庆二十三年(1818),盛京将军富俊认为,查城造成亏空,各城在钦差大臣查阅之前做好了应付的准备,查城“诚为故套,劳兵伤财,于公事无益。”奏请改革查城制度。嘉庆帝改为“届期巡查之例,俱着停止奏派。朕酌量应查阅之处,特旨派员前往。”④即减少派遣钦差大臣的

① 麟庆:《鸿雪因缘图记》第2集《榴厅治书》,浙江人民美术出版社2011年版,第374页。

② 《钦定理藩部则例》卷30《会盟》,第263页;《清仁宗实录》卷102,嘉庆七年八月己酉,第29册,第367页。

③ 《嘉庆道光两朝上谕档》第7册,嘉庆七年三月二十五日,第75—76页。

④ 萨英额:《吉林外记》卷8《查城》,《续修四库全书》第731册,第681页。

次数。

第二,降低钦差大臣的本职品级,减少钦差大臣及其随从的人数。

如赏赉哲布尊丹巴呼图克图金册,照例应"由京派大臣赍送,往返路途遥远",蒙古地区需要备办驿站乌拉,"未免多费",道光帝命改由理藩院派司官一员赍送金册。① 降低钦差的本职品级,从派遣钦差大臣改为派遣钦差官员即司官。

毋庸置疑,减少钦差大臣人数可节约行政开支。乾隆二十六年(1761),左都御史金德瑛奏,告祭古帝王及岳渎,例遣侍郎、三四品京堂十七员,其中可有以一人祭告多处者:"女娲、成汤二陵在平(阳)、蒲(州)二府,渡河即关中西安府十三陵,可并遣一员;致祭湖广有二陵,开封、河南二府有八陵,由豫顺道湖广,二使可并为一;江浙祭禹陵、明陵,路过山东,少昊、帝尧陵及阙里可兼;祭长白山、混同江,由广宁涉医巫闾之趾,即可兼举其礼;祭浙江南镇,由山东,则泰山、沂山、东海之祀可兼,复由浙至广东祭南海,三使可并为一;祭四川江源及陕西华岳、西镇者,可兼路出山西,而北岳、中镇、西海、河渎亦可兼;祭衡山者路经河南,则嵩山、淮济又可兼。"通过一位钦差大臣祭告多处,可省夫马供应。经过会议,金德瑛的建议得到允准。②

道光二十五年(1845),减少前往朝鲜使臣所带之通官,"向来派往朝鲜使臣随带通官每至五六员之多,因思朝鲜职贡往来,语言熟悉,通官本可酌减,且恐该通官等随至该国,或有骚扰需索等事,非所以示体恤。此次册封朝鲜王妃之使臣,着随带通官一员。嗣后凡遇派往朝鲜使臣俱照此办理,该部即纂入则例,永远遵行。"③少一名官员即少一份供应,也就少一分骚扰驿站、滥索滥要的可能,行政开支必然减少。

---

① 《清宣宗实录》卷13,道光元年二月己丑,第33册,第251页。

② 《清高宗实录》卷649,乾隆二十六年十一月癸亥,第17册,第275页。

③ 《嘉庆道光两朝上谕档》第50册,道光二十五年正月二十八日,第32页。

第三节　钦差大臣的权力

钦差大臣的权力来源于皇帝，依照皇帝的旨意行使权力。康熙三十四年(1695)，刑部员外郎宋骏业捧御书至绍兴山阴之兰亭，途经杭州，在籍前兵部左侍郎杨雍建等六人在钦差行馆叩头问皇帝起居。礼毕，杨雍建等请求观康熙帝御书，宋骏业不同意，理由是："此非臣等所敢擅也，皇上未尝有旨令汝等观也。"宋骏业还说康熙帝写御书是为崇敬先贤，非欲与王右军一争书法高低。但在杨雍建等人的劝说下，宋骏业终于同意观看康熙帝御书。① 于宋骏业而言，身为钦差，奉到将御书送至兰亭的旨意，未奉到在路途中将御书与人观看的旨意，逾越旨意便是擅作主张。

汉代的钦差"秉持皇帝的旨意，拥有生杀予夺大权。"②又汉代的使匈奴中郎将，"是皇帝的使者，故能指挥南单于，其甚者乃至逼迫南单于自杀，或擅诛杀南单于。"③在魏晋南北朝时期，皇帝派出的巡行大使即钦差，"拥有不等的处罚之权"，尤以"北朝巡行大使处罚官员之权表现突出。"④与前代相比，清代钦差大臣的权力减小。清代皇帝"以一人治天下"，⑤独揽大权，乾纲独断，⑥政无巨细，躬自断制，不假手臣下，钦差大臣只能依照皇帝的旨意行使权力。

清代的钦差大臣只有按照皇帝的旨意执行命令的权力，除此之外，一般没有其他的权力。如审理案件的钦差大臣，只有按照皇帝旨意审理案件的权力，

① 毛奇龄：《西河集》卷69《皇华使馆瞻御书记》，《景印文渊阁四库全书》第1320册，第624—625页。

② 刘晓满：《近百年来秦汉地方行政制度研究综述》，《中国史研究动态》2012年第1期。

③ 廖伯源：《秦汉史论丛》(增订本)，第53页。

④ 付开镜：《魏晋南北朝官员惩治与起复研究》，学苑出版社2011年版，第25—26页。

⑤ 鄂尔泰等修：《国朝宫史》卷13，北京古籍出版社1987年版，第250页。

⑥ 对清代皇帝乾纲独断的探讨，参见常建华：《清代的国家与社会》，人民出版社2006年版，第37—42页。

没有处罚人犯的权力;即使在证据确凿的情况下,钦差大臣也不能处罚人犯。督办军务的钦差大臣,即使在非常时刻,也不能擅自决定,处罚人员。嘉庆四年(1799),军机大臣、工部尚书、督办陕西军务钦差大臣那彦成奏请将将弁以下失误军机情真罪当者,一面奏闻一面军法从事。嘉庆帝严词批驳那彦成的建议:

> 军营疲玩积习,自当力为整顿,以期壁垒一新。若兵丁等有干纪律,原应即时惩办。至将弁以下,必当按罪详核,方可置之重典。即如永保延玩避贼,已属确凿,何难即办,而朕犹必交那彦成等审拟;又如已革将军富成、游击尤汉玉俱因剿贼不力拿问,审明后因有一线可原,未予重辟。此朕于整饬军纪之中仍寓明慎钦恤之意。那彦成当仰体朕怀,慎重办理。且本朝经略大臣亦从无先斩后奏之事,况钦差乎?盖人命至重,万一罪状未确,所关匪细。此正朕爱惜那彦成处,那彦成当倍加详慎。如查有实系失误军机者,即微末员弁,俱按律定拟,候旨遵行,岂得自行专擅耶!①

生杀大权须操持于皇帝手中,即使是为整顿军营积弊起见,惩处微末员弁,督办军务之钦差大臣亦不能擅自决定,先斩后奏。在清代,钦差大臣因公行使"法外"权力的事例甚为少见。如乾隆二十六年(1761)八月,因河决开封,军机大臣、东阁大学士刘统勋奉命督办河工。决口久不得塞,刘统勋微服私访,发现一县丞勒索百姓,不交使费就不收河工秸料。刘统勋顿时大怒,欲斩县丞:

> 公怒甚,回廨即谕传巡抚恭请王命,并缚某县丞,限时刻至决口。谕一出,河堤使者亦失色。夜将半,巡抚仓皇缚某县丞来,跽辕外。公怒甚,出坐堂皇,受巡抚礼谒,因大声曰:"口一日不塞,则圣心一日不安,河南北万姓亦一日不宁!塞口所恃者秸料,今秸料山积,某县丞以勒索不遂,稽留要工,罪死不赦。今先斩若,徐专折参抚司道耳。"巡抚股栗,叩首堂

① 《清仁宗实录》卷52,嘉庆四年九月癸酉,第28册,第660—661页。

皇下不止。天且曙，不解。同公出使满尚书某（军机大臣、协办大学士、署刑部尚书兆惠）起为缓颊，久乃释。即命褫县丞职，枷示决口。甫半日，南北岸秸料车无一在者。又二日，而决口塞。公临事刚断不假借若此。①

因河决，乾隆帝派两位军机大臣前往办理，可见事务之重要、事态之紧急，县丞却因勒索不遂而故意阻挠河工。刘统勋欲斩杀县丞，是因公而为；若刘统勋循常例奏请斩杀该县丞，会得到乾隆帝的批准。巡抚的"苦苦央求"，刘统勋的有理有据，使双方僵持不下。在兆惠的求情和调解下，加之长时间的盛怒得到缓解，刘统勋最终未处斩该县丞；但刘统勋行使了"法外"的权力，将县丞枷号。虽然，刘统勋将该县丞枷号甚至处斩，都名正言顺，但枷号不算太出格，对皇帝权力的侵犯非常小。

作为一种特殊的官员，与普通的官员相比，钦差大臣的权力要大些。离最高权力中心愈近，就愈有越大的权力。钦差大臣肩负使命，是受皇帝信任的人，与皇帝保持直接联系。与普通官员相比，钦差大臣的权力体现在以下几方面。

第一，钦差大臣的政治地位，较与其本职资格相同官员之政治地位要高。

就本职资格而言，资格越高者，政治地位越高；而钦差大臣的政治地位不能单看其本职资格的高低。

从钦差的排名看，钦差的排名多超越与其资格相对应的名次。如学政，"虽在编、检、科道、部郎，而居其职者，其体制、仪文与督抚等。"②即使是正七品的编修、从七品的检讨担任学政，其排名在总督（正二品）、巡抚（从二品）之后，在布政使（从二品）、按察使（正三品）之前。又关差，任智勇在《道光、咸丰朝的粤海关与关监督》一文中认为：

① 《清高宗实录》卷642，乾隆二十六年八月己巳，第17册，第170页；洪亮吉：《更生斋集文甲集》卷4《书刘文正遗事》，《洪亮吉集》第3册，第1029页。

② 陈用光：《太乙舟文集》卷4《浙江学使院题名记》，《清代诗文集汇编》第489册，第581页。

粤海关监督由于系皇帝简派,有直接上奏权,带有钦差色彩,一定程度上可以看成是皇帝派在广东的耳目。在广东的省级官员序列中,粤海关监督地位在总督、巡抚、提督、学政之下,布政使、按察使之上。①

钦差在省级大员中的排名,可谓后来居上。

从奏折权看,钦差大臣多有奏折权。清代官员通过奏折言事,有资格限制。“清制,京官除各部、院堂官及道科外,外官除督、抚、藩、臬外,均不准专折言事。”②低级官员拥有奏折权,需要经过皇帝的特许,或署理具有奏折权的职务。如雍正时期的知府通过奏折言事是经过皇帝的特许,乾隆时期的道员署理按察使、布政使等职务时可上折言事。低级官员无资格上奏折,但任钦差后,外出办事,多有奏折权。钦差获得奏折权,方便办理事务,钦差需要将办理事务的情形奏报给皇帝。通过书写奏折这一特殊形式的文件,钦差就能将信息直接送达御前,故钦差奏折的内容多与钦差办理的事务有关。如康熙四十七年(1708),到江苏松江府平粜之户部郎中赵德写好奏折后,转交给苏州织造李煦,后李煦派人将奏折送京。③ 若非外出为钦差,正五品的户部郎中一般没有资格上折。

低级官员任钦差后还可请安。雍正元年(1723),在山东赈济的户部银库郎中博尔多、太仆寺少卿须洲请安:

户部银库郎中臣博尔多等谨奏,为恭请皇上万安事。

钦惟我皇上德合乾坤,心通造化,和神爽气,身备春秋,玉色金声,光昭日月。自圣祖仁皇帝龙驭上宾,哀毁骨立,又遇皇太后鹤軿仙逝,悲恸神伤,兼之念切苍生、神周(州)赤县,但求百姓之乐,几忘圣体之劳。臣等奉使以来,身居山左,心系阙廷,惟溽暑之未消,冀圣躬之调护,敬抒寸

① 任智勇:《道光、咸丰朝的粤海关与关监督》,载中国社会科学院近代史研究所政治史研究室编:《清代满汉关系研究》,社会科学文献出版社 2011 年版,第 402 页。

② 钱穆:《国史大纲》(修订本),商务印书馆 1996 年版,第 841 页。

③ 故宫博物院明清档案部编:《关于江宁织造曹家档案史料》第 45 折,康熙四十七年三月二十九日奏,中华书局 1975 年版,第 49 页。

悃,恭请万安。臣等不胜犬马依恋之至。谨奏。①

若非担任钦差,正五品的户部银库郎中没有资格向皇帝请安。

呈金字塔式官僚体系的等级制度十分严格,某一品级的官员拥有怎样的权力都较为明确,距离金字塔顶端愈近的官员拥有愈大的权力,而距离金字塔底端愈近的官员拥有愈小的权力。与本职资格相同的官员相比,钦差的政治地位要高些,拥有向皇帝上奏折、请安的权力。换言之,钦差的权力发生了变化,且是权力增大。然而,钦差的本职资格仍不可避免地影响钦差的政治地位,限制钦差的权力。如福建学政叶绍本因本职资格过低但逾制而遭处分之案例。嘉庆十三年(1808),皇长孙诞生,福建的将军、督抚、学政一同奏贺,并呈递如意。由于学政叶绍本在外考试,若书信往来商量,必致迟延,闽浙总督阿林保便将叶绍本列衔,并恭备如意。后叶绍本遭降二级留任不准抵销的处分,理由是"叶绍本系属编修,职分较小,辄与该督抚一同呈递如意,实属逾分。"②学政有同督抚一同上贺折、呈递如意的权力,但叶绍本的本职是编修,正七品,虽然担任学政,仍无资格呈递如意,即叶绍本的本职资格限制了其权力。若叶绍本的本职是侍郎,呈递如意则不会遭到处分。

第二,钦差享有特殊的待遇。

如派往国外的使臣享有特殊的待遇:在服饰上,可穿戴一品官员的服饰,并有一定数额的随从。吴振棫云:"封使之服,前明给事中以麒麟,行人以白泽。本朝康熙五十八年(1719),海(宝)、徐(葆光)二公出使,始用东珠帽顶。正、副使皆赐正一品麒麟服。事毕还朝,仍服原官补服。跟役,正使二十人,副使十五人,皆例给顶带。"③可见,赐使臣一品服,明代已有,清代沿其例。派往朝鲜使臣之本职资格,较派往安南(越南)、琉球使臣之本职资格为高,故常见派往安南(越南)、琉球的使臣穿戴一品官的服饰。如邓廷喆,康熙五十八年

① 《雍正朝汉文朱批奏折汇编》第1册,第416折,雍正元年六月十八日奏,第522页。

② 《嘉庆道光两朝上谕档》第13册,嘉庆十三年八月二十八日,第533页。

③ 吴振棫:《养吉斋丛录》卷22,第285页。

以内阁中书充册封安南国王正使,赐一品服。① 又嘉庆四年(1799),内阁中书李鼎元为册封琉球副使,其兄李调元云:"向例册封天使,俱赐正一品麟蟒服顶带,尤为钦差中之第一荣宠者。"②内阁中书为从七品,能够穿上一品服,的确荣耀之至。除派往国外的钦差在服饰上享有特殊待遇外,某些在国内办差的钦差偶尔也会享受到服饰方面的特殊待遇。乾隆二十一年(1756),军机大臣、吏部右侍郎裘曰修"奉命视巴里坤军务,赐御用冠服,以宠其行。"③

钦差还可享用排场,如册封使臣。康熙二十一年,遣使臣册封琉球国王,以翰林院检讨汪楫为正使,以内阁中书舍人林麟焻为副使。④ 汪楫出差时,"赐一品服,绣以麒麟,而加之尚书之尊。中台八座,自国门升车,旌旗猎猎前导,关亭负弩者踵相望于路。上既慰劳出,而在朝诸臣并为之供张,赠以诗歌"。⑤ 汪楫不仅在出京时排场甚为浩大,沿途经过之地亦是如此。毛际可云:"癸亥(康熙二十二年)春王,余旅泊邗江,适检讨汪君奉玺书使琉球,道过里门,虎节龙旌,照耀鹢首,父老咸踊跃聚观,以为盛事。而汪君间出其赠言相示,则自大学士高阳李公以下,为诗文以壮其行,多至数百余篇。呜呼!亦荣矣!"⑥

除册封使臣有排场外,在国内办差的使臣也有排场。葛祖亮(乾隆元年进士)曾在长沙至湘阴的水路中,目睹钦差大臣排场:"旌旄耀星使,供帐汗衣簪。"⑦道光二十九年(1849),协办大学士、户部尚书祁寯藻往甘肃审案,途经

① 阮元监修:《广东通志》卷197《艺文略九》,《续修四库全书》第673册,第316页。

② 李调元:《童山自记》,第280页。

③ 《清高宗实录》卷527,乾隆二十一年十一月乙卯,第15册,第637页;余金:《熙朝新语》卷10,第161页。

④ 《清圣祖实录》卷102,康熙二十一年四月辛卯,第5册,第25页。

⑤ 毛奇龄:《西河集》卷40《送汪翰林奉使琉球册封中山王公饯诗序》,《景印文渊阁四库全书》第1320册,第336页。

⑥ 毛际可:《安序堂文钞》卷8《送汪舟次使琉球序》,《清代诗文集汇编》第130册,第409页;汪楫诗文百余篇,参见汪超宏:《吴绮年谱》,第171—173页。

⑦ 葛祖亮:《花妥楼诗》卷3《舟过湘阴县》,《四库未收书辑刊》第9辑第29册,第333页。

家乡山西平定州寿阳县,《入平定界》云:"传闻星使有辉光,父老欷歔候路旁。共道板舆曾奉母,于今旌节又还乡。"①钦差大臣过境,观者如堵。道光二十六年,阅兵钦差大臣赛尚阿(1798—1875,蒙古正蓝旗人)、周祖培(1794—1867,河南光州商城县人)查阅两江营伍,时在籍的翁心存记载道:"闻两星使松江阅兵竣事,回过省垣,将次第阅皖省、江右兵矣。星使过青浦,居民夹道聚观,桥坏,堕水死者十余人。"②百姓一睹钦差大臣风采,未料乐极生悲。道光二十六年十二月,户部左侍郎柏葰、工部右侍郎明训奉命往盛京查勘应修宫殿情形。柏葰等从沈阳出发,经兴隆店、抚顺到兴京,在沈阳、兴隆店之间的区域,百姓观看钦差大臣的情形:

> 导前拥后尽材官,箭袖弓衣簇锦鞍。村里争传星使过,红妆多少倚门看。
>
> 荆布装梳亦自新,铅华点缀立含春。自疑貌美藏娘后,不许人看偷觑人。③

钦差大臣出行,前呼后拥,浩浩荡荡,排场十足。钦差大臣过境的消息早已传播开来,百姓争相观看,连怕生人的小姑娘也躲在母亲的身后观看。

第四节 钦差大臣参与地方事务

钦差大臣除受皇帝之命处理应办理的地方事务外,还参与其他地方事务。钦差大臣参与的地方事务主要以下两种。

一、与钦差大臣所办事务有关者

各种事务总是紧密地相互联系,不能非黑即白式地清晰切开。钦差大臣

① 祁寯藻:《䜮𫓧亭集》卷30《入平定界》,《清代诗文集汇编》第583册,第204页。

② 张剑整理:《翁心存日记》,道光二十六年四月廿三日,中华书局2011年版,第619页。

③ 柏葰:《薜箖吟馆钞存》卷5《偶成》,《清代诗文集汇编》第622册,第91—92页。

除办理皇帝交办的事务外,与所办理的事务有关系者,也会参与。

乾隆年间宣谕化导使之职责为:“道府以下,凡有关于宣谕化导者,听其节制,其余一切地方事务不得干预,以专责成。倘地方有司恃有宣谕化导使,遂自怠其教民之职,准宣谕化导使会同该督抚题参。”①宣谕化导使的职责是化导百姓,但与化导百姓事务相关者,如州县官员化导不职,宣谕化导使可弹劾之。

嘉庆五年(1800),户部右侍郎周兴岱赴川祭告岳渎,嘉庆帝令其于所过之战乱地方张贴安民告示,并面告地方官遵照妥办。② 周兴岱积极办理。赵怀玉在周兴岱的神道碑中言:“是役也,凡所见闻必以入告,事有不便于民者则移檄大吏除之,略见措施焉。”秦瀛在周兴岱的墓志铭中言:“所过州县,见事有不便于民者,辄移文地方大吏,谂而撤之。盖公居平勇于任事,以身在禁近,虽时有陈奏,无所施于政,而懃懃于奉使之日,留心民瘼,如是殆亦庶几古大臣之风。”③周兴岱奉到的命令是张贴告示并令官员安民,但安民绝非张贴几张告示和告诉官员妥办就能完成,只有除去不便于民的弊政才能真正地安民,周兴岱遂要求官员除去不便于民的弊政而后安民。

两江总督耆英受钦差大臣关防,办理通商事务,除制定关税章程外,凡与通商有关涉者,均应留心。给耆英的上谕要求道:“至广东大小文武官员,贤否不一,其于办理夷务或未能得力,或措置失宜,耆英为钦差大臣,既有见闻,亦应随时具奏,方为克尽厥职,不得谓之越俎也。”④上谕明白说明,凡与办理夷务有关的官员,均在耆英的考察范围之内。

再如林则徐的事例。钦差大臣林则徐于道光十九年(1839)正月二十五

---

① 《清高宗实录》卷185,乾隆八年二月癸卯,第11册,第381页。

② 《清仁宗实录》卷58,嘉庆五年正月辛未,第28册,第754页。

③ 赵怀玉:《亦有生斋集文》卷15《皇清光禄大夫都察院左都御史周公(周兴岱)神道碑铭》,《清代诗文集汇编》第419册,第726页;秦瀛:《小岘山人续文集》卷2《都察院左都御史东屏周公(周兴岱)墓志铭》,《清代诗文集汇编》第407册,第695页。

④ 《嘉庆道光两朝上谕档》第48册,道光二十三年五月十五日,第267页。

日抵达广州，次日在行辕悬挂《收呈示稿》：

为晓谕事：

照得本部堂奉命来粤查办海口事件，所有民间词讼，除实系事关海口应行收阅核批外，其与海口事件无关者，一概不应准理，毋得混行投递。至应收之呈，亦俟到省数日后，择期牌示放告。照依督、抚两辕状式，填明保戳歇家，以凭提讯。不得以违式之红白呈拦舆混递，以致无从查究。如敢攀轿抛呈，除不收外，定交地方官责处不贷。特示。①

在告示中，林则徐清楚说明，钦差大臣词讼状式与督抚词讼状式无异，与海口事件有关的词讼者准理，否则不准理。二月，林则徐在广州先后发布《札各学教官严查生员有无吸烟造册互保》《晓谕粤省士商军民人等速戒鸦片告示稿》《禁烟章程》《颁发查禁营兵吸食鸦片规条稿》《札发编查保甲告示条款转发衿耆查照办理》②等告示，全与查禁鸦片有关。林则徐除有钦差大臣关防外，还受命节制广东水师。③ 因此，林则徐有管理水师的权力，凡水师将领不职者，林则徐有权弹劾之。林则徐同总督邓廷桢、水师提督关天培弹劾巡防不力的署海门营参将水师提标左营游击谢国泰、南澳镇总兵沈镇邦。④

二、与钦差大臣所办事务无关者

钦差大臣外出办事，向皇帝奏报所见所闻，是参与地方事务的一种方式。除各部院衙门官员、地方督抚的奏报和皇帝通过巡幸了解地方事务外，皇帝亦有其他途径了解地方情形，如赴任的官员奏报沿途经过地方的情形，钦差大臣也奏报沿途经过地方的情形。钦差大臣奏报地方事务，可分为两种情形：一是皇帝谕令钦差大臣奏报，二是钦差大臣主动奏报。钦差大臣在完成使命后向

① 林则徐：《收呈示稿》（道光十九年正月二十六日悬示辕门），《林则徐全集》第5册，第105—106页。

② 《林则徐全集》第5册，第106—113页。

③ 林则徐：《林则徐日记》，道光十八年十一月十五日，《林则徐全集》第9册，第364页。

④ 《林则徐全集》第3册，第156—157页。

皇帝复命，在召见时，皇帝多会询问地方情形，钦差大臣于是奏报之。换言之，皇帝谕令钦差大臣奏报和钦差大臣主动奏报，二者之间或许没有明显的区分，钦差大臣主动奏报有时是一种"被迫"的行为。"今馆阁诸公，间三岁一出典直省试。其返命也，征途所经，疆吏之贤否，年谷之丰歉，无不仰邀清问。苟非咨谋询度博考而周知之，将何以为书，思对命之具乎？"①乡试考官若不留心地方情形，在皇帝召见时，将以何言奏对皇帝之询问。钦差大臣奏报地方情形，或在皇帝召见之时，或在召见之后上奏折。钦差大臣奏报地方情形的奏折，或泛泛而谈沿途的所见所闻，或申论皇帝在询问中提到的问题。

雍正帝常令钦差大臣奏报地方见闻。雍正帝要求"奉差在外之臣工，有所见闻，据实陈奏。"②乾隆帝对雍正帝谕令钦差大臣奏报地方事务有很高的评价："我皇考天纵生知，而犹圣不自圣。十三年来，广采群言，以资治理。自督抚提镇外，如学政、巡察、藩臬二司及出差官员等，俱准其具折陈奏事件。既可以周知在外之情形，又可以随时批示，以增长臣工之识见。"③乾隆帝也令钦差大臣奏报沿途见闻。雍正十三年，翰林院侍讲学士杨椿(1676—1754，江苏常州府武进县人)奏："臣蒙恩遣往陕西、四川祭告岳渎，请训之时，面奉谕旨：'途中闻见有关吏治民生者，直陈无隐。'臣今事竣还京，所有见闻，敬一一为我皇上言之。"④詹事李绂说："臣于乾隆二年奉命往江南、浙江祭告，临行恭请训旨，荷蒙天语训示：'尔等俱系三品以上大臣，例得陈言。奉使所经，虽不可干预地方之事，道路有所见闻，复命之时不妨奏闻。钦此。'今谨就臣耳目所及数事颇有关于时政者，敬为皇上陈之。"⑤

钦差大臣在处理好应办事务之外，于地方事务认真观察，主动奏报，积极条陈，对国计民生发表见解，知无不言，言无不尽，公忠体国，展现才能。雍正

① 陆继辂：《崇百药斋三集》卷11《蜀輶日记序》，《清代诗文集汇编》第506册，第389页。

② 《上谕内阁》卷85，雍正七年八月初一日，《景印文渊阁四库全书》第415册，第315页。

③ 《清高宗实录》卷1，雍正十三年八月丙申，第9册，第155页。

④ 杨椿：《孟邻堂文钞》卷1《途次见闻折子》，《清代诗文集汇编》第238册，第15页。

⑤ 李绂：《穆堂别稿》卷33《条陈四事札子》，《清代诗文集汇编》第233册，第320页。

中，钦差大臣赵殿最、诺穆图对打箭炉税务管理发表意见：

钦差修惠远庙工臣赵殿最、诺穆图奏，为敬陈管见稍补边疆事。该臣等看得，四川之有打箭炉，实为紧要通衢，且西南一带，唐古特等养命之资，悉赖于此，不可不为整理。臣等蒙皇上重恩来此，少有见闻，何敢以非臣等应干之事不据实奏闻，谨将愚见数条敬为我皇上陈之。①

在清代，钦差大臣完成使命后主动奏报地方事务，最著名的事例当属田文镜与和珅。雍正元年（1723），内阁侍读学士田文镜（1662—1733，汉军正黄旗人）祭告华岳，在复命时奏报山西灾荒，自此始，田文镜深得雍正帝赏识。以后凡田文镜处于舆论的旋涡中，雍正帝总以此事作为袒护田文镜的利器。如雍正三年，御史谢济世弹劾田文镜贪虐不法，雍正帝说："田文镜于雍正元年告祭华山复命时，备言山西荒歉情形。朕以其直言无隐，令往山西赈济，即授为山西布政使。剔除未清案件，吏治一新。嗣因河南诸事废弛，调为河南布政使，旋即用为巡抚。整饬河工，每事秉公洁己，实巡抚中第一。"②田文镜直言无隐，公忠体国，深得雍正帝的赏识，而和珅有过之。乾隆四十五年（1780）正月，和珅往云南审理云贵总督李侍尧案；五月，和珅回京。和珅论各省事务甚多，今就上谕档、实录载而和珅所奏者，条列如下：

1. 永昌府属潞江地方设立隘口，禁止携带丝纸针紬等项，但地方辽阔，人民繁庶，难免有偷漏之弊，应在潞江之外的腾越州、龙陵厅之外择紧要处所改设隘口，实力稽查。普洱府磨黑地方与思茅厅，与潞江情形相同，亦属有名无实，均应查办酌改。③

2. 经过直隶，城守尉出见时立在藩臬两司之前，豫省则在两司之后，应画一。嗣后各省城守尉俱照直隶，列在藩司之前。着为令。④

---

① 黄廷桂等监修：《四川通志》卷16下《条议打箭炉税务疏略》，《景印文渊阁四库全书》第559册，第690页。

② 《清史列传》卷13《田文镜传》，第960、961页。

③ 《乾隆朝上谕档》第10册，乾隆四十五年五月初七日，第118页。

④ 《清高宗实录》卷1106，乾隆四十五年五月丁亥（初九日），第22册，第802页。

3. 云南吏治废弛,闻各府州县多有亏空,应当查办。令新任总督福康安认真办理。

4. 面奏滇省铜斤官价轻而私价重,小民趋利,往往有偷漏走私,虽设法严禁,但滇地山多路僻,耳目难周,私铜仍多偷漏,故京铜缺少。应令将官运之铜全数交完后,听其将所剩铜斤尽数交易。

5. 前和珅奏滇省私钱盛行,皆由官局钱文薄小,并将该省所行私钱另包进呈。昨和珅至行在复命,复经面询情形,据奏请设法查办整顿。

6. 经过湖南、贵州一带,见该处苗民尚沿苗俗,不行剃发,于体制殊为未协,似应准其遵照内地,一例剃发。

7. 缅人送还苏尔相等,尚有同来缅人二人,现在羁禁永昌,似应释回。

8. 云南开化府属民人有前往交趾贸易者,因交趾有人滋事,逃回内地,被李侍尧发遣,而粤省关隘亦有通交趾之处,办法又复不同。

9. 面奏滇省盐务情形,实缘川省私盐不无偷漏,又川盐较滇盐味好而价廉,故滇官盐难销而正课日亏,惟在川滇二省交界处所,实力禁止偷漏。①

和珅的建议共9条,此应是清代钦差大臣出差一次而条陈最多者。细绎和珅的条陈,可得出以下两点结论。

第一,从内容上看,内容丰富又有重点。

涉及财政者有4条(3、4、5、9),涉及边务者有3条(1、7、8),涉及礼制者有2条(2、6),即和珅的建议以理财为重点。和珅的某些建议,是大胆的改革,如第4条,实际是改革云南铜政。由此可见和珅是一个善于理财的官员。

第二,留心观察。

和珅在云南的时间并不长,约有两个月。边地事务如潞江、普洱府、思茅厅有走私违禁物品情形,并不能在云南省城亲见,只能通过云南官员的奏报而获知,可见和珅在与各级官员交流时很仔细、很留心。和珅还比较云南、广西

① 《乾隆朝上谕档》第10册,乾隆四十五年五月初十日,第120—125页。

两省处理边务的规定,发现二者的不同,可见和珅的眼光未局限在所经过的省份。又如城守尉排班次序、苗民是否剃发之问题,经过直隶、河南、湖南、贵州的钦差大臣不在少数,但未发现其中的问题,和珅却发现了。

对于和珅的建议,乾隆帝或径行采用之,或变通处理之,有些建议一时无法采用,仍交相关督抚考察后具奏。总之,和珅的建议,无一条被全行驳斥。和珅往云南的目的是查办李侍尧案,对云南经济形势、地方情形的了解,非其分内之事,即使需要查访云南地方事务以备皇帝召见时之奏对,也不必条奏如此之多、如此之精细。对于地方事务,和珅并不视之膜外,而是留心观察并奏报。或许,可猜测和珅条陈数量之多、条陈内容之精细的用心。此是和珅第一次出差,正是大展智慧和才干的绝佳机会,因为和珅查办的对象为乾隆帝宠信的官员。试想,在乾隆帝的盛怒之下,在乾隆帝对自己十分信任、十分看重的官员做出勒索的无耻之事的失望情形下,居然又出现一个如此能干、如此公忠体国之人,难道不十分欣慰、不十分高兴吗?事实确实如此,乾隆帝确实感到高兴,和珅还未回到京城便得升迁;正是在此年,乾隆帝决定将幼女(后封为固伦和孝公主)下嫁给和珅长子丰绅殷德。或许,对和珅行为的妄加揣测属于"以小人之心度君子之腹"。但无论如何,和珅能有如此用心,并且大胆地提出改革云南铜政,难能可贵,不能因此后和珅的贪污腐败而成为清代第一贪官,就抹杀此时和珅的能干与"公心"。在和珅死后十五年,嘉庆帝仍不得不说和珅"精明敏捷"。① 对待乾隆四十五年的和珅,应采取与嘉庆帝一样的态度。

如田文镜、和珅一般"公忠体国"的钦差大臣,毕竟是少数,大多数钦差大臣只是循例奏报地方事务。钦差大臣奏报地方事务,常见的奏报内容有以下两点。

第一,雨雪、收成等奏报。

清朝以农立国,雨雪等气象的变化直接影响农业收成的好坏,而农业收成

① 《嘉庆道光两朝上谕档》第19册,嘉庆十九年五月二十七日,第421页。

的好坏关系到国家的稳定。清代以前,有雨雪、收成的奏报制度;至清代,对雨雪、收成的奏报更加关注。以雨雪奏报为例,清代建立了比较完备的雨雪奏报制度。对雨雪的奏报主要有两类,一种是逐日记载晴雨的"晴雨录",一种是逢雨雪奏报的"雨雪分寸"。① 若遇到雨雪不顺,地方官对雨雪奏报的次数较平常增多;反之,则会遭到皇帝斥责。

除督抚等地方官循例奏报雨雪外,在外办事的钦差大臣也应奏报雨雪情形。雍正帝说:"朕以天下民生为念,凡一切钦差与祭祀山川之大臣官员回京时,必召入面见,详询生民景况、地方情形以及雨水田苗。"②雨雪、收成的奏报,多由钦差大臣与督抚联名上奏。如钦差大臣刑部左侍郎四达(?—1770)在浙江审案,与巡抚熊学鹏奏报雨雪情形:

窃照本月初一日得雪情形,业经臣熊学鹏恭折奏闻在案。兹于初四、初六等日,又连得瑞雪,六出缤纷,高下普遍。臣等自诸暨回省,一路察看积雪,有五六寸,余及七八寸余不等。载道农民共相欣庆,于春花大有裨益,实为来岁丰收之兆。理合恭折奏闻,伏惟圣鉴。③

管世铭作为钦差大臣阿桂的随带司员,以诗述说查勘雨雪的情形:

出土诸苗立已疏,登场二麦刈方余。公归若备輶轩采,拟就嘉禾一册书。④

乾隆五十五年(1790)六月,胡季堂往山东莱州府平度州审案,记载了即将抵达目的地时询问百姓雨雪、查看收成的情形:

行尽青齐几驿程,居民处处笑相迎。细将年谷殷勤问,说到今秋可十成。

---

① 对清代雨雪奏报制度的研究,参见穆崟臣:《清代雨雪折奏制度考略》,《社会科学战线》2011年第11期。

② 《上谕内阁》卷19,雍正二年闰四月初八日,《景印文渊阁四库全书》第414册,第165页。

③ 《宫中档乾隆朝奏折》第26辑,乾隆三十年十二月初八日奏,第808—809页。

④ 管世铭:《韫山堂诗集》卷14《大河南北,旸雨应时,田禾畅茂,呈广庭(阿桂)相公》,《清代诗文集汇编》第393册,第451页。

土壁茅茨围矮屋，浓阴密树拥高楼。眼前贫富安耕凿，秖见年丰尽破愁。

男耕不解辞炎日，女织犹能趁绿阴。莫道夫愚妇有智，须知勤苦一般心。①

第二，地方吏治情形。

对地方吏治的奏报，多由钦差大臣单衔上奏。康熙五十一年（1712），左都御史赵申乔往陕西审案，途经山西平阳府蒲州，该州士人、百姓都说知州郑人惠是好官，盐院将郑人惠前任的未完盐务全部落在郑人惠身上，郑人惠因此被弹劾而革职，实为冤抑。赵申乔于事竣回京时在太原府见到巡抚苏克济，又询问此事，苏克济介绍的情况与赵申乔的见闻无异。赵申乔回京后，再次查阅公文，发现郑人惠确实被冤枉。赵申乔上疏请求彻查此事。② 雍正元年（1723），户部银库郎中博尔多在山东赈济，博尔多奏报说：

切奴才于六月十一日入山东境内，即留心地方官员贤否。风闻藩司佟吉图声名很好，粮道余甸操守亦好。到济（南）之后，二员一被参拿，即有士民曲文彬、王明参等百余人环绕臣门具呈恳请题留，以慰舆望。奴才不敢据一时之闻见冒昧奏闻。及奴才亲赴各属查赈，单身密入村庄，见百姓有聚谈佟藩之事者，莫不咨嗟叹息，感激好官。七月十八日，奴才至济宁州，值佟吉图解审河南，百姓喧传欲罢市保留，其经过之处往往如此。奴才受圣主深恩，故敢不避越职之罪，冒昧据实奏闻，伏祈睿鉴。谨奏。③

又雍正元年，詹事府詹事涂天相祭告南海回京，奏报说：山东兖州府滕县知县“居官清正，颇得民心，以不谙河务调简平阴，士民数千百人奔府奔省控求保留，并围绕臣马首泣诉，至不得行。此事甚详，容臣口奏。”④

---

① 胡季堂：《培荫轩诗集》卷4《去日途中即事》，《清代诗文集汇编》第365册，第528页。

② 赵申乔：《赵恭毅公剩稿》卷3《循牧无辜被累谨据闻入告疏》，《清代诗文集汇编》第164册，第344—345页。

③ 《雍正朝汉文朱批奏折汇编》第1册，第670折，雍正元年八月十二日奏，第824页。

④ 《雍正朝汉文朱批奏折汇编》第32册，第675折，具奏时间不详，第665页。

除奏报雨雪、收成和吏治情形外,钦差大臣还可将沿途耳闻目睹的诸种情形报告给皇帝。如乾隆十六年(1751)十二月,令兵部右侍郎、江南乡试正考官裘曰修往江南主持考试。裘曰修在距山滕县(今滕州市)约二十里的地方歇息,有一人"长跪舆前,举动迂疏,语不可了。"此人后被当地兵丁赶走。裘曰修又询问轿夫,轿夫回答说:"其人王姓,系监生,在县城居住,疯病年余。凡遇钦差过往,皆如此跪诉。"回京后,乾隆帝询问裘曰修归途经历情形,裘曰修报告此事。乾隆帝传谕山东巡抚鄂容安:"东省往往有此不安分之人,其所称章奏者何事,于地方实有关系,是否病狂,抑或托为疯癫之状,着传谕鄂容安详悉查明,据实具奏。"鄂容安奏报不及时,乾隆帝又催促道:"前询滕县人拦告钦差一事,何亦尚未覆奏,一并确查速行具奏。"①

钦差大臣奏报地方情形,并不是知无不言,言无不尽,而是奏报一些不重要的内容,或奏报一片祥和的情形。嘉道时期,随着官员的因循疲玩,皇帝对官员的控制愈加力不从心,越来越难获得真实的信息。嘉庆二十四年(1819),翰林院编修林则徐为云南乡试正考官,《驿马行》云:

有马有马官所司,绊之欲动不忍骑。骨立皮干死灰色,那得控纵施鞭棰。

生初岂乏飒爽姿,可怜邮传长奔驰。昨日甫从异县至,至今不得辞缰辔。

曾被朝廷豢养恩,筋力虽惫奚敢言!所嗟饥肠辘轳转,只有血泪相和吞。

侧闻驾曹重考牧,帑给刍钱廪供菽。可怜虚耗大官粮,尽饱闲人围人腹。

况复马草民所输,征草不已草价俱。厩间槽空食有几?徒以微畜勤县符。②

---

① 《清高宗实录》卷418、卷419,乾隆十七年七月乙丑、乙亥,第14册,第478、486—487页。

② 林则徐:《驿马行》,《林则徐全集》第6册,第11—12页。

驿站为国家重要政务，驿站马匹不堪乘骑，但未见林则徐奏报亲见的驿站情形。在道光朝的山西，有“平定州讼棍已革生员郭嗣宗，借其出嫁女自刎案，京控三次，省控四次，钦差行辕控二次，由院司发交太原府讯，拖延四年不结，委员皆及王守皆不敢撄其锋。”①讼棍多次控告，但无人奏报给皇帝。正如道光帝所言：“当今之弊，总在蒙蔽不实，处处皆然”。②

钦差大臣对地方事务的见闻，有其自身的限制。钦差大臣肩负使命，首先须完成皇帝交付的使命，至于他务，只能利用闲暇时间考察，反之则为舍本逐末。钦差大臣或许由于所办事件繁多，兼之行程匆忙，没有时间向各级官吏、百姓询问风土人情、地方利弊。果亲王允礼自述任钦差大臣经历：“雍正十二年（1734）冬，余奉使泰宁，计程凡五千九百余里，往返仅六阅月；又以其间校阅燕晋秦蜀之兵，其余计日按程。公馆严肃，有司旅见旅退。虽欲问民之瘼，察吏之疵，而诹谋询度，其道靡由，匪独时有不暇也”。允礼行程匆忙，往返途中又需检阅各地兵丁；官员拜见他，同进同出，没有单独询问的机会。允礼认为，在此局促的情形下体察民情吏治，除了没有闲暇时间的缘故，还有采取何种途径何种方法的问题。允礼能做的，恐怕多是沿途行走，领略名山大川、雄关重镇的风姿而已。③

钦差大臣将沿途经行之处的见闻奏报给皇帝，既然是见闻，就意味着不一定是真实的事件。钦差大臣周煌曾遇到此类情况，不经细致审核便将不真实的情况报告给皇帝。乾隆三十八年（1773）五月，署兵部侍郎永德（1713—1784，觉罗，满洲正蓝旗人）、兵部左侍郎周煌往四川审理璧山县京控案。九月，二人回行在复命。在召见时，周煌奏称：清军在木果木惨败之前，曾有降人告知将军温福有人要来滋扰的信息，但温福不听，反而斥责报告之人。周煌强

① 张集馨：《道咸宦海见闻录》，道光十八年，第40页。

② 袁英光、童浩整理：《李星沅日记》，道光二十七年正月廿五日，中华书局1987年版，第693页。

③ 允礼：《自得园文钞·纪行诗序》，《清代诗文集汇编》第283册，第850页。

调:“此等语,众口一词,即四川总督富勒浑亦曾向其言及”。乾隆帝听后“实堪骇异”,“实出情理之外”。乾隆帝令副将军阿桂、参赞大臣海兰察回奏。对周煌的奏报,乾隆帝以为:

> 至周煌之为人,平日尚偏于不肯多言一派,今称川省之人无不共知,自属公论,非由周煌捏饰。且周煌与温福素无嫌怨关涉,岂有因温福已死,无端陷害之理,尤可信其非妄!但富勒浑既以此事告之周煌,何以从前并未奏闻,实属非是!着富勒浑明白回奏。

乾隆帝从周煌的为人、周煌与温福的关系来判断周煌言词的可靠性。此时此刻的乾隆帝,仍偏向于相信周煌的奏报。乾隆帝又令前四川总督刘秉恬回奏具体情形。后富勒浑回奏:周煌在成都审案时,他正从前线回省,周煌问他清军惨败之情,他就告知周煌,但无周煌所说的那些情节;就事理推之,周煌所说的情节经不起推敲。但富勒浑未完全否认周煌的说法,“周煌或别有见闻,或记忆舛错,均未可定。”①阿桂、海兰察、刘秉恬回奏道:未听见周煌所说的情节,“即合营将领等,亦称全无其事”。乾隆帝遂下结论:“周煌所称二事,揆之情理,皆所必无!温福虽情性乖方,漫无调度,亦断不至荒唐若此。其为道路讹传,自无疑义。”十月,周煌第二次前往四川审案,乾隆帝提醒周煌:“慎勿再轻信无稽之谈,妄为传布,致干咎戾也。”在众多事实面前,周煌俯首,“蒙恩召对,将未经详查之言辄据传闻陈奏,实为糊涂!”②

钦差大臣除奏报地方事务外,于遇到的地方紧急事务,有两种态度:一、不直接命令地方官办理,而是转交地方官办理,或奏报给皇帝。道光十年(1830),礼部右侍郎杨怿曾(1763—1833,安徽六安州人)往云南审案。由于水灾的缘故,杨怿曾由水路从湖北荆州府到湖南常德府,“沿堤水溢,两岸居民架席支棚,炎薰露处。因各邑绅耆公呈请饬该县勘验,当即批发荆宜施道勘

① 《清高宗实录》卷943,乾隆三十八年九月乙亥,第20册,第757—758页。

② 《宫中档乾隆朝奏折》第33辑,乾隆三十八年十一月二十六日奏,第515—516页。

验详报，即于是日戌刻具折入奏。"[①]就实际情况而言，此次水灾完全达到了赈济标准。杨怿曾身经灾区，目睹惨状，然杨怿曾仍未直接命令荆宜施道发银拨粮赈济，而是令其勘验后上报。同时，杨怿曾写折将情况上报给皇帝。道光十二年十一月，左都御史昇寅、刑部右侍郎鄂顺安往西安审案，经过山西霍州时，"有村庄男妇饥民以岁收歉薄，米价昂贵，恳求赈恤，拦舆呈诉。"昇寅年谱记载道："公偕鄂少司寇札饬霍州牧督同灵石令立即亲赴各村庄查勘情形，设法筹办，毋致失所，并饬查如有奸商囤积情弊，亦严行惩办，一面咨行山西巡抚转饬速办，事竣咨覆查核。"[②]二、会同地方官办理，且亲身参与之。在其位谋其政，不在其位不谋其政，公忠体国、擅自"做主"的钦差大臣，只是极个别人，如松筠、尚安。乾隆五十九年（1794），户部左侍郎松筠前往湖北查办荆州税务，道过河南卫辉府。松筠在卫辉奏查看被水情形："连日乘船在府城及附近村庄周遭察看，自晴霁后，水已渐消，即督率各员查勘，分别酌给米谷，散给馍饼钱文，并令该县开仓出谷，将存公银两先行动用，俟恩旨到后，归入普赈项下，作正开销，民情甚为宁贴。"乾隆帝嘉许松筠："此次豫省卫辉、彰德、怀庆等属，因丹沁卫河水势盛涨，田庐多被淹浸。松筠适因奉差湖北，经过该处，即督同地方官，亲自往来查看，分别散给米谷钱文，并即一面奏闻，一面令该县开仓动项，速为抚恤，并不置身事外，实心办理，实属可嘉！"松筠交部从优议叙。[③]乾隆帝十分赞赏松筠的行为，十三日后，乾隆帝又说："松筠此次奉差湖北，经过卫辉府时，适遇地方被水，即能体朕如伤在抱之意，留驻该处，督率抚恤，并不置身事外，深堪嘉奖，足资倚任"，松筠即升授工部尚书。[④] 乾隆帝御制诗歌以记其事，《御制奉差问事侍郎松筠奏至卫辉办彼处被水情形，诗以志事》云：

---

① 杨怿曾：《杨介坪先生自叙年谱》，《北图年谱》第127册，第360—361页。

② 宝珣、宝琳：《昇勤直公年谱》卷下，《北图年谱》第126册，第388页。

③ 《乾隆朝上谕档》第18册，乾隆五十九年七月初六日，第19页。

④ 《清高宗实录》卷1457，乾隆五十九年七月甲辰，第27册，第428页。

奉差所问原他事,遇沴勤民是足嘉。可惜逢年多被旱,忽闻浸水实堪嗟。

觅船编筏勒救渡,查户赈民慎漏差。传谕抚臣急赒恤,恻然南望又愁加。

诗歌第一句注云:"松筠奉差往湖北查办事件,经过地方,民事原不应干豫。然或仓猝,遇有灾沴,而该省大吏又相隔遥远,若奉差之人亦诿为事非己任,不即督办,是与胶柱何异。兹据松筠奏行抵卫辉目击该处被水,即督饬地方官拯救情形,甚得奉使之义。"①与此同时,乌鲁木齐都统尚安(后改名宜绵,满洲正白旗人)回京陛见,途中被任命为钦差大臣,在山西查办案件,后经过山西、直隶交界的固关地方,目击受灾情形。"尚安于经过固关时,并不视同膜外,即督令参将、知县等给银抚恤,运粮接济,所办实属可嘉!着交部从优议叙,并赏给大荷包一对、小荷包四个,以示奖励。"②

于州县官员,钦差大臣可直接命令他们办理遇到的紧急事务,如松筠、尚安。于督抚,钦差大臣则不能命令他们办理,而只能同他们携手处理之。如乾隆三十五年(1770)五月,湖广总督吴达善、刑部左侍郎钱维城和内阁学士富察善在贵州审理案件,案件已审理完毕,只待起身离黔。此时贵州有谋逆之事,吴达善等人遂同巡抚宫兆麟调兵遣将,迅速剿灭了谋逆之人。③

与使命无关的地方事务,钦差大臣只能有限地参与,原因如下:

作为朝廷的代表,皇帝的信赖之人,钦差大臣的地位要比督抚等地方官的地位要高,特别是尚书、侍郎级的钦差大臣,他们的一举一动、一言一行都可能对地方的行政、舆论产生不容忽视的影响。若钦差大臣过度干预地方事务,势必在督抚之外形成另一个权力中心,且钦差大臣的权力大于督抚的权力,从而

① 彭元瑞等修:《孚惠全书》卷46,《续修四库全书》第846册,第646页。

② 《乾隆朝上谕档》第18册,乾隆五十九年七月初七日,第22—23页。

③ 钱维乔:《竹初文钞》卷5《先兄文敏公(钱维城)家传》,《清代诗文集汇编》第396册,第261页。

削弱督抚的地位，严重影响督抚行政。钦差大臣若要干预地方事务，则拉拢一批官员，从而造成官僚队伍的分裂。

清代地方行政本是政出多门，省级官员主要有总督、巡抚、学政、布政使、按察使、提督等，他们拥有大小不等的权力，在各自不同的职责范围内发号施令。袁枚曾说，两江总督尹继善曾一月之内兼摄将军、提督、巡抚、河、漕、盐政、上下两江学政，共掌九印；而据陈康祺考证，一月之内掌九印恐无之，但几月之间遍掌九印恐有之。① 不论尹继善一月之内掌九印是否真有其事，但反映出两江之权力结构十分复杂的状况。就省级官员而言，巡抚等官员的资格比总督的资格要低，巡抚受到总督的节制，但巡抚并非完全受总督控制，也非完全意义上的总督下属，巡抚可上奏，通过奏折与皇帝保持直接联系。

乾隆五十二年，李世杰（1716—1794，贵州大定府黔西州人）由两江总督调任四川总督，他向人陈说在两江任总督与在四川任总督的区别：

> 两江地大事剧，主持者非一人，三巡抚，一漕督，一河督，两织造，一盐使，巡漕、榷关复在外，动皆可具折上达。以一人居十数大吏中，迁就不可，径情直行又不可，余故不能为也。四川不然，举十一府、九厅、九直隶州与诸边内外事，皆一人专之。事权不分，号令画一，故可为也。②

陕西按察使李星沅（1797—1851，湖南长沙府湘阴县人）论直隶政务驳杂：

> 直督政杂权分，于地方刑钱公事外，有无数棘手处：若顺天府属，则兼尹、京尹为政；热河公件，则都统为政；马兰、泰宁两镇营务，则总兵为政；而考核皆归总督，即处分随之。又宗人府、銮仪卫、光禄寺各衙门，下而至于内监，彼此皆有牵缀，如今冬皇差及孝全皇后梓宫奉安典礼甚巨，头绪甚繁，真不堪为设想，非节相（琦善）望重才雄，亦何能胜任愉快也。③

多一官即多一分掣肘之力，尤其是省级官员。同治年间有添设直隶巡抚之议

---

① 陈康祺：《郎潜纪闻二笔》卷9《尹文端摄九印阮文达摄六印》，第489页。

② 洪亮吉：《更生斋集文甲集》卷4《书李恭勤遗事》，《洪亮吉集》第3册，第1033页。

③ 《李星沅日记》，道光二十年五月十九日，第70页。

论,遭反对而未设。① 加之官员的不同出身、不同性格等,难免产生分歧。李星沅论湖广总督周天爵和湖北巡抚伍长华为政风格不一,“一猛一刻,官民不胜其苦。”②特别是驻扎在同一城的官员,容易引起矛盾。以广东为例,嘉庆十年(1805),两广总督那彦成与广东巡抚百龄互相弹劾,继任巡抚孙玉庭又弹劾那彦成,布政使秦瀛也与那彦成有矛盾;③同治二年(1863),郭嵩焘任广东巡抚,与总督毛鸿宾关系不洽;毛鸿宾离任后,郭嵩焘又与总督瑞麟不和。④后郭嵩焘上《请酌量变通督抚同城一条疏》,以论督抚同城驻扎之弊。⑤ 本省之官员尚如此,若钦差大臣过度干预地方事务,势必一国三公,引起督抚等官员的反对。

第五节　钦差大臣和地方官的合作与冲突

钦差大臣至地方后,多与地方官共同办差。作为皇帝的代表,作为强势的外来者,钦差大臣既帮助地方,又暂时打破了地方政治权力的平衡状态,形成钦差大臣与地方官既合作又冲突的局面。

一、钦差大臣和地方官合作

钦差大臣处理事务,离不开督抚等地方官的支持,小到钦差大臣的日常生活起居,大到钦差大臣办理的事务。曾任钦差大臣的托津说:“不能背着锅行

---

① 魏秀梅:《文祥在清代后期政局中的重要性》,《台湾师范大学历史学报》2004 年第 32 期。

② 《李星沅日记》,道光二十年十一月十五日,第 131 页。

③ 胡思敬:《国闻备乘》卷 1《同城督抚不和》,中华书局 2007 年版,第 7 页;那彦成:《那文毅公奏议》卷 12,《续修四库全书》第 495 册,第 407 页。

④ 郭廷以:《郭嵩焘先生年谱》,《“中央”研究院近代史研究所专刊》(29),1971 年版,第 265、268、329、344 页。

⑤ 郭嵩焘:《郭嵩焘奏稿》,岳麓书社 1983 年版,第 330—333 页。

走，只好吃他们的。”①又钦差大臣将办理事务的情形写成奏折，多转交督抚，由督抚派人送至京城。

在地方事务上，钦差大臣与地方官之间存在三种合作模式：

第一，以钦差大臣为主，地方官配合办事。

如雍正三年(1725)，钦差奏事员外郎觉罗石麟到浙江拘拿靖一道人曹涛安，江苏巡抚张楷奏报说：

> (雍正三年十二月十七日)钦差奏事员外郎石麟到臣衙门口传上谕："问(闻)嘉兴府有曹涛安即靖一道人，臣若知道，即刻密拿；若不知其人，即差员跟随石麟密谕嘉兴府协拿。钦此。"臣素不知曹涛安，随作密札印封知会该府，当遣千总二员、把总二员跟随石麟，连夜开船前往嘉兴府密拿。②

此事例中，逮捕人犯以钦差为主，地方官出动人、物密切配合。

在办理军务方面，督抚多听从钦差大臣的安排，或者说以钦差大臣为主。"国家承平余二百年，凡有大寇患，兴大兵役，必特简经略大臣及参赞大臣驰往督办，继乃有佩钦差大臣关防及号为会办、帮办者，皆王公亲要之臣，勋绩久著，呼应素灵。吏部助之用人，户部为拨巨饷，萃天下全力以经营之，总督、巡抚不过承号令、备策应而已。其去一督抚，犹拉枯朽也。故督抚皆奉命维谨，罔敢违异。"③钦差大臣集全国之力办理军务，吏部助人，户部拨款，督抚不过听从钦差大臣的号令而已。

第二，以地方官为主，钦差大臣配合办事。

某些事务，或督抚力不能及，或督抚腾不出精力办理，需增添新的官员来帮助处理，如派遣钦差大臣协助地方官赈济各种灾害。乾隆三年(1738)十一

① 《嘉庆年间查办广兴受贿案》，《历史档案》2002 年第 4 期。

② 《雍正朝汉文朱批奏折汇编》第 6 册，第 460 折，雍正三年十二月十八日奏，第 611 页。

③ 薛福成：《庸庵海外文编》卷 4《叙疆臣建树之基》，《清代诗文集汇编》第 738 册，第 352 页。

月,宁夏地震,乾隆帝令将军阿鲁等加意抚绥。后阿鲁奏报伤亡人数众多,损失惨重。乾隆帝命兵部右侍郎班第驰驿前往宁夏,“动拨兰州藩库银二十万两,会同将军阿鲁并地方文武大员,查明被灾人等,逐户赈济,急为安顿,无使流离困苦。”①宁夏地震,乾隆帝非常关心。如何赈济,将军阿鲁等驻防官员和陕甘官员能够制定相关规则并实施之,但地震造成的伤亡很大,乾隆帝又派钦差大臣一名前往会同办理。班第赴宁夏,初来乍到,不熟悉地方事务,赈济事务当以地方官为主,钦差大臣不过是协同地方官办理而已。

第三,钦差大臣独立办事。

钦差大臣独立办事,是指地方官不再以必不可少的参与者的身份,全程参与到事务的处理中,即钦差大臣不需要地方官的全程合作。钦差大臣独立办事,表现在事务的奏报上,不再需要地方官的署名,即钦差大臣单衔奏报事务的办理情形。

某些事务,地方官处理不善,应回避,无必要再让地方官参与,由钦差大臣全权处理;或查办督抚的贪腐案,也由钦差大臣全权处理。钦差大臣独立办事,如嘉庆十三年(1808),英军擅入澳门,兵舰驶进黄浦,两广总督吴熊光办理不善,嘉庆帝斥责吴熊光“一味软弱,全不可靠!”嘉庆帝令钦差大臣新任广东巡抚永保专心督办此事,“如必须示以兵威,加之挞伐,其应如何酌筹调遣,已谕知吴熊光不得掣肘。永保当悉心经理,一面调派,一面速行驰奏。”②

以上钦差大臣与地方官之间存在的三种合作模式,有时不能够清晰地划分。钦差大臣与地方官齐心协力,紧密合作,分不出主次,也无分彼此。钦差大臣与地方官之间的合作关系,可根据事务的处理情形作出相关调整。若地方官办理不善,可让钦差大臣协助地方官办理,乃至专交钦差大臣办理;若钦差大臣办理不善,可让地方官协助钦差大臣办理,乃至将钦差大臣撤回,专交地方官办理或新派钦差大臣办理。雍正初,河东巡盐御史、西安布政使马喀徇

---

① 《清高宗实录》卷82,乾隆三年十二月辛卯,第10册,第300—301页。

② 《嘉庆道光两朝上谕档》第13册,嘉庆十三年十月二十八日,第640页。

私舞弊，被按察使许容等弹劾，后又有官员奏报马喀的不法之事，雍正帝遂派户部右侍郎吴士玉（1669—1733，江苏苏州府吴县人）前往审理。因“许容既兼管盐道事务，知之必然详确，既在朕前密奏，断无不秉公据实之理”，故令许容协同吴士玉审理。不料许容“怀挟私心，欲实其从前参奏之言”。许容抓获一个盐商，施加酷刑，将其弹劾马喀的言辞变成盐商与马喀舞弊的口供。雍正帝将许容解任，令川陕总督岳钟琪会同吴士玉等公正审理，而“吴士玉系特差审事之大臣，乃一切不能主持，但听许容指使，甚属无能，着严饬行。”①许容因办理不善，退出办理；钦差大臣吴士玉从主持案件的审理，变为协助总督审理。又道光十年（1830），御史刘光三参奏河南存在驿马缺额、编派民车、捕务懈弛等情况，钦差大臣礼部右侍郎杨怿曾、刑部右侍郎钟昌（1785—1832，满洲正白旗人）前往查办。二位钦差大臣于“四月抵省，札饬登复，群情汹汹，浮议棼起。”按察使麟庆同两位幕客“详查成案，同治官书”，介绍河南驿站、治盗的制度和实际运行情况。“议上签卷，随送钦差复核，据实入告，圣心释然。”②驿站、盗贼遍布全省，钦差大臣势必不能亲赴各地一一查核，只能依靠地方官的奏报和各种案卷。在此情况下，与其说是地方官配合钦差大臣处理事务，不如说是钦差大臣配合地方官处理事务，以派遣钦差大臣查核的方式肯定地方官的作为，或提醒地方官应有所作为。

从地方官的角度而言，有钦差大臣与督抚等省级大员之间的合作，也有钦差大臣与道府等中下级官员之间的合作。雍正六年（1728），清丈四川土地，令御史吴鸣虞、刑科给事中高维新、江南道御史吴涛、工科给事中马维翰会同四川四道（永宁道、松茂道、川东道、建昌道）清丈土地。③ 钦差大臣与督抚等省级大员之间的合作，是清代钦差大臣与地方官合作处理事务的主流。

---

① 《上谕内阁》卷47，雍正四年八月十四日，《景印文渊阁四库全书》第414册，第429—430页。

② 麟庆：《鸿雪因缘图记》第2集《榴厅治书》，第374—375页。

③ 《朱批谕旨》卷132中，雍正七年五月二十二日奏，《景印文渊阁四库全书》第422册，第122页。

钦差大臣赴地方处理事务,除依靠皇帝的训谕、自身的经验等外,还需听取督抚等地方官的建议,因为钦差大臣几人,初至地方,不可能周知地方的所有利弊。如开封府知府张受长与钦差大臣争论案件:

郑州郭贡生妻以轮奸告八人,法皆当死,公疑其供词,反复勘之,实诬也。白于制府王公,尽释之。既而抚军富公动于浮言,拘八人者力勘,尽伏,复入二人。公争之,三日不得,因请解官。臬司隋公察公贤,密奏之。钦差(兵部右侍郎吴应棻)至,犹议入其半,公执不可。于是宫保孙公奉旨覆勘,案始定,卒如公言,而抚军竟以此罢官去。①

又浙江温处道陈昌齐(嘉庆9—14年在任)谏诤钦差大臣德楞泰:

巴图鲁、一等侯德楞泰奉命按阅闽浙营伍,议于各海岸设兵巡逻,不许一人下海。侯风采严厉,属吏莫敢置对。先生进曰:"环海居民多捕鱼为业,若禁其下海,则数万渔户无以为生,激变之咎谁当之?"侯默然,久之曰:"公言是也。"②

钦差大臣亦可虚心听取官绅、百姓的建议。道光四年(1824),以江西巡抚程含章(1763—1832,云南景东厅人)署理工部左侍郎,办理直隶水利事务:

交卸江西巡抚篆后,沿途采访,博稽旧案,得有端倪。此番行入直境,历过景州、阜城、交河、献县、河间、任邱、雄县、新城、涿州、良乡十州县,沿途履勘河淀,访问官绅士民,又得各道府禀呈略节,通省之利弊情形,虽未周历履勘,业已得其大概。知直隶之水患已深,不可不急急图之也。③

初彭龄邀请其师谷际岐陈述地方利弊:

尚书初彭龄奉使至江南,江南大吏觞之巡盐使者署中,并邀君。君,

---

① 李中简:《嘉树山房文集》卷4《江西督粮道南皮兼山张公(张受长)墓志铭》,《清代诗文集汇编》第348册,第411页。

② 张维屏:《国朝诗人征略》卷43《陈昌齐》,《续修四库全书》第1713册,第28页。

③ 《嘉庆道光两朝上谕档》第29册,道光四年二月初十日,第43页;程含章:《总陈水患情形疏》,《皇朝经世文编》卷110,《魏源全集》第19册,岳麓书社2005年版,第167页。按,《皇朝经世文编》将该疏的上奏时间写为"道光三年",误。

> 初公座师，上坐不让酒，间为初公言江南利弊宜兴革者甚备。①

钦差大臣听取地方官、百姓的建议，以更好地处理所办事务。换言之，完全不需要地方官的配合，钦差大臣就不能处理好事务；即使能够处理，钦差大臣办事也会遇到或多或少的阻力，从而延长处理事务的时间。

如办理军务的钦差大臣，若无将领的配合，不能办理好军务。钦差大臣和珅就遇到过此种情形。乾隆四十六年（1781），乾隆帝令阿桂从河南查勘河工处往甘肃办理军务，令和珅带钦差大臣关防交给阿桂并告知相关情形。但阿桂生病，甘肃并无大臣办理军务，乾隆帝遂令和珅携带钦差大臣关防兼程前往甘肃，同海兰察、额森特等将领办理军务。和珅于四月十七日抵达兰州，阿桂于二十一日赶到。在短短五天之内，清军在和珅的指挥下连吃败仗，不懂军务的和珅诿过于将领不听调遣。当阿桂到后，阿桂指挥将领却又得心应手。②上谕说：

> 所有筹办诸事，虽皆联衔入告，而自阿桂到后，经画措置，始有条理，即贼匪确信，亦以披览此奏，方得洞悉。此事阿桂一人已能经理妥协，无须复令和珅同办，且恐和珅在彼，事不归一。即海兰察、额森特等向随阿桂领兵打仗，阿桂之派调伊等，自较和珅呼应更灵。而朕启銮临幸热河，为期亦近，御前领侍卫大臣、军机大臣等，扈跸者现亦无多，是以传旨令和珅速行驰驿回京。而以剿捕贼匪及筹办善后诸事，俱交阿桂专办，以期逆贼迅就歼除。③

和珅虽出身侍卫，却未经沙场，不懂军务，故办理军务不能如阿桂那般得力，不能如阿桂那样能顺利地调动海兰察、额森特等久经沙场的战将。因此，乾隆帝寻找一个体面的理由将和珅撤回，军务交阿桂一人专办。

---

① 陆继辂：《崇百药斋文集》卷16《郎中谷君际岐遗事述》，《清代诗文集汇编》第506册，第195页。

② 冯佐哲：《和珅评传》，中国青年出版社1998年版，第106—107页。

③ 《清高宗实录》卷1130，乾隆四十六年五月甲戌，第23册，第100—101页。

皇帝令督抚会同钦差大臣处理事务,督抚在接到命令后,应停止正在办理的事务,与钦差大臣联袂办理之。如乾隆二十年,乾隆帝令闽浙总督喀尔吉善会同钦差大臣户部左侍郎刘纶(1711—1773,江苏常州府武进县人)办理鄂乐舜婪索盐商银两案。喀尔吉善于十二月十六日自杭州起程,进京陛见。"十七日巳刻行次嘉兴,接准办理军机处咨会:浙江现有应办事件,已奉旨差户部侍郎刘纶驰驿前往,令臣于接到处即回浙省等候钦差,到日会办。如山东巡抚鄂乐舜到浙在前,一并暂留稍候等语。臣随即回省,于十八日到署"。① 喀尔吉善在进京途中接到会同钦差大臣审理案件的命令,遂折回杭州,等候钦差大臣到来。乾隆三十三年,乾隆帝令刑部左侍郎四达往山西审理京控案,令山西巡抚苏尔德会同办理。时值乡试期间,苏尔德于八月初六日入闱监临。"十二日,钦差刑部侍郎四达行抵会城,传奉谕旨,令会同奴才苏尔德前赴安邑县查办张廷瑞控告伊叔张如茗一案。奴才苏尔德遵即将监临各事宜委令署布政使富明安入闱代理,并谕令提调按察使朱珪、监试冀宁道胡季堂等加意稽查,严密关防。奴才苏尔德即于是日出闱,次早同四达前往安邑办理。"②苏尔德提前出闱,会同钦差大臣审理案件。

督抚可暂停正在处理的事务,会同钦差大臣办理皇帝交办的事务。同理,钦差大臣也可"迁就"督抚。如雍正三年(1725),钦差大臣内阁学士何国宗等查河,雍正帝以地方官为重:"倘总督有紧要事务,或稍候数日,或往就会议,勿致贻误地方。"③不过,钦差大臣"迁就"督抚等地方官的情形比较少见,多是督抚等"迁就"钦差大臣。

如果督抚因某种原因不能会同钦差大臣办理事务,则须声明请旨,等候皇帝批示。如前例,内阁学士何国宗等往直隶、山东、河南等地查勘河流,署直隶总督蔡珽(? —1743,汉军正白旗人)奏:

---

① 《宫中档乾隆朝奏折》第 13 辑,乾隆二十年十二月十九日奏,第 315 页。

② 《宫中档乾隆朝奏折》第 31 辑,乾隆三十三年八月十三日奏,第 567 页。

③ 《雍正朝汉文朱批奏折汇编》第 5 册,第 649 折,雍正三年八月二十六日奏,第 939 页。

今臣奉命署理直隶总督印务，自当遵旨会同钦差看阅详议，但见有赈灾截漕等事，俱关紧要，不克亲往。伏查前项河道系大名道所辖之区，臣特委该道赵国麟随同看阅，俟看明之日，臣即会同钦差详议覆奏。所有委员随同看阅缘由，臣谨具折奏明，仰祈圣鉴。

蔡珽因办理他事，不能抽身，无法同钦差大臣会办事务，但又不能违背旨意，遂奏请雍正帝裁决。雍正帝同意蔡珽的请求："是！你不必亲往，况你初任，亦不达地方形势，应如此。"①又雍正六年，令福建巡抚朱纲(？—1728，山东东昌府高唐州人)会同内阁侍读学士西柱审案，朱纲奏说患病：

凡臣衙门应行事宜，臣仍逐日办理，并无贻误，臣自觉精神亦好。但臣奉旨会同钦差大人西柱审理周钟瑄一案，计钦差到闽之时，臣万难会审。谨将犬马下情缮折敬奏，跪恳皇上开恩，俯赐矜怜，赏给臣假调理。或此折未回之日，臣疮症已愈，精神复元，臣即当秉公会审，不敢拘泥。统乞皇上慈鉴，批示遵行。谨奏。

朱纲患病，精神不济，不得不奏请将案件延后审理。雍正帝朱批为："用心调养，不可勉强办理。况此案亦是繁难，该用精神料理者。西柱系闲员，多迟几天何妨。俟全愈，精力复元时，再遵旨料理。"②难审之案，却派从四品的闲散官员内阁侍读学士前来审理。巡抚为从二品，此案之审理应以巡抚为主，故雍正帝谕令朱纲俟病愈后办理。

皇帝令钦差大臣、督抚和衷共济办事，除因患病等特殊原因无法办理外，必须执行；否则，会被视为专擅，或钦差大臣与督抚之间有嫌隙。如乾隆五十五年(1790)，兵部尚书庆桂、刑部右侍郎王昶往江南审案，两江总督书麟会同办理。书麟未待钦差大臣到达，先独自审理，审理的结果又与事实不符，"上

① 《雍正朝汉文朱批奏折汇编》第5册，第649折，雍正三年八月二十六日奏，第939—940页。

② 《雍正朝汉文朱批奏折汇编》第13册，第321折，雍正六年九月初八日奏，第386页。

以不俟钦差,明有专擅袒庇,褫其翎顶。”①又道光十三年(1833)春,令调任湖北巡抚麟庆会同湖广总督讷尔经额(字近堂)查办荆州副都统善英奏报营马缺额而署将军那当阿不肯用印案。时讷尔经额在湖南永绥地区阅兵,麟庆先到荆州,“即委员赴满营,将案册用印封贮,候近堂来,公同拆看。”②麟庆先到,仅将重要文件封存(且不是其本人亲自封存,是委派人前往封存),以防出现差错。麟庆并未独自对案件开展任何实质性的调查,耐心等候会办案件之总督的到来。

皇帝令钦差大臣、督抚共同办理事务,远在京城的皇帝不知他们是否携手处理,一个重要的判断方法是看他们在奏折中是否联名。皇帝希望知晓事件的进展情况,钦差大臣和督抚根据事务的涉及范围、复杂程度等,将办理的情形奏报给皇帝:若事件重大,牵涉较多,处理完毕所需要的时间较长,可将大概情形先行奏报,至于具体情节、如何定案等情形则陆续奏报;若事务牵涉较少、处理时间较短,则可在定案时一次性奏报完毕。如嘉庆十九年(1814),刑部左侍郎那彦宝(1762—1844,满洲正白旗人)奉命同河东河道总督吴璥(1747—1822,浙江杭州府钱塘县人)、河南巡抚方受畴(?—1822,安徽安庆府桐城县人)办理河工。那彦宝单衔上奏《筹议睢工大概情形并备办料物缘由折》,引起嘉庆帝的疑虑:

> 朕命那彦宝前往豫省,与吴璥、方受畴会办,伊三人应和衷共济,计出万全。那彦宝此折所奏,曾否与吴璥、方受畴熟商,伊二人以那彦宝所定坝基、引河方位为然与否,折内俱未声明。着将此折发交吴璥、方受畴二人阅看,若伊等意见相同,可保万全无弊。那彦宝、吴璥、方受畴三人,即联衔迅速覆奏,一面克期兴办;如吴璥、方受畴所见与那彦宝不合,即着伊二人另行据实由驿陈奏。③

---

① 严荣:《述庵先生年谱》卷下,《清代诗文集汇编》第358册,第680页。
② 麟庆:《鸿雪因缘图记》第2集《荆营验马》,第111页。
③ 《嘉庆道光两朝上谕档》第19册,嘉庆十九年八月二十日,第637页。

河工关系重大,不可丝毫马虎。那彦宝单衔具奏,引起嘉庆帝的各种猜测。后吴璥、方受畴奏“本系公同筹议,意见相同”,嘉庆帝览奏深慰心怀,心中的疙瘩才解开。① 共同办理之事,若钦差大臣、督抚各自单衔上奏,处理结果的可靠性、可行性就会降低。道光十二年(1832),因平定湖南境内“瑶乱”,湖广总督卢坤(1772—1835,顺天府涿州人)开单奏请奖励有功人员,“朕详披单内人数,未免过多,亦觉过优,必应量为核实。且据该督等奏称将各该员酌拟等差,并注明事实,业经面商(户部尚书)禧恩、(盛京将军)瑚松额,意见相同,何以此奏未列衔名,是否禧恩、瑚松额另有意见。着禧恩等将单内各员详加核定,据实具奏。”②道光帝对卢坤的奏报半信半疑:奖励有功人员过多、过优,是否有滥竽充数者,既然当面商量且意见相同,何故钦差大臣不署名。道光帝令禧恩等核定情形,再行处理。后接禧恩等的奏报,道光帝打消了疑虑:“朕以人数过多,奖励较优,降旨令禧恩等核定。兹据奏逐一考察,尚无冒滥,已明降谕旨,照所请加恩鼓励矣。”③

二、钦差大臣和地方官的冲突与矛盾化解

在清代,钦差大臣与督抚接受皇帝的命令,共同处理事务,和衷共济,乃是常态;钦差大臣与地方官因办理事务而产生矛盾的事例比较少见,但并非没有。因为,若钦差大臣和地方官产生矛盾,皇帝会认为钦差大臣和地方官才能有限,或心存私念。钦差大臣遭遇地方官的掣肘,也不能将在办理事务中的所有问题都奏报给皇帝,并期望得到皇帝的指示与帮助;若如此,钦差大臣或被皇帝认为是无能,不堪任用。

钦差大臣与督抚之间的冲突,或有利益的冲突,或有意见的冲突。前举乾隆五年(1740)御史朱续晫弹劾福建督抚举劾不公,被乾隆帝派往福建审理王

① 《嘉庆道光两朝上谕档》第19册,嘉庆十九年九月初一日,第660页。

② 《嘉庆道光两朝上谕档》第37册,道光十二年六月十二日,第285页。

③ 《嘉庆道光两朝上谕档》第37册,道光十二年七月十四日,第360页。

德纯一案,朱续晫在福建遭到巡抚王士任的诸多干扰。朱续晫说:

> 臣奉命到闽,会同督抚审理王德纯一案。署(福建巡)抚王士任不愿臣等覆审,始而好言恳求,继又危言挟制;及至会审,多方阻挠;会稿时,又云"何承玉一段,叙得日月太分明",因私立一稿,要臣照依改用,臣不肯从;及誊清稿时,仍然画奏,又以好言慰臣,恐臣奏也。又闻皇上初发六款交伊质审,(前闽浙总督现任两江总督)郝玉麟属其不可审实,故审后未经奏明,先录稿寄信送郝玉麟看。此次会稿一定,伊又即日飞饬千里马,将稿送至苏州与郝玉麟看。且伊在闽数年,品望操守甚劣,因畏臣闻知,臣行至清湖地方,即密差心腹暗伴臣行,及到省城,防闲甚密,故未得详访其实迹。然细观其为人,机诈为心,既弃臣节而趋利,巧伪成性,复借钦案以营私,居心行事若此,岂堪封疆重畀,臣不敢不据实奏闻。①

朱续晫弹劾王士任等保举属员不公,又前来查办被王士任保举的官员。此事与王士任有直接的利害关系,轻则申斥,重则革职、发配,王士任需要不断制造麻烦以干扰朱续晫的查办,才能将对自己的危害减少到最低的程度,此在情理之中。朱续晫未到福建省城,在路途中便被王士任的心腹"保护"起来,朱续晫只能在与福建官员的斗智斗勇中排除困难艰难前行了。为自身计,朱续晫必须排除王士任的各种干扰;若朱续晫不能排除干扰,就不能审出实情,则弹劾便不会坐实,身为御史的他就会遭到惩罚。

钦差大臣与督抚之间的冲突,最著名的案例当属嘉庆十九年(1814)兵部尚书初彭龄(1749—1825,号颐园,山东登州府莱阳县人)和两江总督百龄(1748—1816,号菊溪,谥文敏,汉军正黄旗人)、江苏巡抚张师诚(1762—1830,浙江湖州府归安县人)之间的冲突。初彭龄与百龄、张师诚之间的冲突,非利益冲突,而是政策之争。初彭龄与百龄本是朋友,终因清查亏空而发

---

① 《清高宗实录》卷117,乾隆五年五月辛酉,第10册,第709—710页。

生争执，分道扬镳，人多惜之。①

嘉庆十九年六月，江苏巡抚张师诚请假，兵部尚书初彭龄署理巡抚。八月，初彭龄奏请清查江苏亏空。上谕令百龄、初彭龄办理，“分别情罪轻重，酌拟章程，开单具奏。”九月，张师诚回任，上谕令初彭龄留在江苏，作为钦差大臣，与百龄、张师诚一同清查亏空。很快，初彭龄和百龄、张师诚的矛盾爆发了。十月二十日，初彭龄一人制定的清查章程十条送到嘉庆帝的手中；翌日，百龄和张师诚二人制定的清查章程十条也送到嘉庆帝的手中。官员之间的矛盾在皇帝面前公开暴露。十月二十九日，嘉庆帝将三人传旨申饬。但初彭龄首先将章程上奏，故上谕重点申饬初彭龄。上谕说：“初彭龄等自应彼此和衷熟商，共同酌定，……即稍有意见不同之处，亦不妨据理折衷，期于同归一是。乃初彭龄不待商定，先于本月二十日自将章程具奏；百龄、张师诚亦即于次日另将章程具奏。彼此龃龉，大乖公忠体国之义。”十一月，初彭龄弹劾百龄和张师诚，主要内容是二人受贿：百龄收管关道员钟琦帮贴折差盘费银1200两，又收受河工委员馈送银2万余两；张师诚在告假期间滥支关税，又收受管关道员刘澐馈送银2000两。嘉庆帝令大学士托津、户部尚书景安前往详细审理。十二月，初彭龄又弹劾原江宁布政使陈桂生“册报溧水县亏缺银数，先后多寡不符，有心弊混。”此案交托津、景安审理。经审理，初彭龄参奏无一属实。初彭龄在江苏办事，随带司员茅豫。二十年三月，百龄又弹劾初彭龄在江苏巡抚任内“沉湎于酒，稿案率委茅豫画诺，并文致陈桂生罪名”，私拆奏折。初彭龄的职务，从尚书降为内阁学士、侍读、侍讲，后被革职，在家闭门思过。此是初彭龄第二次因弹劾不实被革职，第二次本应发配伊犁，嘉庆帝第二次施恩，初彭龄第二次托其母之福，第二次在家闭门思过。② 由初彭龄和百龄、张师诚的

---

① 秦瀛：《小岘山人诗集》卷26《闻菊溪制府之讣，以诗志悼》、卷27《怀初颐园尚书》，《清代诗文集汇编》第407册，第400、414页。

② 《清史列传》卷32《百龄传》、卷34《初彭龄传》，第2495—2496、2660—2662页；《嘉庆道光两朝上谕档》第19册，嘉庆十九年十月二十九日，第826页。

冲突可知,矛盾由皇帝出面解决。

清代中央对地方的管理,仍是传统的集权方式存在诸多问题。派遣钦差大臣处理地方事务的原因众多。案情重大,皇帝在某事件上不再信任地方官,多派钦差大臣办理;地方官于力不能及,或与地方官有涉的事件,多奏请皇帝派遣钦差大臣办理。派遣钦差大臣办理事务,表示皇帝的某种态度。

虽然派遣钦差大臣能方便处理事务,但钦差大臣的派遣不能随心所欲。概而言之,不派钦差大臣的原因如下:后任查办前任,毋庸回护;信息交流不畅通,重要事件无人奏报给皇帝。不派钦差大臣,也有实际的考虑:干扰部院、地方的日常行政;地方官因钦差大臣办理事务,或可懈怠政务;钦差大臣出差,增加地方行政开支。

钦差大臣的权力来源于皇帝,依照皇帝的旨意行事。与前代相比,清代钦差大臣的权力减小。作为一种特殊的官员,与普通的官员相比,钦差大臣的权力发生变化。钦差大臣的政治地位增高,拥有奏折权、请安权,钦差大臣在服饰、排场等方面享有特殊的待遇。不过,钦差大臣的本职资格仍会限制其权力。

钦差大臣除办理皇帝交办的事务外,还参与其他地方事务。钦差大臣参与地方事务分为两种情形:一是参与与其所办事务相关者,二是参与与其所办事务无关者。钦差大臣外出办事,需要向皇帝奏报所见所闻,或主动奏报,或在皇帝谕令后奏报。钦差大臣主动奏报地方事务,被认为是一种公忠体国的行为。钦差大臣奏报与其所办事务无关者,主要奏报雨雪、收成情形,以及地方吏治。但钦差大臣奏报地方情形,并非知无不言,言无不尽。钦差大臣奏报地方事务,有着自身的限制。除奏报地方事务外,钦差大臣直接参与地方事务。钦差大臣遇到地方紧急事务,或转交地方官办理,或直接命令地方官办理。总体而言,钦差大臣只能有限地处理与其所办事务无关的地方事务,究其原因,地方行政本千头万绪,钦差大臣若深度参与其中,必干扰地方行政。

钦差大臣办理地方事务,离不开督抚等地方官的支持。概而言之,钦差大臣与督抚之间存在三种合作模式:以钦差大臣为主,督抚配合钦差大臣;以督抚为主,钦差大臣配合督抚;钦差大臣独立办事,督抚不必作为不可或缺的角色全程参与钦差大臣所办事务。钦差大臣与督抚之间存在的三种合作模式,不是一成不变,可发生变化。在清代,钦差大臣与督抚多和衷共济,齐心协力处理皇帝交办的事务;但钦差大臣和督抚之间也存在利益、意见冲突。

第四章 钦差大臣办差的相关规定

清代对国家各项事务的处理,已达到一定的规范化、法制化水平,至少各种法律条例的规定是如此。钦差大臣虽是一种特殊类型的官员,但仍是整个官员队伍中的一部分,仍应遵守相关的规章制度。

第一节 保 密

保密并不容易,在皇帝身边就存在泄密嫌疑。一些官员将皇帝召对时的谈话内容透漏出去,或官员在未上奏折之前,奏折内容已为众人知晓。乾隆六年(1741),御史仲永檀说:"向来密奏留中事件,外间旋即知之,此必有串通左右暗为宣泄者。则是权要有耳目,朝廷将不复有耳目矣。"乾隆帝同意仲永檀的说法,还列举了方苞泄密的事例。①

对于泄密者,严加惩处。嘉庆九年(1804)七月,钦差大臣刑部左侍郎瑚素通阿往河南审理光州光山县周继祖京控案。先前在京时,瑚素通阿接到匿名揭帖,擅自拆阅,更重要的是,其向他人告知内容。上谕说:"本应照漏泄常事例罢职不叙,姑念本案由伊陈奏发觉,且在刑部办事有年,着加恩降为刑部笔帖式。"瑚素通阿因泄密,由侍郎降为笔帖式,还未审理周继祖案,就被檄令回京。②

---

① 《清高宗实录》卷139,乾隆六年三月甲申,第10册,第999页。

② 李恒辑:《国朝耆献类征初编》卷97《瑚素通阿传》,明文书局1985年版,第438页。

一、需要保密的事件

与地方官员有利害关系的事件，如审理案件、密查官员、查勘河工等，与官员利益牵涉较多，钦差大臣多需要保密；而宣布谕令、赈济灾害等，与官员的利益牵涉较少，多不需要保密。

夜长梦多，迟则生变。“紧要事件，必须密速办理。”雍正十二年（1734），雍正帝令左都御史徐本从安徽赴浙江会同总督程元章审理衢州府江山县匪类王益善等一案，上谕令徐本“密行前往，不必声扬，恐致未获之匪类闻风远飏”。① 又道光十四年（1834），左都御史升寅、兵部右侍郎奕纪（1797—1863，宗室）在山东阅兵，于三月初五日接到谕旨，令到河南阅兵时审理罗世俊京控案。但在山东阅兵需要一段时间，“时日久稽，恐有请托、串供等弊，亦不可不先事豫防”。升寅等计划到河南后先赴省城审理京控案，再行阅兵。上谕令在山东阅兵完毕后，先派随带司员径赴河南审办京控案，待升寅等查阅完河南营伍后再赴省城将京控案审讯奏结。六月初一日，升寅等始审讯京控案，初八日上奏审讯结果。②

保密有其必要。御史何道生（1766—1806，山西霍州灵石县人）认为钦差大臣可能不会公正审案，原因之一是督抚事先得到消息。“即使（钦差）矢正矢公，长于折狱，而本省官吏一闻钦差之信，即将全案情形捏饰装点，不使稍留罅漏，查办之人鲜不受其蒙蔽。”③在钦差大臣未到之前，督抚等官员装点案情、删改供词、串联口供，待钦差大臣审理时，多会不由自主地钻进督抚设计好的陷阱。即便钦差大臣跳出陷阱，势必多费一番周折，花费更多的时间。如乾隆五十五年（1790），内阁学士尹壮图（号楚珍）查办各省亏空，督抚事先得到

---

① 徐本：《文穆公奏疏》，《清代诗文集汇编》第253册，第25页。

② 宝珣、宝琳：《升勤直公年谱》卷下，《北图年谱》第126册，第398、404—405页；《嘉庆道光两朝上谕档》第39册，道光十四年三月十九日，第105页。

③ 何道生：《请禁进献饬吏治达民隐厘驿政疏》，载董诰等辑：《皇清文颖续编》卷12，《续修四库全书》第1665册，第42—43页。

消息,做好了一应准备,待尹壮图前去查看,毫无疑问,无一亏空。嘉庆四年,尹壮图回籍侍奉老母,王昶送行,云:“楚珍前奏各省仓库多亏,奉旨令同侍卫庆成往近省监查。是时,各督抚闻信,挪移掩饰,致以陈奏不实罢官。”①嘉庆帝也不得不承认:“前因原任内阁学士尹壮图曾奏各直省仓库多有亏缺,经派令庆成带同尹壮图前赴近省盘查。彼时各该督抚等冀图朦蔽,多系设法挪移,弥缝掩饰,遂致尹壮图以陈奏不实降调回籍。”②

又乾隆五十九年,派武英殿大学士福康安、刑部尚书胡季堂和军机大臣户部左侍郎松筠往吉林查审参务案件。上谕说:“承办参务之协领等,均系案内要犯。闻福康安前往,或改窜帐目,或私填欠款,皆未可定;且恐其属下舞弊人等畏罪逃匿,不能迅速质审完结。”传令吉林将军秀林将一干人犯和一切帐目查封看守,但仍旧晚了一步。此案前经查讯参奏,“该管协领诺穆三、托蒙阿早知此事破露,必干查究,先将档册私行改换,并向同案人证及铺户等串合供词,希图掩饰。迨至福康安到彼传提讯问,伊等豫经商定,遂尔扶同供认,众口如一,谁肯首先吐露。福康安等折内声称‘遍加质对,所供俱属相符’之处,原不足信。”③

又盛京陵寝、宫殿等处,每阅两年,由军机大臣题奏请旨,从宗室王、贝勒、贝子、公和大学士、六部尚书中选派人员前往查勘;每届五年,从京卿中选派一员,巡查奉天;每届五年,从盛京五部侍郎中选派二员,巡查吉林、黑龙江。嘉庆帝认为:“派员巡阅,原以慎重官守,稽查懈怠。然定立年限,则期可预知,即有弊端,不难先期掩饰,于事仍无裨益。”嘉庆帝改为“酌量应行查阅之时”,再特旨派人前往查勘。④ 由立定年限派人前往查勘改为临时派遣人员前往查

① 王昶:《春融堂集》卷23《送尹给谏楚珍归云南》,《清代诗文集汇编》第358册,第270页。

② 《嘉庆道光两朝上谕档》第4册,嘉庆四年四月初一日,第107页。

③ 《清高宗实录》卷1444、卷1447,乾隆五十九年正月戊戌、二月甲申,第27册,第272、305页。

④ 《嘉庆道光两朝上谕档》第23册,嘉庆二十三年九月二十日,第411—412页。

勘，提高了保密性，于查勘地方或有裨益。

二、保密方式

保密的方式主要有两种：

第一，办理的事务在钦差大臣未到达目的地之前不公开。

此种情形在雍正朝较多。雍正帝认为，借放仓粮为地方官掩饰亏空之计，且借放之时百姓不得实沾恩惠。而直隶仓粮向来亏空甚多，雍正五年（1727），借总督李绂为直隶未报灾之州县奏请粜借仓粮之际，雍正帝派翰林、御史、部院贤能官十数员前往，会同各地方官核实监粜，并查各处粮谷是否实贮在仓。① 派往直隶的翰林、御史等官并不知晓即将清查的地区，雍正帝谕令他们在省城保定府抽签，抽到哪个地区就清查哪个地区的仓库。②

又雍正四年九月，吏部右侍郎王沛憻（1656—1732，山东青州府诸城县人）前往山东审案。在王沛憻出发之前，雍正帝派人传旨："着王沛憻前往山东，将旨意封固，到山东时方许开读。"到达山东省城后，王沛憻打开固封谕旨，才知晓其所办为何事、会同何人审理。在陛辞之时，雍正帝特意问王沛憻："此去山东查审事件，离汝家乡还有多远？"又问："离家几年？"王沛憻回奏："五百余里"，"臣离家已十数年"。雍正帝遂说："此事审竣之后，给假二十日，你可回家祭扫邱墓。"③王沛憻时年 71 岁，已十数年未返乡，若地方官打探朝廷是否有派往山东的钦差大臣，不会联想到王沛憻，还以为其告老还乡；若王沛憻将其回家消息告知在原籍之家人，消息传播开来，自属可喜之事，也不会联想到王沛憻回家之时还查办案件。

第二，利用驿路保密，即钦差大臣办差之实际地点与上谕所说之地点

① 《上谕内阁》卷 44，雍正四年五月初四日，《景印文渊阁四库全书》第 414 册，第 389—390 页。

② 《雍正朝汉文朱批奏折汇编》第 8 册，第 43 折，雍正四年九月初六日奏，第 66 页。

③ 王棠、王槩：《念庵府君年谱》，《北图年谱》第 87 册，第 506—507 页。

不同。

道光二十七年(1847)十月初六日,上谕令户部左侍郎柏葰、署兵部左侍郎陈孚恩前往浙江查办事件,但二人自始至终未踏上浙江土地一步,实际前往山东,查办御史陈坛、王东槐、毛鸿宾等参奏山东盗贼公行、捕务废弛等案。①《清史列传》对柏葰、陈孚恩二人山东之行有很好的概括。《柏葰传》云:"十月,命偕仓场侍郎陈孚恩前赴浙江查办事件,旋奉密旨径赴山东盘查藩库实存现银并正杂各款,及布政使王笃幕友王壬熙违例充幕,又查办山东地方官玩纵盗贼,措置乖方,各节属实,奏巡抚崇恩等交部议处。"《陈孚恩传》云:"十一月,以御史毛鸿宾奏山东库款亏短,命偕户部左侍郎柏葰前往查访。旋覆奏将库款核实封存,又以御史陈坛等奏山东盗贼公行,捕务废弛,仍命与柏葰严密查办,寻查出抢案与原参相符者共十六件。"②柏葰、陈孚恩二人奉命前往浙江,须经过山东,但二人就此在山东停留,未继续前进,令山东官员措手不及。柏葰在山东接到查办巡抚、藩司的廷寄后,有《抵济南作》:

> 十五年前试士官,青齐重到候初寒。峼华点点山争出,雨雪霏霏柳未残。
>
> 满地萑苻连沛下,一时鸿雁唳江干。九重震赫君知否,灯下弹文仔细看。时奉廷寄查办抚藩事。③

十五年前的道光十二年,柏葰第一次出差山东,任乡试副考官。此为柏葰第二次到山东,严冬未至,雨雪已下,柳色残存,泉城的气温、景色似乎还令人满意。柏葰笔锋一转,论及再次到山东所办的事务。"萑苻"是盗贼的代称,《左传·昭公二十年》:"郑国多盗,取人于萑苻之泽。"遍布山东的盗贼还流窜到江苏

① 《清宣宗实录》卷448、卷449,道光二十七年十月壬子、十一月壬辰,第39册,第623、651页。

② 《清史列传》卷40《柏葰传》、卷47《陈孚恩传》,第3181、3730页。按,二十七年五月,陈孚恩由仓场侍郎调任署兵部左侍郎,十月出京时仍是署兵部左侍郎,《柏葰传》云其是仓场侍郎,误,见《清实录》第39册,第538、623页。又按,《陈孚恩传》云十一月奉命前往查办,误,应为十月。

③ 柏葰:《薜箖吟馆钞存》卷5《抵济南作》,《清代诗文集汇编》第622册,第97页。

的沛县等地。“九重震赫君知否”,皇帝震怒,山东的巡抚、藩司等各级官员,你们知道吗?前谕令往浙江,现在又谕令在山东就地查办事件,柏葰在灯光下阅读廷寄,还特别细看驿送过来的御史弹劾山东官员之奏折。柏葰到达济南是在晚上,要在此地住宿一晚,而在此时接到密旨,应是道光帝在明发上谕之时已有安排,预先计算好柏葰等到达济南的时间、发出密旨由驿递送所需的时间,从而精确地计算出柏葰接到密旨的时间。正是有此精心的安排,才不至于柏葰走过济南,又须折回济南,从而让山东官员发觉端倪。柏葰在诗篇中未直接描写山东官员的心情,但从“君知否”三字可推测出山东官员并不知晓查办之事。当山东官员得知钦差大臣查办的对象是他们时,定会大吃一惊。《清史列传》作二人“径赴”山东,恐未确,因为只有在到达济南之前接到密旨并打开看后才能称为“径赴”;若是如此,柏葰没有必要在济南打开密旨,其完全有条件在到达济南之前打开密旨,更没有必要在灯光下细看密旨,以至于显得有点“神秘”。

又道光二十九年(1849)十月,协办大学士、户部尚书祁寯藻查办事件,上谕说:“着派祁寯藻驰驿前往四川查办事件”;但道光帝在召见祁寯藻时,谕以“改道甘肃,会同新任(陕甘)总督琦善查讯控案”。①

办差之实际地点与上谕所说之地点不相同的保密方式,利用了驿路的重复。柏葰、陈孚恩往浙江查案,必须经过山东;祁寯藻往四川查案与往甘肃查案,在驿路上有很大部分的重复,钦差大臣可在宝鸡分途,继续往西则前往甘肃,往南则前往四川。利用驿路的重复性保密,在道光朝很常见。道光十一年七月,令协办大学士理藩院尚书富俊、内阁侍读学士赛尚阿驰往黑龙江查办事件;二人实际前往吉林,查办吉林将军福克精阿参奏官员屯田不实等案。② 往

① 《嘉庆道光两朝上谕档》第54册,道光二十九年十月初二日,第400页;祁寯藻:《观斋行年自记》,《北图年谱》第146册,第571页。

② 《嘉庆道光两朝上谕档》第36册,道光十一年七月十二日、二十九日,第298、325页。实录仍记载前往黑龙江,见《清实录》第35册,第1039页。

黑龙江须经过吉林,二者在驿路上完全相同。道光十九年十月初六日,令吏部右侍郎恩桂(1800—1848,宗室)、大理寺少卿何汝霖往福建查办事件。二人于十二月十二日抵达杭州后,着手查勘学政李国杞考试新进文童是否多系富室一案,后又接奉寄信,转往东河、南河抽查料垛。① 令恩桂、何汝霖往两河抽查料垛是在回京途中,二人自始至终未踏上福建土地一步,命往福建查案只是个幌子。道光二十九年,令刑部右侍郎陈孚恩、户部右侍郎福济往甘肃查办事件;二人实际前往山西,查办御史杨彤如弹劾巡抚王兆琛贪污等案。② 往甘肃须经过山西,二者在驿路上完全相同。

三、保密与泄密

由于交通不便等客观条件的限制,钦差大臣办理需要保密的事务,不可能完全做到"突然袭击",因而,保密与泄密是相对的,只能在一段时间内、一定范围中做到一定程度的保密。如督抚等知晓有钦差大臣要查办事务,但不知钦差大臣因何事往何地查办何人。

李伯元《官场现形记》记载浙江刘巡抚收到电传阁抄,内容是钦派两位大员随带司员驰驿前赴福建查办事件。刘巡抚将此事告知众官员。藩台不晓缘故,"现在福建并没有甚么事情被人参奏,何以要派钦差查办?"官员之间互通消息,藩司对福建的情形比较熟悉,判断在福建没有值得派钦差大臣查办的事件。军机章京出身的臬司道出了其中的缘由:

> 据司里看起来,只怕查的不是福建。向来简放钦差,查办的是山东,上谕上一定说是山西,好叫人不防备。等到到了山东,这钦差可就不走了。然而决计等不到钦差来到,一定亦预先得信,里头有熟人,没有不写信关照的。

① 何汝霖:《知所止斋自订年谱》,《北图年谱》第137册,第399—400页。

② 《嘉庆道光两朝上谕档》第54册,道光二十九年闰四月初六日、六月初九日,第130、183页。实录仍记载前往甘肃,见《清实录》第39册,第883页。

在臬司看来,钦差大臣往福建查办可能是虚晃一枪,虽不能断定钦差大臣不查办福建,但早做准备为好。刘巡抚仍不知道因何事被参。过了两三天,跟刘巡抚要好的军机章京来信,明白说明刘巡抚被三名御史弹劾,要派钦差大臣查办,“刘中丞至此方才吃了一惊。”次日,“又奉上谕,已将省分指明,着派两钦差来浙查办。但是只说有人奏,没有提出御史的名字。”利用驿路保密,是个不错的方法,但使用的次数多了,被军机章京出身的臬司轻易识破;阁抄中未说明钦差大臣要查办何地,至第五日的上谕确切说明因何缘故要派钦差大臣、钦差大臣查办何地。谜底一步一步被揭开,真相逐步显现。上谕未言何人弹劾,但刘巡抚通过“内部消息”得知是御史弹劾,还知道御史的姓名。因而李伯元总结道:“此亦照例文章,无庸琐述。”①当此种保密方法被经常使用,便沦为俗套,在一定程度上就不再保密了。

嘉庆二十年(1815)九月,户部右侍郎成格、刑部左侍郎陈希曾(1766—1817,江西建昌府新城县人)到浙江杭州府审案。二人在养心殿请训时,嘉庆帝曾说:“伊二人到浙审办此案,如(浙江巡抚)颜检并无大误,只系寻常处分,则于拜折后即行来京复命;若颜检办理舛谬,应行严议,则参奏后暂缓起程,俟奏折批回后,朕简放浙江巡抚有人,或于伊二人内派一人暂署抚篆。”但闽浙总督汪志伊后来抓获伪造上谕之人犯,在缴获的伪造上谕中有“成格护理浙抚”之言,与嘉庆帝面谕之词不谋而合。“此事成格等二人纵未必自行宣布,或伊家人等因伊主泄漏此语,张扬传说,以致好事之徒生心伪造,亦属事之所有。”嘉庆帝要求严查此案。② 嘉庆帝猜测是钦差大臣的家人走漏了消息。揆诸钦差大臣的去向,成格署理浙江巡抚的传言并非凭空捏造。若钦差大臣办理的事务是查办督抚,督抚被革职而新任督抚又未到任,通常令钦差大臣署理督抚印务,待新任督抚到任后,钦差大臣再回京复命。可见,令成格署理浙江

① 李伯元:《官场现形记》第18回,上海古籍出版社2005年版,第196页。

② 《嘉庆道光两朝上谕档》第20册,嘉庆二十年九月十五日、十二月二十六日,第479、710—711页。

巡抚的传言不一定是有人泄密,而极有可能是伪造上谕的人成功猜测到了钦差大臣署理督抚情形的出现。

从保密的可靠性分析,知道信息的人越少,保密的可靠性就越大,反之,则容易泄密。泄密主要有两种方式:

第一种,钦差大臣公开办理事务引起的泄密。

钦差大臣在出差之时,发出传牌文,知会沿途驿站准备相关物品以等候钦差大臣过境,地方官届时迎接、供应钦差大臣,导致泄密。

嘉庆五年,御前侍卫明安往泰山进香,"沿途经过营汛,墩房坍塌,未见有兵丁驻守",山东巡抚蒋兆奎回奏"守汛兵丁因明安乘马驰行,不及身穿号衣站班伺候"。嘉庆帝斥责道:"殊不成话!向来奉旨出差人员,沿途驿站俱有传单豫行知照,岂有明安业已到境而汛兵尚未得信之理。所奏实属回护强辩!"①

第二种,人为泄密。

由于各种利害关系,官员主动获知或被告知钦差大臣到来的消息,从而造成泄密,如前所述刘中丞通过军机处司员的密信而得知钦差大臣前来查办的详情。

嘉庆八年(1803),副都统策拔克查办盛京高丽沟地方砍伐木植案。先前,策拔克奉命往锦州一带察看蝗蝻,嘉庆帝令其"仍以查蝗为名,迅速前往盛京一路,不可宣露。密将此旨交(盛京将军)晋昌、(盛京工部侍郎)巴宁阿阅看,公同商酌,挑带兵丁,与巴宁阿同赴高丽沟地方详细访缉。但不可透漏消息,以致奸民等闻风远飏,无可究诘。"需要抓获大批犯人,不能走漏消息。但当策拔克派人到高丽沟时,砍伐木植之人大多已逃跑,所住窝棚被烧毁,而当地官兵得银,事先通风报信。经查,策拔克和晋昌在寓所密商查办砍伐木植事宜,令佐领乌尔图那苏图将院子内的人全部赶出去,而乌尔图那苏图趁在院

① 《清仁宗实录》卷65,嘉庆五年闰四月己未,第28册,第872页。

里驱逐闲人之便又悄悄潜入书房外偷听两人的谈话，随即将消息迅速透漏出去，故当策拔克派人前往查办时，几乎一无所获。① 盛京的地方官员与砍伐木植之人形成利益关系，官员得银，为砍伐者提供保护，若事情败露，官员们不仅失去利益，还会遭到惩罚，因而他们敢于偷听钦差大臣的谈话。

除以上两种泄密方式外，还可通过“政治敏感性”判断是否有钦差大臣前来查办。乾隆四十七年（1782），山东巡抚国泰被查办，清人多记载国泰事先得到被查办的消息，从而提前做好相关准备。洪亮吉从曾在国泰幕中作文案将近十年之好友毛大瀛的口中得知：

方御史钱沣之特纠国（泰）及山东亏缺库项也，上心动，特命亲信大臣偕御史晨夕驰往勘实，其弟国霖觇知之，募善走者先半日驰抵济南，国仓皇丧魄。时署中积金实无数，因乘夜运入司库及运司首府首县各库，以补缺项。然存金尚累累，公廨后有珍珠泉，深丈许，遂舁至泉侧沉之。后抚臣明兴浚池，尚得金数十万，盖国黩贿如此。事大露，逮国入都，下刑部狱治罪。②

钦差大臣快马加鞭赶往山东，属有意保密，但钦差大臣出差的踪迹还是被国泰的弟弟国霖侦知，故国泰提前得知钦差大臣即将到来的信息。其实，可从上谕中“嗅出”异样的气味。查办国泰的上谕写道：

乾隆四十七年四月初四日奉旨：（军机大臣户部）尚书和珅、左都御史刘墉、（工部右）侍郎诺穆亲，驰驿前往涿州、德州至江省一带，有查办事件。所有随带司员一并驰驿。御史钱沣并着驰驿前往。钦此。③

不知此道上谕是明发上谕还是密旨，但从内容而言，有“可疑”之处：一、涿州属顺天府，德州属山东济南府，江省指江苏，以上三处地方并未毗连，中间隔了

① 《嘉庆道光两朝上谕档》第8册，嘉庆八年七月十四日、八月二十日、九月初五日，第250、313、332页。

② 洪亮吉：《更生斋集文甲集》卷4《跋简州知州毛大瀛所致书及纪事诗后》，《洪亮吉集》第3册，第1043—1044页。

③ 《乾隆朝上谕档》第11册，第107页。

两三个府。二、从行政级别上看,涿州、德州的行政级别比江省的行政级别要低,一为散州,一为直省,低两个等级。此上谕对地名的提法“不伦不类”。上谕中提到地名,遇到此种情况,通行的说法是:“前往涿州、山东济南(或山东)至江省(或江苏)一带”。① 三、从时间上看,四月初四日,办理水灾?四月有水灾的可能性很小;办理旱灾?四月涿州、德州出现旱灾或有可能,但四月的江苏有旱灾的可能性很小;办理河工?涿州附近无大河,德州附近虽有运河但不是河工的重点,甚少出事。四、此行有御史一同前往,可以肯定:此案与御史有密切关系,事件极可能与官员有涉。五、和珅。此行三位钦差大臣,一名尚书,一名左都御史,一名侍郎,钦差大臣出差者多尚书、侍郎,此次派遣钦差大臣也属于这种情形,属于常例,无特别之处;钦差大臣一行多是两人,但此次钦差大臣要前往三地,一行有三人也算属于常例,无特别之处。但和珅的出现不得不令人起疑。和珅时任军机大臣,已受乾隆帝宠信。乾隆四十五年(1780),军机大臣和珅前往云南审理文华殿大学士、云贵总督李侍尧贪腐案;乾隆四十六年,军机大臣和珅往甘肃办理苏四十三之事。尤其是和珅办理李侍尧一案,虽在查办之时严加保密,但查办之后人尽皆知,此次又是何种事件,值得让乾隆帝宠信的和珅劳大驾前往查办呢?不用猜测便可肯定:一定是大案、要案、重案。若此上谕属于明发上谕,常阅读京报、邸报的官员可凭借政治敏感嗅出“异味”;若此上谕属于密旨,外人无从知晓,则可思量,是什么原因导致备受宠信的和珅不陪侍在皇帝身边、不在京城出现。

从驿路上判断钦差大臣将要查办何地,有被人识破的事例。道光二十八年(1848)六月二十二日,令镶白旗汉军副都统庆锡(1810—1892,宗室,满洲正蓝旗人)驰往江南查办事件,时两江总督李星沅在七月十一日的日记中记载:“裕积庵(裕瑞,1804—1868,满洲镶蓝旗人,时任江宁将军)来谈,庆秋泉江南之行或系声东击西,前往山东抄梁心翁(梁萼涵,1790—1858,山东登州

① 前往顺天府所属州县,不在其前加“顺天府”三字,如往涿州应该说“前往涿州”而非“前往顺天府涿州”,前往直隶天津府,一般说“前往天津”而非“前往直隶天津府”。

府荣成县人)家产,似不为无见。”李星沅认同裕瑞的见解。当日,李星沅接到京中朋友来信,“秋泉竟如所猜,心芳晚节不终,虚实均难自白”。裕瑞所猜不假,庆锡前往山东,目的是查抄梁萼涵。① 庆锡此行,从所办事件而言是“声东击西”,但从驿路而言却是“声东击东”,往江南须经过山东。

四、钦差大臣秘密查访地方官

各代对秘密查访官员的态度是一致的,都希望通过秘密查访渠道获得更多、更真实的信息。秘密查访地方官员的方式有两种:一、以地方官查访地方官;二、以钦差大臣查访地方官。

以地方官查访地方官,主要利用奏折制度来开展。皇帝常令一个地方官把另一个地方官的相关情形通过奏折上报。官员们处于“相互监视”的状态中,更不用说同城的总督、巡抚。学政不是地方官,不干预地方事务,但具有地方官的性质,加之长期在省城之外考试,走州过府,对地方情形亲见亲闻,对地方情形了解甚多,故也需密报地方官情形。

通过钦差大臣查访地方官,在康雍乾时期,皇帝通常持反对态度。乾隆六年(1741),御史仲永檀风闻言事,弹劾九门提督鄂善(?—1741)得人银两。仲永檀欲暗查其事,而乾隆帝不屑于暗访:

> 鄂善系朕倚用之大臣,非新用小臣可比。伊意欲朕访查,不知应委何等之人。若委之禁近小臣,岂大臣不可信而小臣转可信乎?若委之大臣,又岂能保其必无恩怨乎?况命人暗中访查,而朕不明言,藏于胸臆间,是先以不诚待大臣矣。此事甚有关系。若不明晰办理,判其黑白,则朕何以任用大臣,而大臣又何以身任国家之事耶?着怡亲王、和亲王,大学士鄂尔泰、张廷玉、徐本,尚书讷亲、来保秉公查审。②

---

① 《嘉庆道光两朝上谕档》第53册,第206页;道光二十八年七月初二日,第218页;《李星沅日记》,第752页。按,“积庵”,《李星沅日记》中多作“集庵”。

② 《清高宗实录》卷139,乾隆六年三月甲申,第10册,第998—999页。

乾隆五十五年（1792），尹壮图曾奏请派遣钦差大臣密查亏空，遭到乾隆帝批驳：

> 所见尤谬！京中派往大臣，原不能掩人耳目。若令改装易服，密往访查，国家更无此政体。倘以督抚藩臬皆不可信，寄耳目于密查之人，岂简用之封疆大吏以及监司方面，尽人可疑，独似尹壮图之一二人可以寄之心膂乎？万一并此一二人而疑之，是辗转生疑，朕将不能自信，何以综理万几，抚驭天下乎？①

在乾隆帝看来，派遣钦差大臣专门查访地方官是对地方官的不信任，既然对地方官不信任，又何必任用他们；对地方官不信任，又怎能相信查访地方官的钦差大臣。

至嘉道时期，上谕常令钦差大臣查访地方官。令钦差大臣查访地方官，有两种情形：一、钦差大臣在办差地顺道查访，或在往返途中顺道查访；二、特派钦差大臣专程前往查访，其中以第一种情形居多。

钦差大臣在办差地查访，如嘉庆二十二年（1817），嘉庆帝听闻山西藩司习振翎年老健忘，需要家丁、门丁在旁提醒，还违例调用吏目帮办幕务，令在山西审理案件的钦差大臣刑部右侍郎成格、吏部左侍郎王鼎秘密查访，并指出于家丁、门丁提醒之事，“阖省必有见闻，不难查访得实。”于吏目帮办幕务之事，“更不难一访而知”。“此二事成格等查明，且不必宣露。”②嘉庆二十三年，“朕闻山东藩司广庆身弱多病，精神不能振作，不能约束家人；臬司张五纬年力已衰，办事游滑，声名平常。（户部尚书）景安、（刑部左侍郎）帅承瀛现往该省查办匿名揭帖一案，着于抵（山）东后留心察看广庆精神若何，张五纬因何不协舆论，是否能胜藩臬两司之任，据实密奏。”③又道光十年（1830），云贵总督阮元、云南巡抚伊里布曾密奏藩司王楚堂“近来官声渐差，舆论不洽”。道光帝令回奏具体情形，但回奏的内容却是：“王楚堂办事才具，实为难得。惟

① 《乾隆朝上谕档》第16册，乾隆五十五年十二月初九日，第66—67页。

② 《嘉庆道光两朝上谕档》第22册，嘉庆二十二年六月二十七日，第221页。

③ 《嘉庆道光两朝上谕档》第23册，嘉庆二十三年正月二十九日，第33—34页。

近来情事渐熟，不免恃才傲物，好恶不能持平，是以人心不服，遂招众议。上年迭有匿名揭帖，大概皆系空言毁詈，察访亦无实迹。当将王楚堂随时随事加以警教，该藩司仍不能领会”。此回奏模棱两可，“仍多含混”。道光帝令前往云南查办案件的钦差大臣礼部右侍郎杨怿曾、刑部右侍郎钟昌将关于王楚堂的舆论、办事情形等“密加察访”，“此外有无劣迹，逐细详查确访，据实密奏。”①

钦差大臣在回京途中查访，如嘉庆十六年(1811)，给事中陆言奏拾获匿名揭帖一函，内指称山东藩司朱锡爵居官贪黩，知府徐日簪、同知邵葆醇交通盘踞等情形。嘉庆帝令钦差大臣户部尚书托津于回京路过山东时，沿途察访朱锡爵、徐日簪、邵葆醇等居官声名若何，并赴山东省城，“以查询孔庙暨岱庙工程为由，或借词长途憩息，在彼居住二三日。如查无实据，不必宣露，即行回京；或访有端倪款迹，即据实由驿参奏。”②为保障秘密查访的顺利开展，嘉庆帝替托津编好了可靠的理由。

特遣钦差大臣查访地方官，如嘉庆七年，内阁学士那彦成在江西审案，后接到上谕令前往广东办理天地会起事相关事宜，秘密查访两广总督吉庆情形。上谕说：

> (吉庆)种种冒昧糊涂，而其奏报之折，不过寥寥数语，草率已极。已将伊革去协办大学士，暂留总督。此案始末缘由，必当查讯明确。那彦成抵粤后，即将指出吉庆陈奏不符之处，密为查访，务将此案究竟因何起衅，是否吉庆滥杀激变，据实密陈，不必心存避嫌之见，以参劾吉庆后伊即可希冀简任两广总督，稍涉含糊；亦不得因吉庆现已革去协办大学士，有意苛求。总当自矢天良，秉公查办。那彦成到彼，不可稍有泄露。如到粤时会匪尚未办竣，只称奉旨前来帮办搜捕，如业已办完，即称奉命赴粤帮同经理善后抚绥事宜，务当留心密访，据实直陈，勿负委任。将此由五百里密谕知之。③

① 《嘉庆道光两朝上谕档》第35册，道光十年闰四月二十七日，第166页。

② 《嘉庆道光两朝上谕档》第16册，嘉庆十六年二月十四日，第70页。

③ 《嘉庆道光两朝上谕档》第7册，嘉庆七年十一月初三日，第384—385页。

嘉庆帝虽然惩罚了吉庆,但没有将其革职的意愿,只是让那彦成前往广东实地查访。

钦差大臣查访地方官,首先需要保密。用人不疑,疑人不用,钦差大臣查访地方官,是对良好君臣关系的破坏,是对封疆大吏的不信任,难免引起督抚的疑虑。道光元年(1821)十一月,山西巡抚成格参奏原任山西学政陈官俊,其中一款劾陈官俊干预地方公事。先是嘉庆二十五年(1820),道光帝密旨令陈官俊留心察访吏治和政治得失,不料陈官俊办事粗率,竟然将山西官员"大加访问,以致声势侈张,物议滋起。"陈官俊还将查访之事"公然告人",与道光帝之旨意大相径庭。"臣不密则失身",陈官俊属于"自干罪戾"。[①] 虽然令学政秘密查访地方官的做法,在雍正年间已广泛推行,后一直被沿袭,督抚等地方官都已知晓,不再是秘密,但陈官俊的泄密,依旧不可避免地引起山西舆论的不满,造成不小的恐慌。

五、钦差大臣和珅等查办李侍尧案中的保密问题

李侍尧(?—1788),汉军镶黄旗人,原隶正蓝旗,为世家子,其父李元亮,官至尚书,入祀贤良祠。李侍尧历任工部、户部侍郎,两广、湖广总督,深受乾隆帝信任。在乾隆四十五年(1780)贪腐案案发时,李侍尧为二等昭信伯、文华殿大学士、云贵总督。

在贪腐案暴露后,乾隆帝依旧认为李侍尧是有才干之人。乾隆帝对李侍尧的评价是:"李侍尧由将军用至总督,历任各省,前后二十余年,因其才具尚优,办事明干,在督抚中最为出色,遂用为大学士。"[②]查办身份高贵、历任地方多年的总督,做好保密工作,必不可少。乾隆四十五年正月二十六日,派户部左侍郎和珅、刑部右侍郎喀宁阿前往云南查办李侍尧。自此始,钦差大臣出差就处于保密中。派遣钦差大臣的谕旨明言:

① 《嘉庆道光两朝上谕档》第26册,道光元年十一月十四日,第535—536页。

② 《乾隆朝上谕档》第10册,乾隆四十五年三月十八日,第39页。

> 现派侍郎和珅、喀宁阿驰驿前往贵州，有查办事件。

同日，给湖南巡抚李湖的谕旨写道：

> 现派侍郎和珅、喀宁阿驰驿前往贵州，有查办事件，沿途驿站尤应稽查严密，以防透漏消息之弊。李湖人尚结实，该省为贵州必由之路，着传谕李湖于该省来往经由首站，派委干员严密稽查，如有私骑驿马由北往南者，即系透漏消息之人，该抚即行截拿，审讯来历，一面据实具奏。将此由六百里加紧传谕知之。钦此。遵旨寄信前来。①

和珅、喀宁阿前往云南，但谕旨明确写明前往贵州，往云南须经过贵州，利用驿路的一致性掩盖钦差大臣真正的出差地。次日，给兵部左侍郎颜希深的谕旨言：

> 现派侍郎和珅等驰往贵州一带查办事件，着传谕颜希深即日起程，前赴贵州，俟和珅到日，有面传谕旨，并令毋庸驰赴行在，即在京自行束装，迅速前往。②

给颜希深的谕旨未说明令前往贵州的目的，颜希深前往贵州实则署理贵州巡抚。

二月初十日，云南督标千总张曜等人在从京城返回云南的途中，在常德府府河驿借马，遂被拿获。乾隆帝说："此项差弁于正月十七日出京，在李侍尧事未发觉以前，自可信其非送信之人。若此后再有擅借驿马之人，则其为透漏消息无疑，自应严行根究，毋稍疏纵。"③李侍尧派到京城的办事家人，同样需要拿获，以防消息走漏。④

和珅于正月二十六日自山东济南府长清县的灵岩寺起程，于二月二十日抵达贵州省城，行程4300余里，行走25日，⑤每日行走约172里。为尽快查

① 《乾隆朝上谕档》第9册，乾隆四十五年正月二十六日，第947页。

② 《乾隆朝上谕档》第9册，乾隆四十五年正月二十七日，第947页。

③ 《乾隆朝惩办贪污档案选编》第1册，第944、958页。

④ 《乾隆朝上谕档》第9册，乾隆四十五年二月十三日，第967—968页。

⑤ 《乾隆朝惩办贪污档案选编》第1册，第1035页。

知李侍尧犯案详情,乾隆帝询问和珅之行程、谕旨回奏情形。①

一段时间过后,派遣钦差大臣查办李侍尧的消息,走漏了。二月初四日,李侍尧的折差陈连升在山东郯子花园赴宫门进折时,碰到曾跟随前云南按察使汪圻的长随崔二,二人叙旧。在叙旧中,崔二说:"如今云南有了事,李中堂被海大人参奏,说他在云南要人银钱,还在钱局里得了许多银。如今有钦差和大人、喀大人、颜大人都往云南查办去了。听见京里李中堂家门都封了。"陈连升听后既怀疑又害怕。一会儿,陈连升看见李侍尧的两位少爷,便过去请安。两位少爷只问了一句"中堂可在省城?"陈连升则回答了一句"在省城"。此时,李侍尧之弟江南提督李奉尧过来,少爷的家人向陈连升做了介绍,并让其过去请安。三人摆摆手,示意不要请安,陈连升就站着不动。皇帝出来了,陈连升只见"李提督与两位少爷都跑上去除了帽子磕头,下来神色甚是凄惨。"看见如此情形,陈连升已相信崔二所说的话是真话。初五日,陈连升在龙泉庄行营等待昨天上交的奏折,他看见了两位少爷,但未言语。李奉尧的家人传话,让陈连升接了奏折后去李奉尧的帐房,李奉尧有话要交代。李奉尧对陈连升说:"我与两位少爷你都见过,俱各平安。今日我进贡,蒙恩赏收三件。你回去说与中堂放心。我也不及写家书了。"除此之外,李奉尧未言他事。当天,陈连升骑着原来雇用的骡子启程回云南,因缺少盘缠,于十九日在襄阳借驿马,二十三日在湖南澧州顺林驿被截获。湖南巡抚李湖审讯了陈连升,陈连升的供词如上。但陈连升的供词并不可信,李湖提出疑问:

> 陈连升于二月初四日前赴行在进折已在李侍尧事发之后,其弟李奉尧等不敢写寄家信,或事属可信。惟李奉尧既将该牟唤入帐房谕话,如果仅止平安数言,事可众闻,何必密唤告知,是其所供无嘱传私语,殊非情理。②

---

① 《乾隆朝上谕档》第9、10册,乾隆四十五年二月二十五日、三月二十日,第979、44页。

② 《乾隆朝惩办贪污档案选编》第1册,第962—963、960页。

乾隆帝说："陈连升以赍折差弁，胆敢于宫门探听紧要公务，及知查办李侍尧之事既确，又复私借驿马驰回，其意欲何为。情节甚为可恶！"令将陈连升押回京城严审。①

崔应是军机处行走御史孙永清的长随。正月二十六日，在山东灵岩，章京刘谨之、吴熊光随钦差大臣往云南，缺人使唤，向孙永清借用崔应，但崔应不愿意去。崔应或许是崔二，消息很可能从他的口中传出。②

此外，李侍尧的递折差弁外委陈裕等于正月十三日从云南赴行在，先是骑马，后雇骡子，经湖南、湖北、河南、山东，于二月十八日到江苏金山投递奏折，于二十四日接到批折后雇骡子回云南，于三月初八日在湖南澧州境内被截获。陈裕说："沿途虽听闻有钦差往云南公干的信，实不知为何事，并不曾遇一熟人，亦未携带书信什物"。又李侍尧差往江南进折之把总李朝元于正月二十六日从云南出发，"行至湖南境内，雇船前进，中途止听闻有钦差前往贵州之语。二月三十日至苏州，又闻李总督为事，当即查访"。③ 折差往来各地，善于打听、传播信息。可见一段时间过后，钦差大臣往云南查办的举动已传播于赴云南的路途中，保密措施逐渐失效。

第二节 办差之供应

钦差大臣至地方办差，除在办差方面与地方官发生各种正式的官方关系外，还在生活、官场交往等方面发生各种官私杂糅的关系，产生各种供应。这些名目繁多的供应，既破坏了钦差大臣的形象，损害了钦差大臣制度，又给地方造成了负担。

① 《乾隆朝上谕档》第10册，乾隆四十五年三月十二日，第27页。

② 《乾隆朝惩办贪污档案选编》第1册，第974页。

③ 《乾隆朝惩办贪污档案选编》第1册，第990、1035—1036页。

一、地方官对钦差大臣的供应

钦差大臣赴地方办事,地方如何供应钦差大臣的马匹、人夫等都有相应的规定。但实际情况,往往是地方官不遵守相关的规定,额外供应钦差大臣,或钦差大臣不遵守相关规定,滥索供应。如钦差大臣对住处有要求,江西按照钦差大臣的要求供应:"豫章城里设行馆,东湖环绕如钱塘。窃闻昔年奉使者,威福妄作心若狂。"①

以饮食为例,钦差大臣到达地方后,地方官热情款待。曾任随带司员、钦差大臣,且在各地为官的祖之望(1755—1814,福建建宁府浦城县人)曾写诗论办差有四恶,其一为《海菜》,诗云:

> 休笑万钱下箸难,素餐惭似腐儒餐。请翻水族加恩簿,海错何曾上食单。燕窝、海参,前明万历初年尚无此二物,为李时珍《本草》所不载。②

道光八年(1828)三月,前任热河都统昇寅往甘肃审案,其在传牌文中对饮食有特别的规定:"两餐止用随常饭食,不得侈用海菜,徒为暴殄天物。"③道光二十四年,翰林院编修何绍基(1799—1873,湖南永州府道州人)任贵州乡试副考官,贵州官员以海菜等价格昂贵食物招待之。何绍基以《免海菜》示之:

> 轻若银丝圆比餍,官燕能将八珍压。明翅髗髗酿桂花,稚参片片飞胡蝶。
>
> 海错虽贵其臭腥,脂膏仍乞他物灵。炎天雨路厚滋味,不独损神兼损形。
>
> 駪征计日疾如驶,南北供具都相似。主人敬客苦难却,使者静思真过侈。

① 汪志伊:《稼门诗钞》卷4《騑騑行》,《清代诗文集汇编》第406册,第476页。

② 祖之望:《皆山草堂诗钞》卷10《办差四恶·海菜》,《清代诗文集汇编》第441册,第59页。

③ 宝珣、宝琳:《昇勤直公年谱》卷下,《北图年谱》第126册,第328页。

况兼重累朝夕餐，双箸未下眉先攒。白饭两盂须果腹，青蔬一味促登盘。

物力可惜身可爱，此后先传免海菜。客路精神畏简书，秀才风味留吾辈。

揭来使馆清有余，日日食单皆自书。苦瓜香薤连朝见，上品无过金鲫鱼。①

贵州地处内陆，境内多山，交通不便，但招待钦差的餐桌上有奢侈的海产品，足见地方官的“好客”，供应钦差大臣之逾例。道光二十五年，陕西督粮道张集馨言西安地处交通要道，迎来送往十分频繁。招待往来官员之娱乐、饮食由粮道承办，“上席五桌，中席十四桌。上席必燕窝烧烤，中席亦鱼翅海参。西安活鱼难得，每大鱼一尾，值制钱四五千文，上席五桌断不能少。其他如白鳝、鹿尾，皆贵重难得之物，亦必设法购求，否则谓道中悭吝。”②经过西安的官员比经过贵阳的官员多，很显然，但从菜品看，西安饮食的档次高过贵阳。综上所言，在嘉道时期，昂贵的海菜是招待官员特别是招待钦差大臣的常见菜品，无论南北。

除用海菜等昂贵之物招待钦差大臣外，地方官想方设法玩出新花样，就地取材的确是一个好方法。嘉庆十一年(1806)，钦差大臣英和、初彭龄前往甘肃审案。二人于三月十六日抵达山西平阳府，二十日离开。时山西河东道刘大观(号松岚)以鲜笋招待英和，英和作诗《刘松岚观察连日以新笋佐庖，喜而有作》以记其事，诗云：

每食费万钱，犹无下箸处。其语固近奢，其意良可恕。

熊蹯胹不熟，何如藿羹饫？所贵在味精，庖厨要善御。

主人真解事，食单手亲着。雨后锄猫头，时把盘餐助。

① 何绍基：《东洲草堂诗钞》卷10《免海菜》，《清代诗文集汇编》第604册，第97页。

② 张集馨：《道咸宦海见闻录》，第79页。

甘应胜蔗浆,鲜真压薯蓣。吐慧到齿牙,盘桓不能去。①

道光十九年四月,左副都御史鄂尔端(1791—1864,宗室,满洲正蓝旗人)、大理寺少卿黄爵滋(1793—1853,江西抚州府宜黄县人)往天津杨村查验剥船。黄花鱼是官员爱吃的佳肴,故地方官用当地的美味黄花鱼招待鄂尔端一行。黄爵滋赋诗言:“黄花鱼到时,长官先得食。黄花鱼过时,长官不暇食。”②钦差大臣来到地方,地方官百计千谋供应好钦差大臣。

地方官在规定之外供应钦差大臣,馈送特产、银两等物,其因大概有三:

第一,讨好钦差大臣。

讨好钦差大臣,或以免把柄落在钦差大臣手中,或让钦差大臣于复命之时在皇帝面前美言几句,如江西官员供应周兴岱。嘉庆六年(1801),户部右侍郎周兴岱任江西乡试正考官。在赣期间,周兴岱“以侍直内廷,炫耀高兴,口称有奉旨查访地方之事,并擅出告示、收受程仪”。嘉庆帝责问巡抚张诚基:

况周兴岱即向人炫耀,亦不过词气之间,偶有流露,何致通省相率趋承。甚至周兴岱口称未带皮衣,即行馈赠。可见张诚基等平日办事,必非无瑕可指,虑其举发。故尔曲意周旋,仍蹈逢迎积习。张诚基、(布政使)邵洪、(按察使)衡龄俱着交部议处。

至巡抚张诚基等,平日居官果能清正,即周兴岱意气陵人,尽可置之不理,何至曲意周旋,既厚遗路费,又添赠衣裘,实蹈逢迎陋习。本应照部议降三级调用,但此事经朕降旨查询,该抚即和盘托出,不敢曲为徇隐,尚可少从末减。张诚基、邵洪、衡龄均着加恩,改为革职留任。③

为人不做亏心事,半夜不怕鬼敲门。若张诚基等未做不法之事,为何要如此热心地供应钦差大臣呢?果然,在嘉庆七年冬,有原任建昌县知县刘光控告张诚

① 英和:《恩福堂诗钞》卷7,第186页;《恩福堂年谱》,第351—352页。

② 黄爵滋:《仙屏书屋初集诗录》卷13《杨村竹枝词四首》,《清代诗文集汇编》第580册,第330页。

③ 《嘉庆道光两朝上谕档》第7册,嘉庆七年正月初七日、初十日,第4、5页。

基在嘉庆三年(1798)于逆匪刘联登等聚众滋扰一案，揑饰冒功，经钦差大臣姜晟查证确实，张诚基被革职解京治罪。① 钦差大臣在皇帝面前替地方官美言，如何国宗。山东巡抚陈世倌送给钦差大臣何国宗等银各 800 两，出手甚是大方，何国宗在雍正帝面前夸奖陈世倌；河南巡抚田文镜未送何国宗程仪，何国宗不好说也没说田文镜不对，但委婉地表达了他的态度：“词色之间似有以田文镜为不敬钦差之意。”②又雍正元年(1723)，钦差大臣涂天相在广东祭告南海后回京，将往返途中闻见各省吏治民风情形缮折奏闻，言“总督杨琳、巡抚年希尧感激圣恩高厚，实心办事，所不待言；惟布政使王朝恩因循怠惰，百事废弛”，“广州知府郭志道为腹心，表里为奸，官声颇坏。”涂天相特意表明：“此事甚密，容臣面奏。”③涂天相“诋毁”二人是出于公心还是私心，已无从详细查证，但二人送给涂天相的程仪较少与涂天相的言论有直接的关系。

第二，“敬钦差原出于敬皇上”。

钦差大臣代表皇帝，地方官对钦差大臣恭敬，就是对皇帝恭敬，就是对皇帝忠诚；而馈送钦差大臣，是地方官对钦差大臣恭敬的一种最简单、最实在的表达方式。康熙帝说朝鲜“每于钦差人员，竭尽小心，倍加敬礼。”④雍正帝曾令督抚在钦差大臣经过之地大张告示，遍贴通衢，严禁州县官员借供应钦差大臣的名义摊派百姓，严禁钦差大臣的随从人役骚扰地方。⑤ 河南巡抚田文镜应是此上谕的忠实执行者。雍正三年(1725)，钦差大臣何国宗等到河南查河，田文镜未馈送程仪。雍正四年，钦差大臣刑部左侍郎海寿、工部右侍郎史贻直到河南审案。雍正帝终于按捺不住，语重心长地教导田文镜：“从前查勘

① 《嘉庆道光两朝上谕档》第 7 册，嘉庆七年十一月二十三日，第 412—413 页。

② 《上谕内阁》卷 51，雍正四年十二月十七日，《景印文渊阁四库全书》第 414 册，第 510 页。

③ 《雍正朝汉文朱批奏折汇编》第 32 册，第 675 折，具奏时间不详，第 664—665 页。

④ 《清圣祖实录》卷 248，康熙五十年十月戊寅，第 6 册，第 457 页。

⑤ 《上谕内阁》卷 9，雍正元年七月十五日，《景印文渊阁四库全书》第 414 册，第 96 页。

河道之钦差,闻尔一无所赠,殊觉礼仪少缺。今鞫狱大臣在豫,俟其诸案审毕,当各尽地主之谊,辞受与否,听彼自为耳。"①督抚作为地主,应当款待钦差大臣,他们鞍马劳顿地来一趟也不容易,至于他们是否接受程仪,那是他们的事,但督抚首先要表示地主之谊,否则便为不近人情。雍正帝还说:曾禁止过分供应钦差大臣,但不是不供应钦差大臣,若一无所送,"恐尔失交接之礼,结怨于人耳。错会朕意矣!"官场中免不了人情世故,失交接之礼则结怨于人。在接到雍正帝认为督抚应尽地主之谊的批示后,田文镜回奏道:"敬钦差原出于敬皇上,不敢不于前途洒扫旅店,备送下程"。钦差大臣辞行,田文镜不出送,雍正帝也以为不妥:"仪文究不可省,他人未必谅汝心也。"②

督抚有向皇帝进贡的惯例,③而敬钦差大臣原是敬皇帝,督抚等向皇帝的代表钦差大臣馈赠,自在情理之中。

第三,京官贫穷。

京官贫穷,是社会共识。魏象枢的同年王东皋,"初授行人,奉差东省,毫不与地方事,惟登泰山、谒孔庙即归矣。"④王东皋的同年平阳府知府范印心进京,知晓王东皋很贫困,怀里揣着银两到王东皋家,准备送给他。范印心到后,跟王东皋聊了许久,不敢送银,又把银子揣回来了。王东皋的羊裘穿了十年,毛发尽脱,同僚们凑银买一件裘、一顶帽送给王东皋,王东皋说:"我生平从未受人的一分钱财,怎敢麻烦诸公呢?"同僚们没有办法,便告知吏部尚书,最后由尚书大人亲自出面,王东皋才接受同僚赠送的裘和帽。⑤ 京官钱楷咏敝裘云:"本自珍狐腋,章身三十年。雪霜经几许,毛羽落堪怜。暖尚胜披絮,穷偏

① 《朱批谕旨》卷126之8,雍正四年九月初一日奏,《景印文渊阁四库全书》第421册,第224页。

② 《朱批谕旨》卷126之9,雍正四年十一月初三日奏,《景印文渊阁四库全书》第421册,第429页。

③ 参见何新华:《清代贡物制度研究》,社会科学文献出版社2012年版。

④ 魏象枢:《寒松堂全集》卷11《祭内升侍御王东皋同年文》,《清代诗文集汇编》第60册,第630页。

⑤ 陈康祺:《郎潜纪闻三笔》卷5《王东皋操行之清矫》,第727页。

减质钱。寒时思改作，岁岁却依然。”①再珍贵的皮毛服饰，穿了三十年，也不甚保暖，每当感到寒冷时想修补一番，可是年年未修补。刑部尚书戴敦元（1768—1834，浙江衢州府开化县人，道光12—14年任刑部尚书）去衙门办公，“呼驴车乘之”，人称“驴车尚书”。戴敦元卒时，“敝衣露肘，布衿一袭”。②

京官穷困而地方官“富裕”，京官与地方官之间的贫富差距大。“花样翻新擅巧奇，织成费尽万千丝。可怜几许蚕家力，只作寻常一赏资。”此是乾嘉时期廉洁官员景安的一首诗，费尽农家许多力气织成的绸缎，只是作为地方官平常赏赐奴仆的寻常物件。景安是大贪官和珅的族孙，曾在和珅的庇护下而仕途坦荡。在物欲横流、官风日下的乾嘉时期，景安却是个廉洁的官员，难能可贵，景安也因此逃过一劫。他以亲身经历对比京官与地方官的“贫富差距”：“余在部曹时，欲买一匹紬，而艰于费。乃见外省寻常赏赐奴仆，辄用紬缎成匹。赏者既不觉其奢，而受者亦不觉过分，深可叹也。”③

京官知道地方官富裕，极力巴结地方官，甚或不遂意竟至“敲诈”。张集馨以亲身经历诉说地方官馈送京官的情形：

> 京官俸入甚薄，专以咀嚼外官为事，每遇督抚司道进京，邀请宴会，迄无虚日。濒行时，分其厚薄各家留别。予者力量已竭，受者冀望未餍，即十分周到，亦总有恶言。甚而漠不相识，绝不相关者，或具帖邀请，或上书乞帮，怒其无因，闵其无赖，未尝不小加点染。是以外官以进京为畏途，而京官总以外官为封殖。余道光年间初任朔平守，未曾留别，但应酬师门而已。陕西粮道出京留别，共费万七千余金。四川臬司出京留别，一万三四千金。贵州藩司出京，一万一千余金。调任河南藩司出京，一万二三金。

① 钱楷：《绿天书舍存草》卷1《京师斋舍即所见成咏得八首》，《清代诗文集汇编》第457册，第545页。

② 陈康祺：《郎潜纪闻三笔》卷11《驴车尚书》，第847页。

③ 景安：《深省堂集》卷6，《清代诗文集汇编》第400册，第751页；《清史稿》卷345《景安传》，第37册，第11177页。

而年节应酬,以及红白事体,尚不在其内,应酬不可谓不厚矣。①

京官想依靠地方官过活,以地方官进京为改善生活之良机。京官贫穷,日用乏资,来自京城的钦差大臣、钦差官员也多贫穷。吏科给事中王念孙云:"己未岁(嘉庆四年,1799),余奉命巡视瓜、仪漕务,严绝馈遗,及至高邮,资用乏绝,乃称贷以继之。余意恭人必以为忧,而恭人乃大喜。其所见者大也。"②王念孙巡视漕务,清廉自守,未至巡视地,宦囊空空,炊烟几断,不得不靠借贷度日,幸其妻吴氏贤良淑德,不加责备。

京官虽然贫穷,但几乎没有饿死的京官,京官通过各种途径解决生计问题。官员之间的馈赠十分频繁,官员的非正规收入即陋规收入较多,如京官有部费③、印结费④等多种收入。除官员之间的馈赠和陋规外,皇帝也馈赠大臣银两,甚至令大臣捐献银两。如雍正五年十二月十六日的一份奏折写道:

宗人府等衙门奏:左都御史查郎阿、副都统迈禄统兵赴藏,相应请令诸王、大臣等共捐助银六千两,资助查郎阿、迈禄每人各银三千两,等情具奏。奉旨:依议。钦此。⑤

宗人府等衙门请令王公大臣捐献银两以资助钦差大臣,显然经过雍正帝的授意。

钦差大臣多是京官,而京官贫穷,为地方官馈赠钦差大臣提供了一个实实在在的理由。

二、钦差大臣对地方官馈送的态度

对于地方官的馈送,钦差大臣的态度可分为两种:收,不收。收与不收,几

① 张集馨:《道咸宦海见闻录》,第 270—271 页。

② 王念孙:《王光禄遗文集》卷 5《诰封恭人吴恭人行略》,《清代诗文集汇编》第 409 册,第 557 页

③ 金诗灿:《清代部费问题研究》,《武汉科技大学学报》2011 年第 5 期。

④ 伍跃:《中国的捐纳制度与社会》,江苏人民出版社 2013 年版,第 161—170 页。

⑤ 中国第一历史档案馆译编:《雍正朝满文朱批奏折全译》第 3391 折,黄山书社 1998 年版,第 1758 页。

乎全凭钦差大臣的个人态度。换言之,钦差大臣个人的道德品质,成为是否接受地方官馈送的决定性因素。洁身自好的钦差大臣,面对令人垂涎三尺而唾手可得的大量财富,毫不动摇,即使督抚等官员挖空心思地馈送,也不能使之动摇一毫;而借出差之机大收财物的钦差大臣,欣然接受地方官的馈送,甚或不遂其欲而勒索之。

不接受地方官馈送,洁身自好的钦差大臣,在清代并不罕见。他们从京城出发时,两袖清风,回到京城时,行李萧然,除多了几分长途旅行造成的疲惫外,别无长物。康熙二十一年(1682),刑部尚书魏象枢、吏部右侍郎科尔坤巡查直隶。在永平府卢龙县,县令卫立鼎准备了饭食,二人不吃饭,只喝茶一杯,说:县令是清官,只饮卢龙一杯水,我们也只喝县令的一杯水。① 钦差大臣两江总督张鹏翮到陕西办事,后康熙帝向大学士等公开表扬张鹏翮:“朕留心察访,果一介不取,天下廉吏无出张鹏翮右者!”②孙灏,乾隆十六年(1751)任通政使司副使,“祭告南海,却有司馈遗。”③乾隆二十四年,朱珪典试河南,“凡星使还朝,地方官皆有缟纻之献”,悉却不受。④ 乾隆朝的窦光鼐,“祭告南海,所至,却地方赂遗。”⑤汤金钊描述戴均元出差时情形:“夫子每于查勘工程出差,轻骑简从,约束臧获,毋许骚扰。及信宿工所,自发伙食,屏却供应,其持慎若此。”⑥卢荫溥,“年来由津淀巡历齐蜀吴越诸郡,使车往来,清慎自矢。前在清江有辇金逾万馈遗者,力却之。每抵行馆,必严杜苞苴,绝竿牍。两餐皆手定取给,发银填状,仆役等不得妄索一钱一物。”⑦又昇寅的事例,嘉庆十八年

① 陈廷敬:《午亭文编》卷44《故奉政大夫户部浙江清吏司郎中苏山卫君(卫立鼎)墓志铭》,《清代诗文集汇编》第153册,第448页。

② 《清圣祖实录》卷197,康熙三十九年正月庚申,第6册,第2页。

③ 延丰:《钦定重修两浙盐法志》卷25《商籍二·孙灏》,《续修四库全书》第841册,第580页。

④ 朱锡经等:《南厓府君年谱》卷上,《清代诗文集汇编》第376册,第784页。

⑤ 秦瀛:《小岘山人文集》卷5《都察院左都御史窦公(窦光鼐)墓志铭》,《清代诗文集汇编》第407册,第596页。

⑥ 汤金钊等:《戴可亭相国夫子年谱》,《北图年谱》第116册,第599页。

⑦ 卢荫溥:《卢文肃公年谱》,《北图年谱》第122册,第399—400页。

(1813)六月,翰林院侍读学士昇寅奉使喀尔喀札萨克图汗部,致祭郡王衔多罗贝勒成都札普,"及至祭毕,用清语宣示圣恩,并嘱其嗣爵某忠上爱下,克尽职守,其家属莫不感激,以马驼貂皮为赠,公善辞之。"道光十四年(1834),已升为礼部尚书的昇寅在两广审案,身患痢疾,自知将不起,向随员交代后事:"余向来出差,惟恐扰累地方,今病至此,凡身后衣衾棺木之用,断不可贻累于人,到京时即谕知宝琳(昇寅之子)如数措还。"①昇寅洁身自好,至死不渝。

钦差大臣接受地方官的馈送,有收部分者,有全收者。雍正元年,吏部左侍郎黄叔琳(1672—1756,顺天府大兴县人)往湖北定盐价后回京,途经河南许州,知州王士俊(贵州平越州人)"事有循声,谒公寓致礼物,公曰:'我往来数千里,洗手不将一物,闻君名藉甚,留木瓜四枚,以志廉吏之惠。'"②黄叔琳收下王士俊的礼物,表示对他的尊重,不全收又表明自己洁身自好。

地方官员为成功馈送钦差大臣,想尽一切办法,不遗余力。在钦差大臣办理事务之前,或钦差大臣还在路途中,地方官即馈送礼物,若不收,则在钦差大臣返回时再次馈送。钦差大臣工部右侍郎罗察、内阁学士布泰就遇到殷勤的地方官。康熙三十八年(1699),二人前往四川审理提督岳升龙与巡抚于养志互讦案。"往还途次有馈程仪者,屏御之,曰:'与其将迎遏客,何如持云惠恤穷民乎!'概不受。复命,得旨奖励之。"③乾隆二十一年(1756),内阁学士兼礼部侍郎衔庄存与(1719—1788)任浙江乡试正考官。庄存与是廉洁耿直之人,巡抚杨廷璋送银两,不受,送二品冠,受之。行至半路,随从发现"冠顶真珊瑚也,直千金",庄存与大惊,驰使千余里返之。④

虽有许多洁身自好的钦差大臣,面对举手可采之财富的诱惑,毫不动摇,古人和今人应为他们廉洁自律自持的品格表示钦佩,但钦差大臣收受馈送是

① 宝珣、宝琳:《昇勤直公年谱》,《北图年谱》第126册,第270—271、413页。

② 顾镇:《黄侍郎公年谱》卷中,《北图年谱》第91册,第50页。

③ 钱仪吉:《碑传集》卷21《布泰传》,中华书局1993年版,第718页。

④ 龚自珍:《定盦文集》卷上《资政大夫礼部侍郎武进庄公(庄存与)神道碑铭》,《清代诗文集汇编》第573册,第412页。

清代的普遍现象。

出差都能谋利，无论是关差、盐差还是学差、试差。以学差、试差为例，可一见出差的获利情形。京官中以翰林最为穷困，素有“穷翰林”之称。康熙帝见翰林官和庶吉士中“有极贫者，衣服乘骑，皆不能备”，不免有恻隐之心，康熙帝提出的一个解决办法是让他们担任学政。① 康熙末年，出现争抢学差现象。康熙五十、五十一年间，“京堂、小九卿谋出学差，浼台中出疏参翰林部郎不可提督学政。外间造为小说，有‘小京卿密谋翻大局，死御史卖本作生涯，老郎中掣空签望梅止渴，穷翰林开白口画饼充饥’四段”之语。② 乾隆三十九年，李调元独自赔补其父应赔银两。“先是二月内，余奉部文，咨追先君修平谷城六百两。原系分产，同大二房又大之小二房公认。至是部追到家，具推委，转咨到部。余对本部左堂曹大人秀先毅然独任。公谓曰：‘汝存心忠厚，若此，今年必出差矣。’已而果然，遂以例得盘费分六百两，就户部完项。”③李调元之父因修平谷城而赔补银600两，原先答应分摊赔补银两之家族中人俱推诿给李调元，李调元遂独自承担此项银两。时堂官吏部左侍郎曹秀先（1708—1784，江西南昌府新建县人）以李调元独自承担完补银两之心坚决，从而肯定地推断李调元必出差。果然，此年五月，李调元有出差任广东乡试副考官之命。京城居大不易，李调元作为一名京官，收入不多，但能承担600两的额外开支，压力必定不小；而曹秀先借此推断其必出差，可见出差必定有收入。虽然李调元所得之银600两是例所应得之盘费银，④既非地方官之孝敬

① 《清圣祖实录》卷200，康熙三十九年七月乙未、乙巳，第6册，第34、35页。

② 阮葵生：《茶余客话》卷21《学政之弊》，第671页。

③ 李调元：《童山自记》，第266页。

④ 乾隆三年十一月乙卯，钦定各省考官路费：“每科主考差往各省，彼地督抚有无馈送路费，向无定例，其数目之多寡，亦无成规。伊等回京时，有奏闻者，有不奏者，亦不画一。自应酌定一例，俾永远遵行，庶无轻重不均之事。今朕酌量道途之远近，分别路费之多寡，云南八百两，贵州七百两，四川、广东、广西、福建、湖南六百两，江南、浙江、湖北、江西、陕西五百两，河南、山西、山东四百两。尔等可寄信各督抚，遵照此数，不得以私意增减，主考等亦不得于此数之外更有所受。将此永著为例。”见《清高宗实录》卷80，第10册，第258页。

银两又非勒索而得之银两,但清晰可见出差带来的好处。又姚文田(1758—1827),"官中书数年,禄入薄不能以逮亲。嘉庆四年春,今上初亲政,文田荷蒙厚恩,以对策获高第,改翰林院修撰。明年主广东乡试,又明年主福建乡试。是岁,复简任广东学政,后数月,始迎府君至粤署。"①有了丰厚的收入,姚文田才敢迎养父亲。熟悉清代掌故的胡思敬(1870—1922)对翰林的试差、学差获利丰厚有如下的评论:"承平时,京官最称清苦。翰林仰首望差,阅三年得一试差,可供十年之用;得一学差,俭约者终身用之不尽。"②钦差出差可获得利益,毋庸置疑,京官愿意出差,久而久之就去争抢。除翰林争抢出差机会之外,科道官也争抢出差机会。工科给事中永泰描写科道官员面对不同出差机会时的迥异态度:"近来陋习,一见差出,有养廉,人人踊跃争先,希冀派拨;无养廉者,或以兼部为辞,或以病告情求,种种托故,俟差定之后又纷纷而至。是以差缺之可否,为一时之进退,不特人品有妨,亦于官常有玷。"③有养廉则争着去抢,无养廉则百般推脱。

再如与理学关系密切之钦差大臣对待地方官馈送的态度。康熙五十八年(1719),祭告南海的钦差是翰林院侍讲学士李绂(1673—1750,江西抚州府临川县人),他接受了地方官的馈送银3000两。④ 李绂是有名的理学家,对地方官的馈送并未拒绝,而且此事还传到雍正元年(1723)祭告南海之钦差詹事府詹事涂天相的耳中。涂天相认为广东官员馈送给他的银两比馈送给李绂的银两少很多,很不满意。涂天相有《静用堂偶编》《静用堂续编》二书,⑤其中《静用堂偶编》同著名理学家李塨的《大学辨业》《小学稽业》和李绂的《朱子晚年

① 姚文田:《邃雅堂集》卷4《先府君行状》,《清代诗文集汇编》第448册,第633页。

② 胡思敬:《国闻备乘》卷1《京曹印结》,第14页。

③ 《宫中档乾隆朝奏折》第1辑,乾隆元年正月十一日奏,第3—4页。

④ 《清圣祖实录》卷282,康熙五十七年十二月己巳,第6册,第759页;《雍正朝汉文朱批奏折汇编》第2册,第289折,雍正元年十二月初六日奏,第359页。

⑤ 二书见《清代诗文集汇编》第215册。

全论》《陆子学谱》收入在《四库全书总目提要》的同一卷中。① 观其书，若涂天相算不上是一个理学学者或理学家，至少表明他是一个理学爱好者，或者说，是一个热忱的理学传播者；但就是这样的人，也索要银两。在道光朝多次担任钦差大臣的汤金钊，人多称其为小睢州。② 睢州是康熙朝著名理学官员汤斌（1627—1687，河南归德府睢州人）。汤斌清正廉洁，乾隆元年谥文正。时人将汤金钊比为汤斌，可见汤金钊品行端正，不容怀疑。道光十七年（1837），道光帝给吏部尚书汤金钊的京察评语是"品学醇正，奉使公明。"③《清史稿》对汤金钊的评价是"正色立朝，清节并著"。④ 汤金钊的谥号为文端，守礼执义曰端，莅下曰端，恭己有容曰端，秉心贞静曰端，守礼自重曰端。⑤ 纵观汤金钊一生行迹，配得上"文端"谥号；但若从小处着眼，汤金钊不配此谥号。道光十九年，在山西为官的张集馨揭露道："向来钦使将次到省，首府即出具领结，赴司请借办公银二万两，事毕摊派各属归款，大约每次摊派俱在三五万金。近来星使皆不肯收受盘费，俟到京后会兑送宅，历来如此。所摊各署，俱有道府手信，各署送交首府汇齐。"其中以摊派吏部尚书汤金钊（道光十八年）、刑部尚书隆文（道光十九年）的钦差费为最多。⑥ 汤金钊外出办差，收受馈送，不过不是收现银，而是收银票。可见汤金钊沽名钓誉，骗过时人耳目。李绂、涂天相和汤金钊，都受过理学的浸染，面对地方官的馈送，不拒绝，甚至额外索要。

除接受地方官的馈送外，还有钦差大臣因欲壑难填，勒索地方官。钦差勒索，由来已久。早在顺治年间，已有颁布诏书的钦差借到各省的机会勒索。谈迁记载顺治七年（1650）诏使情形："每省二人，遍历各郡，骚扰请托，捆载而

① 永瑢等：《四库全书总目》卷98《子部八·儒家类存目四》，中华书局1965年版，第829—830页。

② 陈康祺：《郎潜纪闻二笔》卷3《汤文端受知三朝》，第378页。

③ 《嘉庆道光两朝上谕档》第42册，道光十七年正月二十二日，第26页。

④ 《清史稿》卷364，第38册，第11429页。

⑤ 汪受宽：《谥法研究》，上海古籍出版社1995年版，第438页。

⑥ 张集馨：《道咸宦海见闻录》，第48页。

归。都人谣曰:‘恩诏纷纷下,差官滚滚来。京师无一事,黄纸骗人财。’”①类似的事例在清代屡有发生,试举三例。

第一,康熙中,郎中刚五达勒索两湖。

康熙三十七年(1698)十一月,叛贼范文明等侵犯湖广靖州,事涉湖南、贵州、广西三省,郎中刚五达、宋超等前往审理。三十八年十月,山东道御史吕琨弹劾刚五达需索供应、吓诈馈遗。此时的康熙帝仍清楚地记得刚五达陛辞时,他对刚五达说的一番叮嘱:“尔系部院保举贤能,他日乃上进之人,此行须从公审理,断不可颠倒是非。倘行止妄乱,决不轻恕。”刚五达等在审案途中的所作所为令康熙帝十分生气,“今肆行无忌,不加重治,何以惩警。着将刚五达等交刑部等衙门严加议处。”刑部等衙门议刚五达应拟绞监候秋后处决。康熙帝说:“若辈即当正法,以示惩戒,何待秋后也。着再议。”最后议准:刚五达、宋超,故违圣训,在地方贪取财贿,应绞,着监候,秋后处决;编修喀尔喀,系差去学办事之官,受地方官盘费银两、马匹等物,革职。② 新任湖广总督郭琇就闻见之有据者,于三十八年十一月十四日,在给内阁的揭文中详述刚五达的不法情形:

> 闻刚五达到长沙府,有勒索银钱过多之谣。然此亦暮夜之金,暧昧之事,与受者皆有定例,不惟受者不肯言,即与者亦不敢言,过而无据,又何由而知其详,职亦不得过为臆议也。及自长沙来武昌时,先于本年四月二十五六等日差家人到省,不入公馆,自占文昌门外民房六所,不容居住,接娼妓歇宿,以致百姓鸣锣喧哗,遂于五月初二日移住汉口镇骡马店内。每日每人接妓女一名,歌唱作乐,日需裁缝工匠数十人,食用供应,日费多金。夫审事官员既奉钦差,而地方各官自应供给,盖所以尊朝廷而隆体统也。然行径乖张,犹恐住久骚扰多事,只得禀请起程日期,以便伺候应之。

① 谈迁:《北游录·纪闻下·诏使》,中华书局1960年版,第392页。

② 《清圣祖实录》卷191、卷195、卷196,康熙三十七年十一月辛卯、三十八年十月戊辰、十二月戊辰,第5册,第1023、1060、1068—1069页;卷197,康熙三十九年二月壬辰,第6册,第7页。

曰:“叙供修本,还得几日。”窃思湖南审事将近半载,尚有何供之未叙,何本之未修,竟于汉口逗留四十余日。延至六月十七日,方始起行,马骡百余,蜂拥前途。第思来时,人不过数十余口,马不过数十余匹;去时男女多人,骡马成群。试问,此骡马所装载者何自而来?彼时万耳万目,共见共闻,岂不有玷官箴,是其乱行可知矣。①

除在长沙得银钱晦暗不明外,刚五达在湖北之事迹,众所周知。刚五达拖延办事,将近半年。刚五达在湖南审案,回京途经湖北,逗留一两日,属正常情况,但其自四月二十五日派人到武昌,直至六月十七日离开,前后约50天,借口办理公务,显属托词,实则勒索。

第二,康熙中,内阁学士宋大业勒索偏沅巡抚赵申乔。

宋大业(江苏苏州府长洲县人)是大学士宋德宜之子,康熙二十四年进士。康熙四十二年(1703),翰林院侍读学士宋大业悬挂御书“光辅紫宸”匾额于南岳庙。四十七年,已升为内阁学士的宋大业祭告南岳。②

四十七年八月,宋大业在祭告南岳回京后,弹劾巡抚赵申乔(1644—1720,江苏常州府武进县人)轻亵御书、遏粜苛征等款,康熙帝令赵申乔明白回奏。面对宋大业的无稽之言、诬蔑之词、颠倒是非之语,赵申乔详述事件原委并一一驳斥之。赵申乔认为,宋大业弹劾他的原因有二:(1)宋大业令在南岳庙前搭台演戏。此无可厚非,演戏是为皇帝祝寿、庆贺的通行做法。但在此之后,宋大业又令演杂剧、演目连戏,“殊乖臣子爱敬之意”。湖南众多官员将此事奏报给赵申乔,并要求弹劾宋大业,赵申乔以为此等小事没必要打扰皇上,但还是咨明吏部,请将管理演出戏曲的衡州府经历杨芳立即革职,并咨告宋大业。③ (2)宋大业勒索不遂。四十二年,宋大业第一次到湖南悬挂匾额。

① 郭琇:《华野疏稿》卷2《审官阁揭》,《清代诗文集汇编》第150册,第635页。

② 《清圣祖实录》卷213、卷233,康熙四十二年八月癸未、四十七年八月庚申,第6册,第159、334页。

③ 赵申乔:《赵恭毅公剩稿》卷2《遵旨明白回奏仰祈睿鉴疏》,《清代诗文集汇编》第164册,第323、327页。

一到长沙,宋大业便虚张声势,对赵申乔多方恐吓,动辄加以不敬之罪。宋大业通过长沙府知府姜立广传话赵申乔:先给银两,再做匾额。赵申乔送银3000两,不允,加至5000两,再加至7000两,宋大业才肯收下。在送银时,姜立广又送随礼银700两,宋大业的两位幕宾也索要银两,又各送100两,共7900两。此项银两,是向布政使施世纶借的库银,而归还库银,又是湖南众多官员捐献的俸工银。四十七年,宋大业第二次到湖南,欲按旧例勒索银两,但赵申乔因此前多次向官员派捐银两以弥补各种开支,已到“派不可派,捐无可捐”的地步,“仅令各官共凑送银一千两、随礼银一百两”,宋大业甚为“失望”;又修建南岳庙工剩余银两,赵申乔已报部充饷,宋大业不能染指。① 赵申乔回奏后,宋大业承认得银9000余两。经吏部等衙门会议,康熙帝钦定的审理结果是:宋大业革职,追回所贪银两;赵申乔降五级留任。② 算是各打五十大板,调停了事。

第三,雍正元年,詹事府詹事涂天相索银广东。

雍正元年(1723)九月,广东巡抚年希尧(1671—1738,汉军镶黄旗人)奏报祭告南海的钦差涂天相(1665—1739,湖北汉阳府孝感县人)挟势求索。而就在涂天相从出差祭告至年希尧揭发他的这段时间内,雍正帝将涂天相一路擢升,由翰林院侍讲学士升为詹事府詹事、内阁学士兼礼部侍郎衔、刑部左侍郎。在约九个月的时间内,涂天相由从四品官升到正二品官。雍正帝认为涂天相“颇好”。对于年希尧的奏报,雍正帝半信半疑,告诫他说“不可听信人言”,但为了慎重起见,依旧表示“果有款迹,据实奏来。”③涂天相到广东,来回俱用鼓吹,时“圣祖仁皇帝龙驭未久”,巡抚年希尧认为“大属不合”。更为

① 赵申乔:《赵恭毅公剩稿》卷2《遵旨明白回奏仰祈睿鉴疏》,《清代诗文集汇编》第164册,第325—326、327页。按,宋大业第一次得银7900两,第二次得银1100两,故实录记载宋大业承认两次得银“九千余两”,而实录说赵申乔第二次送宋大业银“五百两”,误,以文集为准,见《清实录》第6册,第348、355页。

② 《清圣祖实录》卷235,康熙四十七年十二月癸亥,第6册,第355页。

③ 《雍正朝汉文朱批奏折汇编》第1册,第797折,雍正元年九月十七日奏,第968—969页。

恶劣的是，涂天相索要程仪。年希尧奏报，由于现今严禁加派，故不能如前赠送丰厚的程仪。布政使王朝恩代表众官员送涂天相程仪1200两，送其家人120两。涂天相嫌弃银少，说："五十八年钦使，系送银三千两，如何轻我？"不收。王朝恩又让涂天相的同乡、广州府知府郭志道前去送银。看在同乡的脸面上，涂天相收下程仪。不过，郭志道又私送礼银40两，涂天相"以其轻己，面为喝叱，不收。"涂天相还嫌弃首县南海、番禺两县供应不好，刑责两县家人，其中番禺县家人因畏惧躲避不出。而南海县知县宋玮不惧怕涂天相，反将刑具、家人送到涂天相的公馆门口，让涂天相责打，"涂天相亦自失色，反谓宋玮辱他。"涂天相回京之日，年希尧等官员到河边跪请圣安，并送涂天相上船。涂天相上船后，令家人将在河岸伺候的轿子打碎，并扯裂轿围。"此皆众所共知之事，非臣敢听信人言诳奏也。"[①]雍正二年六月，刑部左侍郎涂天相缘事降调，[②]离年希尧奏报涂天相之事相去约六个月，可见，涂天相被降职极有可能与其挟势需索无关；若涂天相因为勒索而降职，此至少表明雍正帝并不想立即处罚他。

三、地方官面对钦差大臣勒索的态度

面对钦差大臣的勒索，地方官的态度不一，有严词批驳者，有慑于钦差大臣的淫威而卑躬屈膝者。总体而言，地方官罕有主动奏报钦差大臣不法行径之举，多忍气吞声，缄口不言。

不额外供应钦差大臣的事例，如康熙中，淮安下河被水，派遣两位钦差大臣督堤工，"从者驿骚闾里"，泰州知州施世纶（康熙24—28年在任）"白其不法者治之"。[③] 雍正初，山东兖宁道徐湛恩不供应钦差大臣的额外需索：

① 《雍正朝汉文朱批奏折汇编》第2册，第289折，雍正元年十二月初六日奏，第359页。

② 《清世宗实录》卷21，雍正二年六月癸未，第7册，第342页；《雍正朝汉文朱批奏折汇编》第2册，第289折，雍正元年十二月初六日奏，第359页。

③ 陈康祺：《郎潜纪闻二笔》卷4《施世纶政绩》，第387页。

有钦使数辈勘阅河道,意有所需,不遂,厉色曰:“君所司何库?”曰:“四大库。”问:“安在?”曰:“南旺、南阳、蜀山、马场四湖是也。”使大忤。会(李)绂为诸使首,独折节礼湛恩。众怪之,绂具言其故,众乃感服。①

乾隆中,河南巡抚胡宝瑔(1695—1763,江苏松江府青浦县人)不供应钦差大臣的额外要求:

松江何太虚先生宝瑔,能辨鬼物。尝云:“街衢之间,往来憧憧者,人鬼参半,而鬼必于无日光处行,人或狂奔冲散之,则团合颇艰。故每教人缓步,鬼自避之也。”性谦谨,巡抚河南时(乾隆22—25、26—28年在任),有钦差某尚书勘河事,以盛气临之,嫌供帐不办备,怒曰:“我固知外官督抚甚尊,视钦差如一狗耳。”司道长跪谢罪,公声色不动,徐笑曰:“王人虽微,礼在诸侯之上。使朝廷差狗来,不敢不当作钦差待;况朝廷差尚书来,敢作狗待邪?”众笑且惧,而公作中州人语曰:“宁逢赵宣子,不畏旅獒来。”②

面对钦差大臣的过分要求,徐湛恩、胡宝瑔针锋相对,并不屈从。

除严词批驳钦差大臣的额外要求外,地方官可亲身服侍钦差大臣,不给钦差大臣任何勒索的机会。如康熙二十年(1681),福建汀州府宁化县知县王之佐应付钦差大臣骚扰的方法:“时有奉钦差入闽阅查兵饷者,颇作威福。将入县境,之佐远迎,躬为导马,以县署居之,供具弥谨。一宿即护导出境,民间秋毫无扰。”③王之佐事先打探到钦差大臣的情形,之后亲自服侍钦差大臣,鞍前马后,毕恭毕敬。钦差大臣到县境,王之佐亲自迎接,亲自替钦差大臣牵马,并一路护送到住处。钦差大臣未下榻公馆,而是住在县衙。钦差大臣勒索地方

---

① 钱仪吉:《碑传集》卷76《徐湛恩传》,第2166页。

② 吴翌凤:《逊志堂杂钞·壬集》,第137页。按,“何太虚”恐为“胡太虚”,清代河南巡抚无名何宝瑔者,只有名胡宝瑔者。胡宝瑔字泰舒,“泰舒”与“太虚”音近,“泰”与“太”通假,恐是吴翌凤写错。

③ 鄂尔泰等修:《八旗通志初集》卷232《王之佐传》,东北师范大学出版社1985年版,第5274页。

官，不会当面提出要求，若如此则自失身份，多通过他人传递要求，或斥责、殴打地方官的办差家人以表明意图，而王之佐未给钦差大臣任何勒索和挑斥的可能性。面对地方官的如此“盛情”，钦差大臣几乎找不出勒索的理由，也无颜面挑斥供应，自然也捞不到油水，便“知趣”地住宿一宿便启程离开了。王之佐供应钦差大臣的做法是个不错的方式，但缺点是须时刻围绕在钦差大臣左右。

面对钦差大臣的勒索，地方官尤其是州县官员并无多少与之抗衡的力量。刚五达等在湖北的行为，可谓恶迹昭著，时任湖广总督后任刑部侍郎的李辉祖并未奏报，直至御史弹劾，刚五达等所作所为才大白于天下。赵申乔在忍无可忍、退无可退的情况下，始奋起反击宋大业。赵申乔是康熙朝著名的清官，康熙帝曾言：

> 今浙江布政使赵申乔居官甚清，赴任时所有家人仅十三人，幕宾亦无。每日办事皆系亲笔，钱粮悉自己监收，火耗分厘不取。赵申乔陛辞时，奏云“到任不做好官，请无以常例治罪，竟治重典”等语，今观其居官果优，诚能践其言矣。①

如赵申乔般持身清正的人也会向钦差大臣屈膝，也会给钦差大臣送银，而此时的赵申乔正严禁官员征收火耗。“嗟呼！权贵之陵人也，虽公亦不能无慑耶！”“嗟乎！赵公身为巡抚，以清节上蒙知遇，而事势所迫，犹不能无派累属官以馈权贵之事，则府州县以下，其为人所威怵者，更不知凡几。”②一百多年后，姚莹如此感叹道。巡抚如此，更遑论州县官员了。面对钦差大臣广兴的勒索，“前任德州（知州）原逊志因受广兴凌辱，气愤身故；前任高唐州孙良炳、前署滕县之禹城县董鹏翔均遭广兴呵斥，并不愿遵摊差费，愤激卸事。”③这些州

---

① 《清圣祖实录》卷206，康熙四十年十月壬戌，第6册，第95页。

② 姚莹：《东溟文后集》卷1《论赵恭毅覆奏宋学士参款事》，《清代诗文集汇编》第549册，第428、429页。

③ 《嘉庆年间查办广兴受贿案》，《历史档案》2002年第4期。

县官员大义凛然,一身正气,但无能为力。

四、对地方官馈送钦差大臣的管理

官员之间因贫乏而互相馈送银两、物品等,属于人之常情,合情合理,自可不必深究,也无法深究。在康熙年间,地方官对钦差大臣的馈送,康熙帝多采取放任的态度。在康熙帝看来,官员一尘不染,不收受任何礼物,难以实现。康熙四十一年(1702),御史王度昭疏参户部尚书李振裕勒取属员礼物,经查,李振裕收属员贺寿围屏是实,吏部议李振裕应革职。康熙帝有不同看法:

> 吏部此议甚谬!李振裕果如王度昭所参勒取属员礼物,其罪宁止革职?若止收一围屏,岂宜以细故轻黜大臣?凡堂官受属吏围屏,亦常事耳,即彭鹏、李光地、赵申乔皆称清吏,岂皆一物不受?孟子谓伊尹"一介不以与人,一介不以取诸人",此诚罕有!顷嵩祝等自粤东来,奏总督石琳、巡抚彭鹏、张志栋所馈皆受,因此亦将伊等议处,可乎?席尔达自陕西来时,曾奏藩库羡余,每岁分受万金。今见为吏部尚书,若以受一围屏之人即议革职,如伊每岁分受万金者更以何罪处之?

后查明李振裕只收"围屏一座,此外并无余物",并非勒索,免议;王度昭弹劾有部分属实,亦免议。① 官员收受礼物,无法处置。

在雍正朝,雍正帝整饬馈送钦差大臣的陋习,但效果不佳。乾隆、嘉庆两朝亦是如此。皇帝对地方官馈送的基本态度是:人之常情,但必须加以限制。乾隆四十一年(1776),上谕说:地方官为钦差大臣备办公馆、夫马,不得让胥役借端科派需索,不得违例逢迎。"督抚等或意存袒徇,经科道参奏,或朕别有访闻,惟该督抚是问。"②实际的情形不会因为皇帝的一道上谕而有所改变。嘉庆五年(1800),钦差大臣工部左侍郎、御前侍卫明安往山东泰山进香。回

---

① 《清圣祖实录》卷208、卷209,康熙四十一年闰六月戊戌、九月壬子,第6册,第119、126页。

② 《清高宗实录》卷1007,乾隆四十一年四月丁卯,第21册,第523页。

京时，山东地方官公备土特产及银800两，明安只收土特产；在地方官的多次“恳求”下，明安不得不勉强接受银两。明安在收银时亦明白告诉地方官，回京后要奏报此事，地方官却说不碍事。嘉庆帝说：

朕上年亲政以来，严绝贡献，复节经颁发谕旨，禁止赂遗，所以澄治源而肃官纪者，至为明切。内外大小臣工久宜凛遵，何得复有馈送之事。此等往来交际，本属私情，即间有之，亦当虑朕察出，何竟敢云“奏闻亦属不碍”，是诚何语！庄兆奎、全保俱着传旨申饬。至此项银两，既据明安以实奏闻，即着赏给明安；来岁明安再赴山东进香时，不得再行馈送。向来地方官于出差人员内遇有家道清苦，或系自备资斧，因而量为佽助，以尽地主之谊，原所时有。但如明安以侍郎大员，驰驿前往，本有廪给口粮，而来去又只旬余，复何藉该地方官殷殷赠遗为耶。嗣后各该督抚及司道等官，务当凛遵节次谕旨，湔除陋习，毋得任意应酬。不知节省繁费，致渐蹈苞苴恶习。如有仍前馈遗银两者，经朕访查得实，或经出差之员自行奏明，必将该地方官照例治罪。将此通谕知之。①

嘉庆帝的上谕，并未得到遵行。嘉庆六年，江西省向考官户部右侍郎周兴岱馈送程仪。案发后，上谕说：“向来正副考官奉差出京，无论官阶大小，各按省分远近赏给盘费，并准驰驿前往。行走已属从容，其职分较小之翰林部曹等官出闱后，督抚两司养廉优厚，或致送土仪，稍助路费，尚属地主之谊。至房考各官俱系州县，禄入无多，若破产馈送主考，必致卖举子、通关节，而主考受房考之馈送，何能秉公阅卷。嗣后不得私自馈遗，考官亦不得辄行收纳。若考官系三品以上大员，即督抚两司亦不准致送路费。傥经此次训谕之后，仍有私行馈遗收受者，一经查出，即严行惩办。将此通谕知之。”嘉庆帝重申：“嗣后督抚两司于三品以上大员奉差典试，均遵照昨旨，毋得滥行馈送路费，违者严惩不贷！”②

---

① 《嘉庆道光两朝上谕档》第5册，嘉庆五年四月二十四日，第186页。

② 《嘉庆道光两朝上谕档》第7册，嘉庆七年正月初七日、初十日，第4、5页。

虽有法令禁止钦差大臣不得勒索地方官,地方官不得违例滥供钦差大臣,但仍有官员违反法令而付出惨重代价。法令毕竟是法令,在现实的面前,皇帝和法令都要妥协。更何况,制定的法令是否能称得上是法令,值得怀疑:

> 虽然以往中国的统治者并非总在制定无用的法,但他们更注重于建构法的理想形态,以致法往往没有实效性,成为脱离现实之物。于是,法规与其说是法,不如说是一具没有血肉的骨架,这样的情形屡见不鲜。这种缺乏乃至全然没有现实可能性的法,甚至屡屡使人怀疑它是否可以称之为法。①

设计再好、再完备的法令、制度终究需要人去执行,否则是一纸空文。与钦差大臣有关的法令,似乎总不能产生真正的约束力。高高在上的钦差大臣来到地方,地方官依旧违例供应,依旧馈送银两、礼物。是否收受礼物,几乎全凭钦差大臣个人决定。洁身自好者不少,坦然接受者大有人在,勒索者也屡见不鲜。

五、供应钦差大臣与地方负担之关系

违例供应钦差大臣,给地方财政造成负担,在康雍时期并未显现,在乾隆中叶以后逐步显现。早在乾隆十四年(1749),有因供应钦差大臣造成州县亏空的事例。钦差大臣舒赫德查阅云南营伍,云南巡抚图尔炳阿、布政使宫尔劝、昭通府知府金文宗共同帮助永善县知县杨茂弥补亏空。杨茂亏空银米至7000余两之多,理由是舒赫德"旷日持久,需用甚多"。但乾隆帝根本不相信他们的托词,"舒赫德等奉差阅兵,路经数省,所过不止一县,俱不闻另有供应,何独永善县用至七千余两。此理之所难信,亦事之所必无。"图尔炳阿革职交刑部治罪,宫尔劝、金文宗革职交云南督抚严审。②

乾嘉时期的洪亮吉(1746—1809),记载刘统勋出差时的情形:

---

① [日]仁井田陞:《中国法制史》,牟发松译,上海古籍出版社2011年版,第2页。

② 《乾隆朝上谕档》第2册,乾隆十五年十月十五日,第485页。

公屡奉使远出，所挈只二奴，用驿马不过六七匹。抵行馆，即使二奴居后廨，公处其前，卧亦如之。公食毕，呼二奴食，奴退，彻者乃入，不使见一人。有所需，则州县之承应者传以出入焉。

刘统勋于乾隆三十八年（1773）去世。洪亮吉评论刘统勋去世后之钦差大臣出差情形：

乾隆中叶后，亲信重臣出使，无有逾公者，然究未尝于令甲外有所加也。厥后奉使者不然，空驿马不足给之，遂有役民赢民马者矣，有数州县津贴一县者矣，有站规，有门包，有钞牌过站礼，州县官惴惴惕息。谨厚者，费以千计；稍厉威严及侈舆马厨传者，以万计，以数万计矣。大率一方仓库亏缺，多由驿站。驿站縻费，多由重臣出使。州县官窘急无计，则大吏为调剂法以救目前，于是调腹内州县，叠处冲途。又告乏，则又调员。不十年，而州县仓库无有不亏缺者矣。使皆如公，挈二奴，用马六七，又事事不过令甲，则民生吏治困坏岂至此哉。①

江河日下，钦差大臣一代不如一代。杨茂说供应钦差大臣造成亏空或许只是借口、托词，或许只是个案；而在洪亮吉的时代，因供应钦差大臣造成的亏空却是常见现象。洪亮吉认为，因供应钦差大臣而造成的亏空之轨迹十分清晰：钦差大臣勒索—驿站靡费—大吏调剂—仓库亏空。

因钦差大臣勒索导致仓库亏空，持此看法者不止洪亮吉一人，王杰也持此种看法。嘉庆八年（1803），致仕回籍的太子太傅王杰（1725—1805，陕西同州府韩城县人）在临行前向嘉庆帝条陈：各省亏空在乾隆四十年后开始出现。原因有二：一是官员将国帑作为夤缘之具，二是钦差大臣出差给驿站造成沉重负担。他说：

各省驿递，设立驿丞，专司驿递。凡有差使，各按品级，乘骑之外，加增不过二三骑，多则驿丞不能派之民间也。照常给廪之外，一无使费，使

① 洪亮吉：《更生斋集文甲集》卷4《书刘文正遗事》，《洪亮吉集》第3册，第1029—1030页。

> 臣及家人等,亦知驿丞之位卑俸薄,无可诛求也。迨后裁归州县,百弊丛生。请先言其病民者,州县管驿可以调派里下,于是使臣乘骑之数日增一日,有增至数十倍者,任意随带多人,无可查询。由是管号、长随、办差、书役,乘间需索,差使未到,火票飞驰,需车数辆及十余辆者,调至数十辆、百余辆不等。臝马亦然。小民舍其农务,自备口粮、草料,先期守候,苦不堪言。又虑告发也,则按亩均摊,甚而过往客商之车臝,稽留卖放,无可告诉,无怪小民之含怨也。至于州县之耗帑,又有无可如何者,差使一过,自馆舍铺设,以及酒筵,种种糜费,并有夤缘馈送之事,随从家人,有所谓钞牌礼、过站礼、门包、管厨等项,名类甚繁。自数十金至数百金,多者更不可知。大抵视气焰之大小,以为应酬之多寡。其他如本省之上司,及邻省之大员,往来顿宿,亦需供应,其家人藉势饱欲,不厌不止,而办差长随,浮开冒领,本官亦无可稽核。凡此费用,州县之廉俸不能支,一皆取之库帑,而亏空之风又以成矣。议者谓驿站裁归州县,当时自为调剂邮政起见,每年一驿钱粮,自数百金至数千金,付之微员,既非慎重之道,抑且遇有紧要差使,及护送兵差之类,额马不足,必须借用民力,是以定议裁改。夫驿站未归州县以前,岂无紧要差使?岂无护送兵差之类?当其时要已另设台站,或调拨营马,或筹项购买,事竣各有报销,与驿站两不相关。若州县管驿,则平常供应,即有不可数计者,然则亏空之弊,大半因之,欲杜亏空,先清驿站,当亦由渐转移之策也。①

驿政归州县管理,导致驿政官员不能尽心,随之而来的是钦差大臣的勒索,州县亏空。除文官供应钦差大臣外,武官也要供应钦差大臣,武官供应钦差大臣也会造成财政负担。道光二十年(1840),陕西固原提督胡超查阅陕南营伍,陕西按察使李星沅有如下评论:“喜事好动,假公济私,南山缺皆中平,营头更苦,倘重以伺应,派费累且日甚”。在此之前的道光十五年,镶红旗蒙古都统

① 《清史列传》卷26《王杰传》,第1995—1996页。

哈哏阿、镶黄旗满洲副都统祥康“奉旨阅山陕兵，所过州县由司给银津贴，然彼系钦派大臣，此则本省提督，不足相提并论也。”①可见，在道光二十年，陕南各营尚未从供应十五年钦差大臣的财政困境中恢复过来。

钦差大臣除给地方财政造成负担外，也给百姓造成负担。州县官必定不做亏本的买卖，羊毛只能出在羊身上。钦差大臣出京，沿途地方官向来有馈送，督抚派于州县，州县派于百姓，更严重的情况是，官员借供应钦差大臣之名而打着小算盘：将科派赢余银两用来填补亏空，或作为孝敬上官的节礼。种种弊端，令人痛恨。② 轺车一出，闾阎不惊，并非易事。早在康熙年间，河道总督靳辅（康熙16—27年在任）建议减少钦差大臣出差的次数，从而减少钦差大臣对地方的骚扰。他专上《题为遵谕敬陈专差宜减以免扰累第四疏事》以申其论：

天使之车尘马迹，一经络绎于道途，则闾阎之苍首黔黎，未免嗟咨于草野。在奉差之臣未常不以皇上之心为心，未尝俱有示威措勒之事，并未尝尽纵家人跟役等需索地方官也。然往来供应，虽盏酒、粒粟、片肉、只鸡尽皆小民膏血。况地方官员贤能廉介者少，平庸畏事者多，一闻钦差将至，惟恐有所驳诘，莫不力图要结以悦之，行贿与否姑置弗论，而饮食之费已属不少。上司虽戒之曰“尔无科民”，有司亦随答曰“断不妄派”，究竟无神输之术，也更值不肖官员借端多敛，则又不堪言矣。此等事务，臣虽未得确情，并无指实，然揆之情势，在所不免。③

康熙四十三年（1704），内阁学士常授招抚海盗，有地方官趁机压榨百姓。浙江巡抚张泰交（1651—1706，山西泽州府阳城县人，康熙四十一年至四十五年在任）发布文告《为严查借端派扰以肃功令事》，严禁地方官勒派：

照得索扰最为民害，私派令甲首严。所属有司，本部院谆谆告诫，务

① 《李星沅日记》，道光二十年十一月十九日，第133页。

② 《上谕内阁》卷9，雍正元年七月十五日，《景印文渊阁四库全书》第414册，第96页。

③ 靳辅：《文襄奏疏》卷7《遵谕敬陈第四疏》，《景印文渊阁四库全书》第430册，第665页。

期守法奉公,不啻唇焦舌敝矣。近奉钦差内阁学士常(授)等招抚洋寇,原经部文通饬,一切应用物件俱令地方官捐给,即钦差经临之处亦皆示谕,并不骚扰地方在案。乃闻不肖有司,指借供亿为名,凡篷厂、席木与动用什物,以及米蔬、薪炭、牛羊、鸡豚、鹅鸭,无不求之里下,官派其一,役取其三。闾阎怨咨,含忍莫诉。本部院初犹疑讶,今细加访察,竟有其事,只以未得实迹,未便即为入告。殊不知钦差持躬端静,本部院素所稔知,岂容地方官蠹因缘扰累。况来岁应征额赋又奉圣恩全免,爱养民生,何等笃挚,辄敢无艺诛求,不特上负皇仁,抑且下忝司牧。合亟严查。为此牌,仰该司官吏,照牌事理,即便转饬各属。凡钦差经过处所,地方官有指借供亿名色派扰累民者,立即严查确实,飞揭开报,以凭纠参提问,毋得瞻徇容隐,自贻重咎也。凛之!①

钦差大臣一出,地方吏役闻风而动,凡供应钦差大臣所需之物件,无不派于百姓。又如为供应钦差大臣,吏役捉车的事例并不少见。乾隆中,舒位前往江南,在山东济水下车乘舟,碰到官府捕捉民车以应官需,驾车者晚上弃车牵马而走。舒位有诗云:"闻道星轺出使尊,后车还要万云屯。辘轳惆怅知难转,夜半衔枚过县门。"②汪辉祖也遇到过捉车之事。乾隆五十一年(1786),汪辉祖和友人邵竹泉北上,在山东德州附近的甜水铺,汪辉祖所坐车辆的车轴忽然断了,邵竹泉遂先行北上。第二天,汪辉祖才知道,邵竹泉所坐之车于昨日傍晚在德州城被衙役捉走了,而断轴之车可免捉。捉车为谁?为钦差大臣。汪辉祖《捉车行》云:

捉车何喧喧,夜打旅舍门。云是星轺使,火急催南辕。

主人色惨阻,语客声酸楚。客若速发吾受苦,银铛锁项奈何许?

---

① 《清圣祖实录》卷215,康熙四十三年三月辛酉,招抚钦差常授请训,第6册,第184页;张泰交:《受祜堂集》卷8《抚浙中·查借端派扰》,《清代诗文集汇编》第180册,第210页。

② 舒位:《瓶水斋诗集》卷2《既至济上易车而舟,时吏方捕民车以应官需,御者苦其役……》,《清代诗文集汇编》第479册,第26页。

我闻荆北使者去未还，相公治河驻淮安。

王家营车八十辆，置之河干虚以闲。捉车捉车安所用？坐使无益悲滞壅。

青蚨十贯入胥囊，瘦马曳轮连夜送。车坚车敝不容择，往往中途伤逼仄。

偾辕濡轨时复闻，歌行路难谁与恤。问阶此厉者伊谁？指挥闻是司牧儿。

司牧儿，横若斯。呜呼！堂堂司牧知不知！①

钦差大臣出差，本为解决地方弊端，不料给地方造成沉重的负担，公私俱困，官民未受其利而深受其弊。钦差大臣给地方造成的负担，在嘉道时期愈加明显。

第三节　钦差大臣与回避制度

回避制度起源较早，在春秋时期已有雏形，“外举不避仇，内举不避亲”是也。回避制度正式形成于汉代，成熟于唐宋，而完备于明清。据学者魏秀梅的研究，清代的回避主要有六种：一、任官中的籍贯回避，包括本籍、原籍、寄籍、任所距离等；二、任官中的亲族回避，包括血亲关系、姻亲关系、同族关系等；三、任官中的师生关系回避；四、任官中的其他回避，包括回避游幕地方、经商省份、拣选人员等；五、科举考试中的回避，亲属、籍贯、阅卷、磨勘官、命题回避等；六、审案中的回避。②

在清代前期，回避制度执行得较好；在清代后期，回避制度愈来愈成为“具文”。咸同年间的福格记载回避制度的执行情形：

京官典用试差、学差、乡会试考官，皆于奉命后，自用红纸大书“回

① 汪辉祖：《病榻梦痕录》卷上，江西人民出版社2012年版，第48页。

② 魏秀梅：《清代之回避制度》，《“中央”研究院近代史研究所专刊》(66)，1992年版，第1页。

避”二字,加以朱圈,贴于门壁。又用红纸裁为五寸宽、八九尺长条三幅,写“钦典某科正副考官年月日封”字样,斜糊十字于门,以示关防之意。但旋糊旋启,照常出入,甚有入闱后始封糊,以为志喜之具。此外惟军机大臣稍有关防,亦仅为谢亲故免干乞之地,于贵官外人,转弗能绝。又凡给事中、监察御史住宅,有揭“文武官员私宅免见”“一应公文衙门投递”等字,亦与新岁桃符春联,年年一换,皆具文也。①

福格亲眼所见,京官执行回避制度,装点门面而已,并未真正执行,只能防亲朋故旧,不能防达官贵人。

作为官员中的一员,钦差大臣也需执行回避制度。

一、钦差大臣对回避制度的执行与不执行

与一般的官员执行回避制度相比,钦差大臣执行回避制度与之有异同:所同者,目的均是在排除某些因素干扰的条件下使事件得到更加公正的处理;所异者,一般的官员只需要按照规定执行即可,而钦差大臣则对回避制度变通之,即皇帝反其道而行之,常令钦差大臣不执行回避。

实行回避制度,意在防止弊端,尽可能地斩断一切“私”的因素,使事务得到更加公正地处理。钦差大臣在处理事务中执行回避制度,亦是基于同样的目的。钦差大臣在办理事务中遇到需要回避的情形,比其他任官、考试等处遇到需要回避的情形,概率要小得多,因而清代并未为钦差大臣制定专门的回避条例;钦差大臣是皇帝信任之人,办事亦多属公正。即便如此,若不注意回避问题,钦差大臣会落人口实,留下不公正的形象。康熙四十六年(1707),江苏苏州等府建闸开河,所用钱粮由苏州府知府陈鹏年支领转发,但此次工程用银被官员贪污。此案由户部尚书张鹏翮、学士噶敏图审理,审理结果是:“各官皆议处,独陈鹏年脱然事外。”康熙帝以为,工程银两被贪污之事陈鹏年知晓

① 福格:《听雨丛谈》卷6《回避》,中华书局1984年版,第140—141页。

但不劝止、告发，“今若免议，众心不服。”“大凡公事，虽系师生、同年、朋友，亦当从公审理。”康熙帝令将张鹏翮畏惧徇庇之处交九卿严察议处，同审此案的噶敏图、两江总督噶礼、漕运总督桑额被一并议处。① 张鹏翮与陈鹏年不是同年；陈鹏年是清官，不会主动拜张鹏翮为师，故二人也不是师生关系。最有可能的情形是，二人是朋友和同僚。康熙四十一年至四十二年，陈鹏年先后任淮安府山阳县知县、海州知州和江宁府知府，后一直在江苏为官，直至案发；而张鹏翮于康熙三十九年至四十七年任河道总督，河道总督的驻地为山阳县。又康熙五十一年，江苏巡抚张伯行认为钦差大臣张鹏翮受制于人，不能秉公审理。他说：

> 钦差户部尚书臣张鹏翮，素称鲠直，岂畏强御，只因伊子张懋诚见任安庆府怀宁县知县，系安徽属员，总督得而挟制之，布政司亦得而挟制之。父子天性，恐遭陷害，不能不瞻顾掣肘。督臣欺君坏法之罪，又何能直达于圣天子之前乎？②

张伯行与张鹏翮同姓张，又同属汉人，但张伯行并未因此获得过一点好处，张伯行也不奢望从此得到好处。张伯行认为，爱子之心，人皆有之，张鹏翮也不例外，张鹏翮为保护其子，可能徇私于总督，案件得不到公正审断的可能性很大。乾隆四十六年（1781），刑部左侍郎杜玉林（1728—1787，江苏常州府金匮县人）往四川审案，袒护同乡：

> 此案沙金龙父子欺压霸占，叠肆抢窃，连年讦讼，地方官置而不办。特命杜玉林前往查审，自应提集案犯，秉公研讯，俾案无疑窦，方为不负任使。况从前钦差审办案件，未有结案后重复赴京控告者，即有虚捏翻控之案，及派大臣覆行鞫审，亦未有似此罪名出入者。乃杜玉林审办沙金龙父子起意抢窃各案，既不能提集正犯，严究主使情节，率听吓令顶充之毕显

---

① 《清圣祖实录》卷242，康熙四十九年六月戊午，第6册，第408页。

② 张伯行：《正谊堂文集》卷1《劾总督抗旨欺君疏》，《清代诗文集汇编》第182册，第138页。

> 贵等认为正犯,定拟完结,而于署(会理州)知州徐士勋(江苏常州府武进县人)到任两年延搁不办之故,并未附折劾参。该员系杜玉林同乡,其为有心袒护已属显然,难逃朕之洞鉴。若不严予处分,将来钦差大臣查审案件,皆如此相率效尤,朕将何以用人乎?!

经钦差大臣审理后,犯人复行控告者有之,但如杜玉林这般罪名出入严重者无之。造成此种情形的原因恐有许多,在乾隆帝看来,杜玉林与地方官之间的同乡关系应是最主要的原因。杜玉林最终被降三级调用,不准抵销。①

钦差大臣在办理事务中执行回避,目的是更加公正地处理事务,但无须故意回避。雍正六年(1728),刑部左侍郎黄炳(汉军正白旗人)审理案件,强行回避。他说:"臣若不议及(浙江总督)李卫(1688—1738,江南徐州府丰县人),则臣之徇庇李卫显然","此项银两若不在陈士昂名下议追,则臣之徇庇陈士昂又属显然",将难题抛给雍正帝。雍正帝说:

> 凡察审事件,只当论理之是非以定曲直,岂有畏惧徇庇之名而故意回避强议人罪之理。此语甚属支离!黄炳审理此案,虽未徇情枉法,然其中多有糊涂,未为允协。李卫必无徇庇属员之事,从前所奏甚为明晰,黄炳本内所议李卫分赔之处着不必分赔。②

凡事当以理论之,不论理,即使故意回避,也未臻允协,雍正帝批评了黄炳。

回避制度带来的种种不便,显而易见。雍正十三年,钦差祭告川陕岳渎、翰林院侍讲学士杨椿在回京后向皇帝条陈,陈述回避制度的弊端:

> 臣见外官自州县而下,有云、贵、川、广之人仕于直隶、山西,亦或江、浙、福、广之人仕于川、陕。其路途相去远或万余里,近亦在五六千里之外,舟车之费,跋涉之艰,所不待言。而且莅任之初,语言未晓,风土未谙,

① 《乾隆朝上谕档》第11册,乾隆四十七年正月三十日,第30页。徐士勋的传记,见洪亮吉:《更生斋文续集》卷1《敕授文林郎晋封奉直大夫四川彭水县知县徐先生墓表》,《洪亮吉集》第3册,第1120—1121页。据洪亮吉的记载,杜玉林并未袒护徐士勋,而是遭人陷害。

② 《上谕内阁》卷68,雍正六年四月十六日,《景印文渊阁四库全书》第415册,第46—47页。

又或凭限稽迟，旷官不免，更有父母在堂，子身远宦，晨昏既旷，音信罕通，甚之佐杂微员离乡太远，顶名替职，诸弊丛生。①

若钦差大臣在办理事务中全盘执行回避制度，会遭受回避制度带来的种种不便。回避与否，以是否益于事务处理一决之。换言之，钦差大臣可以不完全遵守回避制度。回避制度带来不便，皇帝有时反其道而行之，刻意地让钦差大臣不回避。雍正九年(1731)，为了既能运送西路军粮饷又能节省钱粮，令通政使赵之垣(甘肃宁夏府人)、副将马龙前往办理，二人“乃三秦世族，且官至大员，于本地土俗民情素所熟悉。”②雍正十年，山东兖州府、东昌府干旱，二府地方辽阔，户口繁多，一时赈济人手不够。雍正帝说：“现在办理赈济之事，若得本省人员前往，更可周遍妥协。朕思在京居官及赴部候补候选者，兖、东二府之人必多，伊等既能熟习风土人情，又谊关桑梓，必能实心办事，以苏民困。”雍正帝令挑选一二十员奏闻，每人在京酌赏路费，星速前往赈济。③ 乾隆二十八年(1763)，令刑部右侍郎阿永阿(觉罗)、河南巡抚叶存仁(？—1764，湖北武昌府江夏县人)往湖北审理张红顺等盗案，上谕说：“叶存仁前与阿永阿查审四川王训一案，尚属平允，且又籍隶湖北，今审办本省案件，舆论自必贴服，是以派令同往审究。”④古有衣锦还乡之语，官员对家乡的照顾、对家乡事务的办理，必然较办理别省事务，更为尽心。以上三例，若依回避制度执行，自不能派本省籍贯之官员处理之；但为了更好地处理事务，反其道而行之，以本省籍贯官员作为钦差大臣，刻意地不回避。

钦差大臣不回避，于旗人，主要是不回避旗籍；于汉人，主要是不回避籍贯，尤其是省籍。旗人人数少，而任职者多，回避制度实际较难执行。嘉庆二十一年(1816)，嘉庆帝任命昇寅为盛京礼部侍郎，而昇寅是盛京满洲镶黄旗

① 杨椿：《孟邻堂文钞》卷1《途次见闻折子》，《清代诗文集汇编》第238册，第16—17页。

② 《上谕内阁》卷106，雍正九年五月初九日，《景印文渊阁四库全书》第415册，第555页。

③ 《清世宗实录》卷118，雍正十年五月辛酉，第8册，第562页。

④ 《宫中档乾隆朝奏折》第17辑，乾隆二十八年四月二十六日奏，第554页。

人。在昇寅谢恩时,嘉庆帝发表了对旗人回避制度的见解:“有人说盛京人不宜为盛京官,试问盛京大臣俱是八旗满洲,何一非盛京人耶?且在京诸旗员又何一非在京八旗人耶?”①嘉庆帝的言论道出了执行旗人回避制度的现实困境。

是否回避,钦差大臣需要奏请皇帝,皇帝根据事件的具体情形作出判断。嘉庆二十年,协办大学士、吏部尚书章煦(1745—1824,浙江杭州府钱塘县人)与刑部右侍郎熙昌在广东审理案件,其中一件为卢观恒入祀乡贤不公案。卢观恒以洋商致富,未曾读书,且有殴兄之事,应撤出乡贤祠。“章煦因与原保卢观恒之前任广东藩司赵宜喜系儿女姻亲,奏请回避。”赵宜喜(江西建昌府南丰县人)与章煦有姻亲关系,该案交熙昌会同两广总督蒋攸铦(1766—1830,汉军镶蓝旗人)秉公审讯。② 道光二年(1822),钦差大臣左都御史玉麟(?—1833,满洲正黄旗人)、左都御史王鼎奏查河南仪封河工奏销不实情形,并另片奏报:“管登记钱文册档之试用知县王之谦系王鼎族弟,请交玉麟专讯”,道光帝批示:“王鼎办理此案,惟当秉公审讯,着无庸回避。”③道光二十九年正月,令大学士耆英、仓场侍郎季芝昌(1791—1860,江苏常州府江阴县人)往浙江阅兵,并“体察江浙两省漕粮改折情形”,季芝昌以籍隶江苏,“奏请回避江苏折粮,得旨俞允。”④

若皇帝事先预计到钦差大臣需要回避之处,会对钦差大臣是否需要回避作出决定,以免钦差大臣出差之后再行奏请,多费时日。乾隆四十二年(1777)十一月,河南归德府商丘县民人刘泰来在都察院呈控书吏汤锦强抢孀妇刘氏为妾致自尽一案,派署刑部侍郎博清额(1721—1785,满洲镶黄旗人)、刑部左侍郎胡季堂前往归德审理。胡季堂是河南人,乾隆帝说:“胡季堂系河

① 宝珣、宝琳:《昇勤直公年谱》卷上,《北图年谱》第126册,第274页。

② 《嘉庆道光两朝上谕档》第20册,嘉庆二十年十二月二十四日,第701页。

③ 《嘉庆道光两朝上谕档》第27册,道光二年七月十二日,第393页。

④ 季芝昌:《丹魁堂自订年谱》,《北图年谱》第144册,第574页。

南人,审办本省案件,尤当秉公持正,断不可因事涉地方大吏,虑其将来报复,稍为瞻顾。胡季堂系朕加恩特用之人,看其平日居心办事,尚属明白正当,谅不敢存畏首畏尾之心,颟顸了事,负朕委任也。"①

从文献的记载看,康雍时期,对钦差大臣不回避的记载较少;乾嘉道时期,对钦差大臣不回避的记载较多,且多是钦差大臣不回避籍贯。雍正六年,雍正帝听说有老秀才控告大名府知府曾逢圣居官劣款,被直隶布政使张适"严刑毙命,诈称在监病故,且坐以平素积恶之名"。雍正先详述对署总督宜兆熊(?—1731,汉军正白旗人)、协办总督事务刘师恕(1678—1756,江苏扬州府宝应县人)、张适(张玉书之孙,江苏镇江府丹徒县人)和按察使魏定国(1678—1755,江西建昌府广昌县人)的恩情,然后将他们痛骂一顿,"魏定国专司一省刑名,乃任张适之恣意妄行,全不置问,及朕面加诘责,则将颠倒是非草菅人命数案全推于张适,而置身于事外。"雍正帝令福敏(1673—1756,满洲镶白旗人)、史贻直(1682—1763,江苏镇江府溧阳县人)前往保定,将曾逢圣各案及夹毙秀才情由,"一一秉公严审,务将实情悉行究出,不得丝毫徇隐。"福敏保举过魏定国,②但雍正帝不回避此保举关系。雍正帝对福敏甚为了解,在潜邸时让福敏教导弘历。③ 换言之,雍正帝对福敏有着充分的信任。

道光四年(1824)十一月,江南河工坏,令吏部尚书文孚、礼部尚书汪廷珍(1757—1827,江苏淮安府山阳县人)前往查办,④汪廷珍未回避本籍。道光十四年,令刑部右侍郎赵盛奎、前任河东河道总督严烺往浙江,会同巡抚富呢扬阿筹办海塘工程。⑤ 严烺是浙江杭州府仁和县人,未回避本籍。又如朱士彦任钦差大臣不回避的事例。朱士彦(1771—1838,江苏扬州府宝应县人),嘉庆二十三年(1818)十一月在上书房行走,算是道光帝的老师。道光十一年七

① 《乾隆朝上谕档》第8册,乾隆四十二年十一月二十六日,第839页。
② 《清世宗实录》卷65,雍正六年正月甲子,第7册,第995—996页。
③ 《清史列传》卷13《福敏传》,第985页。
④ 《清宣宗实录》卷75,道光四年十一月壬子,第34册,第220页。
⑤ 《清宣宗实录》卷251,道光十四年四月丁巳,第36册,第801页。

月,江苏河湖满溢,水灾严重,工部尚书朱士彦与工部尚书穆彰阿前往查办水灾、办理河工,朱士彦于次年二月回京;十二年十月,工部尚书朱士彦与户部左侍郎敬徵赴江南,查办河工;十七年五月,兵部尚书朱士彦于广东办案回京途中,往扬州查讯两淮盐运使刘万程自杀案,又赴清江浦验看南河料垛、查盘库款。在道光朝,朱士彦共四次担任钦差大臣,三次不回避本籍。① 朱士彦曾纂修《国史·河渠志》,熟悉河务,在道光四年还条陈河务,②道光帝知晓朱士彦的人品与才能,故其有三次不回避本籍而办理河工之事。

从以上介绍可以看出,钦差大臣不回避,主要出于皇帝对该钦差大臣的了解和信任。"两世天恩一辙同,又传驷马入川中。"③在钦差大臣不回避本籍的事例中,最著名者当数周煌、周兴岱父子了。四川重庆府涪州人周煌(1714—1785,号海山,谥文恭)在乾隆年间三次奉使四川,不回避本籍:第一次,三十八年(1773)五月,署兵部侍郎永德、兵部左侍郎周煌往四川审理璧山县京控案;第二次,三十八年十月,署刑部侍郎永德、兵部左侍郎周煌往四川审理蓬溪县京控案;第三次,四十二年十月,兵部左侍郎周煌、刑部左侍郎阿扬阿往四川审理大足县京控案。④ 川人李调元写道:"汉司马长卿以本省人奉命檄谕蜀中父老,从来未有。本朝大司马周文恭公亦两次奉命至蜀审案,真佳话也。有《再至成都,次杜少陵韵》云:'芙蓉溪下海棠溪,一带风烟望欲迷。乡路远分

① 《清史列传》卷37《朱士彦传》,第2883—2884、2886—2887页。《清宣宗实录》卷217,道光十二年八月丁亥,工部尚书朱士彦、工部左侍郎常文往盛京查勘应修工程(《清史列传》不载),第36册,第232页。按,《朱士彦传》载:"(十二年)九月……命偕工部尚书穆彰阿驰往查办(陈端挖河堤案)。……十月,命偕户部左侍郎敬徵驰赴江南查办河务。"《清史列传》卷40《穆彰阿传》不载九月与朱士彦前往查办之事,见第2886、3165页。实际情形是:道光帝于九月命穆彰阿前往,十月又命朱士彦、敬徵前往,《朱士彦传》记载有误。

② 《清史稿》卷374《朱士彦传》,第38册,第11552页;《清史列传》卷37《朱士彦传》,第2883页。

③ 李调元:《童山诗集》卷40《饯别少司农周东屏先生奉命回川祭江渎祠,即用其壻检讨张船山在京送别原韵》,《清代诗文集汇编》第384册,第454页。

④ 《清高宗实录》卷935、卷944,乾隆三十八年五月乙酉、十月丁酉,第20册,第589、791页;卷1043,乾隆四十二年十月辛酉,第21册,第973页。按,《清史列传》卷24《周煌传》只记载周煌前两次出差四川,第1813—1814页。

江内外，依家原近瀼东西。游滇尚忆寻螟口，入蜀犹能逐驷蹄。剩有轻装闲检点，天香时惹武都泥。'诗意亦颇自负。"①李调元将周煌与汉朝的司马相如相提并论，因其以钦差大臣身份回本籍审案为佳话。周煌高兴地吟道："一年两度赴成都，关吏无劳问传符。"一年之内两次赴川审案，关吏已认识他了，故连钦差大臣所用之传符都不查看。"即周一万五千里，何止东西南北人。"②彼时在京城，此时又在路途中，别时又在家乡，周煌不知道自己是何处之人。虽然长途跋涉，路途辛苦，但周煌的心情仍非常愉快。嘉庆五年(1800)，户部右侍郎周兴岱(1744—1809，号东屏)赴川祭告岳渎，嘉庆帝令其于所过之战乱地方张贴安民告示，并面告地方官遵照妥办；后因四川总督魁伦办理军务不善，又令其与署理四川总督勒保会审魁伦。③ 周煌、周兴岱父子任钦差大臣而不回避本籍，常为人传颂。李调元云："先是大司马周文恭公于大兵剿金川时，曾以本省人奉命至蜀审案，蜀人比之相如奉檄，传以为荣。今先生(周兴岱)又继之，更属希遇。"④道光年间，曾在四川各地担任知县的王培荀(1783—1859)说："周文恭公煌，涪州人，两次奉命来川，人以为昼锦之荣。"⑤嘉庆五年，张问陶《送外舅周东屏先生奉使川陕祭告岳渎》云：

江源西报禹功长，星使居然指故乡。饮水也叨明主赐，题桥应笑古人狂。

春轺问俗新持节，昼锦传家旧有堂。文恭公旧曾使蜀。宰树英灵容展拜，恩辉分照七贤冈。时奏请回涪省墓。七贤冈，文恭墓地也。⑥

① 李调元：《雨村诗话》(16卷本)卷4，巴蜀书社2006年版，第108—109页。按，"乡路远""轻装闲"，周煌原诗作"乡路尽""装轻闲"，见《清代诗文集汇编》第334册，第643页。

② 周煌：《海山存稿》卷19《再至成都，叠次杜少陵〈寄严郑公五首〉元韵。时周甲期近，即用自寿》，《清代诗文集汇编》第334册，第643页。

③ 《清仁宗实录》卷58、卷64，嘉庆五年正月辛未、四月己酉，第28册，第754、863页。

④ 李调元：《童山诗集》卷40《饯别少司农周东屏先生奉命回川祭江渎祠，即用其壻检讨张船山在京送别原韵》，《清代诗文集汇编》第384册，第454页。

⑤ 王培荀：《听雨楼随笔》卷4《周煌》，巴蜀书社1987年版，第253页。

⑥ 张问陶：《船山诗草》卷15，《清代诗文集汇编》第476册，第184页。

朱珪《题〈乡关乘传图〉为周东屏侍郎作》云：

嗣皇继圣升中天，司农奉使秦蜀川。周爰四牡秉节纛，明禋幽格兼行边。

庚申之春未偃伯，伏莽犹烦井野索。相如拥盖檄巴邛，清献焚香问梓益。

君家江水通彭涪，先公大司马文恭公宰树森山邱。星使灵蛇告疾苦，海槎异雀喧流求。文恭公曾奉使封中山王。

君今揽辔荣乡里，父老儿童争视指。罗云铁柜聚岚光，石镜铜梁散霞绮。

好事传观使蜀图，锦衣高传飘鬑须。翰林典故增池凤，家乘风流说大苏。①

周煌、周兴岱父子任钦差大臣而不回避本籍，在清代钦差大臣中实属罕见。

二、嘉道时期钦差大臣回避制度的窒碍难行

嘉道时期，钦差大臣在办理事务时执行回避制度，愈加困难，原因有二：

第一，钦差大臣难以回避所有的社会关系。

清代官员的籍贯较固定，变动极少，钦差大臣回避籍贯尚可顺利施行；而钦差大臣回避其他人情关系，较难做到，不可能事先彻底地、详尽地排查与钦差大臣有关系的各种人物。嘉庆五年，周兴岱祭告川陕岳渎礼毕后回籍省墓，李调元等五人饯于成都小玲珑山馆，此五人乃周于礼（云南临安府嶍峨县人，曾任乾隆二十三年会试同考官、乾隆二十四年四川乡试副考官）的门生，而周于礼又是周煌（乾隆十二年云南乡试考官）的门生，故李调元等自称小门生。②嘉庆二十三年(1818)十月，署兵部左侍郎刘镮之（？—1821，山东青州府诸城

① 朱珪：《知足斋诗续集》卷3，《清代诗文集汇编》第376册，第610页。

② 李调元：《童山诗集》卷40《饯别少司农周东屏先生奉命回川祭江渎祠，即用其壻检讨张船山在京送别原韵》，《清代诗文集汇编》第384册，第454页。

县人）往福建审理泉州府同安县詹姓、叶姓纠众仇杀案。此案悬十九年而未结，控于都察院后，钦差大臣前往审理。次年四月，刘镮之回京。[①] 此次福建之行，刘镮之遇到他的两个学生：两次署理福州府知府的王楚堂[②]和盐法道孙尔准。[③] 王楚堂是嘉庆七年进士，此年知贡举者是兵部右侍郎刘镮之；孙尔准是嘉庆十年庶吉士，户部右侍郎刘镮之任此科庶吉士汉教习。

在清代官场的各种关系中，最重要者当属师生关系。乾嘉时期，一探花令其妻拜于敏中（乾隆 25—44 年任军机大臣）之妾为母；于敏中死后，又让其妻拜梁国治（乾隆 38—51 年任军机大臣）为义父；最后，自己匍匐于帝师朱珪（1731—1807，于嘉庆四年内召）之门，人称“三姓门生”。[④] 道光帝论官场中的师生积习：“近来外省积习，属员一经升调，即拜认师生。凡事略分言情，无所顾忌，甚至节寿厚其馈送，迁调藉作报酬，遇有赃私败露及审案错谬、仓库亏空等事，碍于情面，不加参劾，甚至赃款代为掩饰，案件听其抽换，亏短代为弥缝。”[⑤]如道光十二年（1832），山西巡抚阿勒清阿袒护阳曲县知县李联蒙。李联蒙借案勒索，事败退赃，而阿勒清阿将之调补首县；待众议沸腾之时，阿勒清阿不得不参奏李联蒙；弹劾之后，阿勒清阿不亲自审理，迟疑迁就，半年后仍未结案。阿勒清阿如此费心费力地袒护李联蒙，乃是李联蒙拜阿勒清阿为师的缘故。后道光帝令文华殿大学士长龄回京途经山西时审理该案，阿勒清阿被革职，几名迎合阿勒清阿的官员被降级调用。[⑥]

关系可被“制造”，除“制造”师生关系外，还可“制造”各种关系，如异姓之间结拜兄弟，拜认干爹，同姓之间通谱联宗等。云南督标中军副将吉隆阿，与总督李侍尧的家奴刘七十儿，私相结纳，书信往来，以兄弟相称，“恬不知

---

① 《清史列传》卷 26《刘镮之传》，第 1992 页。

② 王楚堂：《云翁自订年谱》，《北图年谱》第 131 册，第 603—604 页。

③ 孙尔准：《泰云堂诗集》卷 8《馆师刘信芳少宰谳事闽中，恩晋都宪还朝，诗以志别》，《清代诗文集汇编》第 497 册，第 121 页。

④ 昭梿：《啸亭杂录》卷 4《三姓门生》，第 111 页。

⑤ 《嘉庆道光两朝上谕档》第 37 册，道光十二年九月初四日，第 461 页。

⑥ 《嘉庆道光两朝上谕档》第 37 册，道光十二年六月初十日、九月初四日，第 279、463 页。

耻,实为卑鄙不堪”,被照溺职例革职。[①] 贵州学政洪亮吉与贵州安笼镇总兵花连布(蒙古镶黄旗人)“约为兄弟”,二人关系甚好,情同骨肉。[②] 热河都统萨迎阿(1781—1857,字湘林,满洲镶黄旗人)寄书信与陕西巡抚李星沅,要求“约为兄弟”,李星沅诺之。[③] 嘉庆四年(1799),洪亮吉以目击耳闻,对社会中“制造”各种关系的情形有如下描写:

> 十余年以来,有尚书、侍郎甘为宰相屈膝者矣;有大学士、七卿之长,且年长以倍,而求拜门生,求为私人者矣;有交及宰相之僮隶,并乐与僮隶抗礼者矣。[④]

士风日下,而人心不古矣。

各种关系大概分为两种:一种是显形的,人尽皆知,无须隐瞒,如门生、同年、亲朋等;一种是隐形的,不为人知晓,或只有少数人才知道。显形的关系可有效地终止,而隐形的关系难以防范。

第二,钦差大臣续办事件的增多。

在康雍时期,钦差大臣不回避本籍是出于皇帝的信任,是一种特恩,属于特殊情况。在嘉道时期,情况发生了变化,钦差大臣不回避本籍的事例逐渐增多:钦差大臣续办事件增多,钦差大臣不断接到新的命令需要在不同省份办理不同事务,难免包括本籍;若钦差大臣与该事件稍有牵连就奏请回避,势必处处掣肘,影响事件的处理进度。换言之,续办事件的增多使钦差大臣回避本籍难以执行。嘉庆十九年(1814),御史石承藻上奏:钦差大臣随带司员应回避本旗、本籍,以杜瞻徇。嘉庆帝不同意此建议:

> 直省遇有参控重案及密查事件,特派大臣前往查办。其案情之虚实,

---

① 《乾隆朝上谕档》第10册,乾隆四十五年四月二十五日,第101—102页。

② 洪亮吉:《更生斋集文甲集》卷4《书提督花连布遗事》,《洪亮吉集》第3册,第1040页。

③ 《李星沅日记》,道光二十三年七月初三日,第512页。

④ 洪亮吉:《卷施阁集文甲续集·乞假将归留别成亲王极言时政启》,《洪亮吉集》第1册,第227页。

罪名之轻重，惟在该大臣秉公核办，所带司员不过随同讯供查卷，安能操其短长。若如该御史所奏，凡随带司员有与原参原告、被参被告及案内有关涉之人同旗同籍者，悉令回避，不准带往，无论拘于员数，必致遴选不得其人。且钦差大臣出京之后，每有续交审办案件，设案内人证，适与带往司员同旗同籍，岂令将带往之员立即撤回，又另派司员驰驿前往更换耶？各大臣由朕简派，果其人公正可信，自能严明率属，不至曲法徇情；如其人不可信，即非同旗同籍，亦难保其不滋弊窦。朝廷择人任使，若必多设科条，曲加防范，以致窒碍难行。实无此政体也。该御史所奏不可行，着毋庸议。①

石承藻的建议，在实践中难以执行。

道光十六年（1836），钦差大臣吏部尚书汤金钊（1772—1856，浙江绍兴府萧山县人）、户部右侍郎文庆（1796—1856，满洲镶红旗人）往陕西审案，后又往四川审案。在四川，汤金钊遇到两个门生犯案：重庆府涪州知州杨上容、重庆府江津县知县郭彬图。在审理完毕四川案件后，汤金钊折回陕西审案，又遇到门生犯案：署陕西按察使督粮道李廷锡。“公当官而行，无所阿芘，人称其平。”汤金钊的同乡朱凤标（1800—1873）曾见过此次汤金钊出差所办案件的卷宗，得出的结论是：“公劾章适当其咎。不徇私谊而避重就轻，亦非沽虚誉而矫枉过正也。”②杨上容、郭彬图查无赃私劣迹，汤金钊说：“嫌疑之际，物议易生，敢不从严根究。惟虚实是非，自有公论，亦无从周内，借为远嫌地步。”道光帝朱批：“事若秉公，问心无愧，何恤人言？不避亲，不避怨，古人曾言之也。勿生疑虑，摅诚报称，朕所望焉。”③道光十八年十一月，令钦差大臣协办大学士吏部尚书汤金钊、刑部左侍郎吴文镕（1792—1854，江苏扬州府仪征县人）在安徽查办事竣后，赴浙江查办有人弹劾“浙江省吏治民风日渐玩扰”之

① 《嘉庆道光两朝上谕档》第19册，嘉庆十九年十一月二十日，第887—888页。

② 陈康祺：《郎潜纪闻二笔》卷3《汤文端之治狱》，第378—379页。

③ 《清史列传》卷41《汤金钊传》，第3210页。

事,“汤金钊籍隶浙江,着无庸回避。”十九年正月,又命汤金钊、吴文镕在浙江查办事竣后回江苏,查办御史周春祺弹劾把总翟九龄养匪害民案和复估河工闸口兴修案,以及江宁布政使唐鉴声名不好案。① 吴文镕是江苏扬州府人,又未回避。

钦差大臣执行回避制度,但在某些情况下奉命不执行回避制度。钦差大臣特别是汉钦差大臣不回避,多出于皇帝的信任。官场关系错综复杂,使钦差大臣在嘉道时期执行回避制度愈发困难。

第四节 对钦差大臣的奖惩

赏有功,罚有过,是官员管理制度的重要内容,钦差大臣是官员中的一分子,自不例外。对钦差大臣的奖赏有实物奖励、口头表扬、升职、给予各种荣誉等,对钦差大臣的惩罚有口头训斥、行政革职处分、斩首等。② 这些对钦差大臣的奖惩方式与对其他官员的奖惩方式相比,并无特别之处。但作为直接对皇帝负责的官员,对钦差大臣的奖惩还是有区别于其他官员之处。

一、对钦差大臣的奖励

对钦差大臣的赏赐,不一定须在钦差大臣回京复命,并对所办事务进行评估之后。换言之,对钦差大臣的奖励不一定是按功行赏,皇帝可在钦差大臣出京前或在出差途中赏赐。如果亲王允礼于雍正十二年(1734)冬奉使泰宁,在出差途中得到赏赐:“在途复颁训旨,慰谕谆谆,赉赐频仍,传车相踵”。③

皇帝的赏赐,或许是经过精心挑选,以显示皇帝对钦差大臣照顾得无微不

① 《嘉庆道光两朝上谕档》第43、44册,道光十八年十一月二十五日、十九年正月初七日、十九日,第454、6、18页。

② 张晶晶:《清代钦差大臣研究》,第85页。

③ 允礼:《自得园文钞·纪行诗序》,《清代诗文集汇编》第283册,第850页。

至。清代流行毛皮服饰，①皇帝常将毛皮服饰赏赐给钦差大臣。如雍正元年，吏部左侍郎黄叔琳往湖北办理盐务。时值十月，雍正帝赏赐黄叔琳绒结顶貂帽、天马皮马褂、青坎缺襟袍。道光二年(1822)十二月，大学士戴均元(时年77岁)往河南查河，道光帝特赏元狐马褂一件。道光七年十一月，刑部尚书陈若霖在湖北勘办水利完毕后，又奉命往江西查办案件，道光帝说："现在天气严寒，发去黑狐马褂一件，交陈若霖祗领。"②

除赏赐钦差大臣本人外，还可推恩其父母。如裘曰修(1712—1773，江西南昌府新建县人)父母受赏：

> 裘文达公以军机大臣出治河工，自乾隆二十二年(1757)至二十三年，周历山东、河南、安徽三省，疏浚修筑，水患粗已，高宗深嘉之。明年，特旨赐公继母郝氏"八旬衍庆"生母王氏"七袠连祺"匾额。人子显扬，莫荣于此已。③

很显然，有钦差大臣办事不力应惩而因父母免于惩罚者。如嘉庆二十年(1815)，钦差大臣初彭龄在江苏办事不力，"本应革职发往伊犁，以示惩创。姑念伊母年已九旬，朕所稔知，原欲于今岁伊母生辰加以恩赉。今初彭龄自罹愆咎，不能仰承恩眷，实为不孝！若其母因子远戍，晨夕思念，或有意外之虞。初彭龄虽咎由自取，朕心殊为不忍。初彭龄着革职，施恩免其发遣，令在家闭门思过，不准出门，若再妄为，定不轻恕。"④此是初彭龄第二次托其母之福，免于发配。

对钦差大臣的奖励，不一定是赏赐珍贵的物品，或加官晋爵。对钦差大臣

---

① 参见戴君安：《清代北亚毛皮的输入与流行时尚》，台湾"清华大学"2007年硕士学位论文。

② 顾镇：《黄侍郎公年谱》卷中，《北图年谱》第91册，第49页；汤金钊等：《戴可亭相国夫子年谱》，《北图年谱》第116册，第618—619页；《嘉庆道光两朝上谕档》第32册，道光七年十一月初四日，第343页。

③ 小横香室主人：《清朝野史大观》卷1《清宫遗闻·高宗赐裘文达继母、生母匾额》，中央编译出版社2009年版，第33页。

④ 《嘉庆道光两朝上谕档》第20册，嘉庆二十年三月初八日，第109页。

而言,皇帝的一句嘘寒问暖都值得倍加珍惜。康熙三十一年(1692),79岁的户部尚书王骘(1614—1695,山东登州府福山县人)和工部尚书沙穆哈从陕西赈济灾荒回京,赴畅春园复命:

侍卫敦住出入传谕三次,复云:"皇上'谕大人们辛苦了,吃了茶去。'"沙公暨诸部郎俱大喜曰:"差回之人从未蒙此温语,异数也。"①

又康熙二十八年,耶稣会士徐日升(1645—1708)记载在谈判后向康熙帝请安,"过了一会儿,太监回来了,说皇帝下令赐茶给我们全体。虽则茶本身是不值钱的,这种优待的表示不是所有的人都能得到的。"②喝茶或许不值一提,但喝皇帝赏赐的茶,却值得记录。

皇帝对钦差大臣的关心,集中体现在钦差大臣向皇帝陛辞和复命的时刻,如陈汝咸(1658—1714,浙江宁波府鄞县人)。康熙五十一年(1712),海贼陈尚义乞降,御史陈汝咸自请入海招抚,江西举人阮蔡文随行。二人往盛京金州卫附近的隍城岛招抚。陈汝咸陛辞之时和复命之时,康熙帝对陈汝咸说了一番关心的话:

陛辞,圣祖谓公曰:"汝乃近御之臣,不可下海,风涛不测,所当惧也,但令蔡文往足矣。"又曰:"山海关外崎岖,汝不善骑,当以肩舆往。"公感泣谢。蔡文入海,舟果坏,易其副以行,卒抚尚义等。复命,圣祖又谓公曰:"汝若同入海,不受惊耶?"公因顿首感泣谢。

康熙五十三年,已是大理寺少卿的陈汝咸,同工部右侍郎常泰到甘肃赈济灾荒。临行前,康熙帝对陈汝咸说:"穷边恐不得食,彼所出肉苁蓉、土参,朕亦曾尝之,颇美,可啖也。"甘肃地区多穷困,加之灾荒,恐无佳肴,康熙帝特地向陈汝咸推荐了两种特产:肉苁蓉和土参。陈汝咸素有喘泄之病,肉苁蓉和土参有治疗喘泄的效用,而康熙帝懂得一些医药知识,可见,康熙帝应知道陈汝咸

① 周清原:《大司农王公年谱》,《清代诗文集汇编》第48册,第183页。

② [美]约瑟夫·塞比斯:《耶稣会士徐日升关于中俄尼布楚谈判的日记》,王立人译,商务印书馆1973年版,第214页。

的病情,并特地推荐了地道药材。陈汝咸到甘肃后,野有饿殍,食酒肉都无味,更不用说品尝甘肃特产了。①

二、对钦差大臣的惩罚

对钦差大臣的惩罚,可从以下两方面考察。

第一,钦差大臣依然是官员,应遵守适用于所有官员的法律条例。

道光二十八年(1848),吏部右侍郎福济、候补庶子骆秉章在河南审案,在奏折中,"至李嘉礼之子,并未书写姓氏,殊属不合,福济、骆秉章着严行申饬。"②君前臣名,无论是普通官员还是钦差大臣,都应遵行,福济、骆秉章并未完全遵行,故遭申饬。

道光十五年(1835),理藩院左侍郎隆文在从西藏回京的途中,接到令往四川审案的谕旨。上谕说:"本日据隆文等由驿驰奏折件,朕意必有紧要事务,及行披阅,乃系隆文行抵四川德阳县接奉前交审案谕令,折回四川省日期,暨请留臬司苏廷玉审讯此案。此等事件,并非紧要,尽可由该省折差奏事之便随同具奏,何必专折具奏。徒劳驿站,殊属不晓事体。隆文、(四川总督)鄂山均着传旨严行申饬。"③不重要事件,专折陈奏,且由驿站传递奏折,甚属浪费,故隆文、鄂山遭申饬。

第二,钦差大臣肩负使命,前往各地办事,毕竟不同于非钦差官员,对钦差大臣的惩处应显示出钦差大臣本身的特性。

关于钦差大臣本身的特性,可从两方面来理解:

1. 钦差大臣前往外地处理事务,在出差中的行为是否合乎法律条例,如是

① 全祖望:《鲒埼亭集》卷16《大理悔庐陈公(陈汝咸)神道碑铭》,《清代诗文集汇编》第302册,第482页;《清圣祖实录》卷258,康熙五十三年三月乙巳,第6册,第550页。关于康熙帝的医学知识,见陈捷先:《康熙写真》,浙江文艺出版社2003年版,第72—83页;[美]史景迁:《中国皇帝:康熙自画像》,上海远东出版社2001年版,第137—146页。

② 《嘉庆道光两朝上谕档》第53册,道光二十八年八月初二日,第253页。

③ 《嘉庆道光两朝上谕档》第40册,道光十五年闰六月二十二日,第278页。

否骚扰驿站、勒索官员、逗留不归等,是否约束、规范随员、家人的行为。

2. 钦差大臣负有使命,能否完成使命对钦差大臣而言非常重要,如审案是否彻底、真实、详尽,所议审案结果是否合理等。

钦差大臣办理事务,衔命而去,复命而回,应完成使命。嘉庆六年(1801),直隶水灾,嘉庆帝派钦差大臣分四路查勘水灾,有需要赈济之地,钦差大臣督同地方官立即赈济。西路钦差大臣窝星额、广兴,查至涿州便打道回京,仅仅奏报户口清单,并未奏报如何赈济之事,二人交部议处。东路钦差大臣阿隆阿、张端城,查勘宁河等地受灾甚重,但未督同地方官立时开仓赈济,理由是百姓有存粮;后嘉庆帝令阿隆阿、张端城往天津查勘水灾,但二人又奏回京请训,"其意不过欲借此回家看视耳。"嘉庆帝令二人立即前往天津,"不准归家,亦不准驰驿前往。"并交部严加议处。① 甚至有钦差大臣不能完成使命而丧命者。咸丰八年,耆英办理外交事务,在未完成使命的情况下私自返回。耆英并非故意返回,而是要面陈办理情形,但最终被赐令自尽。②

钦差大臣出使须复命。《大清律例》云:"凡奉制敕出使,不复命",杖一百。③ 钦差大臣出使须复命在小说中也有反映,如李渔在小说中写郁子昌出使金国后回京复命的情形:"宋朝有个成规,凡是出使还朝的官吏,到了京师不许先归私宅,都要面圣过了,缴还使节然后归家。郁子昌进京之刻还在巳牌,恰好徽宗坐朝,料想复过了命正好回家。"④顺治九年(1652),工部左侍郎刘昌奉命致祭阙里,私归原籍河南开封府祥符县。都察院弹劾道:"奉差祭告,虽未定限,事竣应即还朝,乃竟回家迟延,应罚俸一年",得到批准。⑤

绕道行走。康熙四十九年(1710),湖广总督郭世隆弹劾翰林院侍读学士

---

① 《嘉庆道光两朝上谕档》第6册,嘉庆六年六月二十七日,第249页。

② 高中华:《肃顺与咸丰政局》,齐鲁书社2005年版,第163—178页;陈开科:《巴拉第与晚清中俄关系》,上海书店出版社2008年版,第482—487页。

③ 《大清律例》卷7《出使不复命》,第162页。

④ 李渔:《十二楼·鹤归楼》第3回,陕西师范大学出版社2001年版,第172页。

⑤ 《清世祖实录》卷65,顺治九年五月戊戌,第3册,第509页。

陈壮履致祭南岳，纡道嘉鱼县，骚扰地方，陈壮履被降为编修。①

钦差大臣办事应和衷共济。雍正中，蔡起俊和傅泰往军前清查钱粮，不料蔡起俊“怀挟私心，举动乖张，刚愎自用，一切事件不与傅泰公同商议”，雍正帝将之革职拿问，“以为钦差不秉公者戒。”②

派往国外的钦差大臣，要维护国体。乾隆二十年（1755），翰林院侍讲全魁、编修周煌册封琉球国王，未能约束兵役，遭处分。大学士傅恒等议：“册封琉球，奉使外藩，国体攸关，凡一应随从兵役，理应严行管束。今兵役陈国栋等胆敢借遭风名色挟求抚恤，正使全魁、副使周煌不能弹压，且听从挟求，行文加给银两，漫无主持，殊玷使臣之职。应将全魁等，均照溺职例革职。”全魁、周煌身为使臣，不能约束兵役，有辱国体，实属溺职。乾隆帝念出使外洋，遭遇风险，从宽改为留任。③《大清律例》中有“八议”之法：“六曰议勤。谓有大将吏，谨守官职，早夜奉公，或出使远方，经涉艰难，有大勤劳者”。④ 全魁和周煌本应革职，但依照“八议”中的“议勤”，改为留任。

钦差大臣审理案件，在定案时须对相关人犯作出判决，往往有钦差大臣因定罪不当而遭惩处，如大学士文孚因在定罪时施恩而遭议处。道光十五年（1835），山东巡抚钟祥弹劾武定府阳信县知县恩福下乡催征办理不善，恩福被撤职。此后，恩福多次控告，钟祥令新任臬司审讯，并无偏抑。道光帝以为，此案应查讯明确，以折服恩福之心，令军机大臣、文渊阁大学士文孚审理。⑤文孚审理的结果，仍是以为钟祥的处理并无偏抑。但文孚在定案时沽名钓誉：

昨据文孚奏查讯山东撤任知县恩福逞刁渎诉一案，复核案情，实无偏

① 《清圣祖实录》卷242，康熙四十九年六月戊午，第6册，第408—409页。

② 《上谕内阁》卷58，雍正五年六月二十二日，《景印文渊阁四库全书》第414册，第650页。

③ 《内阁大库档案》，登录号:016571，乾隆二十二年六月初六日奏；《清史列传》卷24《周煌传》，第1813页。

④ 《大清律例》卷4《名例律上·八议》，第86页。

⑤ 《嘉庆道光两朝上谕档》第40册，道光十五年四月二十九日，第167—168页。

抑,是钟祥将该县恩福奏参撤任,声请议处,确核定谳,并无不实不尽。恩福于被参后,以不能指定之词,妄凭胸臆,逞刁渎诉,挟制上司,此风断不可长,当经降旨斥革,以示惩儆。文孚身为大学士,于此等案情,经特旨交办,既查无偏抑,则劣员刁诈之风,自应按律定拟,奏参惩办,以儆官邪,乃因恩福业经该抚原参议处,即将怀疑呈诉处分,声请应否免议,殊非大臣任怨之道。文孚着交部议处。①

吏部议以将文孚降三级调用,"系照例办理",但道光帝念事属因公,改为降四级留任。②

钦差大臣回京后,皇帝召见钦差大臣以询问地方各种事务,若钦差大臣不能回奏,或遭惩处;此虽与钦差大臣的使命无关。如康熙初,钦差大臣班迪,"原为内庭侍卫之长,因其勤慎,特加简用,自为户部侍郎以后,尝闻其清慎之名。及差往江西,所审军机事情并未明晰,问以民生苦乐,又不能知,缘此降级"。③

钦差大臣多是能员干吏,若办事不善,会被当作官员中的典型,一再遭受惩处。如道光十六年(1836),钦差大臣恩铭、赵盛奎因审案不力被两次降职、在上谕中被四次点名批评的事例。恩铭、赵盛奎在广东审理案件,有两案办理不善:

1. 审拟广州府香山县知县叶承基被参各款一案,有不实不尽之处。

2. 审理刑部主事白让卿是否在任钦差大臣随员时得受贿赂,并有欲行不公正之案。"刑部主事白让卿由粤差旋时,曾将木箱二只托监生石纶亭即石腾芳代为寄京。既已讯明属实,其有无寄顿及如何得受苞苴,正可从此根究,以期水落石出。乃不守候白让卿、阳金城伴送到粤,秉公质讯,径于拜折后即

① 《嘉庆道光两朝上谕档》第40册,道光十五年五月三十日,第213—214页。

② 《嘉庆道光两朝上谕档》第40册,道光十五年六月初四日,第218页。

③ 魏象枢:《寒松堂全集》卷4《遵谕举廉以惜人才等事疏》,《清代诗文集汇编》第60册,第344页。

行起程，并称迎去前途，就近提讯。不知此案一切人证、卷宗均在广东省城，若在中途查办，并无质证，是欲仅就该员等一面之词，遽行定案。所见实属错谬！”

二人在审毕叶承基案后，拜折起程回京，上谕说：“此次交办事件甚多，尚有应行质讯之件，该尚书等径行起程，辄云迎至前途提讯，实属错谬。”上谕令二人接旨，“无论行抵何处，即行回京。”此两案交新任钦差大臣朱士彦、耆英审理。① 二人未完成使命即被责令回京。

七月十七日，上谕对恩铭、赵盛奎审理白让卿、阳金城是否受苞苴一案发表见解：

> 恩铭等既提讯石纶亭实有托寄箱只情事，自应俟白让卿等到案质讯，乃遽奏称自粤起程，迎至前途提讯，已有不肯认真问讯之意，已属错谬。本日恩铭等奏查审情形，辄据白让卿、阳金城一面之词，遂谓所供并无收受苞苴馈赂情事，尚属可信。审理案件，于案情无可依据之处，尚须逐细研求，究出端倪，方成信谳。此案既有托寄箱只之石纶亭、代寄通州之知县赵桐，无难三面质对；至阳金城所带衣箱如许之多，已出情理之外，又有家丁可究，即使现在未尽随至广东，查传提讯，不过稍淹时日，何得颟顸将就，豫存和事之见，据其所具亲供，信以为实乎？朕非谓白让卿、阳金城必有得受苞苴情事，然查办事件，总须得一“实”字。似此查奏，岂非有意草率了事，支吾搪塞，迹近欺罔，殊失朕以诚委大臣实心任事之义。恩铭、赵盛奎俱着交部议处。②

七月二十一日，道光帝公布了对二人的惩处结果：恩铭被革去尚书、都统，降为三品顶带，仍带革职留任；赵盛奎被革去侍郎，退出军机大臣上学习行走，降为四品顶带，以三品京堂候补，仍带革职留任。对恩铭和赵盛奎的处分有明显的轻重之分，在对二人予以降职的上谕中，直接任命恩铭为刑部左侍郎，而直到

① 《嘉庆道光两朝上谕档》第41册，道光十六年六月二十五日，第265、266页。
② 《嘉庆道光两朝上谕档》第41册，道光十六年七月十七日，第304页。

十二月,赵盛奎才被任命为太常寺卿。① 次年,道光十七年四月初四日,根据新的案情,惩处了办理卢应翔案不实不尽的官员:

> 赛尚阿、(广东巡抚)祁𡊮审办卢应翔本案,尚无错误,惟于粮差诈赃一节未经审出,着即照议,罚俸一年,不准抵销。恩铭、赵盛奎(两广总督)、邓廷桢于卢应翔干预讼事,未能审出实情,遽请开复原官,以致该革员渎控不休,实属错误,该部加等议以降三级留任,尚觉过轻,恩铭、赵盛奎、邓廷桢俱着改为革职留任,六年无过,方准开复,以示惩儆。②

四月十一日,即在对恩铭、赵盛奎新加处罚后七天,道光帝发布特谕:"为政之道,首戒欺蒙。"六部九卿各衙门办事,应当遵照例案办理,"庶可免其欺蒙也。"如三等侍卫克兴额按例应革职,但援引例案错误,"非任听庸劣司员妄行援引,即堂司俱受书吏欺蒙矣。此事尚无甚紧要,若动辄皆然,堂官数人只知依样画诺,漫不经心,其患岂可胜言。总因不能实心之故也。"接着,道光帝又借卢应翔案鞭策官员:

> 又如广东卢应翔一案,以寻常之案屡控不休,钦差三命,成何事体。始而赛尚阿、祁𡊮讯结,虽无大错,而所办甚不切实;继以恩铭、赵盛奎、邓廷桢,率意判断,致长刁风。在赛尚阿等谅不敢有别情,而承审之员未必皆能清白乃心,是赛尚阿等亦难免有被欺蒙之处。奉使者不肯实心,苟且从事,莫怪乎人之欺蒙也。

最后,道光帝以自己勤政为例,勉励官员奋发振作,免受欺蒙。③ "八议"中有"议勤"之款,恩铭、赵盛奎出使在外,没有功劳也有苦劳,但二人未得到该条法律的庇护,或许二人的苦劳没有达到"议勤"的标准。

为使钦差大臣能够完成使命,在钦差大臣办理事务之前,皇帝常明白告

---

① 《嘉庆道光两朝上谕档》第41册,道光十六年七月二十一日,第321页;《清宣宗实录》卷292,道光十六年十二月甲寅,第37册,第515页。

② 《嘉庆道光两朝上谕档》第42册,道光十七年四月初四日,第131页。

③ 《嘉庆道光两朝上谕档》第42册,道光十七年四月十一日,第148页。

诫,若不认真办理事务,必遭惩罚。此类告诫往往措辞严厉,有“不准”“不许”等否定性字眼,字里行间带有强烈的威胁意味,也可见皇帝通过严厉措辞展示出的愤怒之情。或许只有钦差大臣才收获此种事先得到明确许诺的“殊荣”。如乾隆五十一年(1786),山东登州府黄县民人李友梅在步军统领衙门控告同县民人王鹏欠钱不还,反被辱殴,后赴府控告,而其母在王鹏家大门内身死不明一案,乾隆帝派刑部右侍郎觉罗琅玕(1744—1804,正蓝旗人)前往审理。乾隆帝非常明白地告诉琅玕:

> 看来此案竟与上年海升致死伊妻吴雅氏……情节相似,不可不详细研究。着派侍郎琅玕前往山东秉公审办,即自京起程,不必前赴行在请训。至琅玕与(山东巡抚)明兴俱系旗人,不可稍存回护之见。上年海升之案,因(刑部右侍郎)景禄、(刑部右侍郎)杜玉林检验不实,复经派出(户部右侍郎)曹文植、(工部右侍郎)伊龄阿前往覆检,始将装点情节据实究出,得成信谳。是以将曹文埴、伊龄阿加恩议叙,景禄、杜玉林发往新疆效力,以示惩劝。此次琅玕务须实心查办,审出实情,自可仰承恩眷;若少存瞻顾,稍有不实不尽,致李友梅冤抑莫伸,复又翻供控告,别经审讯得实,则景禄、杜玉林即其前车之鉴!祸福惟其自致,琅玕当自行审度择取也。①

海升殴妻致死一案,专司刑名的两位刑部堂官被发配伊犁,两名非刑部堂官得到奖励,二者之间形成了鲜明的对比。琅玕在景禄被革职发配后升迁为刑部侍郎,他对海升殴妻致死案的来龙去脉十分清楚,现今又奉派审理相似之案,其应非常明白,若不认真审理案件,不审出实情,难逃被发配的命运,若审出实情,则会受赏。类似琅玕这样得到带有强烈威胁性的上谕,在嘉道时期屡见不鲜。如嘉庆十五年(1810),令乾清门侍卫苏冲阿、玉福押解人犯,“沿途押解行走,须加意严管,傥有疏虞,惟苏冲阿、玉福二人是问!”②道光八年(1828),

① 《乾隆朝上谕档》第13册,乾隆五十一年二月二十九日,第60—61页。

② 《嘉庆道光两朝上谕档》第15册,嘉庆十五年七月二十一日,第345页。

前任热河都统升寅前往甘肃会同陕西巡抚鄂山查办宁夏将军庆山与副都统噶普唐阿互相揭参案。“五月二十一日承准军机大臣字寄钦奉谕旨:将代奏折内所参各款特交逐一详细严究,不准有不实不尽之处。”该“饬谕甚严!”①在皇帝明白宣示若不完成使命必遭严惩的情况下,钦差大臣只能“置之死地而后生”了。

清代典章制度中关于钦差大臣的内容并不多,但作为官员,钦差大臣须遵守相关制度;而在实际运作中,钦差大臣往往未遵循。

就保密而言,钦差大臣办理与地方官有利害关系的事件,需要保密。保密的方式主要有二:一是钦差大臣在到达办差地之前不知所办的事务;二是利用驿路保密,即钦差大臣办差之实际地点与上谕所说钦差大臣办差之地点不相同。保密与泄密是相对的,只能在一定时期、一定范围内做到保密。当某种保密措施反复使用,在一定程度上而言,反易造成泄密。泄密的方式有二:一是钦差大臣公开办理事务造成的泄密,二是人为泄密。皇帝令钦差大臣秘密查访地方官。在康雍乾时期,皇帝多反对派遣钦差大臣秘密查访地方官;而在嘉道时期,皇帝常令钦差大臣秘密查访地方官。

地方应如何供应钦差大臣,有一定的标准,但地方官常违例供应。除违例供应外,地方官还馈送钦差大臣特产、银两。地方官讨好钦差大臣,敬重钦差大臣,实则敬重皇帝,而京官贫穷,又为地方官馈送钦差大臣提供了切实的理由。钦差大臣对地方官馈送的态度分为两种:收或不收。钦差大臣个人的道德品质,几乎成为其是否接受地方官馈送的决定性因素。不容否认,钦差大臣接受地方官的馈送在清代是普遍现象。能获得利益的出差机会,官员多争之。与理学关系密切的钦差大臣也接受地方官的馈送。除接受馈送外,欲壑难填的钦差大臣甚至勒索地方官。对于钦差大臣的勒索,地方官的态度不一,或严

① 宝珣、宝琳:《昇勤直公年谱》卷下,《北图年谱》第126册,第329页。

词批驳，或卑躬屈膝，而整体情形是：地方官甚少主动奏报钦差大臣的勒索，多逆来顺受，虽清正之官员亦不能免。地方官馈送钦差大臣，在康熙朝多听之任之，从雍正朝始，加强管理。皇帝对地方官馈送钦差大臣之基本态度是：人之常情，但须限制。法令禁止钦差大臣勒索地方官，地方官亦不得违例供应钦差大臣，在实践并未得到遵守。钦差大臣出差给地方造成了沉重的负担，钦差大臣出差的负面效果自乾隆末年不断显现。

钦差大臣亦遵守回避制度。钦差大臣执行回避，目的在于尽可能使事件得到公正地处理。回避制度在带来良好效果的同时亦带来负面效应，皇帝有时刻意让钦差大臣不回避。钦差大臣不回避，于旗人，主要是不回避旗籍；于汉人，主要是不回避籍贯。钦差大臣是否回避，需要奏请皇帝批准，或皇帝事先对是否回避做出指示。在康雍时期，钦差大臣不回避的事例较少，在乾嘉道时期，钦差大臣不回避的事例较多。对钦差大臣而言，不回避是一种荣宠。在嘉道时期，钦差大臣执行回避制度窒碍难行，原因有二：一是官场中的关系愈来愈复杂，不易回避；二是续办事件增多，若处处回避，必定影响钦差大臣处理事务。

对钦差大臣亦执行奖惩制度。对钦差大臣的奖励，不一定在钦差大臣回京复命并对钦差大臣所办事务进行评估后，亦不一定赏赐珍贵的物品。对钦差大臣的惩罚，可从两方面考察：一是钦差大臣须遵守所有官员应遵守的法律条例，二是钦差大臣须遵守本身应有的规范。如钦差大臣在出差中是否骚扰驿站、是否完成使命、定案是否合理等。钦差大臣多属能员干吏，若处理不善，则被树为办事不力的典型，被多次惩处。与其他官员不同的是，钦差大臣在办理事务之前，皇帝多明白告诉钦差大臣，若不认真办理必遭严惩。

第五章 清代钦差大臣的历史演变

社会的变化时刻都在发生着,政治的变迁虽不同社会的变化那样剧烈,但也无时无刻不在进行着。从较长的时间段看,钦差大臣作为整个国家机器的一部分,必然随着清代政治的发展、国势的变化而在不同时期呈现出不同的特点。

第一节 钦差大臣办差的内容

钦差大臣奉命外出办理事务,事务的性质、内容不一,或大事或小事,或公事或私事。在众多事务中,钦差大臣办理较多、影响较大的事务主要有以下几方面。

一、审理案件

赵翼认为:“以重案特命大官出勘,名曰钦差”。① 在清代,案有事的意思,一事为一案,不论事为何事、事之大小规模,案既可指刑事、民事等各种案件,又可指自然灾害、工程兴建、军事活动等各种事件,赵翼所说的“案”为案件之意。换言之,审理各种案件是钦差大臣工作内容的重点。

官员的贪腐案,是钦差大臣审理较多的一种案件。贪腐案是指官员采取

① 王树民校证:《廿二史札记校证》卷12《齐梁台使之害》,第257页。

非法手段增加个人财富,非法手段包括侵占国家钱粮、勒索下属官员、压榨百姓等。君子爱财,取之有道。官员贪腐,不是简单的财富问题,而是获取财富的方法与手段违背国家法度以及造成不良后果。官员贪腐,导致行政崩坏,民心动摇,危及国家财政,破坏社会稳定,故官员贪腐历来是朝廷惩治的重点。

"从来察吏之道,莫先于奖廉惩贪。"①清军入关伊始,摄政王多尔衮谕告官员、百姓,要惩治贪污。② 顺治帝、康熙帝、雍正帝秉承澄清吏治的原则,采取多种措施惩治贪腐。概而论之,雍正朝惩治贪腐的措施最有成效,雍正帝不仅采用严刑峻法惩治贪腐,而且从制度层面的改革来防止贪腐。③

从顺治到道光共六朝的官员贪腐案中,以乾隆朝为最多。乾隆朝的贪腐案多为大案,也多为清人和今人熟知。清代第一贪腐大案当属甘肃捐监冒赈案。此案始于乾隆三十九年(1774)四月,至乾隆四十六年案发,历时约七年。全案共涉及官员 200 余人,处理的结果是:一名总督赐自尽,两名布政使被正法,其他被正法者 50 多人,被发配者 40 多人。④ 而备受乾隆帝宠信的和珅,当是清代第一大贪官。

到乾隆末年,官员的贪腐愈发严重。乾隆六十年,乾隆帝将贪官甘肃布政使王亶望与福建督抚伍拉纳、浦霖作了对比:"王亶望等,在甘肃地方捏灾冒赈,婪索多赃,然其罪不过侵蚀监粮,而于地方仓库,尚不至任意亏空",而"闽省仓库,至于无处不缺。民生吏治,玩愒废弛,更不可问。"乾隆帝得出的结论是:"王亶望之罪,止于侵盗;而伍拉纳、浦霖等,藐法侵贪,废弛玩误,竟至害政殃民,较之王亶望情节尤重。"⑤王亶望胆大,大不过伍拉纳、浦霖。官员贪腐,将魔爪伸向了仓库钱粮。

---

① 《上谕内阁》卷 91,雍正八年二月十七日,《景印文渊阁四库全书》第 415 册,第 415 页。

② 《清世祖实录》卷 5,顺治元年五月丙子,第 3 册,第 63 页。

③ 张菁华:《惩贪风而申国宪——乾隆朝惩治侵贪案研究》,台湾政治大学 2007 年博士学位论文,第 44 页。

④ 卢经:《乾隆朝甘肃捐监冒赈众贪案》,《历史档案》2001 年第 3 期;屈春海:《乾隆朝甘肃冒赈案惩处官员一览表》,《历史档案》1996 年第 2 期。

⑤ 《乾隆朝上谕档》第 18 册,乾隆六十年十一月二十三日,第 907 页。

表3　乾隆朝惩治贪腐案表(部分)①

序号	谕令时间	钦差大臣		贪腐者	出处
1	6-3-癸酉	吏部右侍郎杨嗣璟	汉	山西学政喀尔钦贿卖文武生员	138
2	12-11-丁亥	文渊阁大学士高斌	满	原任浙江巡抚常安贪婪	302
3	20-12-丁未	户部左侍郎刘纶	汉	原任浙江巡抚鄂乐舜勒派盐商	502
4	22-4-丙寅	刑部尚书刘统勋	汉	云贵总督恒文贪婪	536
5	25-8-己亥	协办大学士刘统勋 刑部右侍郎常钧	汉 满	江西巡抚阿思哈收受属员馈送	619
6	29-3-乙卯	刑部尚书舒赫德 署吏部侍郎裘曰修	满 汉	闽浙总督杨廷璋收闽海关陋规	706
7	34-10-癸亥	内阁学士富察善 湖广总督吴达善 刑部左侍郎钱维城	满 满 汉	贵州巡抚良卿贪渎	844
8	37-2-辛未	刑部左侍郎袁守侗	汉	云南布政使钱度贪婪勒索	902
9	45-1-乙巳	户部左侍郎和珅 刑部右侍郎喀宁阿	满 满	云贵总督李侍尧贪婪勒索	1099
10	46-4-庚午	户部尚书和珅 左都御史刘墉 工部右侍郎诺穆亲 御史钱沣	满 汉 满 汉	山东巡抚国泰、布政使于易简勒索属员,亏空银两	1154

互控案是钦差大臣审理较多的又一种性质的案件。官员之间因各种公私矛盾而相互控告,称互控案、互参案,若官员因动机不纯而互相讦告、互相揭露,又称互讦案、互揭案。官员的品级越低,互控案越多;官员的品级越高,互控案越少。低级官员之间易发生互控案,与低级官员的基数大、低级官员的整体素质不如高级官员高有关。官员之间的互控案,多发生在一个区域内。如同一县的知县、典史、县学教官等,同一府的知府、知县、同知等,易发生互控案;发生在不同区域的互控案甚少。雍正年间的河南巡抚田文镜与直隶总督李绂之间的互控案,②是清代为数不多的发生在非同一区域的互控案。此外,

① 凡"出处"均引自实录,栏中数字表示实录的卷数。

② 李霞:《论雍正朝李绂与田文镜之间的督抚互参案》,《华北水利水电学院学报》2010年第2期。

文武官员之间也易发生互控案。

钦差大臣审理互控案，多审理高级官员之间的互控案，原因有三：一、高级官员都是封疆大吏、国家重臣，他们之间若发生互控案，应属于大事，必须查清。二、高级官员之间的互控案，应是他们之间矛盾的集中爆发，若不及时解决矛盾，只能使矛盾越积越多，下属们也会拉帮结派，互相掣肘，渐成水火，从而严重扰乱地方行政。三、高级官员之间的互控案，给众多下属官员树立不好的榜样，当彻底查办，明辨是非，以免上行下效。

与审理京控案件之数量相比，钦差大臣审理的互控案件数量较少，但影响却较大。康熙年间两江总督噶礼和江苏巡抚张伯行之间的互控案，是清代影响较大的一件互控案。①

表 4　清代惩治互控案表（部分）②

序号	时间	钦差大臣		互控者	出处
1	康 38–5–丁亥	工部侍郎右罗察 内阁学士布泰	满 满	四川提督岳升龙 四川巡抚于养志	193
2	康 38–5–甲午	户部尚书马齐	满	山西巡抚倭伦 山西布政使齐世武	193
3	康 38–4–丙辰	刑部尚书傅喇塔 两江总督张鹏翮	满 汉	前陕西巡抚吴赫 宁夏道吴秉谦	193
4	康 48–12–乙巳	吏部尚书萧永藻 左副都御史王度昭	满 汉	湖南巡抚赵申乔 湖广提督俞益谟	240
5	康 51–2–丁巳	户部尚书张鹏翮	汉	两江总督噶礼 江苏巡抚张伯行	249
6	康 51	左都御史赵申乔 户部右侍郎噶敏图	汉 满	庆阳知府陈宏道 西宁知州姚宏烈	251
7	嘉 11–9–丁巳	成都副都统文弼	满	驻藏大臣策拔克 驻藏帮办大臣成林	150
8	嘉 10–9–甲子	直隶总督吴熊光 吏部左侍郎托津	汉 满	两广总督那彦成 广东巡抚升湖广总督百龄	150

① 范金民、孔潮丽：《噶礼张伯行互参案述论》，《历史档案》1996 年第 4 期。

② 凡“出处”均引自实录，栏中数字表示实录的卷数。

续表

序号	时间	钦差大臣		互控者	出处
9	嘉 20-12	兵部左侍郎禧恩	满	主事巴彦图 拜唐阿图善	313
10	道 8-3-庚戌	前任热河都统昇寅	满	宁夏将军庆山 宁夏副都统噶普唐阿	134
11	道 17-3-己丑	盛京将军宝兴	满	广州将军苏勒芳阿 广州副都统孟魁	295

二、勘灾与赈灾

“自古圣王之世,水旱之灾亦时有之”。① 在清代,根据灾害的内容制定了不同的抚恤措施。“凡灾之待恤者,曰水、曰旱、曰蝗、曰霜雹、曰地震、曰火,滨海者曰潮、曰飓。凡恤灾,有蠲赋,有减征,有缓征,有赈,有贷,有免一切逋欠。”②

派遣钦差大臣赈济灾害,与灾情的严重程度、灾害面积的大小有关。灾情严重、受灾面积广者,派出的钦差大臣则多;灾情较弱、受灾面积小者,派出的钦差大臣则少,或不派钦差大臣。换言之,是否派遣钦差大臣赈济,依具体的灾情而定。具体到各省,江苏、安徽、直隶、山东等省受灾较多,向以上省份派遣钦差大臣以赈济百姓的次数就较多。四川地区水旱之灾较少,以致总督有“从未办过灾赈”之语,③向四川地区派遣钦差大臣赈济百姓的次数就很少。

清代注重对边疆地区灾害的赈济,表现在两方面:一、注重对东北地区灾害的赈济。清朝由原居东北的满族建立,必然瞩目龙兴之地。从明到清,东北

① 俞森:《郧襄赈济事宜》,载李文海、夏明方主编:《中国荒政全书》第 2 辑第 1 卷,北京古籍出版社 2004 年版,第 145 页。

② 王庆云:《石渠余记》卷 1《纪灾蠲》,北京古籍出版社 1985 年版,第 20 页。

③ 《嘉庆道光两朝上谕档》第 20、24 册,嘉庆二十年正月十七日、二十四年正月十九日,第 26、14 页。

地区在实录中的位置，从边缘走向中心。① 清代对东北地区的赈济，如同元朝对漠北地区灾害的赈济，都十分重视。二、注重对蒙古地区灾害的赈济。蒙古对于清朝的重要性不言而喻。在顺治朝，对蒙古的赈济较少。在康雍乾三朝，政局趋于稳定，喀尔喀归属清朝，清朝对蒙古的经营逐渐从防范、利用蒙古转变为安定蒙古。康熙帝和乾隆帝多次巡幸蒙古地区，对蒙古地区的情形较熟悉，加之国力增强，对蒙古的赈济有足够的财力保障。对蒙古的赈济，受惠者"不仅有王公贵族，还有贫苦的牧民"②。

与派遣钦差大臣办理其他事件相比，派遣钦差大臣赈济灾害有如下特点：一、多派出多路钦差大臣赈济。灾害涉及的范围较广，仅派一两名钦差大臣，带三四名随员，从一路赈济，面对嗷嗷待哺之成千上万的灾民，显然是杯水车薪。因此，分多路派多名钦差大臣前往办理赈灾事宜才能救民于水火。康熙四十二年(1703)，分三路赈济山东灾荒：自泰安至郯城为中路，自济南至登州为东路，自德州至济宁为西路。③ 嘉庆六年(1801)，直隶水灾，嘉庆帝派八名钦差大臣分东南西北四路查勘京师及直隶灾区。④ 二、东北、蒙古地区灾害，多派旗人前往赈济，且多派武官。

三、办理河工

河工在清代为国家重要之政务。康熙帝把三藩、河务、漕运列为三大事，常思常念。河务与漕运紧密相连，康熙帝曾言："倘河务不得其人，一时漕运有误，关系非轻。"⑤

---

① 谢贵安：《从边缘到中心：明清实录对东北历史观察视角的转换》，《学习与探索》2006 年第 6 期。

② 陈安丽：《论康熙对蒙古政策产生的历史背景和作用》，《内蒙古大学学报》1999 年第 3 期。有关对蒙古地区赈济的整体论述，参见袁森坡：《康雍乾经营与开发北疆》，中国社会科学出版社 1991 年版，第 462—472 页。

③ 《清圣祖实录》卷 212，康熙四十二年七月癸酉，第 6 册，第 158 页。

④ 《嘉庆道光两朝上谕档》第 6 册，嘉庆六年六月初七日，第 203 页。

⑤ 《清圣祖实录》卷 154，康熙三十一年二月辛巳，第 5 册，第 701 页。

钦差大臣办理河工,主要集中于以下两方面:

第一,修堤。

河决多派钦差大臣修理。河决必然导致水灾,百姓淹没于汪洋之中,修堤的钦差大臣还需兼办赈灾事宜。嘉庆八年(1803),黄河在河南衡家楼决口,“灌(山)东境,溃运河之曹家单,薄南坝头堤工,穿五空桥平水三闸,入大清河,归海宣泄不及,四溢旁流。张秋迤北,运道堤埝,处处危险。其分溜入徒骇河、马颊河者亦漫溢,自濮、范至利津、沾化二十九州县,先后以成灾告”。为治河赈灾,“先后钦使来视运河者十人,兵部尚书费公淳驻东最久,一切工程,均与论定焉。”①

以《清史列传》记载嘉庆年间熟悉河务的吴璥为例,吴璥10次出差,有4次与修堤有关。

1. 十三年(1808)十一月,刑部尚书吴璥往江苏办理京控案。南河云梯关外陈家浦河水漫溢,两江总督铁保、江南河道总督戴均元议改河道,吴璥往查。

2. 十六年七月,前江南河道总督吴璥赴南河,襄办王营减坝暨李家楼漫工。

3. 十八年十二月,吏部右侍郎吴璥赴南河,查勘湖河情形。

4. 二十一年七月,兵部尚书吴璥赴东河勘工,协防秋汛。

5. 二十二年六月,刑部尚书吴璥赴东河,查勘睢工新镶埽坝及山东运河。

6. 二十二年十一月,刑部尚书吴璥往南河,查勘萧南厅民堰改官堤之事,并查清江浦御黄、束清坝工。

7. 二十三年六月,刑部尚书吴璥往河南,查武陟县沁河溢,并堵筑漫口。

8. 二十四年八月,河南兰阳、仪封汛内河溢,武陟马营坝继决,署吏部尚书吴璥会同巡抚琦善堵筑。

9. 二十五年三月,协办大学士吏部尚书署河东河道总督吴璥赴江南,查勘

① 铁保:《梅庵文钞》卷4《堵筑张秋漫口碑记》,《清代诗文集汇编》第432册,第450页。

漫水下注洪湖之事。

10. 二十五年八月，协办大学士吏部尚书吴璥赴河南，堵筑仪封漫口。①

那彦宝多次担任钦差大臣，办理河工，但声名平常，经特旨予以降黜，而吴璥曾和那彦宝一同出差，且吴璥排名在前。此时，吴璥已从协办大学士任上致仕家居，道光帝以为，若不议处吴璥，“伊转得滥邀章服之荣，是与那彦宝同罪异罚，殊不足以昭示廷臣，协符舆论”，特将吴璥翎顶革去。② 吴璥死后未得谥号，应与此有关。

第二，实地勘察河工，讨论治理方案。

治河消耗大量的经费，但治河不仅仅涉及经费问题，还涉及技术、治河的效益等问题。“河工为专门之学，非久于阅历，不能得其奥窍。”③办理河工要得人，不得其人，则河工日坏。康熙帝曾感叹：“朕三十年心血所治河工被赵世显坏了。”赵世显（康熙47—60年任河道总督）办理河工，由其倖童主持，河工工程全无修筑。④ 排兵布阵，或可在沙盘上推演，纸上谈兵，但治河决不能仅仅依靠图纸而规划。因此，兴修河工工程，要慎重办理，不能草率行事。在办理重大河工工程前，多派钦差大臣会同河督等官员实地查勘，在查勘结果的基础上再做出相应的决议，某些工程的兴修若出现不同意见，还需经过多番大臣会议才能最后决定。如康熙年间河道总督靳辅（康熙16—27年在任）兴修河工的建议，遭到众多官员的非议，且靳辅卷入党争，康熙帝多次派钦差大臣前往查勘情形，但查勘河工的钦差大臣不能秉公办理。⑤

与康雍乾时期相比，嘉道时期的钦差大臣办理河工，除修筑堤坝和讨论河工治理方案外，还参与河工经费管理。嘉道时期，国家财政收入日趋减少，财

① 参见《清史列传》卷35《吴璥传》，第2715—2717页。

② 《嘉庆道光两朝上谕档》第27册，道光二年正月二十八日，第30页。

③ 《清史稿》卷126《河渠一》，第13册，第3767页。

④ 《年羹尧满汉奏折译编》（汉文折）第38折，康熙六十年六月二十五日奏，第214页。

⑤ 林乾：《康熙惩抑朋党和清代极权政治》，复旦大学出版社2013年版，第46—56页；和卫国：《康熙前期靳辅治河争议的政治史分析》，《石家庄学院学报》2008年第5期。

政问题日趋凸显,而河工经费大幅上涨,对河工经费的管理逐渐成为国家的重要政务。对河工经费的管理,一方面是向河工官员强调国家经费有常,要求在节省河工经费的同时保证河工质量;另一方面是派钦差大臣参与到河工经费的管理中。

嘉道时期河工经费的虚耗十分严重。经费多被河员贪污侵冒,河员过着锦衣玉食花天酒地的生活。① 河工经费的增多,除河员的贪污侵冒外,还与嘉道时期的物价上涨有很大关系。河工物料价格上涨,而原定的物料价格不变,导致河工用银虚开。为防止官员蒙混报销,嘉庆十二年(1807)三月,令工部左侍郎英和、工部右侍郎蒋予蒲拣带工部精细司员,查勘南河河工物料价格。② 河工经费的增多与河员借兴修工程谋利有关,如兴修不必要的工程,在勘估工程时多报经费。道光二十三年(1843),江南河道总督潘锡恩奏办理河工情形,道光帝以为,"现当经费支绌之际,该河督务当激发天良,一切核实办理,毋任工员任意铺张,为将来开销地步。"道光帝令刑部左侍郎成刚、顺天府尹李僡前往勘估工程,分别缓急,次第筹办。③ 很显然,在经费日益紧张的道光末年,节约河工经费、将河工经费用到实处,是减少财政支出的一个重要途径。

除参与管理河工经费外,嘉道时期办理河工的钦差大臣还查勘河工物料。清代办理河务,储备河工物料,以备不时之需,而在嘉道时期,河工物料弊端渐多。如道光十九年(1839),御史蔡家玕奏称,有小船从已建成各工程上抽取物料,再转手卖给河工之用。"河工料垛,前经简派大员抽查,现在已逾数年,亦难保不滋生弊端。"道光帝令吏部右侍郎恩桂、大理寺少卿何汝霖在浙江办案后于回京途中严密确查。④

---

① 参见王振忠:《千山夕阳——王振忠论明清社会与文化》,广西师范大学出版社 2009 年版,第 371—381 页;曹志敏:《嘉道年间河费使用问题探析》,《安徽农业科学》2011 年第 32 期。

② 参见《清仁宗实录》卷 176,嘉庆十二年三月辛未,第 30 册,第 320 页。

③ 参见《嘉庆道光两朝上谕档》第 48 册,道光二十三年七月二十六日,第 362—363 页。

④ 《嘉庆道光两朝上谕档》第 44 册,道光十九年十二月十二日,第 505—506 页。

第二节　钦差大臣关防的产生与流变

一、钦差大臣关防的产生历程

在清代以前，有使用钦差专用印信的记载。如万历二十二年(1594)，令光禄寺丞钟化民赈济河南，“特铸印，曰：钦差光禄寺寺丞兼河南道监察御史督理荒政之印。”①清代的印信众多，有印、关防、条记、图记等名称，②非常设机构和专管机构的印信多称为关防。③

清代钦差关防的产生，经历了一个过程。康熙朝未有专门的钦差关防，康熙帝认为钦差关防没有存在的必要。康熙三十九年(1700)，河南道御史郑惟孜疏言，奉差审事官员宜给印信，礼部同意了郑惟孜的请求。然康熙帝表示反对：“凡差遣审事官员若另给与印信，甚滋烦扰，不必铸给。嗣后审事官员，定招审结，即于疏内写明具题日期，钤本用督抚印；事关督抚，则钤藩臬印；事关督抚藩臬，则钤提镇印。”④印信代表着权力，康熙帝认为给与印信会使钦差滋扰地方；若确实需用印信之处，可借用地方高级官员的印信。不过，在顺治、康熙两朝，钦差虽无专用关防，但有钦差出差带关防的记载。顺治十一年(1654)二月，遣满汉大臣16员往直隶八府赈济灾民，顺治帝谕令：“着吏部速将在京各衙门堂上满汉官才能清正的，开列职名具奏，候朕简差，给敕谕、关防前去。”⑤康熙二十一年，刑部尚书魏象枢(1616—1686，山西大同府蔚州人)、

---

① 钟化民：《赈豫纪略》，载李文海、夏明方主编：《中国荒政全书》第1辑，北京古籍出版社2002年版，第269页。

② 杜家骥：《清代官印的特点及其所反映的职官制度变化》，《历史教学》2009年第11期。

③ 任万平：《清代官印制度综论》，《明清论丛》第1辑，紫禁城出版社1999年版，第313页。

④ 《清圣祖实录》卷198，康熙三十九年三月甲午，第6册，第9页。

⑤ 《清代档案史料丛编》第9辑《顺治朝朱谕》，第2页。

吏部左侍郎科尔坤(满洲镶黄旗人)奉命巡查直隶,“于八月初一日,恭领敕印。”①以上两例说明钦差大臣外出办事带有关防、印信,但未明确说明是否为钦差专用。

至雍正朝,又有为钦差大臣制定专门关防的请求。雍正五年(1727)十一月十七日,兵部尚书何天培(?—1736,汉军正白旗人)奏请铸给钦差大臣关防以昭信守。他说:

> 御极以来,内而部院,外及督抚提镇等官,俱蒙换给银印,钦差巡察暨观风整俗使等官俱蒙给以关防,皆所以慎名器重法守也。惟查有奉旨差往审事等员,向例随其所至之处,遇有本章,即借用所在督抚提镇等官印信,其余文移概系空白。臣窃以为事关重大,方蒙皇上遣使审理,审事差员上而题奏,下而行提人犯,调取卷宗,一切文移俱关紧要,文移全以印信为凭,既无印信、关防,保无贻误。臣愚以为,宜请皇上敕下礼部,议铸审事差员关防换拟字样,请自圣裁。铸就贮之礼部,遇有差遣暂给使臣带用,事竣仍缴该部收藏。如此,则事权专而体统肃,信昭守而法具备矣。

雍正帝令“该部议奏。”②雍正六年正月,吏部议覆何天培的条奏,“向来奉差审事官员,例无关防,遇有本章,俱借用地方督抚提镇等官印信,其一切行提人犯、调取卷宗概用空白文移,殊非慎重之意。嗣后请铸造关防十颗,存贮礼部,遇有审事官员,随时给发,事竣仍缴部收贮。应如所请。”得到批准。③《钦定大清会典事例》载:“(雍正六年)铸造钦差大臣关防六,如督抚式,三品以上用;钦差官员关防四,如司道式,三品以下用。均豫铸存(礼)部,遇有钦差,由部给发带往,事竣缴回。”雍正七年,“又奏准增铸钦差大臣关防四、(钦差)官

① 魏象枢:《寒松老人年谱》,《北图年谱》第73册,第490页。

② 《雍正朝汉文朱批奏折汇编》第11册,第30折,雍正五年十一月十七日奏,第38—39页。

③ 《清世宗实录》卷65,雍正六年正月己卯,第7册,第1001页。

员关防六,备用"①。

雍正十年五月二十九日,四川总督黄廷桂(1691—1759,汉军镶红旗人)接到办理军机事务用印的知照:"办理军务处往来文移关系重大,今特颁办理军机事务印记。凡行移各处事件有关军务者,俱着用印寄去。至各处关系军务奏折并移咨办理军务处事件,亦着用印,以昭信守。"黄廷桂借此机会,奏请铸给驻藏钦差诸臣统领印信。他说:"臣思驻藏钦差诸臣统领牟兵,防守重地,凡所办理事件俱系重大军务、边远番情,以及钱粮支存数目,悉关紧要;且距内地遥远,一切文移由口外塘递传送,则内而咨文,外而封筒,似不可无印信钤盖。臣愚以为似应一体铸给印记,以昭信守。"雍正帝的朱批为:"览,办理军需大臣议奏。"②

钦差大臣关防方便文移往来,使有凭有据,故不宜多给,以防官员之间互相掣肘。雍正九年四月二十日,会同西安巡抚武格办理陕西军需事务之工部侍郎马尔泰奏请颁给关防。马尔泰说:"恳皇上赐给钦差关防,于各项往来文移,以便随身钤用。"雍正帝没有答应马尔泰的请求:"至于钦差关防,似乎不宜。汝与武格同办诸务,若另有关防,易至参差,殊为无益。"③钦差大臣会同巡抚办理事务,有巡抚关防可用,雍正帝认为无需另给钦差大臣专用关防,若给反会造成困扰。

二、钦差大臣关防的管理

钦差关防有两种:钦差大臣关防和钦差官员关防。"三品以上用钦差大臣关防,四品以下用钦差官员关防。"④"三品以上"含三品官员,"四品以下"

---

① 《钦定大清会典则例》卷63《礼部·铸印局》,《景印文渊阁四库全书》第622册,第133页。

② 《雍正朝汉文朱批奏折汇编》第22册,第409折,雍正十年闰五月十二日奏,第494页。

③ 《雍正朝汉文朱批奏折汇编》第20册,第262折,雍正九年四月二十日奏,第389页。

④ 阮葵生:《茶余客话》卷2《钦差官使》,第78页。

含四品官员。至同治年间,熟悉典章制度的吴振棫(1792—1871)说:钦差大臣关防遇大事则用,而钦差关防近来不复使用。①

钦差大臣关防,清汉文,尚方大篆,铜质,长三寸二分,阔二寸。钦差官员关防,清汉文,钟鼎篆,铜质,长三寸,阔一寸九分。②

钦差大臣关防与其他印信一样,都有编号。对钦差大臣关防的管理,从礼部转移到军机处。道光十八年(1838)十一月,林则徐从军机处领取的钦差大臣关防,"满汉篆文各六字,系乾隆十六年五月所铸,编乾字六千六百十一号。"③钦差大臣关防由官职较高者掌管。乾隆十四年(1749),乾隆帝以傅清曾在西藏办事,"彼处事体,谅属稔知",赏其都统衔,令再往西藏办事;另一位驻藏大臣纪山,"见识甚谬",职衔是副都统衔,乾隆帝命傅清掌管钦差大臣关防。④ 乾隆十六年,于驻藏大臣那木扎勒和班第,由谁掌握钦差大臣关防,乾隆帝说:"从前班第系副都统职衔,那木扎勒系侍郎又兼护军统领,钦差关防理宜那木扎勒掌管。嗣班第经朕加恩赏给都统职衔,且较那木扎勒年长,关防仍应着班第掌管。"⑤乾隆四十三年,理藩院左侍郎博清额往库伦任办事大臣,同年蒙古库伦办事大臣桑斋多尔济病故,乾隆帝令土谢图汗车登多尔济前往库伦,协同博清额办事,"其寻常事件,令博清额掌钦差大臣关防;如遇给俄罗斯文移,着车登多尔济列名在前。"⑥

钦差大臣关防作为朝廷的重要印信,对其管理不可丝毫马虎。若钦差大臣获颁钦差大臣关防,由本人管理,带往办差地方。若钦差大臣不在京城,则由专人护送钦差大臣关防,交给钦差大臣管理;接到钦差大臣关防后,钦差大臣将接到关防之事奏报给皇帝。在钦差大臣处理事务完毕后,钦差大臣关防

① 吴振棫:《养吉斋丛录》卷21,第280页。
② 刘锦藻:《皇朝续文献通考》卷183《王礼考十四》,《续修四库全书》第818册,第155页。
③ 林则徐:《林则徐日记》,《林则徐全集》第9册,第364页。
④ 《清高宗实录》卷351,乾隆十四年十月丙申,第13册,第842页。
⑤ 《清高宗实录》卷384,乾隆十六年三月庚戌,第14册,第51页。
⑥ 《清高宗实录》卷1071,乾隆四十三年十一月丙午,第22册,第366页。

须送京回缴；若官员不再担任钦差大臣，钦差大臣关防应封存，停止使用，或按照旨意交他人管理。雍正十年(1732)二月初十，通政使赵之垣奏报领到钦颁钦差大臣关防日期之事：

> 雍正十年二月初四日，准署陕西总督臣查郎阿咨开，本年正月二十七日准礼部咨，为钦奉上谕事，雍正九年十二月十一日奉旨：通政使赵之垣、副将马龙在肃州料理运粮事务，着给与钦差关防。钦此。钦遵到部。今将钦差大臣关防一颗，于本年十二月十五日封固，给发陕西提塘吕律，作速赍送陕西总督衙门收受，转送肃州料理运粮事务之通政使赵之垣、副将马龙收受，仍将开用日期具文报部可也。今于本年二月初四日，据提塘张宗关赍到钦差大臣关防一颗，随差委肃州知州杨汝梗赍送等因到臣。臣随同副将马龙跪迎至寓，恭设香案，望阙叩头谢恩祗受，即于本日启用，随咨明署陕西总督臣查郎阿并咨礼部。①

乾隆四十四年(1779)，吏部左侍郎刘秉恬奏报丁忧，并陈明钦差大臣关防一颗移交礼部收贮。道光十三年(1833)，一兵部移会云："福建巡抚魏元烺奏：'奉上谕：瑚松额等驰奏台湾逆匪荡平，该将军现无应办之事，所有钦差关防差交魏元烺委员赴京恭缴。'臣随即派委张广信等敬赍进京呈缴。"②可见，钦差大臣关防不一定由钦差大臣亲自护送回京奏缴，可移交督抚保管，然后由督抚派人送京呈缴。又咸丰元年(1851)，在广西督办军务的钦差大臣李星沅卧病在床，自知将不起，将钦差大臣关防交给署理广西巡抚周天爵管理。他说：

> 钦差大臣关防系出特旨，所关甚巨，欲卧而护之，则病中恐有疏虞，若径行交出，迹似推卸。再四熟思，惟有将关防暂交抚臣行营，遇有调拨，即由抚臣监用，既足以昭慎重，于军事不致旷误。

---

① 《雍正朝汉文朱批奏折汇编》第21册，第679折，雍正十年二月初十日奏，第819页。

② 《清代宫中档及军机处档折件》，文献编号：022854，乾隆四十四年二月十九日奏；《内阁大库档案》，登录号：129137，道光十三年九月兵部移会。

上谕令李星沅将钦差大臣关防暂交周天爵收存,待新钦差大臣赛尚阿到日即由驿递缴还。[①]

三、钦差大臣关防的使用

关防的作用在于防止弊端,便于处理事务。乾隆二十六年(1761),参赞大臣舒赫德等奏:

> 回部新定,办理一切事务文移俱宜钤用印记。查阿克苏、叶尔羌、喀什噶尔业蒙赏给钦差大臣关防,其辟展、哈喇沙尔、库车、乌什、和阗、英噶萨尔六处,请交该部铸给印记,以昭体制而杜弊端。

舒赫德的建议得到采纳,乾隆帝令会议铸给新疆印记事宜。[②] 光绪二十六年(1900)十一月,会办商务大臣盛宣怀(1844—1916)奏:

> 臣奉命会办……当与各省督抚地方官互相联络,方免隔阂,一切文牍须有关防。李鸿章远在京津,往返钤印稽迟太久,且该大臣综领宏纲,亦恐不便项屑商榷,拟即刊刻木质满汉篆文关防一颗,文曰:“钦差会办商务大臣关防”。嗣后遇有重大事件,必当商请李鸿章会衔办理,其余寻常事件,即由臣就近随时酌办,仍分别咨明查照,以归简便……
>
> 十二月十三日奉朱批:着照所请。钦此。[③]

关防作为处理公务的凭证,有现实使用的迫切需要。在晚清时期,来不及制作正式关防,官员先行制作木质关防以应不时之需。

经搜集,有51则使用钦差大臣关防的事例(见《清代钦差大臣关防年表(雍正—道光)》),其中,雍正朝4例(1—4例),乾隆朝25例(5—29例),

---

① 李星沅:《李文恭公遗集》卷22《奏明旧疾增剧谨将钦差大臣关防面交抚臣监护折子》,《清代诗文集汇编》第597册,第333页。

② 傅恒:《平定准噶尔方略》续编卷11,乾隆二十六年四月辛卯,《景印文渊阁四库全书》第359册,第654—655页。

③ 盛宣怀:《愚斋存稿》卷5《请刊用木质关防片》,《清代诗文集汇编》第754册,第165页。

嘉庆朝7例(30—36例),道光朝15例(37—51例)。按照所办事务,使用钦差大臣关防可分为以下六类(有一例两分者,分别是6、14、46;一例三分者,为7):

第一,军务。

1. 统兵征战。共26例,分别是5、12、13、14、15、16、21、26、27、29、30、31、32、33、34、35、36、37、39、40、41、44、45、47、49、50。

钦差大臣关防多用于军务,故林则徐在广东晓谕各国商人时说:“是以特蒙大皇帝颁给平定外域、屡次立功之钦差大臣关防,前来查办。”①

关防是权力的凭证。楚粤两省督抚提镇办理军务未善,乾隆帝颁给贵州总督张广泗钦差大臣关防,“凡在军前文武,无分楚粤,自提督、总兵官以下,俱受张广泗节制。一切功罪听其赏罚,应奏闻者奏闻,应办理者办理。该督抚等俱不得掣肘,俾事权归一”②。成都将军呢玛善办理云南军务,颁给钦差大臣关防,“专办军务,以重事权。军营中自提督李锦麟、罗思举以下,悉听节制调派”③。武隆阿办理台湾军务,颁给钦差大臣关防,“自提督许松年以下,悉听调遣。沿途如有应行就近调兵之处,即着一面奏闻,一面选带前往。”④

清代统兵征战者所用之印信,以乾隆朝为界,可划分为两个时段:在乾隆朝以前,统兵者所用印信有“大将军”“将军”等字样;自乾隆朝始,统兵者多为钦差大臣,多用钦差大臣关防。当然,在乾隆朝,有不少统兵者用将军印信的事例,然此种事例越往清代后期就越少。

2. 军需(军需报销、运送粮饷、稽查台站、屯田)。共10例,分别是2、4、10、11、14、17、18、19、24、43。

3. 阅兵。共3例,分别是3、7、32。

---

① 林则徐:《谕各国商人呈缴烟土稿》(道光十九年二月初四日行),《林则徐全集》第5册,第116页。

② 《清高宗实录》卷126,乾隆五年九月丙子,第10册,第845页。

③ 《清宣宗实录》卷16,道光元年四月庚寅,第33册,第301页。

④ 《清宣宗实录》卷100,道光六年七月壬辰,第34册,第634页。

4. 军务善后。1 例,为 22。

5. 节制军队。1 例,为 46。

钦差大臣关防多用于军务,但办理军务不一定都用钦差大臣关防。如道光十二年,湖南境内“瑶乱”,派户部尚书禧恩、盛京将军瑚松额前往办理,但未有二人携带钦差大臣关防的记载。

汉人统兵征战带钦差大臣关防者,仅有嘉庆十八年(1813)的直隶总督温承惠(1755—1832,山西太原府太谷县人)和道光六年(1826)的署理陕甘总督杨遇春(1762—1837,四川成都府崇庆州人),但二人拥有钦差大臣关防的时间很短。九月乙亥(十二日),嘉庆帝令颁给温承惠钦差大臣关防,九月庚辰(十七日)又令将钦差大臣关防转交给那彦成,谕旨令温承惠掌管钦差大臣关防的时间仅 6 天。七月癸巳(十三日),道光帝令颁给杨遇春钦差大臣关防,九月戊子(初十日)令杨遇春换用参赞大臣关防,谕旨令杨遇春掌管钦差大臣关防的时间仅 56 天。

旗人尤其是满洲旗人任钦差大臣统兵征战,除了不让军权旁落汉人的缘故,还有实际的考虑,即汉人不懂清语。入关后,满人的清文水平不断下降。乾隆帝多次颁布谕旨,提倡国语,但未产生多少效果。清文在各地区的满人中呈现出不同的衰退程度,在关内各地,满人的清文水平下降很快;而在关外,尤其是关外的军队,清文保存得较好。东三省军队是清军精锐中的精锐,特别是在关内八旗战斗力不断减弱的情况下,东三省军队的重要性愈发凸显。清朝不惜跋涉万里,将东三省的军队调往云南、新疆南部作战。乾嘉时期的名将海兰察、额勒登保等是东三省人,额勒登保任经略大臣,但不识汉字。① 嘉庆十八年(1813),以直隶总督温承惠为钦差大臣,统兵镇压河南等地天理教。而此次战事,“由京拣发健锐、火器两营官兵,带兵之人多系满洲大员及吉林、黑龙江侍卫、章京等,不谙汉话”,而温承惠是汉人,不懂清语,“恐调遣约束不能

① 《清史列传》卷 29《额勒登保传》,第 2251 页。

得力”,令那彦成接受钦差大臣关防,总统军务。那彦成是旗人,“谙习清语”,①调派兵力、指挥战斗更为得力。

第二,赈济。共3例,分别是1、6、7。

第三,审案。共2例,分别是8、9。

钦差大臣因审理案件而奏请颁给钦差大臣关防的情形并不多,只有1例:乾隆八年(1743),户部右侍郎阿里衮往湖南审理案件,奏请颁给钦差大臣关防。② 乾隆帝是否允其所请,不得而知。实录中未有阿里衮随带钦差大臣关防的记载,可见阿里衮并未随带钦差大臣关防。众多担任钦差大臣之官员的年谱(无论是自撰还是他撰),记载出差审理案件时,都没有提到钦差大臣关防。

京控案、官员的贪腐案等案件,多由钦差大臣和督抚共同审理,钦差大臣可用督抚关防钤盖公文,没有必要再给钦差大臣专用关防。

第四,工程(陵寝工程、河工工程)。共4例,分别是6、7、20、38。

第五,通商(禁烟、夷务)。共3例,分别是46、48、51。

以上3例出现在道光年间。世界剧烈变化,世界各地的联系日益紧密,清代中国逐渐卷入其中,清朝被迫做出反应,将钦差大臣关防用在新的事务上,表明清朝对新兴事务的谨慎态度。如耆英于道光二十四年(1844)二月任两广总督,三月又任钦差大臣,“各省通商善后事宜,均交该督办理。着仍颁给钦差大臣关防,遇有办理各省海口通商文移事件,均着准其钤用,以昭慎重。”③

第六,其他事务(受降、迎接班禅、署理总督)。共3例,分别是23、25、28。

---

① 《清仁宗实录》卷276,嘉庆十八年十月辛丑,第31册,第762页。

② 《内阁大库档案》,登录号:093958,乾隆八年二月二十四日都察院移会。

③ 《嘉庆道光两朝上谕档》第49册,道光二十四年三月初五日,第79页。

表5 清代钦差大臣关防年表(雍正—道光)①

序号	时间	钦差大臣	事由	是否有钦差大臣关防	出处
1	雍9-2-己未	刑部右侍郎王国栋	赈济河南	给予	103
2	雍9-12-丙申	通政使赵之垣 副将马龙	办理西路军需	给肃州运粮钦差大臣关防	113
3	雍10-11-丁酉	礼部左侍郎杭奕禄	整顿陕西甘凉沿边一带、山西与陕西相近地区营伍	给予	125
4	雍13-7-辛酉	吏部尚书刘于义	经手事务甚多,仍留肃州,给与钦差大臣关防,办理陕西地方事宜、军需案件	给予	158
5	乾5-9-庚申	贵州总督张广泗	督办楚粤军务	给予	126
6	乾7-8-辛卯	直隶总督高斌 刑部右侍郎周学健	办理江南赈恤、水利事务	给予	172
7	乾9-1-壬寅	军机大臣协办大学士吏部尚书公讷亲	查阅河南、安徽、江苏、山东营伍;看验河工;查勘直隶天津、河间赈济情形;查勘浙江海塘	给钦差关防(戊戌日令出差,壬寅日命给关防)	209
8	乾11-2-己未	协办大学士吏部尚书高斌	往江南有查勘事件:御史杨开鼎参河道总督白钟山	给予	259
9	乾12-4-壬午	军机大臣保和殿大学士公讷亲	山西蒲州万泉县、解州安邑县聚众抗官案	给予	289
10	乾13-1-己亥	兵部尚书班第	往四川,沿途查办驿站挽运。军营调度粮运事务,将来金川、瞻对善后机宜,俱同张广泗商办	给予	306
	乾13-8-丁未	刑部右侍郎兆惠	办理进剿大金川粮饷(班第现署四川巡抚)	班第现署四川巡抚,所带钦差大臣关防交与兆惠	323
11	乾13-11-甲戌	协办大学士户部尚书尹继善	往西安暂署川陕总督,会同西安将军博第、陕西巡抚陈宏谋等办理军需、稽查台站等军务	给予	329
	乾13-11-庚辰		分设四川、陕甘总督,任陕甘总督		329
	乾13-12-丁酉		俟新印铸给到日,缴回钦差大臣关防		331
	乾14-5-7		陕甘总督尹继善题报赍缴钦差大臣关防日期		(1)

① 若未特别说明,凡"出处"均引自实录,栏中数字表示实录的卷数。

续表

序号	时间	钦差大臣	事由	是否有钦差大臣关防	出处
12	乾18-4-壬子	湖广总督永常 护军统领努三	驰驿前往安西	颁给	437
13	乾21-2-癸卯	巴里坤办事大臣和起	办理军需	授钦差大臣关防	506
14	乾23-1-癸丑	兵部尚书雅尔哈善	奏:办理屯田进剿等事,文移往返,必需印信,请将巴里坤所有钦差大臣关防赏给	此次进兵以雅尔哈善为将军,当颁将军印,钦差大臣关防着暂行取用。俟将军印到日,将关防留与永贵、定长办理屯田事务	555
	乾23-3-11	侍郎衔留军营办事永贵 副都统衔定长	雅尔哈善受靖逆将军印,将钦差大臣关防移交永贵、定长		(2)
15	乾24-10-己卯	工部尚书舒赫德	奏:前往叶尔羌办事,将钦差大臣关防带往	着该部赍送钦差大臣关防一颗,以昭信守	598
16	乾32-6-辛酉	刑部侍郎额尔景额	往云南,在参赞大臣上行走:驻扎木邦,以资军营差调策应	给予	787
17	乾37-6-辛卯	仓场侍郎刘秉恬	往四川办理西路军营粮运事务	给予	911
18	乾37-7-乙未	理藩院侍郎鄂宝	往四川办理南路军营粮运事务	给予	912
19	乾38-6-甲寅	四川总督富勒浑	办理军需	在美诺等处办事,照刘秉恬例,用钦差大臣关防	937
20	乾38-9-己未	东陵胜水峪工程已竣,着福隆安会同英廉查明销算完结。其每岁应修理之处,交陵寝贝子公内务府大臣等修理。钦差大臣关防,即交该处			942
21	乾39-9-戊午	军机大臣武英殿大学士舒赫德	办理王伦之变	往南河督视漫工,经过山东。若王伦之案未完,即调兵办理。带钦差大臣关防前往备用	966
22	乾41-3-庚辰	成都将军明亮	料理善后事宜	定西将军协办大学士尚书公阿桂奏:大功已蒇,明亮定边右副将军之印应于臣进京时恭缴。明亮此时文移来往需印信,将舒常处钦差大臣关防与明亮为暂时办事之用,俟新铸四川将军印颁到更换。报闻	1004

续表

序号	时间	钦差大臣	事由	是否有钦差大臣关防	出处
23	乾42-1-丙戌	军机大臣协办大学士吏部尚书阿桂	往云南办理受降诸事	给予	1025
24	乾42-3	吏部左侍郎刘秉恬	奏:臣以吏部侍郎在川办理各路报销,向无关防印信,凡一切行文事件,俱向鄂宝、富勒浑处借用所存钦差大臣关防	从前颁给舒常钦差大臣关防,舒常现署理提督,无用处。臣现在办事有需用关防之处,相应奏明,留于臣处行用,于办公更昭慎重。从之	1029
25	乾44-11-丙午	西安将军伍弥泰	奏:明岁照料班禅额尔德尼来避暑山庄,请赏钦差大臣关防	照料班禅额尔德尼住宿及来京,应办事件甚多,必有印信,一切奏咨事件,方不至迟误。发钦差大臣关防钤用	1095
	乾45-11-庚辰	理藩院尚书博清额	于明年护送班禅额尔德尼金塔前往穆鲁乌苏地方	伍弥泰将钦差大臣关防移交博清额,博清额至穆鲁乌苏时将关防移交福禄至藏,俟恒瑞来京之便带回	1118
26	乾46-3-壬寅	军机大臣武英殿大学士阿桂	办理军务:甘肃苏四十三起事		1127
	乾46-4-乙巳		阿桂、和珅办理此事,必需印信	钦差大臣关防交和珅带往,俟见阿桂即转交应用	1128
27	乾49-5-庚午	军机大臣兵部尚书福康安	督办军务:甘肃田五之事	带钦差大臣关防	1207
	乾49-5-甲戌	军机大臣武英殿大学士阿桂	为将军,往甘肃督办军务,福康安为参赞大臣	福康安佩带之钦差大臣关防,即可令阿桂作为将军印信	1207
28	乾50-9-己酉	军机大臣兵部尚书庆桂	往甘肃暂署陕甘总督	带钦差关防前往	1238
29	乾52-8-丁酉	协办大学士吏部尚书福康安	为将军,督办台湾军务:林爽文之事	带钦差关防	1286
30	嘉2-12-癸亥	湖广总督总统勒保	督办军务:三省白莲教之事	明亮处钦差关防,交勒保接收盖用,以专责成	25

续表

序号	时间	钦差大臣	事由	是否有钦差大臣关防	出处
31	嘉 4-8-23	军机大臣工部尚书那彦成	赴陕西督办军务	授钦差大臣关防	(3)
	嘉 5-2-丁亥		那彦成既与经略额勒登保同在甘省办贼,自应受其节制。那彦成为参赞大臣,所有钦差大臣关防移交经略额勒登保收存。俟大功告竣,与从前经略印信,一并缴进		59
	嘉 5-2-辛丑		所有剿办窜匪及各路官兵,均交那彦成管带督办。钦差大臣关防着那彦成暂行留用		60
	嘉 5-闰 4-27		带钦差大臣关防,自军营起程回京		(3)
32	嘉 9-2-己卯	一等侯御前大臣额勒登保	会同德楞泰督办裁撤兵勇、安设边防各事宜;查阅陕西、楚北三府营伍;搜捕余匪	所有应用文移等项,着将钦差大臣关防赍带钤用。	126
	嘉 9-6-20	成都将军德楞泰		额勒登保病,关防移交德楞泰。一俟残匪扫除,德楞泰将关防交勒保收贮,将来伊来京可顺便带回,不必特派员弁先行赍送	(4)
	嘉 9-10-3(奏)	成都将军德楞泰		批:待撤军回成都将军之任后,将钦差关防专员赍京呈缴	(4)
	嘉 10-2-25(奏)	成都将军德楞泰		批:回至成都,将关防交四川总督勒保赍京呈缴	(4)
33	嘉 11-1-壬子	广州将军赛冲阿	赴台湾剿捕	发去钦差大臣关防一颗	156
34	嘉 11-2-乙巳	正白旗领侍卫内大臣德楞泰	洋匪蔡牵犯台湾甚猖(三月丙子,令回京)	佩钦差大臣关防	(4)
35	嘉 18-9-乙亥	直隶总督温承惠	往长垣、滑县一带剿贼	给钦差大臣关防	273
	嘉 18-9-庚辰	陕甘总督那彦成	驰赴军营剿贼	接受钦差大臣关防,温承惠专办后路粮饷	274
36	嘉 21-1-癸卯	成都将军赛冲阿	往西藏察看情形:办理军务	带钦差大臣关防	315
37	道 1-4-庚寅	成都将军呢玛善	剿灭云南之永北、大姚滋事匪徒。	发去关防一颗	16
38	道 1-9-丁丑	办理万年吉地工程庄亲王绵课		佩带钦差大臣关防印钥	23

续表

序号	时间	钦差大臣	事由	是否有钦差大臣关防	出处
39	道6-7-壬辰	山东巡抚武隆阿	督办台湾府彰化县等地分类械斗之案	颁给钦差大臣关防（未前往）	100
40	道6-7-癸巳	署陕甘总督杨遇春	平张格尔之乱	颁给钦差大臣关防一颗	100
	道6-7-甲辰	参赞大臣杨遇春	参赞扬威将军长龄军务		101
	道6-9-戊子			用参赞大臣关防，停用钦差大臣关防。	105
41	道6-7-甲辰	山东巡抚参赞大臣武隆阿	平张格尔之乱，参赞扬威将军长龄军务	颁给	101
	道6-9-戊子			用参赞大臣关防，停用钦差大臣关防	105
42	道7-11-庚戌	直隶总督那彦成	往喀什噶尔，同扬威将军长龄筹办善后事宜	给钦差大臣关防	129
43	道10-9-己未	陕甘总督杨遇春	办理军务：驻扎肃州督办后路，毋庸出关	颁给	173
44	道10-9-丁卯	文华殿大学士公长龄	驰往新疆，督办军务	颁给	174
	道10-10-乙未		着仍授为扬威将军，军营大小官员悉听节制		177
45	道12-11-戊寅	盛京将军署理福州将军瑚松额	督办台湾嘉义县匪徒滋事	颁给	（5）
	道12-12-庚午			连获胜仗，瑚松额仍署理福州将军印信，渡台剿捕，钦差大臣关防带往钤用	228
46	道18-11-癸丑	湖广总督林则徐	往广东查办海口事件，节制广东水师	颁给	316
	道19-3-乙巳		任两江总督		320
	道19-12-癸亥		任为两广总督		329
	道19-12-24			奏缴还钦差大臣关防	（6）
	道20-1-己酉			关防暂行封贮，俟有该省大员进京之便带缴，无庸另行委员赍送	330
47	道20-7-丁酉	协办大学士两江总督伊里布	驰赴浙江查办事件，专办浙江军务	颁给	336
	道21-1-乙巳	江苏巡抚署两江总督裕谦	驰赴浙江镇海专办攻剿事宜	接受伊里布处之钦差大臣关防	345

续表

序号	时间	钦差大臣	事由	是否有钦差大臣关防	出处
48	道 20-8-己卯	文渊阁大学士直隶总督琦善	赴广东查办事件,办理夷务		338
	道 20-9-庚寅		两广总督着琦善署理		339
	道 21-2-辛酉			琦善处钦差大臣关防,着署两广总督怡良摘取妥贮	346
49	道 22-2-丙午	广州将军署杭州将军耆英	赴浙江省城,会同特依顺严密防守	颁给	368
50	道 22-5-丁卯	军机大臣工部尚书赛尚阿	往天津同直隶总督讷尔经额办理防堵事务	佩钦差大臣关防(7)	373
51	道 23-3-庚戌	两江总督耆英	往广东查办事件:办理通商饷税章程	接受钦差大臣关防	390
	道 24-2-戊戌		任两广总督		402
	道 24-3-壬申	两广总督耆英	办理各省通商善后事宜	仍颁给钦差大臣关防(遇有办理各省海口通商文移事件,均着准其钤用)	403
	道 27-12-甲戌	广东巡抚徐广缙	耆英来京陛见	署钦差大臣关防、两广总督印务	450

资料出处:(1)《内阁大库档案》,登录号:050616。(2)傅恒:《平定准噶尔方略》正编卷 52,乾隆二十三年三月癸丑,《景印文渊阁四库全书》第 358 册,第 859 页。(3)那彦成:《那文毅公奏议》卷 1、卷 4,《续修四库全书》第 495 册,第 43、171 页。(4)花沙纳:《德壮果公年谱》卷 28,嘉庆九年六月二十日,《续修四库全书》第 556 册,第 731 页;卷 29,嘉庆九年十月初三日奏,第 754 页;卷 30,嘉庆十年二月二十五日,第 773 页;卷 30,嘉庆十一年三月,第 787 页。(5)《嘉庆道光两朝上谕档》第 37 册,道光十二年十一月初六日,第 665 页;《清宣宗实录》卷 225,道光十二年十一月戊寅(初六日),第 36 册,第 360 页。(6)来新夏:《林则徐年谱新编》,南开大学出版社 1997 年版,第 384 页。(7)斌良:《抱冲斋诗集》卷 29《六月初一考牧差竣……拜折后还京喜成》,《清代诗文集汇编》第 544 册,第 677 页。

第三节　钦差大臣阅兵制度的形成与流变

清朝以马上得天下,军队至关重要。为检阅军队战斗力,清代有多种阅兵方式,有督抚提镇等地方官的阅兵,有派遣钦差大臣阅兵,有皇帝在巡幸各地途中的阅兵,有皇帝在玉泉山、南苑的大阅。其中,以钦差大臣阅兵制度施行的时间最晚。

一、乾隆九年之前的钦差大臣阅兵

清代的钦差大臣阅兵,按照发展阶段,以乾隆九年(1744)为界,可划分为两个阶段:第一阶段,乾隆九年之前,零星地派遣钦差大臣阅兵;第二阶段,有计划地派遣钦差大臣阅兵。

早在顺治朝,清朝就制定了检阅绿营兵的规定。顺治十六年(1659)八月,户部左侍郎林起龙列举绿营的各种弊病,并请更定绿营兵制。随后顺治帝批示:"各地方绿旗兵丁,差满洲大臣阅视。该管将领有修整器械、严肃营伍、善养兵者,差去大臣即行荐举擢用;其器械不整、营伍废弛、以老弱充数、虚糜钱粮者,纠参重处,以示劝惩。春秋二季操练兵丁事宜,通饬各总督、提督、总兵实力举行。"①顺治帝规定派遣钦差大臣前往各省阅兵,主要检查军器、军饷,尚不注重对军队战斗力的考察。但此项制度,并未见诸实施。

在康熙、雍正两朝,有多次派遣钦差大臣阅兵的记载:

康熙二十一年(1682)五月,令兵部尚书折尔肯往陕甘查看应裁兵丁,后同靖逆将军、甘肃提督张勇查阅各处兵丁。②

康熙三十五年,令乾清门一等侍卫马武、户部右侍郎阿尔拜察阅宣化府绿旗兵。③

康熙四十一年正月,令乾清门近御侍卫海青、五格往四川峨眉山进香,在返回时监视西安官兵骑射并往华山进香。④

雍正十年(1732)十一月,令礼部左侍郎杭奕禄整顿陕甘沿边一带营伍;山西近边营伍与陕西相近者亦着一体整顿。⑤

① 《清世祖实录》卷129,顺治十六年十月乙卯,第3册,第1002页。

② 《清圣祖实录》卷102,康熙二十一年五月丙寅,第5册,第32页;张勇:《张襄壮奏疏》卷6,《景印文渊阁四库全书》第430册,第436页。

③ 《清圣祖实录》卷171,康熙三十五年三月丁丑,第5册,第857页。

④ 《清圣祖实录》卷207,康熙四十一年正月己酉,第6册,第106页。

⑤ 《清世宗实录》卷125,雍正十年十一月丁酉,第8册,第644页。

雍正十年十二月，令和硕超勇亲王、固伦额驸策凌（？—1750）于明年回漠北军营时，观看京城操演之兵及沿途宣化、大同、右卫、归化城等处兵丁。①

雍正十二年十月，果亲王允礼前往泰宁镇会见达赖喇嘛。果亲王在往返途中，奉命检阅各地军队。允礼去程检阅的军队有：保定营兵、真定镇标、太原营兵、平阳府兵、解州兵、陕西督标抚标和成都营兵；允礼回程检阅的军队有：成都满兵、西安满兵、潼关满兵、太原满兵和保定满兵。②

概言之，康雍两朝钦差大臣阅兵有如下特点：一、注重对军事技能的考察。二、钦差大臣阅兵不是有计划地执行，而是临时派遣。三、从阅兵者的本职资格看，有亲王，有尚书（从一品），有侍郎（正二品），有一等侍卫（正三品），资格高低不一。四、从阅兵者的民族出身看，绝大多数阅兵者为旗人，策凌是蒙古人，阅兵者中无一汉人。五、从阅兵的地域看，多为北方地区。三藩之乱后，清朝的军事压力主要来自北方，故钦差大臣阅兵主要在北方。

二、乾隆九年讷亲南巡阅兵与钦差大臣阅兵制度的成立

自康熙朝中后期始，清朝的国势进入盛世时期。虽然边疆地区时有战事，但内地已无大战事，社会稳定。历史地看，承平日久，必然造成武备松弛，康熙帝虽不忘武备，居安思危，但仍然扭转不了武备松弛的整体趋势。康熙五十九年，四川总督年羹尧说："天下承平日久，各标兵马操练不勤，一切军器有名无实，闻陕西、云南率皆如此。"③此时清朝与准噶尔部处于对峙状态，号称全国精锐军队的陕甘兵是如此情形，遑论他省。

雍正帝即位，大力剔除康熙朝末年积淀下来的诸多积弊。雍正元年（1723）正月初一日，雍正帝发布十一道上谕，谕令地方各级文武官员，其中给

---

① 《清世宗实录》卷126，雍正十年十二月甲子，第8册，第653页。

② 允礼：《西藏日记》，《续修四库全书》第559册，第692、693、695、697、703页；允礼：《奉使行纪》，《清代诗文集汇编》第283册，第813、817、819、821、822页。

③ 《年羹尧满汉奏折译编》（汉文折）第33折，康熙五十九年四月十六日奏，第211页。

提督上谕一道,给总兵上谕一道,给副将、参将、游击等官上谕一道,要求破除积习,革新军务。在上谕中,雍正帝历数军政中的弊端:“当兹海宇承平,士卒狃于宴安,不以兵革为事,相沿日久,营伍渐弛。”“不肖将弁,不勤训练,按籍徒有虚名,责效毫无实济。营伍废弛,为害最大。”①

在雍正朝,雍正帝很少离开京城,在康熙朝多次举行的木兰秋狝因种种原因也不再举行,但并未放松武备。雍正帝清除积弊,大力整顿军队,加之对准噶尔战争的现实需要,逐渐加大对军队的训练力度,并检阅之。如雍正九年十一月,雍正帝说:“各省驻防兵丁技勇多属生疏,营伍亦觉废弛”,而以汉军为尤甚,“今特颁谕旨,通行晓谕,着该管大臣官弁悉心整理,勤加训练,务令军容严肃,武备周全。朕或于明年春月,各差科道等官前往查看”,若不悛改,定将官员严加议处。② 同月,又令苏州织造海保协助京口将军王釴操练镇江驻防汉军,“将兵丁技勇、营阵规模,以及马匹、战船、甲胄、枪炮、器械之完备与否,一一查验”,“俟明年二三月间,朕再遣专官前往察看。”③

随着对准噶尔战争的结束,军队操练逐渐不似战争期间那样紧迫和重要,武备中存在的诸般问题也未随着操练力度的加强而有所改变。为剔除积弊,刷新武备,乾隆帝酝酿新的整顿措施。乾隆六年(1741)七月,乾隆帝令各省训练营伍以备查阅:

> 武备关系紧要,前已屡降谕旨,令督抚提镇等力为振刷,不得苟且因循。大约外省营伍,整饬者少,废弛者多,而抚标为尤甚。盖巡抚专留心于文事,其标下将弁又属专辖,别无统率之人,该抚少不留心,则怠惰成风,武备渐不可问矣。嗣后各督抚提镇等,当谨遵朕谕,以尽职守,以励戎行。如一二年后,朕派公正大臣前往,验其优劣。如骑射果否娴熟,军容果否改观,皆显而易见,难于掩藏者。倘有仍前废弛之处,朕必将该管大

① 《清世宗实录》卷3,雍正元年正月辛巳,第7册,第71、76页。

② 《清世宗实录》卷109,雍正九年八月乙卯,第8册,第456页。

③ 《清世宗实录》卷112,雍正九年十一月丙寅,第8册,第491页。

臣严加处分,毋谓朕不教而罚也。①

乾隆帝以为,由于外省各主管官员未认真振刷,武备多废弛。从乾隆帝的谕旨可以看出,派遣钦差大臣阅兵针对外省营伍,京城和东三省的八旗兵、内外蒙古的营伍不在钦差大臣查阅之列。到乾隆八年底,乾隆帝仍未派大臣前往各省查阅,或许君臣都已忘记此事了。乾隆九年(1744)正月,左佥都御史嵇璜(1711—1794,江苏常州府无锡县人)提起此事,奏请派大臣前往查阅。嵇璜建议,"请特派大臣前往近省简阅,其边远省分,或即于驻防将军、副都统内慎选派往。再,苗疆等处,请令该督抚严饬所属,悉心整顿。"嵇璜的建议很快得到乾隆帝的响应。乾隆帝谕令:"直隶、山东武备尚属整饬,着先派大臣,由河南一路,查上下江一带。余省候旨。余着议奏。"次日,乾隆帝令一等果毅公、军机大臣、吏部尚书讷亲前去。讷亲先赴天津、河间查看赈济灾民情形,再往河南、上下江一带、淮徐山东一路查阅营伍,并验看河工、查勘海塘情形。② 讷亲此次出差,携带关防,③肩负众多使命,然最重要者为查阅营伍。

此次讷亲南巡,共查阅三省17标营伍,分别是:

河南省:河北镇标、河南抚标、南阳镇标。

江南省:寿春镇标、安庆抚标、江宁督标、苏州抚标、松江提标、苏松水师镇标、京口将军标、狼山镇标、淮安漕标、清江河标。

山东省:河东河标、兖州镇标、登州镇标、山东抚标。

被查阅之营伍存在的问题主要有:绿营弓马、鸟枪生疏,水师阵法紊乱,弓力软弱,士兵老弱,员弁步马箭生疏者多;器械不完备,步兵枪手所戴铁盔竟有用棉帽代替者。各省满洲驻防兵丁的武备情形比绿营要好,但也是五十步笑百步。④

---

① 《清高宗实录》卷146,乾隆六年七月庚午,第10册,第1102页。

② 《清高宗实录》卷209,乾隆九年正月丁酉、戊戌、己亥,第11册,第687—688页。

③ 《乾隆朝上谕档》第1册,乾隆九年正月二十四日,第900页。

④ 《清高宗实录》卷221,乾隆九年七月己亥,第11册,第846—847页。

乾隆十一年九月,乾隆帝指出军事训练中的弊端:“今各省操演之法,大抵旗纛戈甲,期以饰观,步伐阵图,似为练习,其实在技勇精强、弓马娴熟者甚少;在水师营汛,亦不过演就水阵,聊以塞责而已。即军政荐举,未能尽属公当,徒为具文。”在此情况下,乾隆帝认为应立定年限,“专差大员查看,庶将弁知有责成,不敢怠废,而各兵亦知有考验,时时儆惕,技艺不致生疏。”兵部议奏:鉴于地方遥远,营汛辽阔,势必不能专差大员一人前往将营汛全部查阅,应分省分年查阅。自乾隆丁卯年为始,分省巡察,四年巡察完毕各省军队,周而复始。① 至此,清代钦差大臣阅兵制度正式确立,并延续至光绪朝。

表 6 各省阅兵年份规划表

<table>
<tr><th>序号</th><th>时间</th><th>查阅地域</th></tr>
<tr><td rowspan="3">1</td><td rowspan="3">丁卯年
(乾隆十二年)</td><td>直隶、山西一员</td></tr>
<tr><td>陕西、四川一员</td></tr>
<tr><td>甘肃一员</td></tr>
<tr><td rowspan="2">2</td><td rowspan="2">戊辰年
(乾隆十三年)</td><td>两湖一员</td></tr>
<tr><td>云贵一员</td></tr>
<tr><td rowspan="2">3</td><td rowspan="2">己巳年
(乾隆十四年)</td><td>两广一员</td></tr>
<tr><td>闽浙一员</td></tr>
<tr><td rowspan="2">4</td><td rowspan="2">庚午年
(乾隆十五年)</td><td>山东、河南一员</td></tr>
<tr><td>江南、江西一员</td></tr>
</table>

在乾隆帝决定专差大员阅兵时,明确派遣专差即派遣钦差大臣的两种方式:“或自京命大臣往阅,或即命本省督抚查阅。”②

在具体的运作中,派遣钦差大臣阅兵并未按照规定的制度执行。乾隆十四年,令户部尚书舒赫德查阅云贵、湖广营伍。乾隆帝说:“各省轮年查阅营

① 《清高宗实录》卷 274,乾隆十一年九月辛丑,第 12 册,第 584—585 页。按,实录作“三年各省巡遍”,应是“四年各省巡遍”。

② 《清高宗实录》卷 274,乾隆十一年九月辛丑,第 12 册,第 585 页。

伍,例应由京特派大臣前往,间有即令该省总督查阅者。朕思总督虽统辖戎政,简稽军实,是其专责,而整饬营伍之道,必须不时查核,方有实效。或遇钦差大臣于该省道路相近,令其就便往查,似觉更多裨益。"随时查阅较立定限期按部就班查阅,更为有效。维时户部尚书舒赫德在成都稽核军需,乾隆帝遂令舒赫德在办理就绪后驰驿前往"查阅贵州、云南营伍、军装,回程取道楚省,查阅湖南、湖北各营,由河南还京复命。"①

为防止武将借故躲避,规定在钦差大臣阅兵期间严禁告病乞休。嘉庆八年(1803),陕甘总督惠龄奏:"本年奉旨查阅陕甘营伍事宜,自入春以来,甘省各营将备纷纷呈请告病乞休,殊涉规避。"甘肃各武员显然在规避考核,嘉庆帝批示:"所有此次甘肃省告病乞休各员,着即照该督所奏交署提督苏宁阿就近调验,分别惩办,不可稍有瞻顾。嗣后各省凡遇奉旨查阅营伍之年,均着照举行军政之例,不准告病乞休,违者照例参办。着为令。"②后详细规定:"各省武职现任副将以下、外委以上各官,如遇查阅营伍之年不准告病乞休,以杜规避。如有告病乞休者,即勒令休致;若告病乞休系在钦差大臣查阅之后,仍准其告病乞休。"③在道光年间,此规定仍得到执行。道光十四年(1834),在左都御史昇寅、兵部右侍郎奕纪查阅河南营伍后,一兵部移会云:"昇寅奏阅毕河南全省官兵情形,请将技艺平庸各员弁分别革休。奉上谕:'马万川、马追风弓马生疏,均着革去候补守备,仍各留世职;王振基患病未能赴考,着即勒令休致。'"④

《清高宗实录》《清仁宗实录》对钦差大臣阅兵的记载较少且不完整,而《清宣宗实录》对钦差大臣阅兵的记载十分系统,故以《清宣宗实录》为例,介绍阅兵制度。

---

① 《清高宗实录》卷335,乾隆十四年二月庚子,第13册,第602—603页。

② 《清仁宗实录》卷110,嘉庆八年三月庚子,第29册,第463页。

③ 明亮等修:《钦定中枢政考·绿营》卷19《查阅营伍之年官员不准告病乞休》,《续修四库全书》第855册,第75页。

④ 《内阁大库档案》,登录号:158738,道光十四年六月二十五日兵部移会。

在道光朝,派遣钦差大臣轮查各省营伍制度执行得较好。道光帝已清醒意识到武备衰落的客观现实,必须采取措施加以补救。道光元年,令整饬内外旗营训练。在上谕中,道光帝明确指出,在承平日久、文恬武嬉、上司又复不加察查的情况下,军事实力不断衰退,平定嘉庆初年三省教匪滋事便是明证,更有甚者,“如健锐、火器两营,操练本属认真,遇事亦能得力,然近日风气,亦不逮从前远甚。至于前锋、护军诸营,亦非从前可比,而满蒙汉二十四旗之兵更难过问矣。”京城的精锐军队是如此情形,他处的军队更不可想象。道光帝令各省将军、督、抚、提、镇详议操练章程,“既经此次奏定之后,务要实力而行,不可徒作空言。”①除加强操练外,承袭前代的钦差大臣阅兵制度,也在道光帝振兴武备的考虑之中。

从谕令查阅的时间看,多集中于正月二十三、二十四两日。钦差大臣检阅各省军队,按照固定期限,每隔三年举行一次,若有特殊情况,则暂停。如道光十一年(1831),本应派钦差大臣查阅陕甘两省军队,因陕甘两省军队多调往新疆作战,故停止检阅,道光十三年补查。

表 7 道光朝各省营伍查阅年表②

序号	谕令时间	查阅者			所查地域	出处
1	1-1-20(壬申)	两广总督	阮元	汉	广东、广西	49
		闽浙总督	庆保	满	浙江、福建	
2	2-1-22(戊辰)	山东巡抚	琦善	满	山东	17
		河南巡抚	姚祖同	汉	河南	
		两江总督	孙玉庭	汉	江苏、安徽、江西	

① 《嘉庆道光两朝上谕档》第 26 册,道光元年十月二十四日,第 488—489 页。

② 本表据《嘉庆道光两朝上谕档》制成。该书一册汇编一年上谕,道光元年上谕为该书第 26 册,道光二年上谕为该书第 27 册,依次类推;“出处”栏中数字表示在该册中的页码。按,“哈哴阿”,又作“哈朗阿”。

续表

序号	谕令时间	查阅者			所查地域	出处
3	3-1-24(甲午)	直隶总督	颜检	汉	直隶	32
		山西巡抚	邱树棠	汉	山西	
		陕西巡抚	卢坤	汉	陕西	
		陕甘总督	那彦成	满	甘肃	
		四川总督	陈若霖	汉	四川	
4	4-1-23(丁亥)	湖广总督	李鸿宾	汉	湖北、湖南	24
		云贵总督	明山	满	云南、贵州	
5	5-1-23(辛亥)	两广总督	阮元	汉	广东、广西	21
		闽浙总督	赵慎畛	汉	浙江、福建	
6	6-1-24(丙午)	山东巡抚	武隆阿	满	山东	22
		河南巡抚	程祖洛	汉	河南	
		两江总督	琦善	满	江苏、安徽、江西	
7	7-1-23(己亥)	直隶总督	那彦成	满	直隶	21
		山西巡抚	福绵	满	山西	
		四川总督	戴三锡	汉	四川	
		陕甘两省官兵多调往回疆,待大军凯旋再行查阅				
8	8-1-24(甲子)	湖广总督	嵩孚	满	湖北、湖南	15
		云贵总督	阮元	汉	云南、贵州	
9	9-1-24(己亥)	两广总督	李鸿宾	汉	广东、广西	23
		闽浙总督	孙尔准	汉	浙江、福建	
		陕甘总督	杨遇春	汉	陕西、甘肃(补查)	
10	10-1-24(甲寅)	山东巡抚	讷尔经额	满	山东	14
		河南巡抚	杨国桢	汉	河南	
		两江总督	蒋攸铦	满	江苏、安徽、江西	

续表

<table>
<tr><th>序号</th><th>谕令时间</th><th colspan="3">查阅者</th><th>所查地域</th><th>出处</th></tr>
<tr><td rowspan="4">11</td><td rowspan="4">11-1-24(戊寅)</td><td>直隶总督</td><td>那彦成</td><td>满</td><td>直隶</td><td rowspan="4">18</td></tr>
<tr><td>山西巡抚</td><td>阿勒清阿</td><td>满</td><td>山西</td></tr>
<tr><td>四川总督</td><td>琦善</td><td>满</td><td>四川</td></tr>
<tr><td colspan="4">陕甘官兵现在调往回疆军营,人数较多,暂停查阅</td></tr>
<tr><td rowspan="2">12</td><td rowspan="2">12-1-23(辛未)</td><td>湖广总督</td><td>卢坤</td><td>汉</td><td>湖北、湖南</td><td rowspan="2">24</td></tr>
<tr><td>云贵总督</td><td>阮元</td><td>汉</td><td>云南、贵州</td></tr>
<tr><td rowspan="3">13</td><td rowspan="3">13-1-24(丙申)</td><td>两广总督</td><td>卢坤</td><td>汉</td><td>广东、广西</td><td rowspan="3">46</td></tr>
<tr><td>闽浙总督</td><td>程祖洛</td><td>汉</td><td>浙江、福建</td></tr>
<tr><td>陕甘总督</td><td>杨遇春</td><td>汉</td><td>陕西、甘肃(补查)</td></tr>
<tr><td rowspan="3">14</td><td rowspan="3">14-1-22(戊子)</td><td>左都御史</td><td>昇寅</td><td>满</td><td rowspan="2">山东、河南</td><td rowspan="3">20</td></tr>
<tr><td>兵部右侍郎</td><td>奕纪</td><td>满</td></tr>
<tr><td>两江总督</td><td>陶澍</td><td>汉</td><td>江苏、安徽、江西</td></tr>
<tr><td rowspan="7">15</td><td rowspan="5">15-1-23(癸未)</td><td>镶红旗蒙古都统</td><td>哈哏阿</td><td>满</td><td rowspan="2">山西、陕西</td><td rowspan="2">29</td></tr>
<tr><td>镶黄旗满洲副都统</td><td>祥康</td><td>满</td></tr>
<tr><td>直隶总督</td><td>琦善</td><td>满</td><td>直隶</td><td rowspan="5">35</td></tr>
<tr><td>陕甘总督</td><td>杨遇春</td><td>汉</td><td>甘肃</td></tr>
<tr><td>成都将军</td><td>瑚松额</td><td>满</td><td>四川</td></tr>
<tr><td rowspan="2">15-1-26(丙戌)</td><td>陕甘总督</td><td>瑚松额</td><td>满</td><td>甘肃(改派)</td></tr>
<tr><td>四川总督</td><td>鄂山</td><td>满</td><td>四川(改派)</td></tr>
<tr><td rowspan="2">16</td><td rowspan="2">16-1-24(戊申)</td><td>湖广总督</td><td>讷尔经额</td><td>满</td><td>湖北、湖南</td><td rowspan="2">25</td></tr>
<tr><td>云贵总督</td><td>伊里布</td><td>满</td><td>云南、贵州</td></tr>
<tr><td rowspan="2">17</td><td rowspan="2">17-1-23(辛丑)</td><td>两广总督</td><td>邓廷桢</td><td>汉</td><td>广东、广西</td><td rowspan="2">27</td></tr>
<tr><td>闽浙总督</td><td>钟祥</td><td>满</td><td>浙江、福建</td></tr>
<tr><td rowspan="3">18</td><td rowspan="3">18-1-23(丙申)</td><td>山东巡抚</td><td>经额布</td><td>满</td><td>山东</td><td rowspan="3">20</td></tr>
<tr><td>河南巡抚</td><td>桂良</td><td>满</td><td>河南</td></tr>
<tr><td>两江总督</td><td>陶澍</td><td>汉</td><td>江苏、安徽、江西</td></tr>
</table>

续表

序号	谕令时间	查阅者			所查地域	出处
19	19-1-23(庚申)	直隶总督	琦善	满	直隶	22
		山西巡抚	申启贤	汉	山西	
		陕甘总督	瑚松额	满	陕西、甘肃	
		四川总督	宝兴	满	四川	
20	20-1-28(己未)	湖广总督	周天爵	汉	湖北、湖南	46
		云贵总督	桂良	满	云南、贵州	
21	21-1-24(庚戌)	广东、广西、浙江、福建营伍,暂行停止				20
22	22-1-23(壬申)	山东巡抚	托浑布	满	山东	28
		河南巡抚	鄂顺安	满	河南	
		两江总督	牛鉴	汉	江苏、安徽、江西	
23	23-1-23(丙寅)	直隶总督	讷尔经额	满	直隶	35
		山西巡抚	梁萼涵	汉	山西	
		陕甘总督	富呢扬阿	满	陕西、甘肃	
		四川总督	宝兴	满	四川	
		上年暂停查阅之广东、广西、浙江、福建等省营伍,仍暂停查阅				
24	24-1-24(辛卯)	湖广总督	裕泰	满	湖北、湖南	21
		云贵总督	桂良	满	云南、贵州	
		上年暂停查广东、广西、浙江、福建等省营伍,俟二十五年再行奏请				
25	25-1-24(丙戌)	两广总督	耆英	满	广东、广西	27
		闽浙总督	刘韵珂	汉	浙江、福建	
26	26-1-24(庚辰)	山东巡抚	崇恩	满	山东	24
		河南巡抚	鄂顺安	满	河南	
		户部尚书	赛尚阿	满	江苏、安徽、江西	
		刑部左侍郎	周祖培	汉		

续表

序号	谕令时间	查阅者			所查地域	出处
27	27-1-23(癸卯)	直隶总督	讷尔经额	满	直隶	23
		山西巡抚	王兆琛	汉	山西	
		陕甘总督	布彦泰	满	陕西、甘肃	
		四川总督	琦善	满	四川	
28	28-1-23(戊戌)	湖广总督	裕泰	满	湖北、湖南	27
		云贵总督	林则徐	汉	云南、贵州	
29	29-1-23(壬辰)	两广总督	徐广缙	汉	广东、广西	24
		闽浙总督	刘韵珂	汉	福建	
		文渊阁大学士	耆英	满	会同浙抚吴文镕查阅浙江营伍	
		仓场侍郎	季芝昌	汉		
	29-4-8(丙午)	耆英现在患病,浙江营伍着改派刘韵珂于本年秋冬前往简阅。季芝昌仍遵前旨,赴浙江会同吴文镕办理浙省盐务及清查仓库各事宜,毋庸阅伍				99
30	30-1-30(癸亥)	山东巡抚	陈庆偕	汉	山东	60
		河南巡抚	潘铎	汉	河南	
		两江总督	陆建瀛	汉	江苏、安徽、江西	

据表可知,在30年、81省次中规中矩的营伍查阅安排中,以本省督抚作为钦差大臣查阅者78次,占比96.3%;自京派遣钦差大臣查阅者4省次实际成行3省次,占比3.7%。换言之,在道光朝的营伍查阅中,注重强调督抚的主体责任、军事职能,即对军队的检阅主要依靠督抚日常的勤加训练而非自京派遣之钦差大臣的随机抽查。

三、钦差大臣阅兵制度的不足

钦差大臣阅兵制度的框架设计虽好,但实际效果堪忧。

第一,钦差大臣阅兵未实力举行。

道光帝以为:派京员阅兵,恐地方有供应之累,而“各省督抚皆朕所信任,一经特简，即与钦差无异"，故令本省督抚阅兵。然真实情况是：

近来营伍废弛，教诫不严。如广东兵丁，竟吸食鸦片烟；河南兵丁，行至安徽，殴毙人命，携带幼童；福建兵丁，勒折夫价，又有强抢盐馆之案。总缘各该省督抚希图见好，虚应故事，并不认真简校，纪律不肃。①

不仅本省督抚阅兵未实力举行，由京派遣的钦差大臣阅兵也未实力举行。道光十五年(1835)，山西巡抚申启贤到任不久，即查阅省城满汉营伍，查阅的结果出乎申启贤的意料：抚标左右营、太原城守营三营兵丁虚报弓力，弓力不符者甚多，鸟枪、抬炮竟有全未中靶者，太原城守营有99名士兵造册不实。上谕严厉批评钦差大臣：

抚标系巡抚专辖，城守近在省垣，果能留心训练，其强弱更易周知。前任巡抚鄂顺安在任数年(13—15年在任)，营务如此废弛，实属辜恩溺职，至此所司何事。至本年山西省轮应校阅之期，哈哴阿、祥康皆系朕亲信大臣，特派前往，宜何如实心甄别，不避嫌怨。今省城满汉营伍若此，各营似此者尚不知凡几。是其校阅时一味颟顸，搪塞了事，全不以公事为重，殊失朕特简大臣整饬营伍之至意。哈哴阿、祥康、鄂顺安着一并交部严加议处。②

一叶而知秋，省城营伍如此不堪，更不用论他地。

第二，自京派遣的阅兵钦差大臣，行程匆忙，影响阅兵的成效。

由京派遣的钦差大臣，追赶行程，马不停蹄，如昇寅、奕纪的阅兵。道光十四年正月，令左都御史昇寅(时年73岁)、兵部右侍郎奕纪查阅山东、河南两省营伍。③ 昇寅等行程匆匆。二人于二月十二日自京启程，十九日到山东德州，二十日至二十二日阅德州满营、绿营并临清、高唐二营，二十七日阅武定

① 《嘉庆道光两朝上谕档》第38册，道光十三年三月二十七日，第169—170页。

② 《内阁大库档案》，登录号：211716，道光十五年十二月十六日兵部移会；《嘉庆道光两朝上谕档》第40册，道光十五年十二月十六日，第537—538页。

③ 《嘉庆道光两朝上谕档》第39册，道光十四年正月二十二日，第20—21页。按，《昇勤直公年谱》作"二月奉使"，为记载启程时间，第396页。

营,三月初五日接到审理河南京控案的谕令,初六日阅胶州、即墨二营,初十日阅登州镇所属各营,十一至十四日阅登州镇所属文登、宁福二营并水师各营,十七日阅莱州营,二十二日阅青州满营,二十三日阅青州镇所属绿营,二十七日到省城济南,二十八日至三十日阅抚标,四月初三日阅泰安营,初七日阅兖州镇标各营,八日阅沂州、台庄、沙沟、安东各营,十一日阅济宁营,十六日阅曹州镇标各营,二十日上折奏报查阅山东营伍完竣。① 昇寅等此次查阅山东营伍,自二月二十日至四月二十日,费时 61 天。昇寅等于四月二十六日阅河南襄城营并调阅汝宁、信阳各营,五月初二日至初四日阅南阳镇标各营并调阅荆子关、固县、新野、邓新四营,十三日至十五日阅河南营,十八、十九两日阅河北镇标各营,二十五日阅滑县、内黄、彰德各营,二十八日阅开封城守营满兵,六月初一日至初三日阅抚标各营,初五日上折奏报查阅河南营伍完竣。② 昇寅等此次查阅河南营伍,自四月二十六日至六月初五日,费时 39 天。昇寅、奕纪查阅山东、河南两省营伍,费时 100 天,其间还审理京控案,除却花费在路途中的时间,真正用在阅兵上的时间并不多。

又道光二十六年(1846),在籍丁忧的原大理寺少卿翁心存(江苏苏州府常熟县人)在日记中共五次记载钦差大臣赛尚阿、周祖培阅兵的信息,其中两条为:

> (四月十一日)薄暮,星使舟驻(常熟)南门外,夜易小舟往福山阅兵去矣。
>
> (四月十三日)赛、周两星使昨驻福山,阅福、崇两镇兵,并勘炮台毕。夜过(常熟)城外,即往松江去也。③

赛尚阿、周祖培在夜晚都需赶路,以免误了行程。钦差大臣事务繁多,行程匆忙,使用在阅兵事务上的时间不会太多,从而影响阅兵效果。

---

① 宝珣、宝琳:《昇勤直公年谱》卷下,《北图年谱》第 126 册,第 398—402 页。

② 宝珣、宝琳:《昇勤直公年谱》卷下,《北图年谱》第 126 册,第 404 页。

③ 《翁心存日记》,第 616、617 页。

第三，督抚常因他事耽误阅兵。

督抚管理事务较多，常因他事或特殊原因推迟本应按期办理的事务。外官大计，由总督、巡抚主持，常因办理紧急军务、督抚系初任、自然灾害等原因而推迟。① 本省督抚作为钦差大臣阅兵，也常因他事、职务调动等原因而中断阅兵行程。如乾隆二十八年（1763），应由总督轮查陕西营伍，因总督杨应琚驻扎肃州办事，陕西巡抚鄂弼奏请代赴各营阅视。乾隆帝批示："好！将奉旨处，移咨杨应据知之。"②

此种情形在钦差大臣阅兵制度执行得较好的道光朝亦难免之。道光十年的两江营伍查阅，由总督蒋攸铦办理。蒋攸铦于六月请病假，只查阅了部分营伍，接任的总督陶澍因办理他事而未能查阅。十二年（1832）六月，陶澍奏："道光十年轮应查阅营伍，曾经前督臣将河标中右、庙湾、佃湖及督标中左、江宁左右、浦口、溧阳、青山、瓜洲等营分别阅看，臣蒙圣恩补授两江总督，适值筹办盐务、河工，兼以三省同被水灾，赈务纷繁，未及较阅各营。"陶澍在各项事务处理完毕后，离开省城查阅前任总督没有查阅的营伍。③ 九月，陶澍到江西阅兵，他说江西营伍"已十年不阅"，现今值江西军政之期，故抽空去江西查阅营伍。九月初五日，陶澍从安徽查阅营伍后进入江西，查阅九江营伍，初九日到达江西省城，将抚标及城守各营阅毕，"即拟驰赴临江、吉安，并调赣州镇标将官等并阅。"正在启程，突然接到江南河道总督张井的咨文，言黄河大堤被挖，是为陈端挖堤案，陶澍需立即从江西赶回江苏办理该案。"至江西省南各营将弁业已调集吉安府城，候臣校阅，未便空劳往返，已咨移江西抚臣周之琦驰往阅看，并将调齐各将备一并阅看，分别优劣，归入军政案内会办。"④道光十

① 常越男：《清代考课制度研究》，北京大学出版社 2010 年版，第 336—339 页。

② 《清高宗实录》卷 682，乾隆二十八年三月乙丑，第 17 册，第 637 页。

③ 陶澍：《陶云汀先生奏疏》卷 41《校阅江北各营伍情形折子》（道光十二年六月十二日奏），《续修四库全书》第 499 册，第 614 页。

④ 陶澍：《陶云汀先生奏疏》卷 42《九江途次折回清江浦会办奸民挖堤折子》（道光十二年九月十一日奏），《续修四库全书》第 499 册，第 643—644 页。

年未能举行的总督查阅江西营伍,拖到十二年秋季举行,又因故未能按计划进行,最后不得不交巡抚办理,草草收场。又道光二十九年正月,令两广总督徐广缙查阅两广营伍,但直到道光三十年正月,上谕说:“徐广缙奏查阅营伍一折,广州驻防正黄旗防御明顺弓马生疏,着降为骁骑校,余着照所拟办理。”①徐广缙查阅两广营伍,费时将近一年,其间因他事而耽搁。

第四,阅兵注重考察军事技能,忽视军纪等其他内容。

无论是由京派遣钦差大臣查阅营伍,还是以本省督抚作为钦差大臣查阅辖区内的营伍,都注重对军事技能的考察,如弓箭、鸟枪、连环枪炮及合操配队、大小阵式等。军事技能的考察,钦差大臣可亲眼观看,或可在须臾之间确定,但军纪在片刻之间无从考察。

康雍年间,军纪尚好。乾隆年间,军纪仍好,士兵过境,有钦差大臣看护,若骚扰地方,严惩不贷。嘉庆年间,在军队战斗力下降的同时,军纪逐渐败坏,典型事例是携带幼童案。嘉庆十八年(1813),在平定滑县李文成之乱后,钦差大臣那彦成约束不严,吉林、黑龙江和健锐、火器各营凯旋官兵俱有携带幼孩之事。② 至道光年间,军纪更差。道光十二年(1832),湖南不靖,波及广东连州,但总督李鸿宾办理不善,拖延半年仍未平息,李鸿宾后被革职发往乌鲁木齐效力赎罪。李鸿宾办理不善的原因之一是两广营伍军纪甚差。湖广道御史冯赞勋说:“近日粤、闽各省兵丁吸食鸦片烟者甚多,即将弁中食者亦复不少。”并列举连州进兵疲软误事之例。③

军中积弊,未因钦差大臣阅兵制度的推行而得到解决。乾隆帝说:“近来外省营汛,每遇大员莅阅,往往先期部署,为一切观美计,制造旗帜,更易号衣,公费不足,遂坐扣兵饷,以致伊等生计维艰,是营伍未有整顿之实,而兵丁先被

---

① 《嘉庆道光两朝上谕档》第55册,道光三十年正月二十三日,第48页。

② 那彦成:《那文毅公奏议》卷36,《续修四库全书》第496册,第206页。

③ 《湖广道监察御史冯赞勋奏请严行查禁弁兵吸食鸦片折》(道光十二年八月二十六日),载中国第一历史档案馆编:《鸦片战争档案史料》第1册,上海人民出版社1987年版,第123—124页。

扣饷之累,殊非巡查简阅之本意。"①钦差大臣阅兵未能解决老问题,反而造成新问题。道光四年,山西道监察御史杨煊说:"近来外省营伍,凡遇年老病废革退诸缺出,并不即时招募,悬缺日久,每届操演之期,则挪移彼营之兵充此营之额,积习相沿。兵额不足,于军政关系甚重。"道光帝令通谕严斥。② 从钦差大臣阅兵后奏请惩处的内容看,武将被惩多为患病请假、军事技能不过硬、违例坐轿、不能振作等;至于武将勒索士兵、兵额不足等军中积弊,未见有钦差大臣弹劾。

练兵千日,用兵一时,在太平天国运动初期,清军一战即溃者比比皆是,便是钦差大臣阅兵制度无效的例证。

第四节　清代钦差大臣的变化

时移而世变,长时段地看,除钦差大臣出差办事的内容有变化外,钦差大臣本身也发生了深刻变化。

一、钦差大臣本职资格的变化

事务的重要与否,与钦差大臣本职资格的高低,成正比例关系:重要事务者,派大学士、军机大臣、尚书、侍郎;不重要事务者,派郎中、员外郎等。

《清圣祖实录》中多有选派部院贤能司官外出办理事务的记载,司官主要是郎中(正五品)、员外郎(从五品)和主事(正六品)。在雍正朝,司官任钦差者亦复不少,在清查亏空、赈济灾害、修建工程等事件中多有司官任钦差。如康熙四十九年(1710),浙江巡抚黄秉中奏报,绿营剿捕强盗团伙,都司被杀而兵丁无一伤亡。兵部怀疑其中或有隐瞒情节,应令总督查明。康熙帝决定派

---

① 《清高宗实录》卷439,乾隆十八年五月戊寅,第14册,第715页。

② 朱壬林:《小云庐晚学文稿》卷6《奉政大夫刑科掌印给事中杨君(杨煊)墓志铭》,《清代诗文集汇编》第532册,第743页。

钦差前往办理,于是兵部郎中察尔钦前往浙江,会同浙江巡抚、杭州将军、副都统办理。①

官卑职小,则人微言轻,钦差本职的资格低,影响事务的办理。康熙二十九年,刑部题奏民人张遴叩阍,应交该抚审理。康熙帝对身边的大学士说:"此案若交与该抚审理,岂肯将实情明白审出?"大学士明珠建议道:"此案或可遣部员审理。"康熙帝说道:"即遣司员审理亦未必审出实情,但此案且仍着刑部选择贤能官往审。近见差往河南审理司员,竟不明白审理,此皆恐结怨各部堂官,故不从公审理耳。大凡督、抚无不与部院堂官营求结交,各为门户。若司员往审,与督抚相悖,则结怨于堂官,尚能保其职乎?"②司员品级较低,外出审理案件,内受制于堂官,外受制于督抚,不敢秉公审理。

若钦差的本职资格较低,则不便处理资格较高的官员。康熙二十九年,福建安溪县革职知县孙镛首告巡抚张仲举、布政司张永茂等将藩库钱粮侵蚀肥己,康熙帝令吏部郎中吴尔泰等前往审理。不料吴尔泰等将张仲举等人摘印看守,并请将其开缺另补。康熙帝说:"此事极为重大!吴尔泰等乃一司官,将此事妄为张大,亦未可定。着内阁学士郭世隆前往察审。"③巡抚为从二品,吏部郎中为正五品,资格低于巡抚,张仲举虽有罪,但不能将之摘印看守,吴尔泰的举动实属僭越;派从二品的内阁学士前去审理,恰如其分。乾隆二十二年(1757),江苏巡抚庄有恭因罪被斥责,后两江总督尹继善弹劾庄有恭,庄有恭被押解进京。尹继善得到消息后,令沿途的知府将庄有恭看守,乾隆帝说:"巡抚大员岂沿途知府所当看守?"尹继善被议处。④

钦差的本职资格较低,皇帝也不免轻视。雍正三年(1725),内阁学士(从二品)何国宗、护军参领(正三品)翟桑、国子监司业(正六品)马泰、掌陕西道

---

① 《清史列传》卷12《黄秉中传》,第855页;《清圣祖实录》卷242,康熙四十九年四月壬寅,第6册,第403页。

② 《康熙起居注》,康熙二十六年七月十五日,第1655页。

③ 《清圣祖实录》卷146,康熙二十九年六月庚辰,第5册,第612页。

④ 《清高宗实录》卷532,乾隆二十二年二月丙子,第15册,第713页。

监察御史(正七品)尤清、协理河南道事山西道试监察御史(从七品)王之锜查勘河道,雍正帝在河南巡抚田文镜的奏折中批示:“何国宗此数人原系小臣,非朕任用者,不过使其查勘之力耳。凡百秉公区画,朕自有择中而用之道也。”[①]雍正帝又对何国宗等说:“尔等原皆系微贱小臣,‘勤慎’二字,时刻放松不得。”[②]何国宗等人的查勘结果,与田文镜和兵部左侍郎、河南副总河嵇曾筠的意见不一,雍正帝倾向于田文镜和嵇曾筠的意见:“何国宗等乃一己之见,田文镜、嵇曾筠身在地方,所见自然明确,着照田文镜、嵇曾筠所议行。”[③]何国宗等人只是查勘河道的技术官员,[④]地位比不上京官中的尚书、侍郎,也比不上掌握实权的地方大员。

从康熙朝末年始,钦差大臣之本职资格得到提高。如康熙四十三年(1704),湖广提标营兵王汉杰等聚众抢劫当铺,派郎中吴进泰前往审理。刑部议定的处理结果是:原任布政使今升太仆寺卿施世纶、原任按察使董廷恩、现任布政使董昭祚、按察使郎廷栋,应革职;湖广提督俞益谟,应降二级调用。康熙帝最后定案,除俞益谟“居官好,且在事发之后到任,着降二级从宽留任”外,其余施世纶等全被革职。[⑤] 从处理结果看,省级大员,无论原任还是现任,多被革职。此案无论从哪一方面分析,都是大案,竟然只派一个五品郎中前往审理。但14年后,即康熙五十八年(1719),却派从一品的尚书和从二品的内阁学士审理总兵标兵挟持知府案。河南南阳镇标兵因地方官查拿赌博,闯入府衙将知府拥至教场,挟持三日。此事先由巡抚奏闻,后四川道御史杨汝谷于五十七年五月弹劾总兵纵兵殴官,而为众人所知晓,“上是之”。七月,康熙帝对此事发表意见,要求严查假冒士兵之事,但直到五十八年正月,才派刑部尚

① 《雍正朝汉文朱批奏折汇编》第7册,第26折,雍正四年三月二十七日奏,第50页。

② 《雍正朝汉文朱批奏折汇编》第7册,第158折,雍正四年五月初一日奏,第222页。

③ 《上谕内阁》卷46,雍正四年七月十四日,《景印文渊阁四库全书》第414册,第411页。

④ 李长青、白欣:《何国宗的生平与成就》,《咸阳师范学院学报》2011年第2期。

⑤ 《清圣祖实录》卷221、卷224,康熙四十四年七月乙酉、四十五二月壬辰,第6册,第231、251页。

书张廷枢、内阁学士高其倬前往查办。[①] 总兵标兵挟持知府案拖延了半年多的时间才派出钦差大臣审理,可见,此案不甚重要。此案的审理结果是:把总充军、总兵革职。前案是提督标兵不法,后案是镇兵不法;从审案结果看,前案惩处了多名省级大员,后案仅一名大员被革职。换言之,前案的性质更恶劣,影响更大,派钦差官员审理;后案影响小,却派钦差大臣审理,对两案的处理方式有天壤之别。

钦差本职资格的提高,从一般的钦差官员到钦差大臣,与督抚权力的增长有关。清代的督抚是地方的最高官员,集行政、监察、司法、军事等大权于一身。巡按御史制度的废除,使得地方上制约督抚的力量消失了,督抚的事权加重。在官员任用上,除皇帝和吏部有用人权外,督抚也有一定的用人权。督抚"以保举和题补的形式,向朝廷荐举人才,升调属吏。"[②]督抚甚至指名保举,破坏部院衙门的用人制度,与部院衙门争夺用人权。向下,督抚统辖藩臬等地方官,地方上无制约督抚的力量;向上,督抚拥有一定的用人权。督抚的权势赫赫,正如雍正朝翰林院检讨李兰的评论:"近来督抚提镇其权亦太盛矣,挟赫赫炎炎之势,令人敢怒而不敢言,即有过举,谁能参究?"[③]强龙不压地头蛇,督抚的事权加重,虽然钦差奉皇命,口含天宪,若本职资格低,也不能与督抚抗衡。只有派本职资格较高的官员担任钦差,才能与督抚平起平坐,才能保证事务的处理更加公正。

乾嘉道时期,办理事务之钦差大臣多为从一品的尚书、正二品的侍郎,其中不乏军机大臣、大学士者,本职资格较低而担任钦差大臣者,只是少数,以至于嘉庆帝说"钦差皆部院大臣"。[④] 低级官员担任钦差大臣,只能说是"异数":

---

① 蒋良骐:《东华录》卷23,中华书局1980年版,第378页;《清圣祖实录》卷280、卷283,康熙五十七年七月甲戌、五十八年正月癸巳,第6册,第740、762页。

② 刘凤云:《清代督抚与地方官的选任》,《清史研究》1996年第3期。

③ 《雍正朝汉文朱批奏折汇编》第1册,第34折,雍正元年二月初四日奏,第38页。

④ 《嘉庆道光两朝上谕档》第8册,嘉庆八年十二月初五日,第481页。

> 乾隆年间，曾两次命军机章京福德、官保、永保，前往山西等省查办事件，以章京专膺使节，为枢曹异数。而嘉庆十四年(1809)，章京卢荫溥，以鸿胪寺少卿与军机大臣托津同奉命，往江南查办案件，则更前此未有之荣遇也。①

本职资格低而任钦差大臣者，或是皇帝锻炼其才能以备将来任用。鸿胪寺少卿为从五品，品级低于正五品的郎中，军机大臣出差随带的司员多为郎中和从五品的员外郎。鸿胪寺少卿卢荫溥以从五品官身份会同军机大臣出差，可以说是异数。从嘉庆十四年六月，卢荫溥同托津一道出差后，又三次担任钦差大臣，至十六年七月，卢荫溥以光禄寺少卿(正五品)加四品卿衔的身份在军机大臣上学习行走。②

同卢荫溥一样，骆秉章以低级官员担任钦差大臣，经锻炼以备任用。骆秉章在户部银库亏空案中深得道光帝赏识。道光二十四年(1844)十月，刑部左侍郎赓福、詹事府右春坊右庶子骆秉章驰驿前往山东查办事件。二十八年五月，在丁忧回京后，骆秉章又以候补庶子身份同吏部右侍郎福济往河南查办事件。③ 侍郎为正二品，右庶子为正五品，候补庶子资格应低于正五品，而骆秉章两次出差随带的司员均是从五品员外郎，可见骆秉章第二次出差时的本职资格和司员的资格相当。道光帝多次勉励骆秉章，勉励其“好好做官”，又说“汝在京就是升到侍郎，亦不过随同唯诺，今放汝外官，汝能事事历练。汝是京官四品，自可放外官三品。”④翰林院官员出差，多任考官、祭告使，如骆秉章这样以右庶子、候补庶子的翰林官(清代的詹事府归翰林院管理)担任查办地方事务的钦差大臣，仍是极少见。

---

① 继昌：《行素斋杂记》卷上，上海书店1984年版，第9页。

② 《清史列传》卷36《卢荫溥传》，第2816—2817页。

③ 骆秉章：《骆文忠公自订年谱》，《北图年谱》第147册，第41、44页；《清宣宗实录》卷455，道光二十八年五月辛巳，第39册，第742页。

④ 骆秉章：《骆文忠公自订年谱》，《北图年谱》第147册，第44、46页。

二、多次担任钦差大臣之人数的变化

康雍时期,多次担任钦差大臣的人数较少;乾嘉道时期,多次担任钦差大臣的人数增多。

在康雍时期,实录记载的钦差大臣本不多,多次出差者更少,一人出差四五次者比较少见。在康熙朝,多次担任钦差大臣者有马齐、张鹏翮、张廷枢(1654—1729,陕西西安府韩城县人)。在雍正朝,出差次数较多的钦差大臣有史贻直和杭奕禄(?—1748,满洲镶红旗人)。史贻直多次出差,在出差期间多次署理督抚,加之曾外任督抚,足迹几遍天下,故自诩为"七省军门""十度钦差";①然史贻直并未十次担任钦差大臣。

表8　钦差大臣史贻直出差年表

<table>
<tr><th>序号</th><th>谕令时间</th><th colspan="2">钦差大臣</th><th>事由</th><th>出处</th></tr>
<tr><td rowspan="2">1</td><td>3-4-乙酉</td><td rowspan="2">吏部左侍郎史贻直
刑部右侍郎高其佩</td><td rowspan="2">汉
满</td><td>署山西巡抚伊都立参奏原任川陕总督年羹尧:1.擅给盐商印票并增引十万道。2.擅自动用盐课。3.差咸宁知县严士俊于山西拿获私茶,越境提人,变卖私茶;擅罚茶犯,私令赎罪。保题严士俟为河东运同,假捏商名,私占盐窝,招摇生事</td><td>31</td></tr>
<tr><td>3-5-辛亥</td><td>年羹尧令河东运使金启勋捉拿陕西郃阳县盐枭,致使多人死亡</td><td>32</td></tr>
<tr><td>2</td><td>4-6</td><td>刑部左侍郎海寿
工部右侍郎史贻直</td><td>满</td><td>直隶总督李绂、河南巡抚田文镜互参案</td><td rowspan="2">(1)</td></tr>
<tr><td>3</td><td>5-9</td><td>户部左侍郎史贻直
御史性桂</td><td>满</td><td>大同知府许惟讷贪污舞弊案</td></tr>
<tr><td>4</td><td>6-1-甲子</td><td>吏部尚书福敏
户部左侍郎史贻直</td><td>满</td><td>往保定审理老秀才控告大名知府曾逢圣居官劣款,被直隶布政使张适严刑毙命案</td><td>65</td></tr>
</table>

① 金武祥:《粟香随笔·粟香三笔》卷6,《续修四库全书》第1183册,第596页。按,据表可知,史贻直并未出差十次,故"十度钦差"之言应有夸张。

续表

序号	谕令时间	钦差大臣		事由	出处
5	6-10-丁酉	吏部左侍郎史贻直		原福建巡抚朱纲弹劾按察使乔学尹失出故纵各案,及巡台御史禅济布参奏台湾县知县周钟瑄案,禅济布与原任巡台御史景考祥互揭案	74
6	9-4-庚子	左都御史史贻直 礼部左侍郎杭奕禄 署内务府总管郑禅宝	满 满	宣谕化导陕甘	105

(1)史全生:《史贻直评传》,南京大学出版社,2012 年,第 60、63 页。

自乾隆朝始,多次出差的人数增多,且出差次数大幅增加。如乾隆朝的阿桂任钦差大臣,至少 20 次;嘉道时期的英和任钦差大臣,至少 15 次。初彭龄、章煦、文孚、那彦宝等人也多次担任钦差大臣。

在乾嘉道时期,多次出差的钦差大臣呈现出一个特点:在一段时间内频繁出差,如熙昌的事例。熙昌(1779—1818)①为松筠长子,玛拉特氏,蒙古正蓝旗人。嘉庆四年(1799),年 20 岁的熙昌由荫生授理藩院员外郎,步入仕途。嘉庆十九年,熙昌任内阁学士,在侍郎职衔上流转,历任理藩院、工部、刑部、吏部侍郎。在八旗职务上,熙昌历任副都统、署热河都统、护军统领等职。嘉庆二十三年七月,熙昌往湖南审案,在长沙病亡,年仅 40 岁。嘉庆帝惋惜道:"吏部侍郎熙昌心地明白,办事认真,屡经派令外省查办事件,宽严俱能得中,操守亦好。朕因其才堪造就,年力方强,正资委任,不意积劳成疾,遽于湖南差次病殁,甚属可惜,朕不禁为之堕落。着加恩晋赠都统,即照都统例赐恤,并赏给广储司银五百两经理丧事,其灵柩回京,准其入城治丧。所有降革处分悉予开复。"后赐祭葬,谥敬慎。② 熙昌办事认真,才堪造就,年仅四十而病亡,英年早逝。从嘉庆帝的"可惜"之言、"堕泪"之举,及熙昌身后之殊荣,可看出其才

① 马长泉、张春梅:《〈松文清公(松筠)升官录〉补注》,河南大学出版社 2010 年版,第 28 页。

② 《清国史》卷 90《熙昌传》,中华书局 1993 年版,第 421—422 页。

能。熙昌在五年之中,出差五次,特别是嘉庆二十年六月的出差,历时约一年,直到二十一年七月才返京。毋庸置疑,若非英年早逝,熙昌一定有更多的出差机会。五次出差所占的时间在熙昌约20年的仕宦生涯中,比重不算大,却是仕途中最精彩的部分。

表9　钦差大臣熙昌审案年表①

序号	时间	钦差大臣	事由
1	19-4	内阁学士熙昌	直隶平泉州民韦有款控敖汉台吉察克达尔扎布以争地殴毙其弟韦有良等,复贿买顶凶
2	20-6-10	协办大学士吏部尚书章煦 刑部右侍郎熙昌 (21年闰6月回京)	湖北襄阳县候选训导吴焕章控县民易成元与河南南阳县民易登朝等勾结谋逆,并控襄阳县知县周以焯押毙多命
	20		山东武生曾兴烜以父曾衍东任湖北知县为上官迫认婪赃,诉都察院
	20		已革万州知州李仁峻讦雷琼道胡大成苛派属员
	20-7-2		广东已革雷州府经历李棠讦总督蒋攸铦专擅徇私
	20-9-10		雷州营兵冯日升等挟嫌扭辱海康县典史并殴弓役
	20		已革万州知州李仁峻讦雷琼道胡大成苛派属员
	20		已革举人刘华东等控已故洋商卢观恒不应入祀乡贤祠
	20		已革贵县知县吴遇坤刻书诋毁上官
	21-3-5		章煦等奏审讯民人钟乔新控告蔡贵达违禁挖煤主使故杀三命一案,正犯未获,无在彼久候之理,交蒋攸铦、董教增审理
	21-3-26		江苏已革知县王保澄讦上官讳匿邪书、不办逆匪案(自粤回抵山东,折回江苏审理)
	21-5-2		安徽阜阳县民王勇忠控捻匪纠抢妇女拒杀事主
	21-6-30	刑部右侍郎熙昌	直隶安平县民李光太首告监生苏老小等传习善会大教
3	22-2	吏部左侍郎熙昌 左副都御史王引之	福建布政使李赓芸自缢案(7月回京)

① 本表据《清国史》卷90《熙昌传》(第421—422页)、《清史列传》卷32《章煦传》(第2503页)和《嘉庆道光两朝上谕档》(第19—23册)制成。

续表

<table>
<tr><th>序号</th><th>时间</th><th>钦差大臣</th><th>事由</th></tr>
<tr><td>4</td><td>22-11</td><td>吏部左侍郎熙昌</td><td>朝阳县民王子亮控蒙古台吉庄奴王士元等霸地将伊父王学文殴死</td></tr>
<tr><td rowspan="6">5</td><td rowspan="3">23-7</td><td rowspan="6">吏部左侍郎熙昌
(在长沙病亡,未审,改派刑部右侍郎文孚审理)</td><td>湖南临湘县已革巡检蔡观以拿赌被殴延案不结,赴都察院控</td></tr>
<tr><td>桃园县民妇以夫陈廷榜被罗幗经戳死官不究办,赴都察院控</td></tr>
<tr><td>御史唐鉴复参武陵县知县顾烺圻营私婪赃</td></tr>
<tr><td>23-10</td><td>富纶于护巡抚任内,参奏桂平令迟误兵米、荔浦县民韦政纪呈控叠抢毙命两案,赴广西会同两广总督阮元审办</td></tr>
<tr><td>23-10</td><td>富纶参奏广西吏治腐败,命盗要案延玩不结,仓库亦多亏缺,钱局铸钱质量差,令熙昌查办</td></tr>
<tr><td>23-10</td><td>熙昌于抵粤时先行署理广西巡抚印务</td></tr>
</table>

三、戴罪的钦差大臣

所谓戴罪的钦差大臣,是指官员有罪,或他们本不适合担任钦差大臣,但皇帝仍然任命他们为钦差大臣。康雍乾时期,有戴罪之人担任钦差大臣;而在嘉道时期则无。

康熙三十六年(1697),在征剿噶尔丹的途中,康熙帝说:“原任侍郎赵山,着交将军马思喀,令同原任侍郎思格色一同解送牛羊前去。或有差遣招抚噶尔丹并效力行走之处,遣此二人。”①原任侍郎赵山、原任侍郎思格色属于有罪之人,并无职务在身,不是现任官员,只是在军中办理运送牲畜事务以效力赎罪。康熙帝认为二人仍可承担招抚差事,即可担任钦差大臣,是想给二人更多的效力赎罪机会。一月之后,康熙帝又说:“将戴罪图功之赵山、思格色,遣一人于丹津鄂木布、遣一人于丹津阿喇布坦,副以蒙古将领、笔帖式,晓谕噶尔丹已死,招抚其众。伊等若招得丹津阿拉布坦、丹津鄂木布,即与俱来;如事不

① 《清圣祖实录》卷182,康熙三十六年闰三月丙午,第5册,第953页。

成,或未至其地半途而回,着大将军即于军前正法。”①赵山、思格色二人任钦差大臣,办理招抚噶尔丹余部事宜。可见,钦差大臣可由在军中效力的戴罪革职官员充任。不过,赵山、思格色二人任钦差大臣,处在极度危险之中,事成则已,不成则军前正法,这也区别于一般的钦差大臣。一般的钦差大臣出使敌国,或许会遭遇敌方施加的危险,但不会遭遇己方施加的危险,而赵山、思格色二人却遭受来自己方施加的危险。与其说赵山、思格色二人是钦差大臣,不如说二人是随时会被处斩的犯人。

又康熙三十七年,康熙帝为筹划蒙古生计,选派内地人员往蒙古地区教导王公、百姓。康熙帝说:“晓示八旗宗室、觉罗、满洲、蒙古汉军内,或见任官,或革职之人,或平人,有愿往教养蒙古者,着伊等往彼教育,消弭盗贼,若遇彼处盗案,即与该旗王等会同审理。使伊等住一二年,即便彻回。诚能副朕谕旨、效力勤谨,朕当加不次之恩。尔等即遵谕行。”②换言之,除现任官员外,前往蒙古地区的钦差大臣还有革职人员、平民百姓,他们也能担任钦差大臣。康熙帝给予他们自新之路,并许诺奖赏。

又有钦差大臣办事不力,再次被派往重查原事者。康熙三十七年三月,令刑部尚书傅腊塔、左都御史张鹏翮审理川陕总督吴赫侵蚀案;但康熙帝认为此案审理甚不明晰,于三十八年六月再次命二人前去审理。③ 二人虽未被惩处,但实际是换了另一种形式的戴罪效力。

又乾隆五十五年(1790),内阁学士尹壮图奏称各省亏空严重,致使乾隆帝震怒。乾隆帝随即派尹壮图与户部右侍郎庆成前往山西、直隶、山东、江苏等省查勘亏空,但一无所获,“总无亏虚实据,自知虚妄,请旨治罪”。在尹壮图出京盘查各省仓库之前,乾隆帝已有怒火。乾隆帝对尹壮图的条奏予以严

---

① 《清圣祖实录》卷183,康熙三十六年五月壬午,第5册,第960页。

② 《清圣祖实录》卷191,康熙三十七年十一月丙戌,第5册,第1022页。

③ 《清圣祖实录》卷187、卷193,康熙三十七年三月庚子、三十八年六月丙辰,第5册,第997、1049页。

厉驳斥,并给尹壮图加上条陈不公的罪名。乾隆帝说:“审拟薛对元一案,只系改易月日,于案内情节及问拟罪名之处,并无错误,非闵鹗元有心徇庇劣员,欲化有为无者可比。即书麟与闵鹗元,虽均系失察所属胥吏舞弊,然书麟于高邮假印一案,并未据陈倚道揭报,句容冒征一案,亦系书麟在署理巡抚任内经该县查出检举,即行饬属查办,及福崧接任劾参,折尾尚会同总督衔名具奏。若闵鹗元则始终徇隐,袒庇属员,其咎较书麟为重。今尹壮图两次牵连言及,竟似罪同罚异,亦应宽释。是巧为闵鹗元做说客,非曰爱之,其实害之。着尹壮图明白回奏。伊二人之罪,同乎？不同乎？”乾隆帝还揣测尹壮图上条奏的用心:“尹壮图之意,亦知事有难行,不过自揣学问、才具,均属平庸,内而不能升用侍郎,外而不能简派学政,至尚书、督抚之任,更难梦想。欲借此奏见长,或幸录用,又可假盘查为名,沿途吓诈,希得佽助,可以名利兼收。此等居心,岂能逃朕洞鉴!”①五十六年正月十五日,“于江南高邮舟次奉旨:尹壮图着革职,交庆成带回刑部治罪。二月,入刑部狱。翼日,三法司会审,军机大臣、大学士、九卿集于白云亭诘讯”。② 与其说尹壮图是前往各省盘查亏空的钦差大臣,不如说是因条奏不实而随时会被逮捕的罪官。

至嘉庆朝,戴罪之人不能担任钦差大臣。嘉庆十年(1805),刑部右侍郎瑚素通阿在直隶审理宣化府蔚州民人魏廷林呈控伊女被勒死一案。有人向瑚素通阿居住的公馆扔纸条,说魏廷林之女冤不能申,还说瑚素通阿与司员有得银枉断之事。钦差大臣办差应公正无私,可是有人控告钦差大臣不能公正审案。嘉庆帝接到瑚素通阿的奏报后,决定不再令其审理此案,“既据投有匿名字帖,自未便即行定案”。改派吏部尚书德瑛前往审理。③ 严格来讲,瑚素通阿不是戴罪之人,至多是嫌疑人;即便如此,瑚素通阿仍被撤回,更不用论戴罪之人了。

---

① 《清高宗实录》卷1367,乾隆五十五年十一月丁酉,第26册,第334—335页。

② 尹壮图:《楚珍自记年谱》,《北图年谱》第108册,第652—653页。

③ 《嘉庆道光两朝上谕档》第10册,嘉庆十年十一月二十八日,第739页。

出现此种转变,原因有二:

第一,帝王魄力的变化。

就统治经验、个人能力而言,康熙帝、雍正帝、乾隆帝要比嘉庆帝、道光帝略胜一筹;对各级官员的控制也是如此。在雍正朝,雍正帝不厌其烦地鼓励大臣,要求他们公忠体国,勉励他们奋发有为,做个好官。换言之,雍正帝对官员群体有充足的信心。而到了嘉庆朝,却是另外一番情形:嘉庆帝经常斥责官员因循疲玩,无论是中央各部院衙门官员还是地方督抚。嘉庆帝对官员的希望,是激发天良,在嘉庆帝的心中,已充满了太多的无奈。虽然,官员的无能、不职和徇私舞弊,不能彻底根除,但从雍正帝和嘉庆帝对官员的不同评价、不同要求,可发现清朝国势的变化:就控制官员而言,嘉庆帝越来越力不从心。尹壮图的"伎俩","岂能逃朕洞鉴",表明乾隆帝是何等的自信,一切局势都在乾隆帝的掌控之中;而嘉庆帝仅因一封匿名信控告钦差大臣,便撤回原派钦差大臣,改派一个本职品级更高的钦差大臣前往办理,表明了对官员、对自身的不信任。

第二,舆论形势的变化。

湖广总督杨宗仁隔省题补官员,雍正帝从之。陈康祺(1840—1890)对此发表评论:"隔省题官,或越等,或改涂,倘施之今日,恐本官荐主,并受讥弹矣。"①魏源论清代政治风气之变化:

> 国家承明制,矫明弊,以内政归六部,外政归十七省总督、巡抚,而天子亲览万几,一切取裁于上,百执事拱手受成。上无权臣、方镇之擅命,下无刺史、守令之专制,虽庸琐中材,皆得容身养拙于其间。渐摩既久,以推诿为明哲,以因袭为老成,以奉行虚文故事为得体。恶肩荷,恶更张,恶综核名实。若靳文襄之创中河,鄂文端之改土归流,皆力战群议,屡蹶屡奋,而后胜之;以怡贤亲王之畿辅水利,犹不旋踵而泯荡。故便文畏事窭陋之

① 陈康祺:《郎潜记闻三笔》卷12《雍正朝隔省题官之通融》,第859页。

臣,遇大利大害则动色相戒,却步徐视而不肯身预。自仁庙末年,屡以因循泄沓申戒中外,而优游成习,卒莫之反也。①

舆论形势的变化,迫使皇帝、官员循规蹈矩,因循而不敢更改。在康雍乾时期,皇帝可起用有罪之人、声名不佳之人;而在嘉道时期,官员有些许瑕疵,便不再值得信赖,以免落人口实。

四、钦差大臣中的亲缘关系

清人津津乐道盛世之事和展现皇恩浩荡的异数之事,如几世大学士、几世军机大臣、几世翰林、几世入直上书房南书房等,还有父子学政、父子同一科考官等名目。依照清人的观念,应有兄弟钦差大臣、父子钦差大臣、祖孙钦差大臣、叔侄钦差大臣等名目。

爬梳相关文献,按照旗人、汉人、蒙古人的顺序整理出兄弟钦差大臣等名目,注明生卒年者为钦差大臣。需要指出的是,暂不考虑乡试考官、祭告使等比较特殊的钦差中的兄弟钦差等名目。由下表可知,在康雍时期,兄弟钦差大臣等较少见;在乾嘉道时期,兄弟钦差大臣等逐渐增多。这主要是钦差大臣派遣在乾嘉道时期已较为规范化、制度化。

第一,旗人。

序号	旗籍	姓氏	第一代	第二代	第三代	第四代
1	满洲镶蓝旗	富察	阿兰泰(？—1699)	富宁安(？—1728)		
2	满洲正黄旗	伊尔根觉罗	凯音布(？—1723)	喀尔吉善(？—1757)	定长(1705—1768)	台费荫(？—1803)
3	蒙古正白旗	图伯特	拉锡(？—1733)	旺扎尔(？—1762)		

① 魏源:《古微堂外集》卷4《太子太保两江总督陶文毅公(陶澍)神道碑铭》,《清代诗文集汇编》第585册,第363页。

续表

序号	旗籍	姓氏	第一代	第二代	第三代	第四代
4	满洲镶黄旗	钮祜禄	尹德	策楞(1706—1756)	特清额(？—1811)	
				讷亲(1708—1749)		
				阿里衮(1712—1769)	丰昇额(？—1777)	明安(？—1803)
					布彦达赉(？—1801)	
			阿灵阿(？—1716)	阿尔松阿(？—1726)		
5	满洲镶黄旗	富察	马齐(1652—1739)			
			李荣保	傅恒(1722—1770)	福隆安(1743—1784)	丰绅济伦(1763—1807)
					福康安(1754—1796)	
					福长安(？—1817)	
6	满洲镶蓝旗	西林觉罗	鄂尔泰(1680—1745)	鄂容安(1714—1755)		
				鄂宁(1726—1770)		
7	满洲镶黄旗	章佳	尹泰(？—1738)	尹继善(1695—1771)	庆桂(1737—1816)	
8	满洲正白旗	章佳	阿克敦(1685—1756)	阿桂(1717—1797)①	阿思达	那彦成(1764—1833)
					阿弥达(1744—1791)	那彦宝(1762—1844)
9	满洲镶黄旗	高佳	高述明	高晋(1707—1779)	书麟(？—1801)	
					广厚(？—1815)	
					广兴(？—1809)	
			高斌(1683—1755)	高恒(？—1768)	高杞(？—1826)	
10	蒙古正白旗	萨尔图克	纳延泰(？—1762)	长龄(1758—1838)		
11	满洲正白旗	舒穆禄	舒赫德(1710—1777)	舒常(？—1799)		
12	满洲镶黄旗	富察	博清额(1721—1785)	托津(1755—1835)		
13	满洲镶红旗	费莫	勒保(1740—1819)			
			永保(1747—1809)	?	文庆(1796—1856)	
14	满洲镶黄旗	钮祜禄	恭阿拉(1753—1813)	和世泰(1782—1851)		

① 按,阿克敦原隶满洲正蓝旗,后阿桂平回部驻伊犁治事有劳,改隶正白旗。

续表

序号	旗籍	姓氏	第一代	第二代	第三代	第四代
15	满洲正黄旗	瓜尔佳	额勒登保(1748—1805)	哈哴阿(1786—1849)①		
16	满洲正红旗	瓜尔佳	玉德(?—1809)	斌良(1784—1847)		
				桂良(1785—1862)		
17	满洲正蓝旗	觉罗	长琇(1746—1810)			
			长麟(1749—1811)			
18	满洲正白旗	鄂济	宜绵(?—1812)	瑚素通阿(1755—1808)		
19	蒙古正黄旗	伍弥特	德楞泰(1745—1809)	苏冲阿(1771—1829)	倭什讷(1801—1852)	
					花沙纳(1807—1859)	
20	满洲正红旗	钮祜禄	和珅(1750—1799)	丰绅殷德(1775—1810)		
21	蒙古正蓝旗	玛拉特	松筠(1752—1835)	熙昌(1779—1818)		
22	满洲镶白旗	穆尔查	成书(1760—1821)	那斯洪阿(?—1837)		
23	满洲旗	博尔济吉特	成德(?—1823)	琦善(1786—1854)		
			文孚(1765—1841)②			
24	满洲镶黄旗	马佳氏	升寅(1762—1834)	宝珣(1815—1878)	绍英(1861—1925)	
25	满洲正白旗	叶赫纳喇	那清安(1769—1834)	全庆(1802—1882)		
26	内务府满洲正白旗	索绰络	英和(1771—1840)	奎耀(?—?)		
27	满洲正黄旗	格吉勒	廉善(1776—1823)	成琦(1818—1884)		
28	满洲镶红旗	宗室	奕绍(1776—1836)	载铨(1794—1854)		
29	满洲正蓝旗	宗室	禧恩(1784—1852)			
			裕恩(1790—1845)			
30	满洲正蓝旗	宗室	耆英(1787—1858)	庆锡(1810—1892)		
31	满洲镶黄旗	完颜	麟庆(1791—1846)	崇实(1820—1876)		
				崇厚(1826—1893)		

① 按,额勒登保原为吉林珠户,因军功而抬旗。哈哴阿为额勒登保之侄子、嗣子。

② 按,琦善隶满洲正黄旗,文孚隶满洲镶黄旗,一家隶属两旗,原因待查。

续表

序号	旗籍	姓氏	第一代	第二代	第三代	第四代
32	蒙古正蓝旗	阿鲁特	赛尚阿(1798—1875)	崇绮(1830—1900)①		
33	满洲正白旗	郭贝尔	都兴阿(1810—1875)			
			西凌阿(1811—1865)			
34	内务府满洲镶黄旗	叶赫纳喇	铭安(1828—1911)	那桐(1857—1925)		

第二,汉人。

序号	籍贯	第一代	第二代	第三代
1	江苏苏州府长洲县	宋骏业(?—1713)		
		宋大业(1666—?)		
2	浙江杭州府海宁县	陈诜(1644—1722)	陈世倌(1680—1758)	
			陈世侃(1681—1753)	
		陈元龙(1652—1736)②		
3	山西大同府蔚州③	李旭升(1652—1728)	李周望(1669—1730)	
4	河南光州光山县	胡煦(1655—1736)	胡季堂(1729—1800)	
5	江苏常州府无锡县	嵇曾筠(1671—1739)	嵇璜(1711—1794)	
6	安徽安庆府桐城县	张廷玉(1672—1755)	张若渟(1728—1802)	
7	顺天府大兴县	黄叔琳(1672—1756)	黄登贤(1709—1776)	
8	浙江杭州府钱塘县	徐潮(1647—1715)	徐本(1683—1747)	
			徐杞(1685—1765)	
9	浙江嘉兴府海盐县	钱陈群(1686—1774)	钱汝诚(1722—1779)	
10	浙江杭州府钱塘县	汪由敦(1692—1758)	汪承霈(?—1805)	
11	安徽安庆府桐城县	方观承(1698—1768)	方维甸(1758—1815)	
		方观本	方受畴(?—1822)	

① 按,后抬入满洲镶黄旗。

② 按,陈诜是陈元龙从兄。

③ 蔚州在雍正七年划归直隶,故李周望的籍贯被写为"直隶蔚州",见《清世宗实录》卷68,雍正六年四月丙午,第7册,第1039页;《汉名臣传》卷12《李周望传》,《满汉名臣传》,第1752页。

续表

序号	籍贯	第一代	第二代	第三代
12	山东青州府诸城县	刘统勋（1700—1773）	刘墉（1719—1805）	
			刘堪	刘镮之（？—1821）
13	江西南昌府新建县	曹秀先（1708—1784）	曹师曾（1754—1832）	
14	江西南昌府新建县	裘曰修（1712—1773）	裘行简（1754—1806）	
15	四川重庆府涪州	周煌（1714—1785）	周兴岱（1744—1809）	
16	山西太原府兴县	康基田（1728—1813）		
		康基渊	康绍镛（1770—1834）	
17	江西南安府大庾县	戴第元	戴衢亨（1755—1811）	
		戴均元（1746—1840）		
18	江西建昌府新城县	陈希曾（1766—1817）	陈孚恩（1802—1866）	
19	山东济宁州	孙瑞珍（1783—1858）	孙毓汶（1834—1899）	
20	山西平定州寿阳县	祁寯藻（1793—1866）	祁世长（1825—1892）	
21	湖南长沙府湘乡县	曾国藩（1811—1872）	曾纪泽（1839—1890）	
22	安徽庐州府合肥县	李瀚章（1821—1899）		
		李鸿章（1823—1901）	李经方（1855—1934）	
23	河南陈州府项城县	袁树三	袁保中	袁世凯（1859—1916）
		袁甲三（1808—1863）	袁保恒（1826—1878）	

第三，蒙古人。

序号	旗籍	姓氏	第一代	第二代	第三代	第四代
1	喀尔喀赛音诺颜部	博尔济吉特	策凌（？—1750）	成衮扎布（？—1771）	拉旺多尔济①（1754—1816）	
				车布登扎布（？—1782）		
2	蒙古喀喇沁部	乌梁海	瑚图灵阿（？—1779）			
			扎拉丰阿（？—1783）			

① 刘维栋：《清代赛音诺颜部驻京亲王拉旺多尔济史事钩沉》，《清史研究》2021 年第 5 期。

续表

<table>
<tr><th>序号</th><th>旗籍</th><th>姓氏</th><th>第一代</th><th>第二代</th><th>第三代</th><th>第四代</th></tr>
<tr><td rowspan="2">3</td><td rowspan="2">蒙古
科尔沁左翼后旗</td><td rowspan="2">博尔济吉特</td><td rowspan="2">僧格林沁
(1811—1865)</td><td rowspan="2">伯彦讷谟祜
(1836—1891)</td><td>那尔苏
(1855—1890)</td><td>阿穆尔灵圭[①]
(1886—1930)</td></tr>
<tr><td>博迪苏
(1871—1914)</td><td></td></tr>
</table>

以上三表列举八旗、汉人、蒙古人中的父子、兄弟、祖孙、叔侄钦差大臣。旗人有 34 家,其中满洲旗 27 家,蒙古旗 5 家,内务府籍 2 家,无汉军,满洲旗占总数的 79.4%。在满洲旗中,出自上三旗的有 17 家,满洲镶黄旗 8 家,满洲镶黄旗占满洲旗总数的 47%。各类旗人在清代皇帝心中的地位,按照宗室>上三旗满洲>下五旗满洲>蒙古旗>汉军旗的顺序排列。宗室在清军入关前权势很大,入关后特别是多尔衮之后,宗室的权势受到削弱,宗室虽广泛参与政务但相对较少参与地方事务。[②] 嘉道时期,宗室权势上升,有载铨、禧恩、耆英等人才;嘉道之后,宗室的权势日趋加重,出现如赞襄政务王大臣中的肃顺、郑亲王端华、怡亲王载垣,以及恭亲王奕䜣、庆亲王奕劻等权势人物。宗室和满洲八旗是清朝皇帝特别倚重的势力,故蒙古钦差大臣世家极少,甚而没有汉军钦差大臣世家。

汉人有 23 家,来自江浙的有 6 家,占总数的 26%;来自南方省份的有 16 家,占总数的 70%。这表明南方官员尤其是江浙官员,凭借科举功名能够获得更多的政治上的优势。与八旗家族相比,汉人家族持续的时间短,一般只能持续两代,极少能持续到三代;八旗家族持续的时间更长,能持续三代、四代的家族也比汉人多。

蒙古人有 3 家,主要依靠与皇室联姻、军功而获得政治上的重用。

① 以上各人的生卒年,见周学军:《僧格林沁及其子孙出生日期考》,《内蒙古民族大学学报》2008 年第 4 期。

② 杜家骥:《清皇族与国政关系研究》,五南图书出版有限公司 1998 年版,第 333—382 页。

五、钦差大臣续办事件

所谓续办事件，是指钦差大臣在接到办理事务（或一件事务，或多件事务）的谕旨后，不断接到新的谕旨，办理新的事务。钦差大臣续办事件的产生，原因有二：一是事件增多，钦差大臣在一地办理事务完毕后又往另一地办理；二是节省行政开支。多起事件可派多位钦差大臣前往办理，但若如此办理，行政开支必然增多；相较而言，派一起钦差大臣次第办理则可节省大量行政开支。

续办事件在康雍时期已出现。康熙五十年（1711）十月，令户部尚书张鹏翮往福建审理致仕延绥总兵官柯彩身死不明案，十一月又令在扬州审理江南乡试科场舞弊案，十二月又令审理福建举人王汤三等系钻营中式案，五十一年五月又令审理原任江苏布政使宜思恭叩阍控告总督噶礼等索要银两以致亏空案，六月又令审理福建海坛总兵汤明属下兵丁被海贼杀害案。此次出差，张鹏翮审理续办事件4起，[①]往返于福建、江苏两省。雍正六年（1728）十二月，吏部左侍郎史贻直在福建审案，于七年二月十三日事竣起身回京复命，在江南常州府接到吏部咨文，又折回福建办理新交事件。雍正帝说："未料你办理如此之爽速也。既复回闽，深为嘉悦。"[②]

在康雍两朝，钦差大臣办理续办事件者，较少；在乾隆朝，钦差大臣续办事件逐渐增多。以多次出差的姜晟为例，可见乾隆时期的续办事件。姜晟（1730—1810），号杜芗，江苏苏州府元和县人，乾隆三十一年（1766）进士。姜晟中进士后以主事用，签掣得刑部。和绝大多数读书人一样，姜晟未读过刑律，但自分发刑部后即认真学习。他自述学习刑律的经历："余素未读律，自念书生释褐，即得刑曹，狱讼为人命所关，必先之以明而后能持之以慎，用是悉

① 《清圣祖实录》卷248，康熙五十年十月辛巳、十一月丙戌、十二月丁卯，第6册，第457、459、463页；卷250，五十一年五月戊子、六月戊午，第477、479页。

② 《雍正朝汉文朱批奏折汇编》第14册，第628折，雍正七年三月十二日奏，第826页。

心研究,反复推详。"姜晟由于刻苦学习,进步很快,深得军机大臣、总理刑部事务刘统勋的赏识。刘统勋向他人夸奖姜晟是刑部好司员,并勉励姜晟"留心学习,以冀将来,为国家膺重任著鸿勋"。① 三十三年,姜晟第一次出差。姜晟先是作为钦差大臣的随员,升任侍郎后任钦差大臣。姜晟精于刑律,也得到乾隆帝的赏识:由刑部郎中升任光禄寺少卿后转太仆寺少卿,仍兼刑部行走;四十四年十二月,乾隆帝本打算任其为江苏按察使,因回避本籍,改任江西按察使,江苏的刑名事务显然比江西繁多,江苏按察使的地位比江西按察使的地位略高;四十五年正月,其赴江西之任,途次就有内升之传闻,三月便有升任刑部右侍郎之命,②实际在任不到三个月,属于超擢;五十七年,其在湖南巡抚任内,又被任为钦差大臣,往云南、贵州审案,"久任刑部,谳狱素所谙习"。③ 姜晟素谙刑律,屡次出差,每次出差所审案件的数量,在乾隆朝具有典型性、代表性。

姜晟以钦差大臣随员身份出差 9 次,有续办事件者 2 次,约占 22%;以钦差大臣身份出差 14 次,有续办事件者 4 次,约占 29%,续办的比例在提高。

表 10 钦差大臣随员、钦差大臣姜晟所办事件一览表(乾隆 33—57 年)④

序号	时间	年龄	职衔	原办事件	续办事件
1	33	39	随员刑部主事	巡视南河	
2	34 春	40	随员刑部福建司主事	往济南审办举人李梅东控案	
3	34-9	40	随员刑部江西司员外郎	巡视东河	
4	35-12	41	随员刑部山西司郎中	赴沧州审办民人迟经程捏控武生杨廷梁倚势济恶并该州知州杨有佑科敛富户及隐匿盗犯案	

① 姜晟:《姜杜芗先生自订年谱》,《北图年谱》第 106 册,第 358—359 页。

② 姜晟:《姜杜芗先生自订年谱》,《北图年谱》第 106 册,第 370、373、374—375 页。

③ 《乾隆朝上谕档》第 16 册,乾隆五十七年二月初六日,第 669 页。

④ 本表据姜晟《姜杜芗先生自订年谱》(《北图年谱》第 106 册)、实录制成。

续表

序号	时间	年龄	职衔	原办事件	续办事件
5	39-2	45	随员刑部贵州司郎中	赴四川查审打箭炉同知刘组曾隐匿查抄物件等款案	前往军营一路挨查军需
6	39-10	45	随员刑部贵州司郎中	往云南查审总督彰宝滥准属员采买需索供应案	
7	40-6	46	随员刑部贵州司郎中	往直隶查审东光县民妇张金氏控告户书盗卖赈米案	
8	40-9	46	随员光禄寺少卿	赴贵州审办镇远知府苏乔揭控部科案	赴四川审办站员冀国勋滥用军需银两一案
9	43-11	49	随员太仆寺少卿	赴盛京查办将军借差派累洋船一案	
10	47-11	53	钦差大臣刑部左侍郎	往涿州审办王之杰控告王枝花将伊子王座谋害身死一案	
11	48-10	54	钦差大臣刑部左侍郎	往直隶会同总督刘峨审办南宫县民魏玉凯控告李存仁等演习拳棒敛钱收徒案	
12	48-11	54	钦差大臣刑部左侍郎	往山东审办郓城县王慎典控告官役借差滥派案	
13	49-3	55	钦差大臣刑部左侍郎	往湖北审办襄阳县民徐在潮遣子徐万年控告伊兄徐万全被苏许等纠众戳伤身死案	
14	49-10	55	钦差大臣刑部左侍郎	赴直隶审办束鹿县捉奸擅杀一案	
15	50-2	56	钦差大臣刑部左侍郎	往江南徐州府审办铜山县隶役冒考一案	驰抵湖北德安府查办左富佐控告云梦县违例采买及孝感县客民江云汉盗葬坟地等案
16	50-5	56	钦差大臣刑部左侍郎	1. 湖北民人左富佐、褚福汉呈控仓书邱高升等苛征勒派,地方官瞻徇不办。2. 褚自昌呈控革监江云汉盗葬违断,抗不迁坟,该县延案不结,致拖毙伊伯二命。3. 江苏徐州府监生王万宁呈控刘维三等诬良为贱,又勾合董玉龙串通书吏假债滥拘妇女,地方官悬荡不结	
17	50-9	56	钦差大臣刑部左侍郎	往直隶永平府查办旗民占地牵连人命一案	

续表

序号	时间	年龄	职衔	原办事件	续办事件
18	51-3	57	钦差大臣刑部左侍郎	赴浙江清查粮谷有无亏短,并会勘海塘应否修筑各事宜。	六月又奉旨驰赴清江浦审办盱眙县卫生控告侵用籽种口粮一案。顺道至济宁,查询于士祥包揽帮船银米、久霸侵渔案
19	51-12	57	钦差大臣刑部左侍郎	往山西审办代州孟木成秋审鸣冤一案①	
20	53-11	59	钦差大臣刑部左侍郎	往直隶河间府审交河县知县保泰来讹诈漏税银两一案	
21	54-5	60	钦差大臣刑部左侍郎	审拟山西监生常怀恒控告宣化县知县王秉正赊欠布银不还一案	1. 往山西审办祁县民段如珆被殴成废一案。2. 六月,赴河南一带迎提湖北臬司李天培讯取酒带木植各犯供词一案。3. 回抵保定续奉派甚束鹿县民人张玉树控告户书私借库银诬扳拟罪一案
22	54-9	60	钦差大臣刑部左侍郎	江苏通州灶户翟起麟呈控南北灶新淤沙地,被民人元新成等混称民地冒升	
23	57-2	63	钦差大臣湖南巡抚	往云南审办民人那耀宗在京呈控伊兄那宪宗谋占家产一案	途次续奉谕旨审理贵州民人杨秀锦呈控该县折色加征等款

嘉道年间,钦差大臣续办事件持续增多。原交之案未审,先审理续交之案。道光十四年(1834),礼部右侍郎杨怿曾、刑部右侍郎钟昌驰赴云贵审案。二人于闰四月初一日自京启程,才行至第一站良乡县,就接奉廷寄令在河南查办事件。二人于闰四月十七日到达河南省城,于五月十五日鞫案事竣拜折后,即行启程前往云贵。② 续办事件在嘉道时期增多,在上谕档中表现为"无论行抵何处"一词出现频率的增加。令办理续办事件之谕旨,有时在钦差大臣刚

① 令姜晟审理孟木成案,在乾隆五十一年十二月十五日,而姜晟与随带司员韩葑二人之年谱记载为十一月,当以上谕档为准,见《乾隆朝上谕档》第13册,第637—638页;姜晟:《姜杜芗先生自订年谱》,《北图年谱》第106册,第384—385页;韩葑:《韩桂舲先生自订年谱》,《北图年谱》第120册,第495页。

② 杨怿曾:《杨介坪先生自叙年谱》,《北图年谱》第127册,第360页。

出京时下达,有时在钦差大臣即将回程之时下达,有时在钦差大臣即将抵达京城时下达。“无论行抵何处”是指钦差大臣不拘何时何地,在接到谕旨后,须立即前往新的地区办理事件。换言之,“无论行抵何处”,不考虑钦差大臣所处的位置,不考虑离京城的远近。“无论行抵何处”式的续办事件,使得钦差大臣的行程更加复杂。嘉庆十四年(1809),左副都御史长琇、鸿胪寺少卿卢荫溥往天津审案完毕后回京,在通州接到军机处知照交审御史花杰奏天津举人柴文江幼子沉井一案,折回天津审办。① 长琇、卢荫溥在天津审案完毕后回京,从通州折回天津,距离不算远。有时钦差大臣折回所走的路程更长。道光七年(1827)八月,刑部尚书陈若霖奉旨前往湖北安陆府京山县勘办水利工程。办事完毕后,陈若霖起程回京。在直隶正定府栾城县,陈若霖接到廷寄命赴江西审办学政福申家人萧三在外招摇案,随即改道前往。十二月,陈若霖接到廷寄,前往广东审办雷州府经历李棠妻弓氏京控案。次年二月,陈若霖抵京复命。② 直隶正定府栾城县距京城约670里,从直隶正定府栾城县折回江西,较从湖北安陆府京山县直接前往江西,路程增长,陈若霖兜了一个大圈。

钦差大臣随着清代政治的发展而变化。

清代钦差大臣所处理的事务众多,主要有审理案件、查勘灾情和赈济灾害、办理河工。钦差大臣审理的案件主要有官员的贪腐案、互控案。从顺治朝至道光朝中,以乾隆朝的贪腐案最多。与前代相比,清代钦差大臣注重对边疆地区的灾害赈济。钦差大臣办理河工,主要是修堤和勘察河工。在嘉道时期,钦差大臣办理河工,还参与河工经费管理、查勘河工物料。

钦差大臣属于临时性官员,使用的印信称为关防。清代钦差的专用关防铸造于雍正六年。钦差关防分为钦差大臣关防和钦差官员关防两类。钦差大臣关防作为朝廷的重要印信,对其管理十分严格。关防的作用在于防止弊端,

① 卢荫溥:《卢文肃公年谱》,《北图年谱》第122册,第386—387页。

② 陈景亮:《望坡府君年谱》,《北图年谱》第121册,第633、638—639页。

便于处理事务。清代的钦差大臣关防多用于军务。

清朝十分重视对军队的管理。乾隆九年的讷亲南巡阅兵,直接促进清代钦差大臣阅兵制度的形成。从实录的记载看,道光朝对钦差大臣阅兵制度执行得较好。制定、执行钦差大臣阅兵制度,以加强武备,但清代的武备并未因派遣钦差大臣阅兵而得到加强。钦差大臣阅兵不认真、京员钦差大臣行程匆忙、督抚作为钦差大臣阅兵常中断行程,以及阅兵重军事技能而忽视军纪,致使钦差大臣阅兵未带来良好的效果,反造成弊端。

从钦差大臣的本职资格看,康雍时期,有低级官员担任钦差大臣;在乾嘉道时期,低级官员担任钦差大臣者已属凤毛麟角,变化的原因是督抚的事权加重。从多次出差者的人数看,在康雍时期,多次出差者少;在乾嘉道时期,多次出差者的人数增多,出差的总次数增多,且集中在一段时间内出差。从戴罪的钦差大臣看,在康雍乾时期,有戴罪之人担任钦差大臣;在嘉道时期,则无,产生此种变化的原因在于嘉庆帝、道光帝的魄力不如之前帝王,社会舆论趋于严格。从钦差大臣的亲缘关系看,父子钦差大臣、兄弟钦差大臣等名目,在康雍时期较少,在乾嘉道时期较多。从钦差大臣续办事件看,在康乾时期,续办事件较少;在嘉道时期,续办事件增多,发生此种变化的原因在于需要派遣钦差大臣办理的事件增多和节省行政开支。

第六章　清代政治中的钦差大臣

清朝派出众多的钦差大臣,以庞大的使团形式,风尘仆仆,穿梭于各地,扰动地方政治,耗费巨大人力、物力、财力,处理各种事务。钦差大臣在清代政治中发挥哪些作用呢? 应当如何评价钦差大臣呢?

第一节　钦差大臣的作用

一、解决地方的某些具体问题

钦差大臣审理京控案、官员贪腐案,办理河工等事务,多是解决具体的问题。钦差大臣处理事务,或是协助地方,如在特大灾害后赈灾等。这些问题,或猝不及防,地方官未能作出全面反应;或地方事务繁多,督抚精力有限,欲分身而乏术,只得请求朝廷另派官员协助;或朝廷事先谋划,主动派出钦差大臣。如钦差大臣熊枚的事例。嘉庆六年(1801)六月,直隶大水,直隶总督姜晟反应不够迅速,刑部左侍郎熊枚前往将姜晟革职拿问并暂署直隶总督。七月,新总督陈大文到任后,熊枚又奉命在直隶各地查水灾赈济情形,并审理控案,十二月旋京复命。嘉庆七年四月,会试尚未结束,担任会试正总裁的左都御史熊枚提前出闱署理直隶总督,署任二月,待新总督颜检到任后又遵旨驰赴景州、霸州等处地方督捕蝗蝻。① 熊枚处理地方行政中的具体问题。

① 熊枚:《谦山行年录》,《北图年谱》第108册,第270—271页。

相较于督抚等地方官而言,钦差大臣直接听命于皇帝,直接对皇帝负责,受到皇帝的直接掌控,责任心更强。如福建总督高其倬"不能教训属员,成就人材,以致闽省吏治废弛",时钦差大臣史贻直在福建,"着史贻直会同高其倬、(巡抚)刘世明,将福建知府以下、知县以上各员优劣,详加甄别,造册具奏。"①督抚或分心,或不愿办理皇帝交办的事务,消极怠工,而派遣的钦差大臣甚少有此类毛病,如雍正年间修建阙里文庙工程的事例。雍正三年(1725)六月,雍正帝谕令山东巡抚陈世倌(雍正2—4年在任)主持修建,"拳拳委托,至再至三";后又告诫继任巡抚塞楞额(雍正4—6年在任)继续修建阙里文庙工程,"谆谆训谕,且批示之曰'此千万世不朽之大典;况尔由科目出身,沾沐圣人诗书之泽,更为深厚,益当竭力办理,以尽报本之诚。'岂料陈世倌委用不得其人,既已耽误于前,而塞楞额又复因循怠玩于后"。至雍正七年,"兴工已经四载有余,计其钱粮则在十余万之外,考其工程则在二三分之间",且物料严重不足,工匠无技艺,"种种草率迟延,难以枚举。"地方官不能尽心办理,雍正帝特派通政使留保前往督催办理。② 到八年九月,阙里文庙工程完工,③费时约二十个月。钦差大臣办事效率之高,可见一斑。

二、激励与震慑

对于派遣钦差大臣审理京控案,乾隆帝曾自豪地说:"迩日各省叩阍呈控者,不一而足,无不钦差大臣前往审办,皆因朕平日爱民如子,未尝加派一县,枉刑一人。即民间鼠牙雀角之争,亦不令稍有冤抑,故赴诉求理,接踵而来。曾有人言,朕于此等小民不啻如慈父之养骄子者,是愚民感激深恩,尚能咸喻

① 《上谕内阁》卷78,雍正七年二月二十五日,《景印文渊阁四库全书》第415册,第205页。

② 《上谕内阁》卷78,雍正七年二月二十一日,《景印文渊阁四库全书》第415册,第202页。

③ 《清世宗实录》卷98,雍正八年九月乙未,第8册,第311页。

朕意。"①"无不钦差大臣前往审办",言过其实。但上呈到御案前的京控案,乾隆帝仍多派钦差大臣审理。皇帝的态度必然影响官员的态度。魏源认为,派遣钦差大臣审理京控案,有效果:

> 国家承明之弊,决塞去壅。而今上(道光帝)六七载,各直省若泾县之狱、渭南之狱、太原之狱、德清之狱,匹夫匹妇犹有不获其情者,辄烦朝廷重臣亲跋涉万里,或内付廷尉,而后平反之。重蔽牢蒙,咸卒破坏,故幽隐毕达,而吏不敢以民命草芥。②

派遣钦差大臣可激励地方官实心任事。清代皇帝常对封疆大吏说:某一事件,将来经钦差大臣查出,或朕别有访闻,唯伊等是问。如乾隆帝发帑金修筑各省城垣,并屡次声明令督抚专派地方大员督办稽查,工竣之日,"朕当特派大臣前往查勘,如有侵冒草率诸弊,惟督抚及专派大员是问",但仍然查出江南宿迁城工、湖南茶陵州城工有弊。乾隆帝再次传谕各督抚,"倘仍视为具文,将来或经钦差察出,或别经发觉,该督抚恐不能当此重戾,亦断难曲为宽宥,毋谓朕言之不深切著明也。"③嘉庆帝曾言:交督抚审理之京控案,"若该督抚不据实秉公审办,希图朦混结案,致原告之人稍有屈抑,一经访得确实,或被人举发,或钦差覆审,必当将原审之督抚从重治罪,决不宽贷!"④道光帝也言:令各省清查钱粮,造册报部,"不拘何时请旨,顺派钦差前往各府县抽查。从前亏短之数,业经设法分别弥补追赔。……若续经钦差查出亏短,立即讯明,执法从事,决不宽贷。"⑤此类上谕带有威胁的意味,实则皇帝变相激励督抚,有则改之无则加勉,不时反省自查。皇帝事先给督抚明示,让督抚改正已发生的错

---

① 《清高宗实录》卷1367,乾隆五十五年十一月己亥,第26册,第339—340页。

② 魏源:《古微堂外集》卷4《户部左侍郎提督江苏学政周公(周系英)神道碑铭》,《清代诗文集汇编》第585册,第365页。

③ 《乾隆朝上谕档》第5册,乾隆三十三年十一月十四日,第595页。

④ 《嘉庆道光两朝上谕档》第5册,嘉庆五年闰四月十三日,第215页。此引文又见《清仁宗实录》卷65,嘉庆五年闰四月丙寅(十四日),第28册,第877页。二者记载的时间不一。

⑤ 《嘉庆道光两朝上谕档》第53册,道光二十八年十一月十五日,第415页。

误,并预防错误的再次发生。

对督抚是如此,对州县官员亦是如此。许多京控案由讼师挑拨,地方官亦有查拿讼师之职责。钦差大臣在审理京控案时遇到讼师,除将涉案讼师严惩外,亦将地方官严惩。“地方官失察讼师,罚俸一年;若明知不报经上司访拿,降一级调用。至奏审重案,遇有诬告,经钦差大员究出讼师,如该地方官止于失察者,照不实力稽查例降一级留任;若明知唆讼不行查拿,照不能察缉奸民例,降二级调用”。[①] 即地方官不查拿讼师而被钦差大臣发现所得处分,较被督抚发现所得处分为重。钦差大臣惩处构词架讼的讼师,地方亦得整饬。

钦差大臣赴地方,除对各级官员产生激励和震慑外,对商人、普通百姓也会产生同样的效果。如乾隆中,淮盐的定价为一钱四分六厘,而淮盐到湖广后,每包卖银竟至三钱三四分,自钦差大臣阿永阿等到楚,暨总督陈宏谋、李侍尧先后抵任,盐价渐次递减,市价每包二钱七八分不等。[②] 道光中,两淮盐务败坏至极,两淮盐运使俞德渊(?—1836,道光10—15年在任)言:“自数年以来,风波屡作,亏折渐多,人人有保家远害之思。前因星使(指道光十年的钦差大臣户部尚书王鼎、户部右侍郎宝兴)临江(苏),谣言四起,草木皆兵,大势几于涣散。自渊上春到此,待之以至诚,示之以无畏,人心始稍稍安帖。”[③]小说《满汉斗》载,有良乡县恶霸李红见到如花似玉的女子,准备去抢,同为恶霸的李糖则说:“且慢动手!哥哥未听人言么,现在刘统勋奉旨出京阅边,带着三口铜铡、两口宝剑,先斩后奏。今日咱兄弟做了此事,倘乎若被刘统勋访知,休说你我弟兄二人有死无生,连咱表兄夜里红也吃罪不起,担架不住。”[④]

---

① 沈书城:《则例便览》卷47《杂犯·严禁讼师》,《四库未收书辑刊》第2辑第27册,第425页。

② 《乾隆朝上谕档》第4册,乾隆二十八年七月二十九日,第271—272页。

③ 俞德渊:《呈贺耦庚师》,载葛士濬辑:《皇朝经世文续编》卷42,《近代中国史料丛刊》第75辑,文海出版社1973年版,第1129页。

④ 储仁逊编著:《清代抄本公案小说》,百花文艺出版社1996年版,第302—303页。

三、钦差大臣并未阻止清朝的衰落

毋庸置疑,派遣钦差大臣能够解决地方行政中产生的诸多问题,可激励地方官认真办理事务,但是,虽然派遣众多钦差大臣,却未能阻止清朝的衰落。当清代的地方行政呈现出普遍衰败之势时,派遣钦差大臣处理地方政务,虽能收一时一地之效,但不能挽救整体的衰败趋势。大厦之将倾,岂几位钦差大臣所能挽救?如办理河工,在嘉道以前,钦差大臣办理河工主要是查勘河工工程、堵塞决口;而在嘉道时期,除办理以上两项事务外,钦差大臣越来越多地参与到河工的具体事务中,如物料料垛查核、河工款项清查、河工工程造价估勘等。河工的弊端越积越深,而参与河工事务的钦差大臣未能振刷。道光二十一年(1841),黄河水淹河南省城开封,道光帝派大学士王鼎、通政使慧成前往办理。时在河南为官的王士桓(1777—?,山西泽州府凤台县人,道光六年进士)描述河工办理情形:

今岁河工异往年,章程虽定尚迁延。运来料物都观望,耽搁迟开数十天。

……

巨万朱提已发来,缘何购料尚徘徊?徒知利析秋毫计,谁念寒威日渐催!

安澜节喜是重阳,派委人员督促忙。十月已经看过半,动工日尚费商量。

小雪初交大雪飘,丰年表瑞入歌谣。河干云集人千万,那得都将榾柮烧?

手足胼胝佣趁多,堕肤裂指奈寒何!纵然官吏勤催督,日短工长任谴诃。

……

调到南河数百兵,旁观袖手论风生。米薪坐耗多繁重,此项销将何项名?①

王士桓《新春河工竹枝词》又言:

> 土工夫价任开销,究竟穷民未裕饶。惹得众心齐抱恨,敢将秸料肆焚烧。②

河工积弊未因钦差大臣的莅临而被剔除,也未因省城被淹而有所缓解。又如审理案件,是地方官的本职事务,也是地方官力所能及之事,而地方吏治败坏,导致京控案屡发,甚至有多次京控者。乾嘉时期,审理京控案占派出钦差大臣总数的相当比例。嘉庆时期,因京控案数量太多,将多数京控案转交督抚审理,钦差大臣多审理案情复杂、牵涉较多、影响较广、性质恶劣的京控案。京控案转交督抚后,督抚又转交道府等官,层层转交,又出现审理京控案迟延者,于是制定惩处审理京控案迟延的相关法律条文。法律条文越变越多,在地方吏治未能改善的情况下,京控案依然不减。

道光时期,吏治更加腐败,中央政府的控制力下降,从钦差大臣所办事件看,主要表现在以下三方面。

第一,一些本归地方官办理的日常事务,需要钦差大臣办理。

如强盗案、抢劫案,本属地方官的日常政务,在道光朝,钦差大臣却多次办理。道光二十七年(1847)十月,有两批钦差大臣查办强盗案。十月初六日,道光帝派柏葰、陈孚恩前往山东查办御史陈坛等奏盗贼公行、捕务废弛之案。经查,与陈坛等参奏相符者有16起。次日,有官员奏称,东河商虞通判官署内被多名匪徒劫去工银8000余两,道光帝令在河南办理赈济事务的钦差大臣兵部尚书文庆、刑部右侍郎张澧中(1797—1848,陕西同州府潼关厅人)查办。经查,原是九月初一日夜,一伙操山东口音的强盗,乘夜渡河,执器入署,行劫

① 王士桓:《朗陵诗集》卷9《河工竹枝词》,《清代诗文集汇编》第523册,第570页。

② 王士桓:《朗陵诗集》卷10《新春河工竹枝词》,《清代诗文集汇编》第523册,第579页。

官银、衣物,价值银6300余两。①

第二,惩处的官员增多。

道光二年,内阁学士辛从益在陕西审办渭南柳全璧挟财势杀人案。后辛从益奏:

> 蒲城吴姓违例演戏,为差役诈赃自尽,审官监禁吴戚,置役不究;富平令賨缘得官,老迈营升,又纵役开吊文昌官,致动公忿;临潼令龙钟阘冗,同州守与所属交财,皆据实参革,差役治罪。②

十六年,吏部尚书汤金钊、户部右侍郎文庆在四川审案,被弹劾的官员及罪名如下:

> 大竹县知县郭梦熊于差役酿命,朦详开脱;广元县典史董秉义诈赃酿命,知县春明既失察又准拦验,巴县知县杨得质收受寿礼,违例科罚,江安县知县夏文臻不治舆情,资州知州高学濂、署资州知州薛济清、隆昌县知县刘光第办理津贴不实不尽,均先后讯明,奏请分别科罪有差。前任四川布政使李羲文前在峨边军营供张华靡,迨凯旋,趾高气扬,致招物议,其滥保多人,经总督鄂山驳减,仍对众肆言以市己恩,任性乖张,并请严议。

告病涪州知州杨上容、江津知县郭彬图也被查。③ 二十七年,兵部尚书文庆、刑部右侍郎张澧中在河南查办赈济事务,众多官员被弹劾:荥泽县知县张沂、汜水县知县谢益、考城县知县毕元善、署获嘉县知县邹之翰、长葛县知县彭元海、署洧川县知县周劼办灾不力,严加议处。④ 大批官员被惩,显示地方吏治的整体败坏。钦差大臣只能惩办大蠹,而不能挽救地方吏治。

第三,官员诬告案增多。

---

① 《嘉庆道光两朝上谕档》第52册,道光二十七年十月初六日、初七日、十一月初三日,第371、373、425页;《清史列传》卷47《陈孚恩传》,第3730页。

② 辛桂云等补辑:《辛筠谷年谱》,《清代诗文集汇编》第455册,第753页。

③ 《清史列传》卷41《汤金钊传》,第3209—3210页。

④ 《嘉庆道光两朝上谕档》第52册,道光二十七年十一月初三日、十三日,第428、448页。

除前文列举之假借湖北已革恩施县知县左章昺诬告案、福建已革候补县丞秦师韩诬告案外,在道光朝还有多起官员诬告案。如云南已革降调知县广和挟嫌控告,经钦差大臣裕诚(1790—1858,满洲镶黄旗人)审理,多系虚诬,被从重发往新疆充当苦差。甘肃撤任安定县知县胡荐夔,因上司查出仓库亏短,遂控告上司需索夫马、收受规费,经钦差大臣祁寯藻审理,系虚诬,被从重发往新疆效力赎罪。①

道光朝出现的这些"新"现象,预示着大规模的社会动乱即将到来。

第二节　对钦差大臣的评价

很显然,清代派遣众多钦差大臣解决了地方行政中形形色色的问题,产生了积极效果。然钦差大臣非万能。御史何道生认为派遣钦差大臣审案并不能除去民间疾苦,缘由大概有二:一是钦差大臣可能不会公正审案,钦差大臣易受督抚蒙蔽。二是钦差大臣之家人骚扰地方,公私俱困。在此情况下,即使钦差大臣能公正审案,也无任何意义。② 应当如何评价钦差大臣在政治中扮演的角色呢?

对于此问题,可从两方面认识。

一、钦差大臣本身的局限

钦差大臣本身的局限,使得钦差大臣不能充分发挥应有的作用。

第一,清代的政治制度限制了钦差大臣作用的发挥。

钦差大臣按照皇帝的指令行事,于指令之外的事务,钦差大臣可默记于

---

① 《嘉庆道光两朝上谕档》第54、55册,道光二十九年八月二十七日、三十年正月初三日,第302、3页。

② 参见何道生:《请禁进献饬吏治达民隐厘驿政疏》,载《皇清文颖续编》卷12,《续修四库全书》第1665册,第42—43页。

心,在回京复命时向皇帝奏报,而不可干涉。清代虽然有钦差大臣在皇帝指令之外干涉地方事务,且得到皇帝赞赏,但此种行为毕竟只是极个别钦差大臣偶尔为之。

从所处理的事务看,钦差大臣多处理一个又一个具体的问题,如审理一件京控案、厘清一件官员互参案的是非曲直、堵塞决口的河堤等。这只是“点”,而非“面”。钦差大臣的到来,或在一段时间内给地方带来不小的震动,促使地方官认真办理事务,但这种积极的影响很快就会消退。如钦差大臣审理京控案的流程一般如下:有冤屈的百姓或官员到京城控告,皇帝认为事关重大,派钦差大臣赴地方审理;钦差大臣审理完毕后回京,向皇帝奏报相关情形;审理的结果无非是惩办地方官和京控者,若京控案发生的责任在于督抚、州县官,督抚轻则受几句申饬,重则被革职、发配,再惩办几名办事不力的州县官;若责任在于京控者,则受不同程度的处罚;若钦差大臣有中肯的意见,皇帝再转交督抚办理。对京控案的办理大致不出此范围。某些地区,一而再再而三地派遣钦差大臣审理京控案,而京控案依然如故地发生,则表明钦差大臣对该地京控案的审理,仅仅只是审理一定数量的京控案而已,对地方吏治没有起到多少改善作用。例如嘉庆年间的山东,京控案繁多,嘉庆帝多次派钦差大臣前往审理,但山东京控案依旧“繁兴”,京控案的数量未因派遣钦差大臣审理而减少。[①] 嘉道时期,有官员议请重设巡按御史和观风整俗使,以通过派遣钦差大臣的方式达到对地方事务的全面整饬,但未被采用。钦差大臣赴地方处理事务,解决的是“点”的问题而非“面”的问题。换言之,钦差大臣主要解决已经发生和以后将会继续发生的问题,而非预防问题的发生。

钦差大臣赴地方处理事务,多与督抚共同办理。这表明皇帝对督抚的倚重和对督抚处理地方事务权力的尊重,但难免影响事件的公正处理。换言之,钦差大臣与督抚共同办理事务的过程,是相互妥协的过程。御史何道生认为

① 崔岷:《山东京控“繁兴”与嘉庆帝的应对策略》,《史学月刊》2008 年第 1 期。

钦差大臣不能整饬地方:

> 钦惟我国家重熙累洽,列圣相承,无不以勤政爱民为心,民间尚何疾苦之有。然而近年以来,川楚等处贼匪蔓延,以致宵旰勤劳,肤功未蒇,皆由于地方官之不奉法者多,而民隐未能尽达也。民隐之未能尽达者,半由于督抚之徇庇,不能整饬属员,半由于上控之案情不能彻底根究。向来凡有上控之案,或交该督抚提审,或钦差大臣质讯。而统计所办之案,归罪于地方官吏者不过十之二三,归罪于原控之人者不下十之七八,否亦不过颟顸了事,归于两败俱伤。推原其故,皆由于外省回护之恶习,牢不可破,而弥缝之巧术,更属多端。故无论往讯之人,或徇情受馈,或听断不明。①

贼匪蔓延,在于民隐未达。民隐未达,在于督抚徇庇属员和京控案不能彻底根究。专司审理京控案的钦差大臣,沾染督抚习气,回护官员,归罪于民远多于归罪于官。京控案未得到彻底审理,通过钦差大臣上达民隐于皇帝的渠道不畅通,地方依然未得整饬。

钦差大臣多由尚书、侍郎担任,作为高级官员,到地方后,当提纲挈领式地统领事务,从大处着眼,而非处理某些具体的、琐碎的事务,比如京控案。京控案虽案情重大,但对地方的影响毕竟有限,钦差大臣审理京控案对地方起不了多少整饬作用。此外,钦差大臣办理一些小事,如钦差大臣穆彰阿抓逃犯。道光十二年(1832)八月二十一日,发生了从来未有、深为可恨的河工大案:江苏淮安府桃源县监生陈端等挖黄河大堤,致使黄河决口,河工险情环生。此为道光朝的大案:陈端挖堤案。九月初三日,道光帝在接到南河总督张井的奏报后,即下令在江西阅兵的两江总督陶澍停止阅兵,捉拿人犯,严审具奏,"毋任一名漏网,傥有不实不尽,致将来另生事端,惟陶澍是问"。并派军机大臣、工

① 何道生:《请禁进献饬吏治达民隐厘驿政疏》,载《皇清文颖续编》卷12,《续修四库全书》第1665册,第42页。

部尚书穆彰阿前往会同陶澍办理。[①] 穆彰阿于九月二十八日抵达清江浦，正式办理陈端挖堤案，并办理河工。[②] 此案人犯陆续就获，但首犯陈端不知所踪。穆彰阿以首犯日久未获，弹劾陶澍和江苏巡抚林则徐。闰九月二十二日，穆彰阿奏拜折后即回京；二十九日，道光帝谕令穆彰阿“无论行抵何处，着即折回，会同审讯。且此案亦不可专委该督等审办，更恐不实也。”[③]要求穆彰阿在审理陈端后再行回京。穆彰阿在江苏审理案件，从犯已审，而首犯未获，穆彰阿是在等候、捉拿人犯，堂堂从一品大员、钦差大臣的工作竟是抓犯人。穆彰阿不可能亲自率领一干随从、衙役，穿城走乡，搜寻人犯，他只能严厉督催下面的官员去抓捕犯人。十月二十三日，首犯未获，道光帝令将陈端之案及河工之事交钦差大臣朱士彦、敬徵同陶澍办理，而令穆彰阿往湖北审案。[④] 十一月二十六日，穆彰阿抵达湖北省城。[⑤] 穆彰阿待在清江浦约两个月，未能抓住首犯陈端。而首犯陈端之被抓，颇具戏剧性。陈端被安徽安庆府怀宁县的一名捕役在十三年十月抓获：

> 一日，有捕役过一茅舍，闻有妇人微呼陈先生者，一老学究开门应之。捕役正迫岁暮，思得额外赏项以自赡，因私念此人，殆即陈端邪？欲乘其不虞以试之，遂直前呼之曰：“陈端，汝在此邪？”陈端出其不意，错愕应之曰：“唯。”捕役乃擒之以归，逮入县城，已夜半矣。

捕役将陈端抓获后，送交署理知县赵仁基，赵仁基赏其300金。此后，赵仁基仕途坦荡，步步高升。道光帝得到抓获陈端的报告后，十分高兴，重重地赏赐了赵仁基。上谕褒奖赵仁基：“于奉旨通缉要犯，留心盘获缉捕，实属勤能！赵仁基着加恩赏戴花翎，以直隶州知州即行升用，先换顶带，用示奖励。”到道

---

① 《嘉庆道光两朝上谕档》第37册，道光十二年九月初三日，第459页。

② 刘海峰：《穆彰阿与道光朝政治》，厦门大学2007年博士学位论文，第31页。

③ 《嘉庆道光两朝上谕档》第37册，道光十二年闰九月二十九日，第572页。

④ 《嘉庆道光两朝上谕档》第37册，道光十二年十月二十三日，第634页。

⑤ 杨怿曾：《杨介坪先生自叙年谱》，《北图年谱》第127册，第383页。

光十六年,赵仁基升至江西吉南赣宁道。[1]"陈端是一念之差捅了通天大漏,惊动了一个皇帝、一个军机大臣、四个总督(张井、吴邦庆、林则徐、陶澍)、五个巡抚(江苏林则徐、安徽邓廷桢、山东钟祥、江西周之琦、河南杨国祯)为之苦苦抓捕,实在是对钦差大臣穆彰阿的一种嘲弄。"[2]钦差大臣、督抚大员抓不着的通缉要犯,却让一个正在为过年缺钱而发愁的捕役在不经意间抓获了,真是莫大的讽刺!

第二,钦差大臣个人的因素限制了钦差大臣作用的发挥。

无论是现任官员担任钦差大臣,还是致仕官员、被重新起用的原有罪官员担任钦差大臣,钦差大臣都是整个官员队伍中的一员,钦差大臣的思想观念、行为方式不可能脱离整个官员队伍而独立存在。

钦差大臣或许不能公正审案。所谓公正,难于做到。既身为人,活在红尘中,免不了世俗之见,免不了人情世故。如大学士、军机大臣,几乎每天受皇帝召见,应最懂得皇帝的心思,最懂得皇帝的公正思想,亦免不了不公正之处。乾隆中,衍圣公孔昭焕与大学士、军机大臣于敏中是儿女姻亲,吏部堂官为孔昭焕奏请开复,即遭乾隆帝传旨申饬。大学士舒赫德庇护业师汪由敦之子汪承霈,吏部堂官奏请为汪承霈捐复原官,乾隆帝令将吏部堂官严加议处。[3] 与皇帝朝夕相对的大学士、军机大臣是如此,更不用论其他官员了。为防止钦差大臣不公正审案,采取了保密、回避等措施。即使如此,钦差大臣在审案时仍有可能徇私。如嘉庆十二年(1807),吏部左侍郎玉麟、刑部左侍郎韩崶(1758—1834,江苏苏州府元和县人)审理寿州武举张大勋通奸毒毙三命案,欲营救曾审理此案的现任元和县知县万承纪:

---

① 《嘉庆道光两朝上谕档》第38册,道光十三年十月二十七日,第526页;薛福成:《庸盦笔记》卷3《县令意外超迁之喜》,江苏古籍出版社2000年版,第64页;《内阁大库档案》,登录号:174641,道光十六年九月二十九日吏部移会。

② 刘海峰:《穆彰阿与道光朝政治》,第33页。

③ 《清高宗实录》卷960,乾隆三十九年六月丁亥,第20册,第1011—1012页。

（万承纪）以承审寿州案失出。案，疑狱也，与同官逮至皖。星使某侍郎重君，欲免君，导君以未与审自解。君曰："临难而避，非义也；诬人以免，非仁也。非仁与义，何以为人？宁不为官耳！"卒自引同罪。①

玉麟、韩崶或许是从爱惜人才的角度出发，教万承纪免罪之法，出于一片好意，"因公起见"，于情或有通融之处，但二人身为钦差大臣，不公正办事，已有亏职守。玉麟、韩崶"因公"而"徇私"，但其他钦差大臣或许没有玉麟、韩崶二人的"公心"，而是故意徇私、有意开脱。

钦差大臣审案时，也要受到世俗观念的束缚。乾隆五十一年（1786）十二月，刑部左侍郎姜晟往山西审理孟木成一案。姜晟和随带司员韩崶在各自的年谱中均提及此案，只说"详细推鞫"，孟木成之冤终得昭雪。② 至于具体情形，二人并未说明。但详情恐非二人所说的那样简单与顺利，关于姜晟审理此案的情形，有另外的版本。姚鼐（1732—1815）说："山西有孟木成者，为人诬以杀死张光裕，一省之官皆定为情实矣。公（霍州知州汪志伊）验其凶刀甚小，与伤痕不合，所序情节甚乖舛，执以为诬。及钦差至，犹颇以翻众案为难也，公辨之，词证明而义坚正，木成卒得生。"《清史稿》采用汪志伊与钦差大臣争论的说法，云："大臣临鞫，重违众议，志伊坚执与争，孟木成竟得免死。志伊以此负强项名。"③又岳震川（1755—1814，陕西汉中府洋县人）云：

代州民孟某为人诬以死罪，定案数年，已奉勾到，复有代控白冤者，中丞勒保公奏请覆审，而命公（十一月迁绛州知州王用锷）研讯，已得其情，同奉委者四人，纯皇帝遣大臣姜公晟来鞫。姜公意未决，公曰："若依前断，请去委审四员职名，毋入谳词，则可也。"姜公素闻武冈之案，耸然色

① 陈文述：《颐道堂文钞》卷13《万廉山（万承纪）司马传》，《清代诗文集汇编》第505册，第225页。

② 姜晟：《姜杜芗先生自订年谱》，《北图年谱》第106册，第384—385页；韩崶：《韩桂舲先生自订年谱》，《北图年谱》第120册，第495页。

③ 姚鼐：《实心藏铭》，汪志伊：《稼门文钞》续卷1，《清代诗文集汇编》第406册，第415页；《清史稿》卷357《汪志伊传》，第37册，第11325页。

动,公娓娓陈说。姜公倾听首肯,卒依公言,平反入奏。①

孟木成是犯人,山西众官以为是,汪志伊、王用锷以为非,钦差大臣姜晟也因翻案便与大多数官员意见不同而踌躇不决。在汪志伊、王用锷的一再坚持下,姜晟最终给孟木成平反。

钦差大臣整饬地方,有时也无能为力,特别是在处理地方痼疾时。道光二十年(1840),李星沅在评论钦差大臣祁寯藻(1793—1866,字春浦)、黄爵滋(字树斋)整顿福建械斗之风时说:“漳、泉一带械斗成风,悍毒尤甚,现当春浦、树斋两夫子驻节查办,不知如何着手?意春(浦)师于此亦无成见,将随树(斋)师画诺”。过了一年多,李星沅在日记中又记载:“闻闽省星使到泉,商民环跪请命,久之寂然。”②漳州、泉州一带的械斗之风,由来已久,绝非祁寯藻、黄爵滋在短时间内的认真查办就能解决。

有一利必有一弊,派遣钦差大臣能够解决某些问题,但钦差大臣本身带来的不良影响日益显现,特别是在嘉道时期,钦差大臣骚扰驿站、勒索地方的事件时有发生。

二、地方行政依靠督抚而非钦差大臣

地方事件,浩如烟海,而钦差大臣所办理者,多为其中重要的事件。以钦差大臣审理京控案为例,在《清史列传》的记载中,嘉庆十二年(1807)钦差大臣左都御史周廷栋、奉宸苑卿广兴(后任刑部右侍郎)所审的案件应是最多者。是年二月,周廷栋、广兴往河南查办粮道孙长庚被控贪私款迹及嵩县知县王光治被控亏欠社仓、浮收钱粮二案,后又往山东审理步军统领衙门、都察院奏山东民人京控共十余案。九月事竣,二人回京。此次派出两位钦差大臣,费

① 岳震川:《赐葛堂文集》卷6《朝议大夫河间府知府蘽洲王公(王用锷)墓志铭》,《清代诗文集汇编》第441册,第213页。

② 《李星沅日记》,道光二十年三月廿九日、二十一年十二月十八日,第48、333页。

时约8个月,审理案件13起。[①] 而高廷瑶于嘉庆十年在安徽六安州上任事10个月,审理案件1360余起。[②] 虽然钦差大臣审理的案件多是比较重要、牵涉较多、影响较大、案情曲折复杂的案件,州县官员审理的案件多是细小之事,但对比二者审理的案件数量,差距仍令人震惊。

钦差大臣办理事务的数量有限,与其在地方上的时间长短有关系,钦差大臣在地方的时间长,则处理的事务多,但钦差大臣不可能在地方长期驻扎,也不可能包办地方的所有事件,否则,钦差大臣就不成为钦差大臣。从钦差大臣在地方审理案件的数量看,钦差大臣不能代替地方官,所审案件的数量毕竟很少。因此,地方事务需要督抚等地方官主持。换言之,钦差大臣处理地方事务,只是对督抚处理地方事务不足之处的一种补充而已,钦差大臣不能代替督抚。

在清人看来,作为封疆大吏的督抚是地方行政的主体。"若外省案件必一一待派员往为申理,又安用督抚为耶?"[③]御史贾声槐、何彤然也上奏说:地方案件本归各级地方官审理,百姓有冤屈,督抚当亲自审理,但现在的情况却是百姓上京控告,派钦差大臣前往审理。"试思在京部院衙门各有应办政务,岂能常令旷职?使车四出各省,又安用此督抚为耶?"[④]设一官,官必干一番事务,尽一番职责,否则是浪费国家钱粮的冗员。地方事务要依靠督抚等地方官。

如乾隆八年(1743)之宣谕化导使,存在约一年的时间。乾隆帝解释了撤回的理由,除收成较好,民情较安外,还有民情之改变,非一日之功:

> 朕思移风易俗,非可期以岁月之事,而三四人亦岂能遍及闾阎。若徒视为虚文,毋宁省其繁令。惟在地方有司,实心体朕爱养百姓之念,与民

① 《清史列传》卷28《周廷栋传》,第2180页。

② 高廷瑶:《宦游纪略》卷上,《官箴书集成》第6册,黄山书社1997年版,第17页。

③ 《嘉庆道光两朝上谕档》第8册,嘉庆八年十二月丙寅初五日,第481页。

④ 《嘉庆道光两朝上谕档》第19册,嘉庆十九年八月二十九日,第656页。

休息,彰善瘅恶,则风声树,而日计不足,月计有余矣。

乾隆帝又说:“外省向设宣谕化导使,究之一二人之身,难以家谕而户晓,且经年累月。一至其地,未免一暴十寒,终不若州县官各子其民。”①钦差大臣几人,在短时间内成功化导数十万、数百万百姓,显然不可能完成。换言之,化导百姓要依靠州县官员而非钦差大臣。

面对吏治的腐败,清人提出减少钦差大臣派遣次数、强化督抚职责的建议。御史何道生提出解决京控案的办法:“嗣后凡有上控之案,其与督抚并无干涉者,即交各该督抚据实审办;其干涉督抚恐致回护者,立即提犯进京,交部臣秉公严鞫,务期水落石出,以成信谳。倘有必须亲至其地踏勘情形者,交邻省大员就近查勘,分别奏咨,归案办理,庶驿站不至骚扰,而民隐得以上达矣。”②何道生建议分别情形处置京控案:1. 与督抚无涉者由督抚就地办理。2. 与督抚有涉者提京办理。3. 若非派遣钦差大臣不可,不从京城派遣,而改由邻近省份督抚就近办理。揣度何道生的方案,一言以蔽之,取消钦差大臣,特别是取消由京派出的钦差大臣。又嘉庆十二年(1807)四月,左副都御史、江苏学政莫晋(1761—1826,浙江绍兴府会稽县人)疏请审案责成督抚。他说:

> 臣以为,吏治之张弛,责归督抚,诚使方面大员能体皇上勤政爱民之心以为心,慎择属吏,详求民隐,百姓之负屈于地方官者,应无不可求申于督抚,岂有近舍省会而远诉京师之理?今之上控者如果属冤民,则必督抚公正之声名未孚众望也;如其为奸民,必讼棍刁翻意在胁制官长也。夫大吏无以取信于下,而人心不属,则上下有暌隔之忧;小民无所畏忌于上,而告讦频兴,则官民有争胜之患。闾里愚氓见不及远,第闻钦差往来络绎,或且私心揣测,以为皇上渐不信外官,饰词耸动,即可侥幸图翻。臣恐上

① 《清高宗实录》卷206、卷208,乾隆八年十二月戊午、九年正月壬午,第11册,第654—655、680页。

② 何道生:《请禁进献饬吏治达民隐厘驿政疏》,载《皇清文颖续编》卷12,《续修四库全书》第1665册,第43页。

> 控之案益多，而所言益以无据，迨至派员审结，平反者不过十之二三，而坐诬之狱因是又众矣。且督抚审办之案，或有翻控，可派钦差覆勘，若钦差审结之案仍有翻控，则是曲直是非终无定论，而讦讼永无了期也。岂我皇上息事宁人之至意哉？窃谓宜明降谕旨，严禁浮嚣险健之风，一切案情未经督抚而赴京越控者，概不准理。或督抚悬案未结，定谳失平，上控京师自非关系重大，仍饬交督抚亲提审讯，倘再有不实不尽之处，被人控告，然后续发钦使，一经究出实情，将原审督抚从重议处勿贷。民知上控案件仍归督抚审办，自不敢以鄙俚荒诞之词上渎天听，自罹诬罔重愆；督抚知交审之案一有不公获罪且将不测，又宁敢权宜草率袒庇属员以自取戾乎？似此静以安民，严以驭吏，或渐可振官方之偷惰，挽习俗之浇漓。①

莫晋以为，派遣钦差大臣赴地方，或可离间君臣、官民之间的关系，案件应责成督抚审理，若督抚不能认真审理，则应受惩罚。

① 张穆：《㞐斋诗文集》卷7《故内阁学士前仓场侍郎会稽莫公（莫晋）事略》，《清代诗文集汇编》第616册，第403—404页。

结　语

如前所述,钦差受皇帝派遣,对皇帝负责,以处理各种事务。钦差分为两种:以官为差的固定性钦差和以差为差的临时性钦差。按照品级,钦差又可分为两种:三品及三品以上的钦差大臣,四品及四品以下的钦差官员,二者可在某种条件下转化。三品(含三品)以上、以差为差的临时性钦差大臣,在清代政治中产生了重要作用,在审理案件、赈济灾害、办理河工、督办军务、查阅营伍等关乎国家大政、关系民生疾苦的重大事件中,都有钦差大臣的身影。

与前代一样,清代钦差大臣与前代的钦差大臣有诸多共同之处,如钦差大臣多由有才能之人担任,派遣钦差大臣多为处理地方事务,钦差大臣出差给地方带来负担,公私俱困等。清朝是由入主中原的少数民族建立的高度集权的统一多民族国家,清代帝王汲取了历代王朝丰富的统治经验,清代的统治技巧也较之前的王朝更为纯熟;在专制的时代,最高权力者个人的素质深刻影响着国家的管理,故整体观之,与前代相比,清代的钦差大臣有鲜明的时代特征。

第一,钦差大臣的权力缩小。清代帝王以一人治天下,乾纲独断,钦差大臣的权力已较以前王朝的钦差大臣权力减小许多。清代钦差大臣权力缩小的一个重要体现是钦差大臣处理的事件屈指可数。清以前之钦差大臣在处理事务时,或处理寥寥可数的事件,或处理某一种甚至几种性质、类型的事件。汉代刺史按照"六条问事"的规定处理事务,只要符合"六条问事"的规定,刺史均能处理之;魏晋南北朝的遣使巡行,处理某一种或几种性质的事件,而非处理具体的几起事件。① 清代的绝大部分钦差大臣，按照皇帝的旨意处理某一件或几件具体的事件；即使在嘉道时期，钦差大臣续办的事件增多，仍可明确计量。解决一类或几类之性质、类型事件的钦差大臣，在清代极少派遣。钦差大臣不能主动解决问题，而是要按照皇帝的旨意行事。与本职资格相同之官员相比，钦差大臣的权力增长，政治地位提高，但钦差大臣的权力和行为被限制在各种法律条例、上谕中。在出京前，钦差大臣向皇帝陛辞，皇帝对钦差大臣有训谕；在完成使命后，钦差大臣须向皇帝复命。在出差中，与使命有关的地方事务，钦差大臣可参与；与使命无关的地方事务，钦差大臣可奏报；与使命无关的地方紧急事务，钦差大臣可根据情形决断。概言之，钦差大臣处理地方事务，除深度参与皇帝交付的使命外，于他务多浅尝辄止，甚至冷眼旁观。

第二，钦差大臣解决已经发生的问题，而非预防问题的发生。大量问题在地方督抚不能解决的情况下才派出数量有限的钦差大臣处理。在嘉道时期，有官员提出应重设巡按御史、观风整俗使，以发现、奏报并解决从而预防地方行政中出现的诸多问题，但未被采纳。派遣钦差大臣以解决已经发生的问题，还可从清代一次性派出钦差大臣的人数的多少可看出。在清代以前，多有中央一次性向全国各地派出众多钦差大臣，如汉代的刺史，南北朝时期的巡行使，唐代的观察使、采访使，明代的巡抚等。而清代除一次性向各地派出颁布诏书的诏使与祭告山川岳渎、帝王陵寝的祭告使这类主持政治仪式的官员外，再无其他解决地方行政问题的大批量的钦差大臣了。解决而非预防问题的发生，因而，某些性质相同之事件不断地重复发生，不断地派遣数量有限的钦差大臣处理具体的事件，终究不能遏制地方行政的整体衰落。

第三，钦差大臣的时代变化。不同时代有不同的主题，钦差大臣处理的事务随着时代的变化而改变，钦差大臣制度本身也发生改变。清代帝王的个人素质、统治经验、统治技术和统治能力，亦影响了钦差大臣的派遣。只有通过

① 王东洋：《魏晋南北朝考课制度研究》，社会科学文献出版社 2009 年版，第 269—281 页。

长时段的考察,才能理解钦差大臣在清代不同时期的特点。钦差大臣处理事务的内容,钦差大臣对地方造成的危害,汉人钦差大臣不回避籍贯、钦差大臣的本职品级、多次担任钦差大臣的官员数量等,在顺康雍时期和乾嘉道时期呈现出明显的变化。

钦差大臣解决了清代地方行政中的诸多问题,并震慑不法官员,激励官员改正已经产生的错误,奋发有为,在政治中的积极作用不言而喻。随着清朝国势的持续衰落,钦差大臣个人素质的下降,出差给地方带来愈来愈多的负面影响,如骚扰驿站、造成地方亏空。由于钦差大臣对地方带来的不良影响日益显现,清人提出强化督抚职责、减少出差次数等各种建议。钦差大臣处理的事务多是督抚力不能及的事务,但随着地方吏治的腐败,他们越来越多地处理督抚职责范围内的事务。换言之,清代的钦差大臣出现了如汉代刺史、明代巡抚那样“地方化”的趋势。

参 考 文 献

一、史料

(一)档案

[1]故宫博物院明清档案部编:《关于江宁织造曹家档案史料》,中华书局1975年版。

[2]台北故宫博物院编:《宫中档乾隆朝奏折》,台北故宫博物院1983年版。

[3]季永海等译校:《年羹尧满汉奏折译编》,天津古籍出版社1995年版。

[4]中国第一历史档案馆整理:《康熙起居注》,中华书局1984年版。

[5]中国第一历史档案馆编:《康熙朝汉文朱批奏折汇编》,档案出版社1985年版。

[6]中国第一历史档案馆编:《雍正朝汉文朱批奏折汇编》,江苏古籍出版社1991年版。

[7]中国第一历史档案馆译编:《雍正朝满文朱批奏折全译》,黄山书社1998年版。

[8]中国第一历史档案馆编:《乾隆朝惩办贪污档案选编》,中华书局1994年版。

[9]中国第一历史档案馆编:《乾隆朝上谕档》,广西师范大学出版社2008年版。

[10]中国第一历史档案馆编:《嘉庆道光两朝上谕档》,广西师范大学出版社2000年版。

[11]中国第一历史档案馆:《嘉庆年间查办广兴受贿案》,《历史档案》2002年第4期。

[12]中国第一历史档案馆:《嘉庆朝参务档案选编》(下),《历史档案》2002年第4期。

[13]中国第一历史档案馆编:《鸦片战争档案史料》,上海人民出版社1987年版。

(二)诗文集、笔记、小说

[14]褚斌杰注:《诗经全注》,人民文学出版社1999年版。

[15]董诰等辑:《皇清文颖续编》,《续修四库全书》第1665册,上海古籍出版社2002年版。

[16]葛祖亮:《花妥楼诗》,《四库未收书辑刊》第9辑第29册,北京出版社2000年版。

[17]洪亮吉:《洪亮吉集》,中华书局2001年版。

[18]胡绍棠笺注:《楝亭集笺注》,北京图书馆出版社2007年版。

[19]林则徐:《林则徐全集》,海峡文艺出版社2002年版。

[20]毛奇龄:《西河集》,《景印文渊阁四库全书》第1320册,台湾商务印书馆1983年版。

[21]钱仲联主编:《清诗纪事》,江苏古籍出版社1989年版。

[22]《清代诗文集汇编》,上海古籍出版社2011年版。

[23]朱舜水:《朱舜水集》,中华书局1981年版。

[24]敖英:《东谷赘言》,《四库全书存目丛书》子部第102册,齐鲁书社1997年版。

[25]陈康祺:《郎潜纪闻初笔二笔三笔》,中华书局1984年版。

[26]丁柔克:《柳弧》,中华书局2002年版。

[27]福格:《听雨丛谈》,中华书局 1984 年版。

[28]胡思敬:《国闻备乘》,中华书局 2007 年版。

[29]继昌:《行素斋杂记》,上海书店 1984 年版。

[30]梁章钜、朱智:《枢垣记略》,中华书局 1984 年版。

[31]梁章钜:《称谓录》,福建人民出版社 2003 年版。

[32]阮葵生:《茶余客话》,中华书局上海编辑所 1959 年版。

[33]汪辉祖:《病榻梦痕录》,江西人民出版社 2012 年。

[34]汪景祺:《读书堂西征随笔》,上海书店 1984 年版。

[35]吴熊光:《伊江笔录》,《续修四库全书》第 1177 册。

[36]吴翌凤:《逊志堂杂钞》,中华书局 2006 年版。

[37]吴振棫:《养吉斋丛录》,中华书局 2005 年版。

[38]英和:《恩福堂笔记 · 诗钞 · 年谱》,北京古籍出版社 1991 年版。

[39]余金:《熙朝新语》,上海书店出版社 2009 年版。

[40]张集馨:《道咸宦海见闻录》,中华书局 1981 年版。

[41]昭梿:《啸亭杂录 · 续录》,中华书局 1980 年版。

[42]赵翼:《檐曝杂记》,中华书局 1982 年版。

[43]储仁逊编著:《清代抄本公案小说》,百花文艺出版社 1996 年版。

[44]李伯元:《官场现形记》,上海古籍出版社 2005 年版。

[45]李渔:《十二楼》,陕西师范大学出版社 2001 年版。

(三)年谱、日记

[46]宝琳、宝珣:《昇勤直公年谱》,《北京图书馆藏珍本年谱丛刊》(简称《北图年谱》)第 126 册,北京图书馆出版社 1999 年版。

[47]陈景亮:《望坡府君年谱》,《北图年谱》第 121 册。

[48]顾镇:《黄侍郎公年谱》,《北图年谱》第 91 册。

[49]郭廷以:《郭嵩焘先生年谱》,《"中央"研究院近代史研究所专刊》(29),1971 年版。

[50]韩菼:《韩桂舲先生自订年谱》,《北图年谱》第120册。

[51]何汝霖:《知所止斋自订年谱》,《北图年谱》第137册。

[52]花沙纳:《德壮果公年谱》,《续修四库全书》第556册。

[53]季芝昌:《丹魁堂自订年谱》,《北图年谱》第144册。

[54]姜晟:《姜杜芗先生自订年谱》,《北图年谱》第106册。

[55]蒋寅:《王渔洋事迹征略》,人民文学出版社2001年版。

[56]李调元:《童山自记》,《蜀学》第4辑,巴蜀书社2009年版。

[57]卢荫溥:《卢文肃公年谱》,《北图年谱》第122册。

[58]骆秉章:《骆文忠公自订年谱》,《北图年谱》第147册。

[59]马长泉、张春梅:《〈松文清公(松筠)升官录〉补注》,河南大学出版社2010年版。

[60]祁寯藻:《观斋行年自记》,《北图年谱》第146册。

[61]汤金钊等:《戴可亭相国夫子年谱》,《北图年谱》第116册。

[62]王楚堂:《云翁自订年谱》,《北图年谱》第131册。

[63]汪超宏:《吴绮年谱》,浙江大学出版社2011年版。

[64]王棠、王概:《念庵府君年谱》,《北图年谱》第87册。

[65]魏象枢:《寒松老人年谱》,《北图年谱》第73册。

[66]辛桂云等补辑:《辛筠谷年谱》,《清代诗文集汇编》第455册。

[67]熊枚:《谦山行年录》,《北图年谱》第108册。

[68]严荣:《述庵先生年谱》,《清代诗文集汇编》第358册。

[69]杨怿曾:《杨介坪先生自叙年谱》,《北图年谱》第127册。

[70]尹壮图:《楚珍自记年谱》,《北图年谱》第108册。

[71]张绍南:《孙渊如先生年谱》,《北图年谱》第119册。

[72]周清原:《大司农王公年谱》,《清代诗文集汇编》第48册。

[73]朱舲、朱瀚:《朱文端公年谱》,《北图年谱》第89册

[74]朱锡经等:《南厓府君年谱》,《清代诗文集汇编》第376册。

[75]袁英光、童浩整理:《李星沅日记》,中华书局1987年版。

[76][美]约瑟夫·塞比斯:《耶稣会士徐日升关于中俄尼布楚谈判的日记》,王立人译,商务印书馆1973年版。

[77]张剑整理:《翁心存日记》,中华书局2011年版。

(四)其他

[78]鄂尔泰等:《国朝宫史》,北京古籍出版社1987年版。

[79]葛士濬辑:《皇朝经世文续编》,《近代中国史料丛刊》第75辑,文海出版社1973年版。

[80]郭嵩焘:《郭嵩焘奏稿》,岳麓书社1983年版。

[81](嘉庆)《大清会典》,《近代中国史料丛刊三编》第64辑,文海出版社1966年版。

[82]蒋良骐:《东华录》,中华书局1980年版。

[83]雷梦麟:《读律琐言》,法律出版社2000年版。

[84]麟庆:《鸿雪因缘图记》,浙江人民美术出版社2011年版。

[85]刘锦藻:《皇朝续文献通考》,《续修四库全书》第818册。

[86]那彦成:《那文毅公奏议》,《续修四库全书》第495册。

[87]钱仪吉:《碑传集》,中华书局1993年版。

[88]《钦定大清会典则例》,《景印文渊阁四库全书》第622、624册。

[89]《钦定皇朝文献通考》,《景印文渊阁四库全书》第636册。

[90]《清实录》,中华书局1985年版。

[91]《上谕内阁》,《景印文渊阁四库全书》第414、415册。

[92]陶澍:《陶云汀先生奏疏》,《续修四库全书》第499册。

[93]田涛、郑秦点校:《大清律例》,法律出版社1999年版。

[94]王庆云:《石渠余记》,北京古籍出版社1985年版。

[95]王树民校证:《廿二史札记校证》,中华书局1984年版。

[96]王钟翰点校:《清史列传》,中华书局1987年版。

[97][美]卫三畏:《中国总论》,陈俱译,上海古籍出版社2004年版。

[98]薛允升:《唐明律合编》,法律出版社1999年版。

[99]英和:《恩福堂笔记·诗钞·年谱》,北京古籍出版社1991年版。

[100]永瑢等:《四库全书总目》,中华书局1965年版。

[101]俞森:《郧襄赈济事宜》,载《中国荒政全书》第2辑第1卷,北京古籍出版社2004年版。

[102]张荣峥等点校:《钦定理藩部则例》,天津古籍出版社1998年版。

[103]赵尔巽等:《清史稿》,中华书局1977年版。

[104][日]中川忠英编著:《清俗纪闻》,方克、孙玄龄译,中华书局2006年版。

[105]钟化民:《赈豫纪略》,载《中国荒政全书》第1辑,北京古籍出版社2002年版。

[106]《朱批谕旨》,《景印文渊阁四库全书》第416、421、422、424册。

二、今人论著

(五)著作

[107]安东强:《清代学政规制与皇权体制》,社会科学文献出版社2017年版。

[108]蔡明伦:《明代言官群体研究》,中国社会科学出版社2009年版。

[109]常建华:《清代的国家与社会》,人民出版社2006年版。

[110]常越男:《清代考课制度研究》,北京大学出版社2010年版。

[111]陈开科:《巴拉第与晚清中俄关系》,上海书店出版社2008年版。

[112]杜家骥:《八旗与清朝政治论稿》,人民出版社2008年版。

[113]杜家骥:《清皇族与国政关系研究》,五南图书出版有限公司1998年版。

[114]方志远:《明代国家权力结构及运行机制》,科学出版社2008年版。

[115]冯佐哲:《和珅评传》,中国青年出版社 1998 年版。

[116]付开镜:《魏晋南北朝官员惩治与起复研究》,学苑出版社 2011 年版。

[117]高中华:《肃顺与咸丰政局》,齐鲁书社 2005 年版。

[118]靳润成:《明朝总督巡抚辖区研究》,天津古籍出版社 1996 年版。

[119][美]孔飞力:《叫魂:1768 年中国妖术大恐慌》,陈兼等译,上海三联书店 2014 年版。

[120]李典蓉:《清朝京控制度研究》,上海古籍出版社 2011 年版。

[121]廖伯源:《秦汉史论丛》(增订本),中华书局 2008 年版。

[122]林乾:《康熙惩抑朋党和清代极权政治》,复旦大学出版社 2013 年版。

[123]刘为:《清代中朝使者往来研究》,黑龙江教育出版社 2002 年版。

[124]宁志新:《隋唐使职制度研究(农牧工商编)》,中华书局 2005 年版。

[125]马起华:《清高宗朝之弹劾案》,华冈出版公司 1974 年版。

[126]祁美琴:《清代榷关制度研究》,内蒙古大学出版社 2004 年版。

[127]钱穆:《国史大纲》(修订本),商务印书馆 1996 年版。

[128]钱穆:《中国历史研究法》,生活·读书·新知三联书店 2001 年版。

[129]瞿同祖:《清代地方政府》,法律出版社 2003 年版。

[130][日]仁井田陞:《中国法制史》,牟发松译,上海古籍出版社 2011 年版。

[131]苏联科学院远东研究所等编:《十七世纪俄中关系》第 2 卷第 4 册,商务印书馆 1975 年版。

[132]汪受宽:《谥法研究》,上海古籍出版社 1995 年版。

[133]王东洋:《魏晋南北朝考课制度研究》,社会科学文献出版社 2009 年版。

[134]王志明:《雍正朝官僚制度研究》,上海古籍出版社 2007 年版。

[135]魏秀梅:《清代之回避制度》,《"中央"研究院近代史研究所专刊》

1992 年第 66 号。

[136]伍跃:《中国的捐纳制度与社会》,江苏人民出版社 2013 年版。

[137]萧一山:《清代通史》,华东师范大学出版社 2006 年版。

[138]肖立军:《明代省镇营兵制与地方秩序》,天津古籍出版社 2010 年版。

[139]谢忠志:《明代兵备道制度》,宜兰明史研究小组 2002 年版。

[140]徐忠明:《众声喧哗:明清法律文化的复调叙事》,清华大学出版社 2007 年版。

[141]许颖:《清代文官行政处分程序研究》,中国社会科学出版社 2011 年版。

[142]杨一凡:《明大诰研究》,江苏人民出版社 1988 年版。

[143]余华青:《中国宦官制度史》,上海人民出版社 1993 年版。

[144]张德泽:《清代国家机关考略》(修订本),学苑出版社 2001 年版。

[145]张晶晶:《清代钦差大臣研究》,学苑出版社 2011 年版。

[146]张哲郎:《明代巡抚研究》,文史哲出版社 1995 年版。

(六)博硕论文

[147]刘海峰:《穆彰阿与道光朝政治》,厦门大学 2007 年博士学位论文。

[148]苗冬:《元代使臣研究》,南开大学 2010 年博士学位论文。

[149]宋建设:《清初巡按研究》,东北师范大学 2006 年硕士学位论文。

[150]王超:《清代乾嘉时期总理各回城事务参赞大臣研究》,兰州大学 2011 年硕士学位论文。

[151]武剑青:《南北朝遣使巡行制度探讨》,郑州大学 2006 年硕士学位论文。

[152]张纪伟:《明代钦差官员与天津及附近地区》,南开大学 2013 年硕士学位论文。

[153]张菁华:《惩贪风而申国宪——乾隆朝惩治侵贪案研究》,台湾政治大学 2007 年博士学位论文。

[154]钟百红:《雍正朝观风整俗使研究》,东北师范大学 2006 年硕士学位论文。

(七)论文

[155]曹志敏:《嘉道年间河费使用问题探析》,《安徽农业科学》2011 年第 32 期。

[156]崔岷:《山东京控“繁兴”与嘉庆帝的应对策略》,《史学月刊》2008 年第 1 期。

[157]陈安丽:《论康熙对蒙古政策产生的历史背景和作用》,《内蒙古大学学报》1999 年第 3 期。

[158]陈章:《清代侍卫职能考述》,《清史论丛》第 2 辑,社会科学文献出版社 2018 年版。

[159]杜家骥:《清代官印的特点及其所反映的职官制度变化》,《历史教学》2009 年第 11 期。

[160]杜家骥:《从古代民族之私性、国家之公性谈清代满汉民族矛盾》,《清史研究》2010 年第 2 期。

[161]杜家骥:《清代传统汉制机构及汉人官员对八旗事务的管理》,《明清论丛》第 11 辑,紫禁城出版社 2011 年版。

[162]杜家骥:《清代职官的复杂等次及相关问题》,《历史教学》2020 年第 1 期。

[163]关文发:《试论明代督抚》,《武汉大学学报》1989 年第 6 期。

[164]黄爱平:《清代的黄帝祭祀与文化认同》,《故宫学刊》第 4 辑,紫禁城出版社 2008 年版。

[165]黑广菊:《明清京杭运河税关管理中的贪污、包揽与走私》,《清史论丛》2012 年号,中国广播电视出版社 2011 年版。

[166]金诗灿:《清代部费问题研究》,《武汉科技大学学报》2011 年第 5 期。

[167]范金民、孔潮丽:《噶礼张伯行互参案述论》,《历史档案》1996 年第

4 期。

[168]赖瑞和:《为何唐代使职皆无官品》,《唐史论丛》第 14 辑,三秦出版社 2012 年版。

[169]李长青、白欣:《何国宗的生平与成就》,《咸阳师范学院学报》2011 年第 2 期。

[170]李霞:《论雍正朝李绂与田文镜之间的督抚互参案》,《华北水利水电学院学报》2010 年第 2 期。

[171]李祖基:《清代巡台御史制度研究》,《故宫博物院院刊》2003 年第 2 期。

[172]刘凤云:《清代督抚与地方官的选任》,《清史研究》1996 年第 3 期。

[173]刘维栋:《清代赛音诺颜部驻京亲王拉旺多尔济史事钩沉》,《清史研究》2021 年第 5 期。

[174]刘晓满:《近百年来秦汉地方行政制度研究综述》,《中国史研究动态》2012 年第 1 期。

[175]卢经:《乾隆朝甘肃捐监冒赈众贪案》,《历史档案》2001 年第 3 期。

[176]穆崟臣:《清代雨雪折奏制度考略》,《社会科学战线》2011 年第 11 期。

[177]潘洪钢、郭福亮:《清初福州、广州八旗驻防的哗变事件》,《中南民族大学学报》2009 年第 2 期。

[178]屈春海:《乾隆朝甘肃冒赈案惩处官员一览表》,《历史档案》1996 年第 2 期。

[179]任万平:《清代官印制度综论》,《明清论丛》第 1 辑,紫禁城出版社 1999 年版。

[180]任智勇:《道光、咸丰朝的粤海关与关监督》,中国社会科学院近代史研究所政治史研究室:《清代满汉关系研究》,社会科学文献出版社 2011 年版。

[181]史全生:《史贻直与雍正年间的宣谕化导》,《历史档案》2010 年第 1 期。

[182]王庆成:《清初巡按御史》,《燕京学报》新 11 期,北京大学出版社 2001 年版。

[183]王庆成:《清代学政官制之变化》,《清史研究》2008 年第 1 期。

[184]王士铭:《清代前期巡盐御史差遣制度的变迁》,载《"社会·经济·观念史视野中的古代中国"国际青年学术会议暨第二届清华青年史学论坛论文集》下,2010 年。

[185]魏秀梅:《文祥在清代后期政局中的重要性》,《台湾师范大学历史学报》2004 年第 32 期。

[186]吴建华:《清初巡按制度》,《故宫博物院院刊》1987 年第 2 期。

[187]徐春峰:《清代督抚制度的确立》,《历史档案》2006 年第 1 期。

[188]杨邦勇、谢必震:《略论清代中国人使琉球的航海生活》,《海交史研究》2012 年第 1 期。

[189]赵现海:《明代北边镇守太监研究》,《故宫学刊》第 6 辑,紫禁城出版社 2010 年版。

[190]周保明:《清代州县长随考论》,《华东师范大学学报》2008 年第 5 期。

[191]周学军:《僧格林沁及其子孙出生日期考》,《内蒙古民族大学学报》2008 年第 4 期。

三、档案网站

[192]《内阁大库档案》

网址:https://newarchive.ihp.sinica.edu.tw/mcttpc/mctwebtp?@0.23258478160660334

[193]《清代宫中档及军机处档折件》

网址:https://rbk-doc.npm.edu.tw/npmtpc/npmtpall?ID=174&SECU=1053549019&PAGE=npm/npm1/search@391078826

后　记

在西南大学读硕期间，阅读《清史列传》，不时发现部院堂官离开本职工作赴外地处理事务。随着清人传记阅读量的增加，高级官员外出理事的事例不断印刻在笔者的脑海中。经过阅读其他资料和整理出差案例，逐渐认识到外出公干的高级官员是钦差大臣。在南开大学博士一年级时，笔者经过认真考虑，最终选择以钦差大臣为毕业论文选题。

本书便是在2014年南开大学博士学位论文《钦差与清代政治变迁(1644—1850)》的基础上修改而成。

2016年夏，余师新忠提醒笔者修改论文并出版。笔者生性疏懒，虽一直修改论文，然断断续续，不成系统。后发现博士论文被人抄袭，故在2022年集中精力修改，至2023年初修改完毕。相较于博士论文，本书主要在两个方面进行修改：一是按照2014年5月29日下午各位答辩委员提出的意见进行修改，二是对部分论点、论据、语言进行修改，使之更加完善。论文研究钦差大臣，故在修改成书时，将标题从“钦差”改为“钦差大臣”。

回想从大学至博士毕业的十年，笔者是幸运幸福的。笔者遇到的导师，都是极其和蔼的、可亲的、真诚的。恩师余新忠教授、恩师陈宝良教授，学识渊博，治学严谨，视野开阔，不怒自威，待学生宽容。笔者的研究方向与两位导师的研究方向不一，两位导师全不在意，在学术上倾心指导，在生活上谆谆教诲。虽然杜师家骥的姓名未出现在博士学位论文的封面，但杜老师日常的细致指导、答辩时的由衷鼓励，铭记在心，念念不忘。从老师们的身上，笔者学到了做学问的态度、精神，学到人生的活法与追求。笔者一直在向老师们学习；只是由于能力有限，严重辜负了老师们的期待。

感谢同门诸友的建议与鼓励；感谢陈安民、程彩萍、李军、李建武、吴恩荣、张楚南、王少阳、刘长新、王荣湟、陈旭、王超、苏聪等博士与邢鹏、马源等朋友在学习、生活中的帮助。感谢翟金明编辑付出的大量时间、精力和提出的宝贵修改建议。

感谢好友常京春，从大学至今日，二十年来真挚的、纯粹的、如君子样的友谊，在低落时的慰勉、迷途中的开解、彷徨中的警醒，使笔者获益良多；感谢吴才茂教授，十四年来如兄长般的照顾，在学术上的指导、生活中的关照、人生中的支持，使笔者受益匪浅。

感谢父母、妹妹、妹夫等家人多年来支持、理解与关心。感谢爱人顾靖霞女士长期的理解和鼓励。感谢姜明、高应达、邵启富、王勇、曾智勇、李锦伟、李怡净、杨兴英、杨峻岭、史泠歌、赵文会、金琼霞、刘剑等同事提供的团结和谐友爱的环境和在工作、生活、学习上的各种照顾。

本书能够顺利出版，还要感谢铜仁学院科学技术处处长周刚同志、副处长陈俭同志、研究生院院长梁成艾教授、哲学与历史文化学院各位领导和铜仁学院原校长侯长林教授、校长石维教授、副书记梁正海教授、纪委书记吴先佳同志等的大力支持和热情关怀。

杨春君

2024 年 8 月 20 日

责任编辑：翟金明
封面设计：汪　阳

图书在版编目（CIP）数据

钦差大臣与清代政治　：1644—1850　/　杨春君著.
北京　：人民出版社，2024. 9. -- ISBN 978－7－01－026874－3

Ⅰ. D691

中国国家版本馆 CIP 数据核字第 2024LF5238 号

钦差大臣与清代政治

QINCHAI DACHEN YU QINGDAI ZHENGZHI

（1644—1850）

杨春君　著

人民出版社 出版发行
（100706　北京市东城区隆福寺街 99 号）

北京建宏印刷有限公司印刷　新华书店经销

2024 年 9 月第 1 版　2024 年 9 月北京第 1 次印刷
开本：710 毫米×1000 毫米 1/16　印张：20. 25
字数：302 千字

ISBN 978－7－01－026874－3　定价：98.00 元

邮购地址 100706　北京市东城区隆福寺街 99 号
人民东方图书销售中心　电话（010）65250042　65289539